Peer Schmidt (Hrsg.)
Kleine Geschichte Spaniens

Schriftenreihe   Band 527

Peer Schmidt (Hrsg.)

Kleine Geschichte
Spaniens

von
Pedro Barceló
Friedrich Edelmayer
Pierre Guichard
Hedwig Herold-Schmidt
Hans-Otto Kleinmann
José L. Martín Martín
Peer Schmidt
Christian Windler

bpb:
Bundeszentrale für politische Bildung

Bonn 2005
Lizenzausgabe für die
Bundeszentrale für politische Bildung

© Philipp Reclam jun. GmbH & Co., Stuttgart
Aktualisierte, durchgesehene und bibliographisch
ergänzte Ausgabe 2004

Kartenzeichnung: Theodor Schwarz, Urbach
Umschlaggestaltung: Michael Rechl, Kassel
Gesamtherstellung: Reclam, Ditzingen

ISBN 3-89331-652-3

Inhalt

Vorwort

»Europa hört an den Pyrenäen auf!« Dieses angeblich in
napoleonischer Zeit aufgekommene und im 19. Jahrhundert
verbreitete Diktum galt lange Zeit als Positionszuweisung,
wenn es darum ging, den Platz Spaniens in Europa zu beschreiben. Wie wenig diese Vorstellung den europäischen
Zusammenhängen und der Bedeutung Spaniens für Europa
gerecht wurde, erfuhr schon Napoleon. Durch die spanische Guerrilla wurde seine Besatzungsarmee ab 1808 beständig herausgefordert; die Hälfte der Grande Armée
mußte der französische Kaiser nach Spanien beordern, um
die Herrschaft seines Bruders Joseph I. (1808–1814) auf
dem spanischen Thron zu sichern. Im Gegenzug verbreitete sich die Kunde vom spanischen Partisanenkampf im napoleonischen Europa. In Tirol, wo Andreas Hofer gegen
Bayern und Franzosen kämpfte, und im französisch besetzten Preußen, wo Gneisenau und Scharnhorst das militärische Debakel der napoleonischen Armee gegen die spanische Guerrilla aufmerksam beobachteten, galt der spanische
Freiheitskampf gegen den Korsen als Vorbild.

Auf vielfältige Weise war und ist Spanien fester Teil der
europäischen Geschichte. Von den aus Spanien stammenden römischen Kaisern wie Trajan oder dem aus Córdoba
gebürtigen Philosophen Seneca spannt sich der Bogen ins
Mittelalter mit dem für die lateinische Christenheit so
wichtigen Wallfahrtsort Santiago de Compostela. Am Beginn der Neuzeit wurde insbesondere Kastilien in zweifa-
cher Weise expansiv: Durch die Heiratspolitik der Katholischen Könige Ferdinand und Isabella mit den Burgundern
bzw. Habsburgern kam es zu einer dynastisch-politischen
Anbindung an Westeuropa und das Reich. Zur selben Zeit
begann sich Spanien, nach italienisch-portugiesischen Vor-
läufern, an der überseeischen Expansion zu beteiligen, und

Kolumbus erschloß ab 1492 Amerika für die spanische Krone.

Auch im 19. und 20. Jahrhundert waren die Entwicklungen in Spanien aufs engste mit denen im übrigen Europa verbunden. Die liberale Verfassung von Cádiz (1812) wurde zur Zeit des Wiener Kongresses ebenso aufmerksam gelesen, wie man ab 1833 den antiliberalen Widerstand der Karlisten verfolgte. Junge Sozialisten und Kommunisten, aber auch liberal gesinnte Intellektuelle machten sich als Spanienkämpfer auf in den Bürgerkrieg (1936–1939), um ein Zeichen gegen den in jenen Jahren sich ausbreitenden Faschismus zu setzen. Mitte der siebziger Jahre des 20. Jahrhunderts streifte Spanien zusammen mit den Mittelmeeranrainern Portugal und Griechenland die autoritäre Herrschaftsform ab; somit ging die politische Entwicklung Spaniens jener Demokratisierungswelle voraus, die wenige Jahre später Lateinamerika und schließlich auch das kommunistische Lager in Osteuropa erfaßte.

In der europäischen Geistesgeschichte hat Spanien seinen festen Platz: man denke nur an die Leistungen der spanischen Spätscholastik, die Werke von Cervantes, Lope de Vega oder Calderón de la Barca sowie die Malerei eines El Greco, Velázquez, Goya oder Picasso. Freilich ist das Wissen über die historisch-kulturellen Strukturen dieses EU-Landes in Deutschland noch immer nicht entsprechend seiner Bedeutung verankert.

Veranschaulichen diese Beispiele den Stellenwert Spaniens für Europa, so mag es in Zeiten der fortschreitenden europäischen Integration und der Globalisierung nicht mehr unbedingt als Selbstverständlichkeit erscheinen, eine Nationalgeschichte vorzulegen. In Anbetracht der Verminderung nationaler politischer Gestaltungs- und Steuerungsfähigkeit (angesichts vielfältiger technologischer sowie ökologischer Veränderungen und entgrenzter Kapitalströme), aber auch mit Blick auf die Internationalisierung der Lebensstile und gegenüber der Politik fast autonom erschei-

nender sozialer und kultureller Milieus bedarf ein solches
Unternehmen der Begründung. Zweifel stellen sich ein, ob
die bislang bestimmenden geschichtlichen Strukturen nach
wie vor ihre prägende Kraft beibehalten, ob ihnen auch für
heutiges Handeln noch Deutungswert zugesprochen werden kann. Hatte sich im 19. und 20. Jahrhundert ein großer
Teil der spanischen Gesellschaft als katholisch verstanden,
so haben sich diese Bindungen rasch gelockert. Die spanische Geburtenziffer erreicht inzwischen mit Italien im
Weltmaßstab einen absoluten Tiefstand. Das Aufbrechen
des religiösen Milieus ist unübersehbar; daran können auch
die jedes Jahr in Spanien noch abgehaltenen Karwochen
mit ihren Umzügen wenig ändern.

Zweifel an der Nationalgeschichte sind im Falle Spaniens
überdies noch von anders gelagerter, grundsätzlicher Art.
Zwar ist, wie die neuere Forschung betont, Nation und
Nationalismus immer das Resultat einer stets neu zu defi-
nierenden Konstruktion, die jeweils epochenspezifischen
Ausdeutungen unterliegt, doch ist hier die Basis einer solchen gesamtspanischen Konstruktion denkbar schmal. Das
heutige Spanien präsentiert sich nicht als »gewachsene Ein-
heitsnation«, sondern vielmehr als ein Konglomerat verschiedener Nationalitäten.

Gleichwohl gehört es zur Überzeugung der Autoren –
und des Verlages –, daß auch in einer postmodernen Welt
historisch gewachsene Verhaltens- und Kulturmuster sich
auf absehbare Zeit nicht überleben werden. Trotz aller Tendenzen, die z. B. bei der Identitätsstiftung in Richtung auf
De- oder Transterritorialisierung weisen – man denke nur
an die sich ausbildende Vielfalt soziokultureller Milieus –,
lassen sich eine Reihe von Gegenbeispielen anführen, von
denen die erwähnten Regionalismen bzw. Nationalismen
nur eines darstellen. Zwar hat die Internationalisierung der
Lebensstile auch Spanien voll erfaßt, doch die ungebrochene Existenz des baskischen, katalanischen oder galizischen
Nationalismus, die sich auf zum Teil antike, in jedem Falle

aber auf mittelalterliche Ursprünge zurückführen lassen,
belegen die Persistenz lokaler und regionaler Identitäten,
die in der Tradition und der Geschichte wurzeln. Nicht
minder gilt dies für kulturelle Verhaltensmodellierungen,
die sich im Alltag äußern, wovon die keineswegs von allen
Spaniern geteilte Liebe zum Stierkampf nur die offensicht-
lichste ist. Geschichte als kollektive sowie räumlich (und
durchaus auch nationalgeschichtlich) determinierte Ge-
dächtniskonstruktion wird daher nicht obsolet, auch wenn
manche meinen, es sich heute leisten zu können, histori-
sches Denken und historische Kategorien (insbesondere
jene nationaler Prägung) für irrelevant zu erklären. Vom
Ende der Geschichte in diesem Sinne kann nach den Ereignissen von 1989 nicht die Rede sein.

Krieg es den anderen Bänden dieser Reihe möglich, die
Formierung Frankreichs, Deutschlands oder Englands vom
frühen Mittelalter an darzustellen, ist im Falle Spaniens ein
zeitlicher Rückgriff auf die Antike unverzichtbar. Nicht
nur daß die Iberer, die sich in einigen Landesteilen mit den
Kelten zu den Keltiberern vermischten, der Halbinsel ihren
Namen gaben; in ihrer Zeit bildeten sich vielmehr bereits
Kulturräume aus, in denen einige Wissenschaftler die
Grundlagen für die späteren mittelalterlichen Reiche und
die direkten Vorläufer der heutigen Regionen zu erkennen
glauben. In jedem Falle aber gründeten Karthager wie Römer Siedlungen, sie überzogen Spanien mit einem Netz von
Städten und trugen so zur Ausbildung der mediterranen
Stadtkultur auch auf der Iberischen Halbinsel bei. Während
man nördlich der Pyrenäen und der Alpen eine Welle mittelalterlicher Stadtgründungen kennt, ist das mediterrane
Spanien bereits seit der Antike urbanisiert.

Zwar formten die Römer die Provinzeneinteilung weiter
aus, die die vorrömischen Kulturräume überlagerte, doch
mit der Romanisierung entstand auch der Gedanke einer
einheitlichen Hispania, eine Vorstellung, die von den Westgoten ebenso übernommen wurde wie der christliche Glau-

be. Beides, Hispania-Gedanke und Christentum, bildeten die Grundlage des Westgotenreiches von Toledo. Die seit 711 vor den Muslimen nach Norden geflüchteten Westgoten sollten schon im 9. Jahrhundert einen der antiken Hispania-Vorstellung entlehnten Neogotizismus entwickeln. De facto entstand aber kein einheitliches Spanien, vielmehr existierte im Mittelalter eine Reihe von Königreichen. Mit der Vereinigung der beiden Trastámara-Linien in Aragón und Kastilien durch die Heirat der Katholischen Könige Ferdinand und Isabella wurde die Grundlage für die spanische Krone geschaffen – der Begriff selbst tritt erst ab den 1580er Jahren auf. Diese Territorien stellten aber bis zum 19. Jahrhundert alles andere als eine einheitliche Monarchie dar.

Bedingt durch ihre geographische Lage als Mittelmeeranrainer wurde die Iberische Halbinsel im Mittelalter – wie der Balkan – zu einer jener Grenzzonen, in denen die Christenheit in Kontakt und Konflikt mit dem Islam geriet. Auf dem Balkan wie auf der Iberischen Halbinsel ergaben sich daher eine Fülle von Begegnungen, und so gehört es zum Charakter des mittelalterlichen Spanien, daß es nicht nur durch christlichen Glauben und christliche Kultur geprägt wurde. Vielmehr breiteten sich muslimische und jüdische Religion und Zivilisation aus. Die Frage, welche Intensität dieses Zusammenleben entwickelte, ob es sich eher um ein mehr oder weniger feindliches Nebeneinander, ja sogar phasenweise um ein gleichgültiges Verhältnis gehandelt habe, beschäftigte seit dem 19. Jahrhundert die spanischen Kulturhistoriker. In dieser Auseinandersetzung, die zur Mitte des 20. Jahrhunderts ihren vorläufigen Höhepunkt erreichte, standen sich zwei Lager gegenüber. Für die Vertreter der »traditionalistischen« bzw. »kontinuistischen« These – vertreten durch den Mediävisten Claudio Sánchez Albornoz – bildeten die christlich-römische Spätantike und das Westgotentum die Grundlage der spanischen Geschichte, die auch durch die islamische Besetzung keine tiefgrei-

fende Beeinflussung erfuhr. Ihr zufolge kam es in der westgotischen Zeit und während der Reconquista, der Zurückdrängung der Muslime, zur grundlegenden Ausprägung der
»Hispanität«. Das Spaniertum habe sich seit der Westgo-
tenzeit kontinuierlich und ohne wirkliche – sprich islamische – Brüche entwickelt. Dagegen hob der stärker litera-
risch-kulturhistorisch orientierte América Castro hervor,
daß die Koexistenz dreier Religionen – Christentum, Islam
und Judentum – auf der Iberischen Halbinsel den besonderen Charakter der »Hispanität« ausmache. Die noch heute
vor allem in Südspanien anzutreffenden kulturellen Einflüsse – von der Gesangsform bis zur Baukunst – führte
Castro als Beweis für diese Kulturverschmelzung an.

Heute sieht man die Koexistenz eher von kulturell-reli-
giöser Gleichgültigkeit bestimmt. In jedem Falle prägte das
spanische Mittelalter eine Fülle von komplexen Austausch-
beziehungen zwischen christlichen und muslimischen Reichen, während der Kreuzzugsgedanke erst relativ spät
durch französisch-burgundischen Einfluß aufkam. Der spanische Nationalheld El Cid kämpfte noch wie selbstverständlich im Dienste islamischer wie christlicher Herren.

Gegen Ende des Mittelalters, im Verlaufe des 15. Jahrhunderts, sollte sich der Gegensatz allerdings zuspitzen.
Doch erst 1609 wurde mit der Vertreibung der Mauren
unter Philipp III. nach zahllosen Akkulturationsversuchen
endgültig der Schlußstrich gezogen. Bemerkenswerterweise
setzte in dem Augenblick, als die letzten Muslime nach
Nordafrika zurückkehrten, die Rückkehr jüdischer Glau-
bensanhänger ein, deren Handelsbeziehungen für das spanische Imperium große Bedeutung erlangen sollten.

Den sich seit der Spätantike entwickelnden und in der
Neuzeit akzentuierenden spanischen Regionalismen bzw.
Nationalismen Rechnung zu tragen war eine Aufgabe, um
deren Einlösung sich alle Autoren bemüht haben. Dies hat
sich auch in der Konzeption dieses Bandes niedergeschlagen. Einer Überblicksdarstellung wie der vorliegenden sind

freilich bestimmte Grenzen gesetzt. Der letzte Versuch einer gesamtspanischen Geschichte in deutscher Sprache stammt aus der Feder des späteren Kölner Spanien- und Lateinamerikahistorikers Richard Konetzke aus dem Jahre 1939. Seitdem haben Autoren – auf ähnlich knappem Raum – versucht, Ausschnitte, insbesondere aber die Zeit seit dem ausgehenden 15. Jahrhundert, in den Blick zu nehmen. Eine gesamtspanische Geschichte zwingt um so mehr zur Konzentration auf die Darstellung der wichtigsten Linien. So können manche Forschungsdebatten hier nicht entfaltet werden, vielmehr soll auf diesen aufbauend eine Synthese geboten werden. Bei der Angabe weiterführender Literatur wurde versucht, eine ausgewogene Gewichtung zwischen deutsch- und spanischsprachigen sowie in englischer Sprache abgefaßten Titeln zu finden.

Peer Schmidt

Übergreifende und einführende Literatur

Allgemeine Nachschlagewerke

Archivo Biográfico de España, Portugal e Iberoamérica. 10 Bde. 3. Fassung. München 2000.

Atlas Histórico de España. Hrsg. von Enrique Martínez Ruiz [u. a.]. 2 Bde. Madrid 1999.

Diccionario de Historia de España. Hrsg. von Germán Bleiberg. 3 Bde. Madrid ²1981–86.

Enciclopedia de Historia de España. Hrsg. von Miguel Artola. 7 Bde. Madrid 1988–93.

Espasa-Calpe: Enciclopedia universal ilustrada Europeo-Americana. 81 Bde., 1 Indexbd. Madrid 1978–96.

Índice Histórico Español. Barcelona 1953 ff.

Quellensammlungen

Actas del Consejo de Ministros de Fernando VII. 8 Bde. Madrid 1989–94.

Colección de documentos inéditos para la historia de España. 113 Bde. Madrid 1842–1895. Registerbd.: Julián Paz: Catálogo de la colección de documentos inéditos para la historia de España. Madrid 1930–31.

Colección de documentos inéditos, relativos al descubrimiento, conquista y organización de las antiguas posesiones españolas de ultramar. Archivo General de Indias. 69 Bde. Madrid 1864–1947.

Diplomatische Berichte der Wiener Botschafter am Spanischen Hof zur Zeit Karls III. Bearb. von Hans Juretschke und Hans-Otto Kleinmann. 23 Bde. Madrid 1970–88.

Reihenwerke

Forschungen zu Spanien. Hrsg. von Walther Bernecker, Francisco López-Casero und Peter Waldmann. Saarbrücken 1988 ff.

Historia de España. Begr. von Menéndez Pidal. Hrsg. von José María Jover Zamora. 41 Bde. Madrid 1935 ff.

Historia de España. Alfaguara. Hrsg. von Miguel Artola. 7 Bde. Madrid 1974 ff.

Historia de España. Hrsg. von Manuel Túñon de Lara. 13 Bde. Barcelona 1980–94.

Historia de España. Hrsg. von Domínguez Ortiz. 12 Bde. Barcelona 1989 ff.

History of Spain. Hrsg. von John Lynch. 5 Bde. Oxford [u. a.] 1991 ff.

Rialp. Historia general de España y América. 19 Bde. Madrid 1981–92.

Historia d'España. Gen.-Hrsg. Alfredo Alvar Ezquerra. Madrid 2001 ff.

Übergreifende, allgemeine Darstellungen

Artola, Miguel: Partidos y programas polícitos 1808–1936. 2 Bde. Madrid 1991.

Bernecker, Walther L.: Sozialgeschichte Spaniens im 19. und 20. Jahrhundert. Frankfurt a. M. 1990.

– [u. a.] (Hrsg.): Die spanischen Könige: 18 historische Porträts vom Mittelalter bis zur Gegenwart. München 1997.

– / Pietschmann, Horst: Geschichte Spaniens von der frühen Neuzeit bis zur Gegenwart. 3., verb. und aktualis. Aufl. Stuttgart 2000.

Carr, Raymond: Spain. 1808–1975. Oxford [2]1993.

– (Hrsg.): Spain: A History. Oxford 2000.

Castro, Amerigo: Spanien, Vision und Wirklichkeit. Berlin/Köln 1957.

Elliott, John H.: Spain and Its World: 1500–1700. Selected Essays. New Haven 1989.

– (Hrsg.): The Spanish World: Civilization and Empire, Europe and the Americas, Past and Present. New York 1991.

Pérez, Joseph: Histoire de l'Espagne. Paris 1996.

Schmidt, Bernhard: Spanien im Urteil spanischer Autoren. Kritische Untersuchungen zum sogenannten Spanienproblem. Berlin 1975.

Tomás y Valiente, Francisco: Manuel de Historia del Derecho Español. Madrid 1981.

Spaniens Regionen

Núñez Seixas, Xosé M.: Historiographical Approaches to Nationalism in Spain. Saarbrücken / Fort Lauderdale 1993.

Balcells, Albert (Hrsg.): Història dels Països Catalans dels orígens a 1714. Barcelona 1980.

Caro Baroja, Julio: Los vascos. San Sebastián 1982.

Davant Iratzabal, Jean-Louis: Histoire du peuple basque: le peuple basque dans l'histoire. Donostia (San Sebastián) ⁴1986.

Fraguas Fraguas, Antonio: Historia de Galicia. 2 Bde. Madrid 1980.

Villares, Ramón: História da Galiza. Lissabon 1991.

Beramendi, Justo G.: El nacionalismo gallego. Madrid 1997.

Furió, Antoni: Història del País Valencià. Valencia 1995.

Gil-Mascarell, Milagro: Història del País Valencià. Valencia 1992.

Lacomba, Juan A. (Hrsg.): Historia de Andalucía. Málaga 1996.

Alonso, Jorge (Hrsg.): Historia de Andalucía. 9 Bde. Granada 1991.

Lara, José M. (Hrsg.): Historia de Andalucía. 8 Bde. Madrid 1980–81.

Chacón Jiménez, Francisco (Hrsg.): Historia de la Región Murciana. 10 Bde. Murcia 1980.

Das antike Erbe

Von Pedro Barceló

Epochenüberblick

Wie in den meisten Anrainerländern des westlichen Mittelmeerraumes brachte die Ausbreitung der Phönizier und Griechen auch auf der Iberischen Halbinsel eine Reihe von Akkulturationsprozessen in Gang, die zu einer Neugestaltung der politisch-kulturellen Landkarte führten. Im Austausch mit phönizischen Einflüssen erhielt die einheimische iberische Zivilisation unverwechselbare Konturen. Die von nun an bestimmenden iberischen Gesellschaften boten zwar ein Bild der politischen Fragmentierung, entwickelten jedoch eine eigenständige Kultur, deren erhaltene Zeugnisse in der Metallverarbeitung, handwerklichen Produktion, Bildhauerei, im Städtebau und in der Verwendung der Schrift ihren hohen Rang belegen. Mit der Ankunft der Karthager im letzten Drittel des 3. Jahrhunderts v. Chr. geriet die Iberische Halbinsel in den Sog der Weltpolitik und wurde Zankapfel zwischen den damaligen Großmächten. Angelockt durch die beträchtlichen Reichtümer des Landes, machten die Römer den Karthagern ihren iberischen Besitz streitig. Die römische Intervention mündete schließlich in der Eroberung der gesamten Iberischen Halbinsel. Eine massive römische Präsenz in Hispanien ermöglichte die rasche Integration des Landes in den Staatsverband des Imperium Romanum. Kein anderes auswärtiges Volk hat die Geschicke des Landes und seiner Bewohner so nachhaltig beeinflußt wie die Römer. Die Romanisierung vermochte die keltisch-iberische Prägung zu überlagern und zur

Bildung einer neuen römisch-hispanischen Identität zu
führen. Während der römischen Kaiserzeit wächst Hispanien zu einer der tragenden Säulen des römischen Weltrei-
ches heran, vor allem im Wirtschaftsleben, etwa bei der
Versorgung der westlichen Provinzen. Besonders sichtbar
wird sein Beitrag in der Literatur (Seneca, Lucan, Martial)
und in der Politik (Trajan, Hadrian, Theodosius). Die rasche Christianisierung weist auf die tiefgreifende Integration Hispaniens in die Kultur des Imperium Romanum hin.
Mit der Durchsetzung der christlichen Lehre wird der
künftige Weg Hispaniens in der Völkerwanderungszeit
vorgezeichnet. Am Ausgang des Altertums präsentiert sich
Hispanien als ein von der römischen Zivilisation beeinfluß-
tes, mittlerweile weitgehend christianisiertes Land. Seine
Bewohner, die mehrheitlich auf dem Lande leben, sprechen
eine stark am Latein orientierte Sprache. In den Städten
sind die Spuren der römischen Vergangenheit lebendig geblieben. Andererseits konnten die durch natürliche Faktoren (Klima, Bodenbeschaffenheit) und politische Geographie bestehenden Gegensätze zwischen den Regionen zwar
durch die Romanisierung zeitweilig nivelliert, nie aber ganz
überwunden werden.

8. Jh. v. Chr.	Phönizische Kolonisation (Gründung von Cádiz).
6. Jh. v. Chr.	Griechische Phokäer in Iberien – Formierungs-phase der iberischen Kultur.
237 v. Chr.	Karthager erobern den Südteil Hispaniens (um 225 v. Chr. Gründung von Cartagena).
218 v. Chr.	Saguntkrise führt zum Ausbruch des Hannibal-krieges.
206 v. Chr.	Römer vertreiben die Karthager aus Hispanien und errichten zwei Provinzen (Hispania Citerior bzw. Ulterior).
153–133 v. Chr.	Höhepunkt des hispanischen Widerstandes gegen Rom (Keltiberische Kriege).

29–19 v. Chr.	Augustus vollendet die Eroberung Hispaniens nach Unterwerfung der Asturer und Kantabrer.
70	Vespasian verleiht den hispanischen Städten das latinische Recht.
98–138	Regierung der aus Hispanien stammenden Kaiser Trajan und Hadrian.
270	Einfälle der Alamannen und Franken.
um 300	Synode von Iliberris (Granada).
379–395	Regierung des aus Hispanien stammenden Theodosius.
Ende 5. Jh.	Westgoten erobern den Großteil Hispaniens.
587	Westgotenkönig Rekkared tritt zum Katholizismus über.

Iberer und Kelten

Einheit in der Vielfalt, diese Kurzformel läßt sich als Leitbegriff zur Beschreibung der spanischen Geschichte von Beginn an verwenden. Geographisch gesehen bildet die Iberische Halbinsel ein geschlossenes Ganzes. Vom europäischen Festland durch die Pyrenäen abgegrenzt, von Atlantik und Mittelmeer umspült, erscheint das sich über 500 000 km² in der Form einer Stierhaut ausdehnende Territorium als eine Fortsetzung Europas, das gleichzeitig eine Brücke nach Afrika schlägt. Doch der Eindruck eines großen homogenen Blocks an der Peripherie trügt. Schon seit der ersten Besiedelung kann man beobachten, wie sehr das Land äußeren Einflüssen ausgesetzt war, die zu seiner Vielfalt beitrugen. Während des 1. Jahrtausends v. Chr. wanderten von Norden kommend keltische Stämme ein, die am Atlantik und im großen Zentralplateau (*meseta*) eine neue Heimat fanden. Entlang der Ost- und Südküstenregion entstand, angeregt durch Einflüsse aus dem östlichen Mittelmeerraum, die iberische Kultur (gegen Ende des 6. Jahrhunderts v. Chr.).

Iberer, Kelten, Phönizier und Griechen bestimmten die Frühgeschichte des Landes. Vor der Ankunft der Römer waren die in zahlreiche Stämme zersplitterten Iberer (Edetaner, Constestaner, Turdetaner, Ilercavones, Ilergeten u. a.) das aktivste Element der Halbinsel. Ihre Siedlungsräume erstreckten sich entlang der heutigen Regionen Katalonien, Valencia, Murcia und Andalusien. Innerhalb der Grenzen Andalusiens lebten die Turdetaner, die vom griechischen Geographen Strabo als die zivilisiertesten unter den Iberern hervorgehoben wurden, was durch die archäologischen Funde von Porcuna und anderen Grabungsorten eindrucksvoll unterstrichen wird.

Die Iberer waren Bauern, die vom Getreideanbau lebten und für die Feldarbeit den Hakenpflug und verschiedene Gerätschaften benutzten. Sie bewohnten gut zu verteidigende, befestigte Plätze, die für gewöhnlich auf Anhöhen in der Nähe von Flüssen oder an den Ausläufern der Berge lagen. Die zu bewirtschaftenden Felder legte man nahe den Siedlungen an. In der Regel wurde der Ackerbau durch Viehhaltung ergänzt. Die soziale Organisation dieser Gemeinschaften beruhte auf einer hierarchischen Struktur in den einzelnen Stammesgruppen. An der Spitze stand eine kriegerische Aristokratie – in den meisten Fällen die Besitzer der besten Landparzellen –, die auf eine Gefolgschaft zurückgreifen konnte. Die Kontakte zwischen den einzelnen Stämmen waren aufgrund der geographischen Gegebenheiten, die die Abgeschlossenheit begünstigten, wenig ausgebildet. Die familiären Vernetzungen sowie die Beziehungen zwischen Gefolgschaft und Vorsteher wiesen dagegen einen komplexen Entwicklungsgrad auf. Letzteres manifestierte sich in der von den Römern bewunderten iberischen *devotio*, der Sitte, den toten Befehlshaber im Feld nicht zu überleben.

Auf einem hohen Entwicklungsstand befand sich die iberische Kunst. Die Kenntnis der Töpferscheibe z. B. erlaubte es, eine anspruchsvolle Keramik zu entwickeln, aus der Gefäße und notwendige Haushaltsutensilien hergestellt wurden. Auf vielen Vasen befinden sich Bilder mit Szenen von jungen Paaren, Kriegern und Tänzerinnen sowie Darstellungen von Kulthandlungen, die das Alltagsleben widerspiegeln. Darüber hinaus kannten die Iberer die Schrift. Gegenwärtig ist es zwar möglich, ihr Alphabet zu lesen, jedoch konnte seine semantische Bedeutung bisher nicht entschlüsselt werden.

Während des 8. Jahrhunderts v. Chr. scheinen die ersten keltischen Stammesgruppen, die aus Zentraleuropa kamen, die Iberische Halbinsel erreicht zu haben. Später folgten weitere Einwanderungswellen, die bedeutendste von allen im 6. Jahrhundert v. Chr. Da die Kelten ihre Toten einäscherten, ist es schwer, ihre Niederlassungen genau zu bestimmen. Mehr als die Urnenfelder erlauben es vor allem die Ortsnamen mit den Wortendungen auf »-briga«, die Verbreitung der keltischen Zivilisation zu verfolgen. Sie verdichtete sich in Galizien, Asturien, Kantabrien, Kastilien und Teilen von Aragón und Portugal. Die Kelten, Hirten und Bauern, waren Träger der Hallstattkultur, was ihnen nicht zuletzt aufgrund ihrer geschickten Metallverarbeitung eine gewisse Überlegenheit in der Kriegsausrüstung gegenüber den Iberern verschaffte. Deshalb konnten sie ihre großräumigen Siedlungsgebiete behaupten. Daneben gab es keltiberische Stämme, d. h. keltische Bevölkerungsgruppen, die sich im iberischen Siedlungsraum niedergelassen hatten. Sie waren in der nördlichen *meseta* sowie im Gebiet des Ebro, des Jalón und des Duero zu Hause. Der keltiberische Stamm der Arevacer sollte später wegen seines Widerstandes gegen Rom berühmt werden. Doch vor den Römern haben vor allem die aus dem östlichen Mittelmeerraum stammenden Völker ihre Spuren in Iberien hinterlassen.

Phönizier, Griechen und Karthager

Die Phönizier und Griechen kamen auf der Suche nach Metallen an die westliche Mittelmeerküste und an die Meerenge von Gibraltar. Die Aussagen der literarischen Quellen und der Archäologie stimmen in der Datierung der ersten Landnahme nicht ganz überein. Mit Sicherheit war Gades (Cádiz) die erste phönizische Stadtgründung (um 800 v. Chr.) auf iberischem Boden. Es folgten weitere Niederlassungen, so etwa Ebusus (Ibiza) und die an der süd-andalusischen Küste liegenden Orte Málaga, Adra, Al-muñecar, Toscanos und andere. Bei dem Zusammentreffen mit den Einheimischen standen ökonomisch-kommerzielle Beziehungen im Vordergrund. Zahlreiche archäologische Überreste zeigen uns die Charakteristika der phönizischen Kunst in der anthropoide Sarkophage, Halsbänder, Ketten und goldene Gürtel sowie rotgefirnißte Keramikbehälter überwogen. Die Beeinflussung der iberischen Kunst durch die Phönizier ist unübersehbar (z. B. Schatz von Aliseda). Die Kontakte zwischen der einheimischen Bevölkerung und den phönizischen Händlern brachten jedoch Veränderungen auf beiden Seiten mit sich. So führten letztere u. a. Wein und Oliven als neue landwirtschaftliche Produkte im Tal des Guadalquivir und an der Mittelmeerküste ein und förderten auf diese Weise den Ausbau der Landwirtschaft. Die Iberisierung war nicht nur ein Prozeß der Akkulturation östlicher Sitten und Gebräuche, sondern vielmehr eine von einer ständigen Interaktion zwischen der fremden und einheimischen Kultur gekennzeichnete komplexe Entwicklung. Die Begegnung von Einheimischen und phönizischen Kolonisten führte zwangsläufig zu Veränderungen der gesellschaftlichen und wirtschaftlichen Strukturen der betroffenen Gruppen.

Der griechische Historiker Herodot berichtet von einer Reise des Kolaios aus Samos (7. Jahrhundert v. Chr.) nach Tartessos. Mit dem sagenumwobenen König Arganthonios verband sich die Vorstellung eines Eldorado, eines an Silber und anderen Edelmetallen reichen Landes in dem von Iberern bewohnten, äußersten westlichen Winkel der Mittelmeerwelt. Es war das Bestreben der antiken seefahrenden Völker, das Gebiet der Mündung des Guadalquivir regelmäßig aufzusuchen, um Stützpunkte anzulegen und gewinnbringende Handelsbeziehungen zu unterhalten. So erreichten die griechischen Phokäer im 6. Jahrhundert v. Chr. die iberische Küstenregion und gründeten Rhode (Rosas) und Emporion (Ampurias). Letztere, in der Mitte des 6. Jahrhunderts v. Chr. durch die Interventionen der Griechen aus Massalia (Marseille) zur Kolonie geworden, wurde zur wichtigsten griechischen Stadt auf iberischem Boden. Die Griechen legten darüber hinaus zahlreiche Handelsstützpunkte von der Landspitze von Kap Creus (Gerona) bis zum Kap de la Nao (Alicante) an. Es handelte sich dabei um kleine Enklaven ohne territoriale Herrschaft, die des Handels wegen von griechischen Schiffen angelaufen wurden. Im Gegensatz zu Unteritalien und Sizilien blieb der griechische Bevölkerungsanteil in Iberien recht gering, was erklärt, warum sich die Hellenisierung des Landes in Grenzen hielt.

Die Einflüsse der Phönizier und Griechen auf die iberische Kultur kann man dennoch nicht hoch genug einschätzen. Für die Neuformierung der politischen Landkarte wurden aber vor allem die Karthager wichtig, denn sie zogen die Römer nach sich, und mit ihnen sollte ein neues Kapitel westmittelmeerischer Geschichte geschrieben werden. Das bisher abseits liegende, wegen der Rohstoffe aufgesuchte Land sollte nun auf karthagisches Betreiben hin historischen Protagonismus erlangen. Der Ausgang des ersten römisch-karthagischen Krieges (264–241 v. Chr.) war die Initialzündung. Den Verlust ihrer überseeischen Besitzungen (Sizilien, Sardinien) versuchten die Karthager durch die Eroberung des Südteils der Iberischen Halbinsel zu kompensieren. Mit dem Übergang nach Europa (237

v. Chr.) schuf Hamilkar Barkas eine territoriale und ökonomische Plattform für die Karthager, was zur Folge hatte, daß die Geschehnisse in Iberien von nun an höchste Aufmerksamkeit bei den führenden Mächten im westlichen Mittelmeerraum (Rom, Massalia) fanden. Nach und nach festigten Hamilkar und sein Schwager Hasdrubal den karthagischen Einfluß im Guadalquivirbecken und im südlichen Teil der Ostküste. Hasdrubal gründete um 225 v. Chr. Karthago Nova (Cartagena), eine Stadt mit einem strategisch günstig gelegenen Hafen, und knüpfte freundschaftliche Beziehungen zu den Iberern, die er durch seine Heirat mit einer einheimischen Frau vertiefte. Bis zu diesem Zeitpunkt hatte Rom kein direktes Interesse an Iberien bekundet, sondern lediglich Handelskontakte unterhalten. Doch alarmierte die Wiederkehr der politischen und militärischen Macht Karthagos die Römer, und sie beschlossen, auf diplomatischem Wege der vermeintlichen Bedrohung Einhalt zu gebieten. Diesem Ziel diente der Hasdrubal-Vertrag aus dem Jahr 226 v. Chr., der den Fluß Segura (nicht den Ebro, wie oft angenommen wird) als Grenze der karthagischen Expansion festlegte. Hasdrubals Nachfolger Hannibal sicherte sich durch militärischen Druck die Ergebenheit der keltischen und iberischen Stämme, was die Römer beunruhigte. Sie schlossen ein Bündnis mit den Saguntinern und dokumentierten damit die Absicht, den expansiven Plänen Hannibals Grenzen zu setzen. Als Reaktion darauf belagerte und eroberte Hannibal die Stadt Sagunt (219 v. Chr.). Dann überquerte er mit einem großen Söldnerheer samt iberischen Bundesgenossen die östlichen Pyrenäen und begann auf diese Weise seinen spektakulären Marsch, der ihn bis vor die Tore Roms führen sollte. Die von Rom eingeleitete Saguntkrise war in Wirklichkeit nur ein Vorwand gewesen, der einer römischen Herrschaft auf der Iberischen Halbinsel den Weg ebnen sollte. Mit der karthagischen Präsenz hatte die Funktion Iberiens eine Dynamisierung erfahren. Zum ersten Mal wurde es zu einem Aktivposten in der damaligen Weltpolitik. Die von hier ausgehenden Aktivitäten sollten die römische Vorherrschaft im westlichen Mittelmeerraum ernsthaft in Frage stellen.

Die Römer in Hispanien

Auf die Herausforderung Hannibals gab Rom eine entsprechende Antwort. Es verlagerte den Krieg in das Zentrum der karthagischen Macht, d. h. auf die Iberische Halbinsel. Im Jahre 218 v. Chr. landete das Heer des Gnaeus Cornelius Scipio in Ampurias. Er sicherte sich eine Operationsbasis zwischen den östlichen Pyrenäen und dem Ebro und nahm Tarraco (Tarragona) ein. Damals fand der an die alte phönizische Bezeichnung des Landes anknüpfende Name Hispania weite Verbreitung.

An den Kämpfen zwischen Römern und Karthagern, die auf der Iberischen Halbinsel ausgetragen wurden, beteiligten sich zahlreiche einheimische Stämme auf beiden Seiten. Mit der Ankunft der römischen Verstärkung unter der Führung des Publius Cornelius Scipio wurden zweierlei Dinge bezweckt: zunächst wollte man verhindern, daß Hannibal in Italien Verstärkung durch hispanische Truppen erhielt, und zweitens wollte man die Karthager aus Hispanien vertreiben. Zwischen 218 und 214 v. Chr. kam die römische Offensive gut voran. Dann aber erlitten beide Scipionen schwere Niederlagen, die die Römer zwangen, sich nach Norden zurückzuziehen. Erst nach dem Sieg über Hannibal in Capua intensivierten die Römer ihre Kriegsanstrengungen. Ein weiteres Mitglied der Familie der Scipionen, Publius Cornelius, später Africanus genannt, eroberte Cartagena (210 v. Chr.), schlug die Karthager in Baecula (Bailén), marschierte zum Guadalquivirbecken und nahm schließlich im Jahre 206 v. Chr. Cádiz ein. Die Karthager wurden von der Iberischen Halbinsel verdrängt und muß-

ten nach der Niederlage Hannibals bei Zama (202 v. Chr.)
ihre Herrschaft in Hispanien ganz aufgeben. Wenig später,
im Jahre 197 v. Chr., begannen die Römer mit der Eroberung Griechenlands das Mittelmeer zum *mare nostrum* zu
verwandeln, dessen westlicher Eckpfeiler nun Hispanien
geworden war.

Nach 206 v. Chr. hatten die Römer zwei ungleiche geographische Verwaltungssprengel errichtet, die sich an die
karthagische Landnahme anlehnten. Hispania Ulterior
umfaßte die ehemals unter karthagischer Hoheit stehenden Gebiete des Südens. Der Rest der Halbinsel bildete
die neue Provinz Hispania Citerior, wobei weite Gebiete
im Landesinneren zunächst außerhalb der römischen
Kontrolle blieben. Die ersten römischen Provinzstatthal-
ter (zunächst Proconsuln, dann Prätoren) waren damit beschäftigt, gegen aufständische Einheimische vorzugehen,
die wegen übertriebener Steuerforderungen und der
forsch auftretenden römischen Macht erzürnt waren.
Noch bevor die Römer den Krieg gegen Karthago auf iberischem Boden beendet hatten, begann bereits der Widerstand der Einheimischen gegen die neuen Herrscher. Indi-
bil und Mandonius, Führer der ilergetischen Stämme aus
dem Gebiet der heutigen Provinzen Huesca und Lérida
und zuvor Verbündete der Römer, erhoben nun die Waffen gegen Publius Cornelius Scipio Africanus, als dieser
die erste römische Kolonie in Hispanien, Italica (bei Sevilla), gründete. Ihren Namen erhielt sie von den aus Italien
stammenden Veteranen, die hier angesiedelt wurden, womit Rom die Absicht, in Hispanien bleiben zu wollen, zu
erkennen gab.

Der Widerstand gegen Rom spiegelte kein patriotisches
antirömisches Gefühl wider, sondern war grundsätzlicher
Ausdruck des Mißtrauens gegen fremde Eroberer, von
denen man Enteignungen und Erpressungen befürchtete.
Zwei Jahrhunderte sollte Rom benötigen, bis es ganz Hispanien, aus dem es in nur zwölf Jahren die Karthager ver-

Brigantium · Ovetum · Flaviobriga
Ira Flavia · Lucus Augusti · ASTURES · CANTABROS · Oiarso
GALAICOS · LEGIO VII GEMINA · IULIOBRIGA · VASCONES
Vellica · CALAGURRIS · OSCA · EMPORION - 113
ASTURICA · Pisoraca
CASTROCALBON · Segisamo · Turiaso · ILERDA · Iluro
PETAUONIUM · Caesaraugusta · Baetulo
Bracara · BILBILIS · CELSA · Barcino
DERTOSA · Tarraco

HISPANIA ULTERIOR · HISPANIA CITERIOR · Polientia - 122

Scalabis · Norba · SAGUNTUM · Palma - 122
LISIPO · Valentia - 138
Emerita · Libisosa

Pax Iulia · Salaria · Ilici
Munda (45 v. Chr.) · Corduba · OBULCO · Tucci
Hispalis · Astigi · Acci · Cartago-Nova
Urso · SEXI
Hasta · Asido
GADES · Carteia

⬅ Feldzüge des Augustus (29–19 v.Chr.)

▤ Augusteische Eroberungen

○ Latinische Kolonien

● Römische Kolonien

GADES Römische Munizipien

□ Römische Lager

Die römische Eroberung Hispaniens (133–19 v. Chr.)

trieben hatte, endgültig unterwerfen konnte. Warum diese Kriege – im Vergleich zu denen in Gallien, wo die Römer in zwanzig Jahren ihren Herrschaftsanspruch durchzusetzen vermochten – so lange dauerten, erklärt sich aus der geographischen und politischen Landkarte Hispaniens. Die Gallier vereinigten sich zur gemeinsamen Verteidigung unter einem Führer, Vercingetorix: Sie bündelten ihre Kräfte, zogen ins Feld und konnten mit einem Schlag niedergeworfen werden. Anders die Hispanier, die in kleinen Gemeinschaften, wie denen der Turdetaner (Culcas), der Lusitaner (Viriathus), der Keltiberer (Numantia) oder der Kantabrer und Asturer verstreut lebten und weitgehend isoliert kämpften, ohne sich gegen den gemeinsamen Feind zu verbünden.

Die Keltiberischen Kriege hatten enorme Auswirkungen auf die römische Innenpolitik. Der letzte, der Numantinische Krieg, brachte den Consuln Metellus, Pompeius und Mancinus (143–133 v. Chr.) verheerende Niederlagen ein. Erst als Publius Cornelius Scipio Aemilianus beauftragt wurde, den Krieg gegen die Keltiberer zu beenden, kam der Durchbruch. Er disziplinierte die demoralisierten römischen Truppen, brachte Verstärkung mit und riegelte mit etwa 50 000 Mann die Stadt Numantia hermetisch ab. Die 4000 Numantiner, vom Hunger erschöpft, wollten nicht aufgeben und zogen den Tod einer Gefangenschaft vor. Scipio feierte seinen Sieg, indem er die Ruinen der besiegten Stadt niederbrennen ließ, um so weitere aufrührerische Stämme abzuschrecken. Doch damit waren die Kriege in Hispanien keineswegs beendet. In den folgenden Jahrzehnten sollte das Land Austragungsort weiterer endloser binnenrömischer Auseinandersetzungen werden: des Sertoriuskrieges (83–72 v. Chr.) und des Bürgerkriegs zwischen den Anhängern Caesars und Pompeius' (49–45 v. Chr.). Erst nach Abschluß der römischen Bürgerkriege gelang es Augustus durch die Unterwerfung Asturiens und Kantabriens, das Eroberungswerk zu vollenden (19 v. Chr.), womit erstmals das gesamte Territorium der Iberischen Halbinsel unter römische Hoheit kam.

Seit dem 1. Jahrhundert v. Chr. hatten sich vor allem im Süden, der bereits seit der Vertreibung der Karthager die besondere Aufmerksamkeit der Römer erfahren hatte, die lateinische Sprache und Schrift überall ausgebreitet. Auch in der Ostküstenregion fand eine starke Assimilation der römischen Kultur statt, während Keltiberien und Kantabrien sich nur zögerlich dem römischen Einfluß öffneten. Analog zur orientalisierenden Phase der iberischen Zivilisation, die zur Verschmelzung wechselseitiger Strömungen in Iberien beigetragen hatte, führte der Kontakt zwischen Hispaniern und Römern zu einem komplexen Prozeß gegenseitiger Beeinflussung. Die sich immer stärker ihrer keltischen oder iberischen Herkunft entfremdenden Bewohner der Halbinsel übernahmen nach und nach römische Lebensformen. Dieser Austausch setzte gegenseitige Bereitwilligkeit voraus. Als Ergebnis kristallisierte sich eine neue politische Ordnung heraus. Hispanien empfand sich zum ersten Mal in seiner Geschichte als Einheit und wurde als solche von außen gesehen. Voraussetzung dafür war die Ausweitung des latinischen Rechts auf hispanische Munizipien seit der Regierung Vespasians, was den Zugang zum römischen Bürgerrecht auf breiter Basis ermöglichte (70 n. Chr.). Gleichzeitig begann eine Wanderungsbewegung von Hispaniern, die im Dienst der kaiserlichen Verwaltung standen, nach Rom selbst oder in andere Provinzen des Reiches.

Während des 1. und 2. Jahrhunderts festigten sich die römischen Verwaltungsstrukturen. Sie garantierten die Aufrechterhaltung der inneren Ordnung und trugen zu einem Aufschwung in Kunst, Literatur, Handel und Wirtschaftsleben bei. In dieser Zeit entstanden die großen Bauwerke, die noch heute zahlreiche spanische Städte schmücken (die Brücke von Alcántara, der Aquädukt von Segovia, das Theater von Mérida usw.). Ein dicht geknüpftes Straßennetz verband die unterschiedlichen Regionen miteinander. Am wichtigsten war die alte Silberstraße, die die Städte der Baetica mit dem Hochplateau und dem Atlantikraum verband (Cádiz – Mérida – León – Astorga usw.), oder die Via Augusta, die entlang der Ostküste verlief und von Cádiz aus über Cartagena, Sagunt, Tarragona über die Pyrenäen nach Gallien zur Via Domitia und dann weiter nach Rom

führte. Der Seehandel erlangte in dieser Zeit ebenfalls große
Bedeutung. Es gab die nordafrikanische Route, die sich auf
Karthago stützte und das östliche Mittelmeer (Alexandria)
anvisierte, und die Häfen der Ostküstenregion, die mit der
Narbonensis, den Flußwegen der Rhône und des Rheins
und den italischen Häfen, insbesondere mit Ostia, in enger
Verbindung standen. Ein weiterer Stützpunkt auf den
Routen im Atlantik, die zu den Häfen Galliens und Britan-
niens oder zu denen der metallreichen hispanischen Nord-
ostküste reichten, war Cádiz.

Die *pax romana* brachte auch einen höheren Grad an
Sicherheit im Landesinnern mit sich; sie beendete die Stam-
meskriege und ermöglichte so den Landesausbau, die unge-
hinderte Ausbeutung der Bodenschätze und die Intensivierung der Landwirtschaft. Die verbesserten Erträge in der
Landwirtschaft erlaubten, die ansteigende Bevölkerungs-
zahl zu versorgen, die für das 1. Jahrhundert n. Chr. auf
etwa 7 Mio. Einwohner geschätzt wird. Die seit der römischen Eroberung geltende Verwaltungsstruktur wurde nach
und nach den Erfordernissen des sich stark romanisieren-
den Landes angepaßt. Augustus schuf drei Provinzen: Baetica, Tarraconensis und Lusitanien, jede einzelne unterteilt
in Distrikte (*conventus*). Die von Augustus vorgenommene
Gliederung wurde später durch Caracalla und Diocletian
weiter differenziert. Aus der Gebietsmasse der Tarraconensis wurden die Provinzen Baleares, Gallaecia und Carthagi-
niensis errichtet. In diocletianischer Zeit bildete Hispanien
eine eigene Verwaltungseinheit (*dioecesis*) innerhalb der
Praefectura Praetorio Galliarum.

Die nachhaltigsten Veränderungen erfuhr die politische
Landkarte Hispaniens im Gefolge der Urbanisierung. Bereits eine Generation nach der Gründung Italicas entstand
Carteia (171 v. Chr.), eine Kolonie von Freigelassenen, in
der Söhne von römischen Soldaten und eingeborenen Frau-
en angesiedelt wurden. Wenig später nach der Gründung
von Carteia sollte Córdoba folgen, eine Kolonie mit einer

Lucus
Asturica Augusta
Bracara
Clunia
Caesaraugusta
Duero
Ebro
Terraca
LUSITANIA
TARRACONENSIS
Scalabis
Tajo
Emerita Augusta
Guadiana
Pax Julia
BAETICA
Corduba
Hispalis
Astigi
Cartago Nova
Gades

⊙ Hauptstadt einer Provinz

● Hauptstadt eines Conventus

Hispanien in der römischen Kaiserzeit

ritterlichen Führungsschicht. Diese »römische Stadt« auf
hispanischem Boden übte vom ersten Moment an eine besondere Attraktivität auf die ganze Region des unteren
Guadalquivirtals aus. Die Militärkolonien waren ein entscheidender Faktor für die Romanisierung des gesamten
Reiches, so auch in Hispanien (Sevilla, Mérida, Zaragoza,
Braga, León u. a.).

Eines der greifbaren Ergebnisse der Romanisierung war
die Bedeutungszunahme des städtischen Lebens, was den
Ausbau der munizipalen Organisation mit sich brachte. Es
ist nur folgerichtig, wenn es die alten vorrömischen Städte

waren, die als erste davon erfaßt wurden. Dies gilt z. B. für
Cádiz, das nach Rom und Padua eine der am dichtesten bevölkerten Städte des Imperiums wurde, in der eine große
Zahl von römischen Rittern lebte. Es war ein vornehmes
gadiatinisches Geschlecht, die Cornelii Balbi, das als erste
nichtrömische Familie Eingang in die römischen Consular-
fasten fand. Die intensive Zusammenarbeit mit Gaius Julius
Caesar, dessen Gefolgsleute sie waren, ermöglichte den
politischen Aufstieg dieses gadiatinischen Geschlechtes bis
zur Führungselite des römischen Staates. Parallel zum sozialen Wandel verlief die Integration der hispanischen Wirtschaft in den von Rom aus gesteuerten, das Mittelmeer umspannenden Austausch von Waren. Der Export von Metallen, Öl, Getreide und Wein trug zur Herausbildung von
Großgrundbesitz (vor allem in der Baetica) und einer privilegierten römisch-hispanischen Schicht von *possessores* bei,
die einen Großteil des Reichtums im Lande monopolisier-
ten. In Abhängigkeit von dieser Provinzialaristokratie lebte
eine große Menge von Bauern, Hirten, Handwerkern und
Minenarbeitern. Zwischen diesen beiden eng verbundenen
und doch getrennten Schichten behauptete sich die städtische Bevölkerung (Freiberufler, Händler usw.) als das
dynamische Element der römisch-hispanischen Gesellschaft.

Der Besitz Hispaniens bedeutete für Rom eine beträchtliche Vermehrung von landwirtschaftlichen Ressourcen und
Bodenschätzen. Seit Beginn der Eroberung lieferten die
Statthalter dem römischen *Aerarium* beachtliche Mengen
an Gold und Silber. Nach zwei Generationen römischer
Präsenz auf der Iberischen Halbinsel soll bereits eine halbe
Million Pfund in Silber und Gold nach Rom geschickt
worden sein. Die antiken Schriftsteller vergaßen nicht,
wenn sie auf Hispanien zu sprechen kamen (z. B. in ihren
laudes Hispaniae), den Metallreichtum zu erwähnen. Strabo
bemerkte dazu, daß die Baetica die größten bekannten Vor-
räte an Gold, Silber, Erz und Kupfer berge. Von Polybios

wissen wir, daß im Jahre 133 v. Chr. 40000 Männer in den Silberminen Cartagenas arbeiteten. Plinius d. Ä. belegt für das 1. Jahrhundert n. Chr., daß die Goldproduktion der galicisch-leonesischen Region die Zahl von 20000 Barren jährlich überstieg. Erz und Zinn gab es ferner in Galizien, in Lusitanien und in der Baetica.

Strabo unterschied zwischen einem fruchtbaren (Baetis- und Ebrotal, Ostküste) und einem wasserarmen, unproduktiven Hispanien, das landschaftlich von Gebirgen, Wäldern und schmalen Ebenen geprägt ist. In der Landwirtschaft überwogen bis zum 3. Jahrhundert die freien Arbeiter, die ihre eigenen Parzellen selbst bebauten bzw. gepachtete Gutshöfe bestellten. Der Anteil von Tagelöhnern und Sklaven in der Landwirtschaft war in dieser Zeit gering. Mit der Zunahme der Spezialisierung im Bergbau, vor allem aber mit der Verbreitung des Großgrundbesitzes wurden abhängige Arbeitskräfte immer wichtiger. Auf den ausgedehnten Besitzungen drängte sich ein Heer von Kleinpächtern (*coloni*), die ihre Freizügigkeit eingebüßt hatten und nun an die Scholle gebunden waren. Sklaven als Arbeitskräfte wurden vornehmlich für die Arbeit in den Minen und – in geringerem Umfang – in untergeordneten bürokratischen Funktionen oder als Bedienstete vornehmer Haushalte eingesetzt.

Die hispanisch-römische Gesellschaft setzte sich gemäß der im Römischen Reich geltenden Maßstäbe aus Menschen mit verschiedenem Sozial- und Rechtsstatus zusammen: aus Aristokraten, Freien und Freigelassenen und schließlich aus Hörigen. Mit der Zeit stand eine dünne Schicht von *possessores* – reichen Grundbesitzern – einer zahlenmäßig weit überlegenen Masse von *humiliores* – der weitgehenden Mehrzahl der Stadt- und Landbewohner – gegenüber.

Aus dem 1. Jahrhundert stammt die Beschreibung des Plinius d. Ä., die den hispanischen Gebieten und den dort lebenden Menschen gewidmet ist. In der Darstellung der

Organisation der Provinzen nennt er über 200 Namen von
hispanischen Städten unterschiedlichen Typs. Neben den
Kolonien und den *municipia civium Romanorum*, die das
römische Bürgerrecht besaßen, unterlag der größte Teil der
hispanischen Städte dem latinischen Recht, das durch Ves-
pasian verliehen worden war. Darüber hinaus gab es »freie«
Städte mit eigenen Gesetzen und autonomer Steuerpflicht,
ferner auch Städte, die Abgaben an Rom (*stipendium, tri-
butum*) entrichteten, zunehmend in Form von Naturalleis-
tungen.

Die Verordnung Caracallas (*constitutio Antoniniana*) aus
dem Jahr 212, die das römische Bürgerrecht auf alle freien
Bewohner des Reiches ausdehnte, trug definitiv zu einer
Angleichung der Rechtsverhältnisse bei. Von nun an setzte
sich die lateinische Sprache im westlichen Reichsteil durch
und wurde so zu einem Mittel, das die verschiedenen einheimischen Kulturen (Kantabrien, Keltiberien usw.) miteinander verband. Aus der stark romanisierten Baetica kamen in der zweiten Hälfte des 1. Jahrhunderts bedeutende
hispanisch-römische Schriftsteller: die beiden Seneca, Pom-
ponius Mela, Lucan, Columella; aus der Tarraconensis stammten Martial und Quintilian.

Die Pflasterstraßen – jenes Straßennetz, das gebaut wurde, um die militärische und verwaltungstechnische Kommunikation mit den ausgedehnten Territorien, die von Rom
unterworfen worden waren, zu sichern – verbanden auch
Völker und Menschen. Es waren diese Wege, über die
Neuerungen, Gebräuche und soziale Umgangsformen Verbreitung fanden. Rom exportierte seine Lebensart in die
Provinzen; Beispiele hierfür sind die Badekultur, die Zir-
kusspiele oder das Theater. Im Gegenzug importierte es die
Führungseliten der Provinzen, die ab dem 1. Jahrhundert
dem Römischen Reich ein neues Gepräge verliehen. Die
aus der Baetica stammenden Kaiser Trajan und Hadrian do-
kumentieren die nun einsetzende »Internationalität« des
Römischen Reiches. Zahlreiche Monumente (z. B. das Am-

phitheater von Italica), die von ihnen gestiftet wurden, bezeugen ihre Verbundenheit mit der Heimat.

Die reichen romanisierten Hispanier ahmten die Lebensformen der römischen Senatoren nach. Doch während des 3. Jahrhunderts vollzog sich ein Wandel im städtischen Leben. Auslöser war die am Ende der Severischen Dynastie ausgebrochene große Reichskrise, in deren Gefolge eine Reihe von Plünderungszügen, die ganze Landschaften heimsuchten (z. B. die Verwüstung Tarracos durch die Alamannen), stattfand. Sie führten zu einem Niedergang der Städte. Die munizipalen Ämter verwandelten sich in kostspielige Dienste, die man zu umgehen versuchte. So verließen die Führungsschichten die Städte, um sich auf dem Land niederzulassen. Als der Zerfall des Imperiums während des 5. Jahrhunderts im Zuge der germanischen Einfälle (Alanen, Sueben, Vandalen, Westgoten) einsetzte, wurde das soziale Leben in Hispanien von den *possessores*, den eigentlichen Machthabern, beherrscht. Sie führten ein vornehmes Leben, das sich mittlerweile vom städtischen Milieu auf das Land verlagert hatte. Mosaike in Landhäusern mit Darstellungen von Jagdszenen verdeutlichen uns die Lebensweise dieser Gesellschaftsschicht. Doch darf der Blick auf die vornehme Welt des spätantiken Hispanien nicht über die kärglichen Lebensbedingungen der großen Bevölkerungsmehrheit hinwegtäuschen, die von der Wirtschaftskrise, dem Produktionsrückgang und den germanischen Überfällen besonders hart getroffen wurde.

Überblickt man die Geschicke des römischen Hispanien, so zeigt sich ein Spannungsbogen von Divergenz- und Einheitsfaktoren. Zur ersten Kategorie gehört die Größe des Landes mit den höchst unterschiedlichen Klimazonen und Wirtschaftsräumen. Die mit der fortschreitenden Romanisierung einhergehende Urbanisierung vermochte vornehmlich Randzonen (Baetica, Ostküste, Ebrotal) zu erfassen, während riesige Bereiche des Tafellandes (*meseta*) davon unberührt blieben. Die unterschiedlich entwickelten Siedlungsräume gruppierten sich um regionale Zentren (Astorga, Mérida, Córdoba, Cartagena, Tarragona usw.), was die Herausbildung eines gemeinsamen Mittelpunktes verhinderte. Auf der anderen Seite erwuchs aus der allmählichen Dominanz der lateinischen Sprache (mit der Ausnahme des Baskenlandes) das Fundament für die auf dieser gemeinsamen Basis fußenden späteren hispanischen Sprachen (Kastilisch, Galicisch, Portugiesisch, Katalanisch). Ebenfalls begünstigte die willige Annahme römisch geprägter Zivilisationsmodelle die landesweite Ausbreitung vergleichbarer Lebensverhältnisse. Schließlich vermochte die Christianisierung als letzter Akt der Romanisierung dem Land ein neues einheitliches Bewußtsein zu geben.

Das Christentum

Die Verbreitung des Christentums im gesamten Mittelmeerraum stellte die folgenreichste Entwicklung für das Römische Reich dar. Als die ersten Christen auf die Iberische Halbinsel gelangten, begannen sie ihre Mission in einer heidnischen Umgebung, die vom Götterkult und religiösen Synkretismus geprägt war. Ob Paulus Hispanien besuchte – wie einige Anspielungen aus dem Römerbrief nahezulegen scheinen –, ist fraglich. In den Bereich der Legende gehört die Predigt des Jakobus. Wir wissen nicht, auf welchem Weg das Christentum nach Hispanien gelangte, ob über Nordafrika, Gallien oder direkt aus Italien.

Wahrscheinlich begann die Verbreitung der christlichen Lehre bereits ab dem 1. Jahrhundert – jedoch auf wenig spektakuläre Weise – vor allem in den Städten, wo sie von Soldaten und Händlern eingeführt wurde. Allerdings dürfte die Missionstätigkeit nur sehr langsam fortgeschritten sein: In der Mitte des 3. Jahrhunderts existierten einige christlich organisierte Gemeinden, die sich zum Teil den *collegia* oder rechtlich legitimierten Vereinigungen anschlossen. Eines der ersten und aussagekräftigsten Dokumente für die Christianisierung Hispaniens ist ein aus der Mitte des 3. Jahrhunderts stammender Brief, den der nordafrikanische Bischof Cyprian auf Anfragen seiner hispanischen Glaubensgenossen verfaßte. Aus ihm wird die Existenz von christlichen Gemeinden in Astorga, León, Mérida und Zaragoza sowie die regelmäßige Einberufung von Synoden ersichtlich. Gleichzeitig bezeugt das besagte Schreiben die erste, uns bekannte Appellation eines westlichen Bischofs an seinen römischen Amtskollegen. Ins Licht der Geschichte trat die hispanische Kirche erstmals anläßlich der Abhaltung einer Bischofssynode in Iliberris (Granada) um 300, an der 19 Bischöfe sowie 24 Presbyter aus allen hispanischen Provinzen teilnahmen. Um gegen heidnische Bräuche anzugehen, die in den ländlichen Gebieten praktiziert wurden, und um einer Verweltlichung der christlichen Kirche entgegenzutreten, erarbeitete das Konzil von Iliberris ein Bündel von Maßnahmen, die das künftige christliche Leben in Hispanien bestimmen sollten. Das bekannteste Ergebnis war die Forderung nach der Einführung des Priesterzölibats.

Es scheint, daß die erste bedeutende Expansion des Christentums in Hispanien in den Jahren zwischen den Verfolgungen des Valerian (253–260) und des Diocletian (303) stattgefunden hat. Aus dieser Zeit datieren die ersten dokumentierten Märtyrer: der Bischof Fructuosus aus Tarragona und seine Diakone Augurius und Eulegius im Jahre 259. Der *Peristephanon* des Prudentius legt Zeugnis für die Märtyrer der hispanischen Kirche ab. Mit der Regierung Konstantins des Großen (306) verbesserte sich die Situation der Christen schlagartig. Zwei Generationen später verordnete der aus Hispanien stammende Theodosius (380) den orthodoxen Katholizismus als offizielle Religion des Römischen Reiches. Die neue Situation begünstigte Predigt und Bekehrungseifer, obwohl sich im ländlichen Raum die heid-

nischen Kulte lange hielten. Auf der anderen Seite kam es
in dieser Zeit auch zu den ersten dogmatischen Abwei-
chungen, unter denen die des Priscillian hervorstach.

Die hispanische Kirche des 4. Jahrhunderts wies bereits
Persönlichkeiten von universeller Bedeutung auf. Neben
dem römischen Bischof Damasus (366–384), dem Initiator
einer neuen Bibelübersetzung, die zur Vulgata führte, ragte
vor allem der Bischof Hosius aus Córdoba heraus, der als
Gegner des Arianismus entschieden für das Glaubensbe-
kenntnis des ersten ökumenischen Konzils eintrat, das im
Jahre 325 in Nikäa stattgefunden hatte. Als theologischer
Berater von Kaiser Konstantin erlangte er einen maßgeblichen Einfluß auf die Gestaltung der Religionspolitik des
christlich werdenden Römischen Reiches.

Die Glaubensspaltung innerhalb der Christenheit zwischen Katholiken und Arianern sollte sich auf die religions-
politischen Geschicke Hispaniens auswirken. Während des
5. Jahrhunderts breiteten sich die arianischen Westgoten in
Hispanien aus. König Eurich gelang es gar, ein von Rom
unabhängiges Westgotenreich, das den Großteil der Iberischen Halbinsel umfaßte, zu begründen (468–477). Der
energische König Leowigild (568–586) strebte die Einheit
seines hispanischen Reiches auf der Grundlage des arianischen Bekenntnisses an. Er scheiterte jedoch am Widerstand der noch mächtigen römisch-hispanischen Eliten.
Daraus zog sein Sohn und Nachfolger Rekkared Konsequenzen. Im Jahre 587 trat er zum Katholizismus über und
versuchte nach der Überwindung der Glaubensspaltung,
ein von Toledo aus regiertes einheitliches Hispanien zu verwirklichen. Doch was wie ein Neuanfang aussah, erwies
sich bald als Epilog, wie sich am Leben und Werk des Isi-
dor von Sevilla (um 560–636) widerspiegelt. Der christliche
Universalgelehrte ist nur noch damit beschäftigt, das antike
Erbe zu retten. Bald wird die Ankunft des Islam das mor-
sche Westgotenreich hinwegfegen.

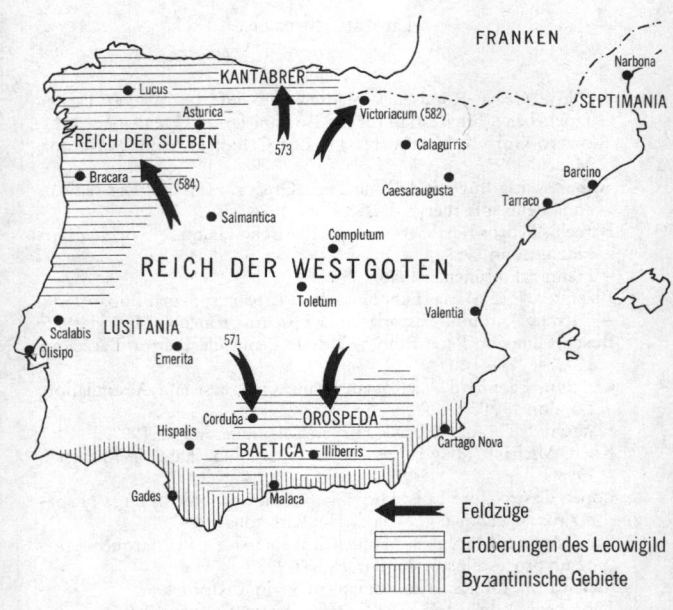

FRANKEN

Narbona

KANTABRER

SEPTIMANIA

Lucus

Asturica

Victoriacum (582)

REICH DER SUEBEN

573

Calagurris

Bracara

(584)

Caesaraugusta

Barcino

Salmantica

Tarraco

Complutum

REICH DER WESTGOTEN

Toletum

Valentia

Scalabis

LUSITANIA

571

Olisipo

Emerita

Corduba

OROSPEDA

Hispalis

Cartago Nova

Gades

BAETICA

Illiberris

Malaca

Feldzüge

Eroberungen des Leowigild

Byzantinische Gebiete

Das Reich der Westgoten unter Leowigild (573–586)

Literaturhinweise

Alföldy, Geza: Römisches Städtewesen auf der neukastilischen Hochebene. Ein Testfall für die Romanisierung. Heidelberg 1987.

Almagro Gorbea, Martín (Hrsg.): Los Celtas: Hispania y Europa. Madrid 1993.

Aubet, María Eugenia / Olmo Lete, Gregorio (Hrsg.): Los fenicios en la Península Ibérica I. Barcelona 1986.

Barceló, Pedro: Karthago und die Iberische Halbinsel vor den Barkiden. Bonn 1988.

– Hannibal. München 1998.

Blázquez, José María: Economia de la España romana. Bilbao 1978.

– / Tovar, Antonio: Historia de la Hispania romana. Madrid 1975.

Bosch Gimpera, Pere: Etnología de la Península Ibérica. Barcelona 1932.

Curchin, Leonhard A.: Roman Spain: Conquest and Assimilation. London 1991.

Hauschild, Thomas (Hrsg.): Hispania Antiqua. Mainz 1993.

Koch, Michael (Hrsg.): Die Iberer. Ausstellungskatalog. München 1998.

López Castro, José Luis: Hispania poena. Los fenicios en la Hispania romana (206 a. C. – 96 d. C.). Barcelona 1994.

Ruiz, Arturo / Molinos, Manuel: Los iberos. Análisis arqueológico de un proceso histórico. Barcelona 1995.

Richardson, John S.: The Romans in Spain. Oxford 1996.

Thompson, Edward A.: The Goths in Spain. Oxford 1969.

Tovar, Antonio: Iberische Landeskunde. Die Völker und Städte des antiken Hispanien (Baetica). Barcelona 1974.

Die christlichen Königreiche des Mittelalters

(711–1474)

Von José L. Martín Martín

Epochenüberblick

Nachdem das Westgotenreich durch die rasch vordringenden Muslime vernichtet worden war, begannen westgotische Adlige, die sich in den Norden zurückgezogen hatten, dort seit der Mitte des 8. Jahrhunderts Widerstandszentren zu bilden. Sie siedelten zwischen dem Meer und einigen Tälern des kantabrischen Gebirges in einer Zone, die kaum romanisiert worden war. Diesen gleichfalls kaum christianisierten Raum bewohnten sie zusammen mit der autochthonen Bevölkerung, den kantabrischen, asturischen und baskischen Stämmen. Die wenigen Quellen, die uns aus dieser Zeit überkommen sind, sind in arabischer Sprache verfaßt und behandeln die nördlichen Bewohner in despektierlicher Art und Weise als Barbaren.

Im Laufe der Zeit gelang es den Nachkommen dieser »Barbaren« aus den Bergen, etwa tausend Kilometer in den Süden vorzudringen und zur Mitte des 13. Jahrhunderts Sevilla und Córdoba einzunehmen, Städte, die lange Jahre Zentren arabischer Macht gewesen waren. Parallel dazu erzielten die christlichen Königreiche beachtliche Fortschritte bei der Entwicklung ihrer politischen und kirchlichen Institutionen; außerdem verbesserten sie Landwirtschaft und Viehzucht. 1492 wurde dieser Prozeß der christlichen Reconquista mit der Eroberung des Reiches von Granada durch die Katholischen Könige Ferdinand und Isabella abgeschlossen.

In dieser Epoche formierte sich nach Claudio Sánchez Albornoz das christlich-abendländische Spanien. Für diesen Historiker hat insbesondere die Grenzsituation die Mentalität und das Verhalten der Spanier geformt und einer ausgeglichenen Gesellschafts- und Eigentumsordnung Vorschub geleistet. Dagegen betonte Américo Castro, das Charakteristische Spaniens liege in den intensiven Beziehungen, die Muslime, Christen und Juden in jenem Zeitraum unterhielten. Doch der Mythos des freien christlichen Bauern in Kastilien und León erweist sich im Lichte neuerer Forschungen als genauso unhaltbar wie die Vorstellung eines weitgehend harmonischen Zusammenlebens dreier Religionen.

In gebildeten Kreisen und an den Höfen überwog unter Rückgriff auf Geographie und Geschichte die Vorstellung von der Existenz einer einheitlichen Hispania. Neben der Erinnerung an das Westgotenreich erlangten im 12. Jahrhundert Mythen oder Verklärungen zentrale legitimatorische Bedeutung, wie beispielsweise diejenigen, die den Kampf gegen die Muslime in der Gestalt des heiligen Jakob (Santiago) oder von El Cid (um 1070) verherrlichten, unbeschadet der Tatsache, daß letzterer häufig mit den Mauren paktiert hatte. Trotz der regionalen und territorialen Vielfalt halten Historiker am Begriff »Spanien« fest, so wie man im Mittelalter an der von Römern und Westgoten ererbten Hispania-Idee festhielt. Neuerdings spricht man dagegen vermehrt von Spanien im Plural (*las Españas*), entweder um mit größerem Nachdruck die Eigenständigkeit der Reiche zum Ausdruck zu bringen oder aus Rücksicht gegenüber den heute bestehenden Autonomien bzw. Regionen. Unbestreitbar reichen die Wurzeln der heutigen Autonomien bis ins Mittelalter zurück. Manche Historiker sprechen auch vom »Spanien der fünf Königreiche« und meinen damit die sich bis zum Spätmittelalter ausbildenden Kronen von Kastilien, Aragón, Navarra, Portugal sowie das maurische Reich von Granada.

Die christlichen Königreiche von der Ankunft der Muslime bis zum Jahre 1032

711	Ankunft der Muslime und Fall des Westgotenreiches.
um 722	Beginn des christlichen Widerstandes bei Covadonga; Königreich von Asturien.
739–757	Alfons I. von Asturien; angebliche Entdeckung des Jakobsgrabes (Santiago).
791–842	Alfons II. von Asturien; Siege über Muslime.
801	Karl der Große erobert Barcelona und kontrolliert die Gebiete bis zum Ebro (»spanische Mark«); Anfänge der Grafschaften Aragón und Katalonien.
um 850	Íñigo Arista erster König von Navarra.
878–898	Wifred vereinigt die katalanischen Grafschaften.
Anfang 10. Jh.	Umzug des asturischen Hofes nach León; »Königreich von León«.
922	Königreich von Navarra annektiert die Grafschaft Aragón.
960	Unabhängigkeit der Grafschaft Kastilien von León unter Fernán González.
1000	Sancho III. (*el Mayor*) König von Navarra und »Imperator«.

Die Ursprünge des christlichen Widerstandes gegen die Muslime und der sich langsam formenden Macht, die sich im Norden der Halbinsel entwickelte, sind wegen fehlender Quellen nur in ihren Grundzügen bekannt. Deswegen existieren vor allem Legenden um diese Anfänge. Zuerst ist die Bildung einer autonomen Macht im nordwestlichen Gebirge, im heutigen Asturien, wahrzunehmen. Das um 881 verfaßte *Chronicon Albeldense* weiß zu berichten, daß die ersten Aktionen dieser Widerstandsgruppen von einem gewissen Pelayo, der westgotischer Abstammung war und die Bezeichnung *dux* trug, angeführt wurden. Die christlichen Quellen heben seinen Sieg über die Muslime in der

Schlacht bei Covadonga (722) hervor, auch wenn dieses Aufeinandertreffen im arabischen Schrifttum nur als ein Scharmützel mit »dreißig wilden Eseln« bezeichnet wird.

Gleichzeitig vollzog sich die Integration der Westgoten in die autochthone Bevölkerung des kantabrischen Gebirges. Der Einfluß dieser Widerstandsgruppe auf die umliegenden Zonen begann gegen Mitte des 8. Jahrhunderts unter der Herrschaft Alfons' I. spürbar zu werden. Dieser erreichte den Anschluß von Galiziern, die im Westen siedelten, und der im Osten beheimateten Basken. Sie alle nutzten die günstige Gelegenheit der innerislamischen Konfrontation zwischen Muslimen arabischer Herkunft und den nordafrikanischen Berbern sowie offensichtlich große Versorgungsprobleme, die einen Rückzug der Muslime nach Süden auslösten. So waren die Christen in der Lage, unter Alfons II. von Asturien Militärexpeditionen in Richtung kastilische Hochebene auszusenden. In der Regierungszeit Alfons' I. wurde auch das angebliche Grab des Apostels Jakobus entdeckt, das zunächst aber nur der religiösen Überhöhung des asturischen Herrschers selbst diente. Seine Bedeutung im Kampf gegen die Mauren (»Jakobus Maurentöter«) sollte er erst unter dem Einfluß französischer Geistlicher im 12. Jahrhundert bekommen.

Währenddessen konstituierte sich im äußersten Osten der Halbinsel die »spanische Mark« als Schutzzone an der südlichen Grenze des karolingischen Imperiums. Durch eine langsame Ablösung vom Frankenreich nach dem Tode Karls des Großen gewann sie nach und nach an Selbständigkeit. Einen entscheidenden Schritt zur Vereinigung der im Nordosten gelegenen Herrschaften tat 878 Graf Wifred (*el Pelós*) von Barcelona und Gerona. Mit Hilfe seiner Familie und dynastischer Beziehungen fügte er die Gebiete von Urgel, Cerdaña und Ausona hinzu (878–898), was der katalanischen Geschichtsschreibung als Geburtsstunde der katalanischen Nation gilt.

Überall betrieb er intensiv die Ansiedlung neuer Bewohner und errichtete das Bistum Vic (um 886) sowie mehrere Klöster (880 Ripoll, 885 Sant Joan de les Abadesses). Nach seinem Tode wurden die Gebiete aufgeteilt, ein Zustand, der während des gesamten 10. Jahrhunderts anhielt. Auf diese Weise bestanden mehrere Grafschaften und Unterherrschaften. Die Verbindung der einzelnen katalanischen Häuser untereinander stellte ein einigendes Band in dieser Region Spaniens dar, in der die Grafen von Barcelona eine gewisse Vorrangstellung genossen. 987 wurde Katalonien eigenständig.

Insbesondere seit Alfons II. begannen die asturischen Herrscher, ihre Macht südlich des kantabrischen Gebirges auszudehnen. Auch wenn es beständig Zusammenstöße mit den Muslimen gab, konnten diese nicht verhindern, daß sich die Christen in den oberen Tälern der Zuflüsse des Duero festsetzten. In einem dieser Täler siedelten sie in der alten römischen Stadt León und erwählten sie zu Beginn des 10. Jahrhunderts zur Hauptstadt ihres christlichen Königreiches. Um dem muslimischen Kalifat von Córdoba einen entsprechenden Herrschertitel entgegensetzen zu können, nannte sich der asturische Herrscher Ordoño II. (914–924) »Imperator«, ohne damit gleichzeitig Ansprüche auf die römische Kaiserwürde abzuleiten. Vielmehr diente der Kaisertitel zur Untermauerung seines Hegemonialanspruches gegenüber den anderen christlichen Reichen der Halbinsel.

Währenddessen bildeten sich weitere christliche Kristallisationspunkte in der zentralen Region des Nordens zwischen den katalanischen Grafschaften im Osten und dem Königreich León im Westen. Der erste befand sich am Oberlauf des Ebro, in einer Zone, die aufgrund reichlich vorhandener Befestigungen Kastilien genannt wurde. Anfangs war das Gebiet eine mit dem Königreich León verbundene Grafschaft. Unter Fernán González (931–970) erreichte es eine weitgehende Autonomie und schließlich die

Selbständigkeit. Etwas weiter östlich entstand das Königreich von Pamplona, das einige navarresische Täler umfaßte. Sancho Garcés I. betrieb seit 905 eine stärkere Besiedlung der Gegend des mittleren Abschnittes des Ebro rund
um den Bischofssitz Nájera und in der Umgebung einiger
Klöster, wie beispielsweise dem von San Millán de la Cogolla.

Parallel zur räumlichen Expansion entwickelten die verschiedenen christlichen politischen Einheiten die theoreti-
schen und praktischen Grundlagen ihrer Herrschaft. Dabei
bezeichneten sich die Könige von León-Asturien als legiti-
me Erben der westgotischen Könige, deren Recht (*Fuero
Juzgo*) sie rezipierten. Eine wichtige Rolle spielten hierbei
die *mozárabes*, Christen, die unter den Muslimen lebten.
Einige waren in den christlichen Norden geflüchtet und
brachten jenen Hispania-Gedanken mit, der die Wiederer-
oberung des ehemals christlichen Landes und Wiederherstellung der früheren westgotischen Einheit beinhaltete.

Das Zentrum der leonesischen Macht bildete das Königtum, wobei innerhalb der königlichen Familie auch die
Frauen als Thronfolger auserkoren werden konnten. Obwohl prinzipiell das Sukzessionsrecht vorherrschte, war,
nicht zuletzt aufgrund der beständigen Kriegssituation, der
Idoneitätsgedanke in den iberischen Reichen stark verbreitet. Seit dem Ende des 8. Jahrhunderts ließen sich die Herrscher durch die Kirche zu Königen salben, wodurch sie
geistlich legitimiert wurden und so ihre Autorität stärkten.
Immer wieder kam es zur kurzzeitigen Vereinigung von
Reichen, wie z. B. unter dem Navarresen Sancho III. (*el
Mayor*, 1000–1035), der Navarra, Kastilien-León und Aragón regierte. Um seine Oberherrschaft zu unterstreichen,
bediente auch er sich des Titels »Imperator«.

Kriegswirtschaft und strategische Wüsten

Die christliche Gesellschaft erlebte zwischen dem 8. und
10. Jahrhundert große Veränderungen, insbesondere hinsichtlich der Aufteilung des beherrschten Landes und der
Bildung von Siedlungseinheiten. Dabei hatte die Besiedlung
des eroberten Landes Rückwirkungen auf die Besitzstrukturen und die soziale Ordnung. Lebte man anfangs auf engem Raum in den Tälern Asturiens, Kantabriens sowie der
Pyrenäen, so verteilte sich die Bevölkerung ab dem 9. Jahrhundert über Hunderte von Quadratkilometern, im Westen
zwischen dem kantabrischen Gebirge und dem Duero, im
Osten zwischen den Pyrenäen und dem Süden Barcelonas.
  Der hierfür meist verwandte Begriff »Reconquista« ver-
einfacht diesen Prozeß über Gebühr. Er idealisiert die Eroberung des Raumes und versieht sie mit einem heroischen
Unterton. Die Realität sah oft anders aus: Große Flächen,
vor allem in der nördlichen Hochebene (*meseta norte*), wurden kampflos besetzt, und wenn es Scharmützel gab, trach-
teten viele Krieger eher danach, Weideflächen zu bekommen, als den Boden für die Christenheit zurückzuerobern.
Unter den asturischen Königen Alfons II. (791–842) und
Alfons III. (866–910) stießen die Christen nicht selten in
teilweise entvölkertes Gebiet vor – viele Berber und Araber
zogen es vor, Richtung Andalusien zu ziehen –, doch waren
die eroberten Territorien nicht völlig menschenleer, wie es
die mitunter verwandten Begriffe »Neubesiedlung« oder
»Entvölkerung« vermuten lassen. Es ist richtig, daß einige
Chroniken auf vollständig verlassene Gebiete hinweisen; sicherlich ist dies aber zum Teil Ausdruck der Propaganda
der asturischen Könige, die als hehre Ziele die *populatio pa-
triae* und die *restauratio ecclesiae* vorgaben. Im Gebiet des
oberen Ebro und der nördlichen Zuflüsse des Duero ließen
sich mehr oder weniger gut organisierte Siedlergruppen nieder, um die Rodung der Wälder voranzutreiben und die Felder aufgrund des Systems der *presura* oder *aprisio* zu be-

wirtschaften. Die *presura* bedeutete, daß eine Privatperson, entweder als einzelner oder innerhalb einer Gruppe, oder Mitglieder einer kirchlichen Institution sowie adlige Vasallen ein Stück Land abgrenzten, dessen Eigentümer unbekannt war und dessen Rodung und Kultivierung sie vorantrieben. Danach konnten die zuständigen Autoritäten sie als Eigentümer anerkennen. Die Größe der in Besitz genommenen Fläche hing lediglich von der Bewirtschaftungskapazität der jeweiligen Person oder Institution ab.

Dieses System der Inbesitznahme wurde auch in Katalonien häufig angewandt, wo die Grafen an der weiteren Kolonisierung ebenfalls interessiert waren. Nach einiger Zeit wurden die Siedler zu Eigentümern dieser kleinen Parzellen (*alodios*), für die sie nur den Zehnten und einige Abgaben entrichteten. Kriegszüge dienten nicht nur militärischen Zwecken, sondern vielmehr der Pflege und Mehrung des Viehbestandes. Hierin ist der vielleicht wichtigste Grund für die Expansion nach Süden zu sehen.

Die Viehzucht hatte sich an die Bodenbeschaffenheit, die steilen Berghänge und das feuchte Klima der Bergtäler angepaßt. Die Herden erlaubten eine größere Mobilität im Falle heranrückender Truppen. Solchermaßen entstanden strategische Wüsten, Zonen, in denen man lediglich das Vieh weidete. In jener Phase, in der die Expansion bis an den Duero reichte, bedienten sich die Herrscher zur Kolonisation starker Dorfgemeinschaften, denen man ein größeres Gebiet (*alfoz*) mit der Aufgabe von dessen Verteidigung anvertraute. Dabei konnte die Bevölkerung das zugeteilte Land frei nutzen. Doch schon bald gerieten viele kleine Bauern und Dörfer in die Abhängigkeit adliger Großgrundbesitzer.

Bei der Entwicklung der Getreide- und Weinkulturen spielten die Klöster eine wichtige Rolle. Deren Vorbild und die Verfügbarkeit geeigneter Ländereien bildeten vermutlich den Ansporn für die Landbevölkerung, sich intensiver dem Ackerbau zu widmen.

Auch wenn es sich um eine Wirtschaft handelte, die hauptsächlich auf Selbstversorgung und Naturaltausch basierte, so entwickelte sich dennoch in einigen Zonen eine gewisse kommerzielle Aktivität. Diese befanden sich vor allem in Gebieten mit Transitverkehr, besonders in Katalonien und Navarra, die den Kontakt zwischen der europäischen und der orientalischen Zivilisation herstellten. Deshalb findet man hier einen intensiveren Geldverkehr bis hin zur Prägung von Münzen aus Silber im 10. Jahrhundert.

Die Kirchenorganisation

Der Einfall der Muslime führte dazu, daß die Mehrzahl der Bischofssitze aufgegeben wurde. Viele Geistliche übersiedelten in den Norden. Dort hatten sich auch zahlreiche Mönche eingefunden, denen sich ein weites Betätigungsfeld bot, denn unter der Bevölkerung der nördlichen Täler, insbesondere im Baskenland, war der christliche Glaube noch lebendig. Für die Schaffung einer Identität und gemeinsamen Mentalität mit dem westgotischen Bevölkerungsteil war diese Missionstätigkeit bei den Kantabrern, Asturern und Basken besonders bedeutsam.

Gleichwohl blieb der asturische Klerus stark isoliert. Die Diskrepanzen über die Interpretation des Dreieinigkeitsdogmas führten zum Bruch mit dem alten Bischofssitz in Toledo. Auch die Beziehungen mit dem fränkischen Klerus waren nicht konfliktfrei. Im Hinblick auf die *marca hispanica* war Karl der Große bestrebt, die Führungsschicht der Geistlichkeit von Toledo zu entfremden. Später allerdings entfernten sich die katalanischen Prälaten von den Franken.

Zwischen Kirche und Herrschern ergab sich eine Konvergenz der Interessen: Letztere errichteten Kirchen, stifteten Klöster und sorgten sich um die Disziplin der Kirchenleute; im Gegenzug übernahm der Klerus die Rolle des

Beraters, kolonisierte Landstriche, verwaltete Gebiete und rekrutierte Truppen. Die Kirchenadministration bildete das Rückgrat für die territoriale Organisation der christlichen Reiche, deren innere Verfaßtheit stets durch dynastische Wechselfälle und Abspaltungen bedroht war. Auch die Abhaltung von Reichsversammlungen nach westgotischem Vorbild, so z. B. in León, auf denen neben dem Adel insbesondere die Geistlichkeit vertreten war, trug zur Stabilisierung der christlichen Reiche bei.

Aufgrund der reichen Ausstattung erlebten die von den Königen und hochadligen Familien gegründeten Konvente eine beeindruckende Blüte. Einige hatten im 10. Jahrhundert mehr als hundert Mitglieder, die nach Regeln der westgotischen Ära lebten. In jedem Fall wuchs die Zahl der Klöster zwischen dem 9. und 11. Jahrhundert in erstaunlichem Ausmaß, was nicht zuletzt auf die Verteidigungsleistungen zurückzuführen war, die die häufig in Grenzgebieten etablierten Monasterien übernahmen.

In der Tatsache, daß man überwiegend den westgotischen oder mozarabischen Ritus pflegte, kommt eine gewisse Isolierung, aber auch ein erheblicher Grad an Eigenständigkeit der Christen auf der Iberischen Halbinsel zum Ausdruck. Ferner entwickelte sich ein eigener kirchlicher und säkularer Kunststil, der sich im 10. Jahrhundert über den Norden der Halbinsel ausbreitete. Eines seiner Stilelemente war die Verwendung des arabischen hufeisenförmigen Bogens, der geschlossener als der westgotische Bogen war.

Die Verfestigung der Reiche und die Erweiterung der Territorien
(11.–13. Jahrhundert)

1035	Aufsplitterung der Königreiche beim Tod Sanchos III. (*el Mayor*); Ferdinand I. erbt Kastilien, das er mit León vereinigt.
1065	Tod Ferdinands I. und Aufteilung der Reiche.
1072	Erneute Union von Kastilien und León unter Alfons VI.
1076	Aufteilung Navarras zwischen Kastilien und Aragón.
1085	Eroberung Toledos unter Alfons VI.; die Reconquista erreicht den Tajo.
1118	Alfons I. von Aragón erobert Zaragoza.
1134	Tod Alfons I. von Aragón; Abspaltung Navarras.
1137	Bildung des Königreiches Aragón durch die Heirat von Ramón Berenguer IV. von Barcelona mit der Erbin des aragonesischen Königs.
1157	Erneute Trennung der Königreiche Kastilien und León.
1179	Offizielle Anerkennung der Unabhängigkeit Portugals.
1212	Sieg Alfons' VIII. von Kastilien über die Muslime bei Las Navas de Tolosa.
1213–1235	Epoche der großen aragonesischen Eroberungen: Balearen und Valencia.
1230	Endgültige Vereinigung Kastiliens mit León unter Ferdinand III.
1234	Abhängigkeit Navarras von Frankreich.
1236–1248	Epoche der großen kastilischen Eroberungen: Córdoba, Murcia, Jaén und Sevilla.
1257	Bemühungen Alfons' X. von Kastilien um die Kaiserwürde.
1282	Anschluß Siziliens an das Königreich Aragón.

Die Grenzgesellschaft:
Eine spezielle Form des Feudalismus

Zwischen dem 11. und dem 13. Jahrhundert fanden auf der Iberischen Halbinsel tiefgreifende Transformationen statt, die sowohl eine bemerkenswerte territoriale Ausdehnung der Königreiche des Nordens als auch eine stetige, wenngleich diskontinuierliche Stabilisierung dieser Territorien mit sich brachten. Begleitet wurde dieser Prozeß von grundlegenden Veränderungen der gesellschaftlichen Struktur.

Zu den wichtigsten Entwicklungen zählte die Feudalisierung der Gesellschaft, die von der Mitte des 10. bis zur Mitte des 11. Jahrhunderts zu datieren ist. Der Feudalisierungsprozeß stellte dabei die Konsequenz der Autonomie und Stärke des Adels dar. So erlangten die Adligen (*magnates* oder *proceres*) und der hohe Klerus Stück um Stück Herrschaftsgewalt und stärkten ihre persönlichen Beziehungen zur Bevölkerung zum Nachteil der Oberherrschaften.

Gerade die Existenz einer Grenze zu einem Volk anderer Religion führte freilich zu einigen speziellen Ausprägungen des Lehenswesens auf der Iberischen Halbinsel, da die Grenzsituation eine größere Dynamik in der Gesellschaft zuließ und dem persönlichen Fortkommen bzw. der Entfaltung einen gewissen Raum gewährte. Die Verfügbarkeit großer, wenn auch nur unter Gefahr zu nutzender Flächen begünstigte ebenfalls die Ausbreitung eines Feudalmodells, das sich vom klassischen Feudalismus in wichtigen Punkten unterschied. Die großen Grundherrschaften Kastiliens kannten die Pflicht zur persönlichen Fronarbeit nicht. Die Grundherren bevorzugten statt dessen bäuerliche Tributzahlungen und widmeten sich im übrigen der Viehzucht. Die Existenz der Dorfgemeinschaften, gebildet aus kleinen Eigentümern, sicherte den Bauern einen gewissen Schutz zu. Mit der Besetzung neuer Gebiete eröffneten sich diesen immer wieder Chancen zur Wahrung der persönlichen Freiheit. So legten die Stadtrechte (*fueros*) fest, daß es keine

Knechtschaft geben dürfe. Wenn dies auch die Ausbreitung des Feudalismus nicht verhindern konnte, so blieb doch die Tatsache bestehen, daß die Bauern im Grundsatz frei waren; die Vermögenderen unter ihnen werden in den Quellen als *hombres buenos* bezeichnet. Außerdem gab es zur Mitte des 15. Jahrhunderts noch gut 560 *behetrias*, Dörfer, die ihre Grundherren im Prinzip frei wählen durften. Charakteristisch für Kastilien war außerdem, daß der König die hohe Justiz sowie das Recht, Märkte zu begründen, behielt. Das Münzregal sowie die wirtschaftliche Nutzung der Bergwerke zählten ebenso zu den königlichen Prärogativen wie die oberste Militärgewalt. Bei der spanischen Grundherrschaft überwog für den Grundherrn somit weniger die Amtsgewalt als vielmehr die Bedeutung der wirtschaftlichen Einkünfte.

Daß der Raum die Ausbildung sozialer Strukturen entscheidend beeinflußte, läßt sich am Beispiel Kataloniens ablesen, das seine Expansion im 12. Jahrhundert abgeschlossen hatte und sich einem zunehmenden adligen Druck auf begrenzter Fläche stellen mußte. Ferner führte fränkischer Einfluß hier zu einem Feudalwesen, das eher dem des Karolingerreichs entsprach. Die Bauern sahen sich nicht nur hinsichtlich der Besitzverhältnisse zunehmenden adligen Pressionen ausgesetzt. Wollten sie die Scholle verlassen, so verlangte man ihnen die Zahlung eines hohen Betrages ab (*remensa*).

Die Besetzung des Raumes – Modelle der Besiedelung

Die Gemeinschaft der christlichen Königreiche im Norden der Halbinsel dehnte sich zwischen dem 11. und dem 13. Jahrhundert von den Flüssen Duero und Ebro bis zum Guadalquivir nach Süden aus. Gleichzeitig formierten sich die Reiche, wie jenes der Krone von Aragón, das seinen Ursprung in einigen Grafschaften hatte, die in den zentralen Tälern der Pyrenäen lagen. Ursprünglich mit den Franken verbunden, erlangte es unter Ramiro I. (1035–1063) die Königswürde, wobei Navarra auf Dauer seine Unabhängigkeit wahren konnte. Unter Alfons I. (*el Batallador*, 1104–1134) wurden die Kronen von Aragón und Kastilien-León kurzzeitig vereint (1109–1114). Seinem Namen machte Alfons I. alle Ehre, indem er Zaragoza, Tudela, Tarazona und weite Gebiete des Ebrotales eroberte (1118–1119). Doch nach seinem Tod (1134) wurden seine Territorien getrennt, und das Königreich Aragón fiel an seinen Bruder Ramiro II. (*el Monje*, 1134–1137). Die Tochter Ramiros, Petronila, heiratete den Grafen von Barcelona, Ramón Berenguer IV. (1137). Petronila gelang es, für ihren Sohn, Alfons II. (1162–1196), Aragón und Katalonien dauerhaft zur Krone von Aragón zu vereinigen (1164).

Diesem Reich sollte nicht nur auf der Iberischen Halbinsel, sondern auch im gesamten Mittelmeerraum entscheidendes Gewicht zukommen. Während des 13. Jahrhunderts und unter der Herrschaft Jakobs I. (*el Conqueridor*, 1213–1276) demonstrierte die neue politische Einheit durch die Eroberung Mallorcas (1229–1232), Menorcas (1231) und Ibizas (1235) sowie von Valencia und der Zone von Júcar (1238–1253) ihre Stärke. Da nach diesen Siegen eine weitere Expansion auf der Halbinsel praktisch nicht mehr möglich war, verlegte sich Peter III. (*el Grande*, 1276–1285) aufs Mittelmeer, festigte die Abhängigkeit der Balearen als Sekundogenitur und erreichte den Anschluß Siziliens (1282).

Parallel dazu verlief der Vorstoß im zentralen Teil der Halbinsel. Hier übernahm Kastilien die Führung. Nicht zuletzt das geschickte Taktieren mit dem Königreich Pamplona-Navarra hatte den kastilischen Grafen seit Fernán González diese Vormachtstellung verschafft. Seit Ferdinand I. (1037–1065) waren beide Herrschaften verbunden, wenngleich noch zwei Phasen der Trennung folgten – eine sehr kurze bei der Nachfolge Ferdinands und eine längere zwischen 1157 und 1230. Danach blieben beide Reiche definitiv unter der Krone von Kastilien vereint.

Zu einem wichtigen Meilenstein der Expansion und Festigung Kastiliens wurde die Eroberung Toledos durch Alfons VI. (1085), was die Kontrolle über das Tal des Tajo bedeutete, auch wenn unmittelbar darauf eine Militärkampagne der Almoraviden als Reaktion folgte. Darüber hinaus wurde auch das Königreich von Galizien in den kastilisch-leonesischen Herrschaftsbereich aufgenommen. Parallel zu dieser Blockbildung im Zentrum der Iberischen Halbinsel formierte sich unter heftigem Widerstand mächtiger Grafenfamilien das spätere Königreich Portugal. Im 12. Jahrhundert war somit die Bildung der größeren christlichen Königreiche – Kastilien-León, Navarra, Aragón und Portugal – bereits im Kern abgeschlossen.

Im Jahre 1212 verschob sich durch den Sieg der Christen bei Las Navas de Tolosa über die Heere der Muslime die Grenze bis in den Süden von Guadiana in der Sierra Morena. Darauf folgte, was man die »große Reconquista« genannt hat, bei der unter der Herrschaft Ferdinands III. der Guadalquivir erreicht und Córdoba (1236), Jaén (1246) und Sevilla (1248) eingenommen wurden. Im Gegensatz zum Valencianer Raum ergriff der größte Teil der islamischen Bevölkerung die Flucht und wanderte nach Nordafrika aus.

Hinsichtlich der Aufteilung des Raumes und der Ansiedlung der Kolonisten sind drei Modelle zu erkennen. Das erste war das bereits erwähnte System der *presuras*, das man in den Gebieten nördlich des Duero fand. Weiter im Süden, zwischen den Flüssen Duero und Guadiana, entwickelte sich zwischen dem 11. und 13. Jahrhundert das sogenannte Stadt-Modell (*concejos*), das z. B. in Ávila, Salamanca, Segovia oder Cáceres angewandt wurde. Die Krone wies den Siedlern ein bestimmtes Gebiet zu und bewilligte ihnen unter Wahrung der königlichen Prärogative eine eigene Gerichtsbarkeit. In den Gebieten der Levante, Mallorcas und auch im Süden, besonders in den nun von Christen besetz-

ten Teilen Andalusiens und in Murcia, begegnete man seit
dem 13. Jahrhundert dem dritten System, dem der Verteilung (*repartimientos*). Dabei war in Aragón und Valencia
eine muslimische Siedlungskontinuität durchaus gegeben.
Diese Bevölkerungsgruppe genoß persönlichen und eigen-
tumsrechtlichen Schutz. Immer jedoch fielen die lukrativ-
sten Güter in die Hände der Christen. Jene Vermögen und
Immobilien, die dem Herrscher oder geflüchteten Muslimen gehört hatten, wurden durch die christlichen Eroberer unter königlicher Aufsicht aufgeteilt. Eine große
Gruppe von Nutznießern war diejenige der Kleinbauern.
Der der Reiterei zugesprochene Anteil wurde in der Maß-
einheit *caballería* angegeben, wobei diese aber den doppelten oder mehrfachen Wert dessen umfassen konnte, was
man den Bauern zugestand. Zuteilungen von noch höhe-
rem Wert (*donadíos*) waren den Mitgliedern der königlichen Familie und dem Hochadel vorbehalten. Insbesondere
dem hohen Klerus sowie in dieser Eroberungsphase wichtigen Militärorden von Calatrava, Santiago und Alcántara gelang es, im Süden des Landes große Latifundien zugeteilt
zu bekommen.
    Umfangreiche Randgebiete oder brachliegende Flächen
wurden häufig von Viehherden genutzt. In dieser Zeit setzte sich das System des Weidewechsels (*transhumancia*)
durch. So zog man im heißen Sommer in die nördlichen,
kühlen, weil hochgelegenen Bergzonen und ab dem Herbst
zu den milden Überwinterungsgebieten im Süden. Die
Besitzer der Schafherden organisierten sich in einer Institution, der *Mesta*, die von Alfons X. (1252–1284) ab 1272
offiziell anerkannt wurde. Sie vertrat die Interessen der
Schafzüchter, insbesondere diejenigen der Adligen unter
ihnen.

Der Jakobsweg und die nordspanischen Städte

Schon früh erlangte Santiago Bedeutung als eines der wichtigsten Pilgerziele der Christenheit nach Jerusalem und Rom. Seit dem 11. Jahrhundert setzte ein Urbanisierungsprozeß entlang des Weges ein, der die Pilger, die die Pyrenäen bei Roncesvalles oder Somport überquerten, bis nach Santiago de Compostela am nordwestlichen Ende der Halbinsel führte. Entlang dieser Route bildeten sich Siedlungen, vor allem in der Nähe von Brücken, wo Herbergen und Geschäfte entstanden, so z. B. Jaca, Logroño, Santo Domingo de la Calzada, Burgos, León, Ponferrada oder Santiago de Compostela selbst. Charakteristisch für diese am Jakobsweg gelegenen Städte war die Verleihung von Stadtrechten, die die Ansiedlung von Händlern und die Entwicklung von Märkten und Messen erleichterte. Diese Stadtrechte bezeichnet man als *francos*, ein Ausdruck, der eine zweifache Bedeutung besitzt: Er bezieht sich zum einen auf Personen, die aus Gegenden jenseits der Pyrenäen stammten, und zum anderen darauf, daß die Stadtbewohner in den Genuß von Rechts- bzw. Steuerbefreiungen kamen. Besondere Erwähnung verdient der wirtschaftliche Aspekt des Wallfahrerwesens, der wesentlich zur Entwicklung des Nordens beitrug.

Als äußerst dynamisch erwiesen sich die östlichen Küstenstädte, vor allem Barcelona, Valencia und Palma de Mallorca. Zentrum des Handels war Barcelona, das den Warenaustausch mit der gesamten nordafrikanischen Küste, mit Byzanz, den griechischen Inseln, Syrien und Ägypten intensiv pflegte. Die aragonesische Expansion im Mittelmeer diente immer auch den Interessen der Patrizierschicht (*ciudants honrats*) Barcelonas. Im Laufe der Zeit entwickelte sich dort eine differenzierte Wirtschaftsstruktur mit einem hohen Spezialisierungsgrad im Bereich des Handwerks, welches gut 80 % der Erwerbsbevölkerung Lohn und Brot gab. Besondere Bedeutung kam der Textilproduktion, der Gerberei und der Metallverarbeitung zu, Aktivitäten, die auch in anderen Orten dieser Region, wie Gerona, Urgel oder Lérida, ausgeübt wurden. Im Unterschied zu den Städten im Landesinneren war es hier die kaufmännische Aristokratie, die das urbane Leben und die öffentliche Ordnung ihren Interessen entsprechend kontrollierte.

Die kirchlichen Strukturen

Hinsichtlich der Kirchenpolitik wurde ab dem 11. Jahrhundert die von Papst Gregor VII. vorangetriebene Reformbewegung spürbar. Dabei zielte das Papsttum mit Blick auf die iberischen Reiche nicht so sehr auf die Simonie oder die moralische Verfassung des Klerus ab als vielmehr auf die generelle Kontrolle der hispanischen Geistlichkeit. Ein wichtiges Ziel stellte in diesem Zusammenhang die Aufgabe des westgotischen zugunsten des römischen Ritus dar. Die Reformer erreichten ihre Ziele in der zweiten Hälfte des 11. Jahrhunderts in einer Reihe von Konzilien, wobei der Einfluß von Cluny besonders hervorzuheben ist. So vollzog sich 1071 die Abkehr vom aragonesischen Ritus in diesem Königreich sowie in Katalonien; in Kastilien wurde die römische Form seit 1080 unter Alfons VI. endgültig durchgesetzt.

Die Stärkung der Klöster, die zu Brennpunkten der Kolonialisierung, des Kultes und des intellektuellen Lebens geworden waren, spielte eine wichtige Rolle. Daß hierbei nicht allein innerkirchliche Gründe ausschlaggebend waren, zeigen die wirtschaftlichen Aktivitäten der reichen Konvente (Oña, Sahagún, San Millán, Roda, Ripoll), die versuchten, ihren Grundbesitz zu arrondieren. Einige von ihnen wurden sogar zu herrscherlichen Grablegen, so Poblet in Katalonien, San Juan de la Peña in Aragón oder Leyre in Navarra.

Gleichwohl war die Blüte der monastischen Kultur fast ausschließlich auf den nördlichen Teil der Halbinsel beschränkt, während man im Süden kaum herausragende Klöster findet. Hier wurde deren Platz allmählich durch die Pfarrkirchen eingenommen, die ein dichtes Netz bildeten. Ab etwa der Mitte des 13. Jahrhunderts wurden die Einflüsse der Bettelorden der Dominikaner und Franziskaner spürbar, die einen Bereich pflegten, dem vom Klerus der Kathedralen und der Pfarrkirchen wenig Aufmerksamkeit gewidmet wurde: die Predigt und die Beichte.

In der Umgebung der Klöster und Kathedralen entwickelten sich Schulen, die bedeutende Zeugnisse der spanischen Kultur des Mittelalters hervorbrachten. Neben Monasterien, wie z. B. Santo Domingo de Silos oder San Millán de la Cogolla, entwickelte sich die Übersetzerschule von Toledo, in der Werke jüdischer, arabischer und christlicher Autoren übertragen wurden und die bereits ab dem zweiten Viertel des 12. Jahrhunderts bestand, zu einem der herausragendsten kulturellen Zentren. Wenig später trat die Schule der Kathedrale von Palencia in Erscheinung, die damals eine auch ökonomisch wichtige Diözese bereicherte. Hier konzipierte man zu Beginn des 13. Jahrhunderts einige Universitätsstudiengänge, zentriert auf den Unterricht der Künste, des kanonischen Rechts und der Theologie, wobei zum Lehrpersonal zahlreiche Ausländer, besonders Franzosen und Italiener gehörten. Wenig später, 1218, gründete König Alfons IX. die Universität von Salamanca, die sich dank der Unterstützung Ferdinands III. stetig entwickelte.

Die Konsolidierung Aragóns und Kastiliens

Vom Beginn der Union zwischen dem Königreich Aragón und dem Prinzipat von Katalonien regierte bis zum 15. Jahrhundert das Haus Barcelona. Diese ursprünglichen politi-

schen Einheiten wurden später durch die Eroberungen vermehrt. Eine gewisse Stabilität erreichte man durch die Festlegung der männlichen Thronfolge seit dem letzten Viertel
des 12. Jahrhunderts. Die Grundlage der aragonesischen
Herrschaft bildete der *pactismo*, d. h. eine Übereinkunft, wonach der König sich verpflichtete, die allgemeinen Normen
und Privilegien der verschiedenen Reichsteile anzuerkennen.
Im Gegenzug versprach das Volk Treue und Gehorsam. Falls
sich der Monarch über die lokalen und regionalen Rechte
und Privilegien hinwegsetzte, konnten die Einwohner diese
Entscheidungen ignorieren oder sich sogar ausdrücklich wi-
dersetzen. Insbesondere die beständige Finanznot führte im
14. Jahrhundert zu einer Stärkung der Ständeversammlung
(*Corts*) in den einzelnen Reichen der Krone Aragóns.

In Kastilien blieben die Könige die obersten Befehlshaber des Heeres, auch wenn dieses von unterschiedlichen
Feudalherren befehligt wurde. Die Existenz eines gemeinsamen Feindes trug dazu bei, ihre Stellung als militärische
Führer zu festigen. Die länger andauernden kriegerischen
Auseinandersetzungen und die Grenzsituation dürften in
Kastilien dazu geführt haben, daß sich das Königtum dort
in letzter Konsequenz gegenüber den Ständen deutlicher als
in Aragón behaupten konnte.

Auch ökonomisch konnten die Herrscher ihre Position
ausbauen, da sie mitunter von abhängigen Muslimen *parias*,
d. h. Tributzahlungen, erhielten, die die militärisch überlegenen Christen für den Frieden forderten. Ferner ging ein
Teil der Kriegsbeute an den König. Diese Gelder bildeten
zusammen mit den grund- und gerichtsherrlichen Einnahmen die Masse der königlichen Einkünfte.

Zur Mitte des 13. Jahrhunderts begannen die theoretische
Basis und die Mechanismen der königlichen Regierung stärker an Konturen zu gewinnen. Seinen prominentesten Niederschlag fand dieses Bestreben in der Regierungszeit Alfons' X. in dessen bekanntestem Werk *Siete Partidas*. Dieser
Monarch, der die Könige zu Stellvertretern Gottes erklärte,

hielt in seiner Gesetzessammlung fest, daß den Herrschern eine Reihe von Kompetenzen, wie die höchste Gerichtsbarkeit, die Münzprägung, das Bergbau- und Salzmonopol oder die Erhebung spezifischer Steuern, zukäme. Dieses Kompendium, das ohne adlige Mitwirkung verfaßt wurde, stieß auf den erbitterten Widerspruch der Vornehmen. Wie sehr Alfons X. von seiner Sendung überzeugt war, zeigt nicht nur die Tatsache, daß man ihm in der Geschichtsschreibung mitunter als »absoluten Herrscher« bezeichnete. Vielmehr nannte er sich *»emperador en su imperio«*, wobei er sich nicht so sehr auf die leonesische Kaiseridee stützte, sondern sich an die von Vincentius Hispanus vertretene Idee anlehnte, wonach die Spanier infolge ihrer Tugend das Imperium erlangt hätten. Der spanische Kaiser, so die Argumentation, habe das Schwert der weltlichen Herrschaft direkt von Gott erhalten und nicht wie der römische Kaiser aus der Hand des Papstes. Freilich sollte sich Alfons im Jahr 1257 ebenfalls um die römische Kaiserwürde bemühen. Auf dem Reichstag in Frankfurt ließ er sich zum deutschen König gegen Richard von Cornwall wählen, ohne das Reich je betreten zu haben. Mit der Kaiserwürde untermauerte Alfons seinen Hegemonialanspruch über die Iberische Halbinsel.

Daß die Könige Kastiliens keineswegs absolutistisch regierten, zeigt die Tradition der *Cortes*, der Versammlung der Adligen und Geistlichen. Bei einer Zusammenkunft in León 1188 waren erstmals Repräsentanten der Städte anwesend. Mit deren Präsenz schufen die Monarchen ein Gegengewicht zu den beiden anderen Ständen (*brazos*). Des weiteren sicherten sich die Könige die Kontrolle über die militärischen Kontingente und die ökonomischen Ressourcen der Städte. Im Gegenzug erhielten die städtischen Vertreter (*procuradores*) Mitspracherechte bei der Finanzpolitik. Obwohl in der mittelalterlichen Verfassungsgeschichte in beiden Reichen die ständische Mitsprache vorgesehen war, wird man in Aragón eine stärkere Verankerung dieses Partizipationsanspruches feststellen dürfen.

Die hispanische Gesellschaft im 14. und 15. Jahrhundert

1311	Katalanische Truppen besetzen die Herzogtümer von Athen und Neopatria.
1324	Annexion Sardiniens durch die Krone von Aragón.
1340	Sieg Alfons' XI. von Kastilien über die Muslime in der Schlacht von Salado; Kontrolle über die Meerenge von Gibraltar.
1348	Seuchenzug der schwarzen Pest.
1356	Krieg zwischen Peter I. von Kastilien und Peter IV. von Aragón.
1369	Ermordung Peters I. von Kastilien; Aufstieg Heinrichs II. und der Dynastie Trastámara.
1385	Erfolglose Ansprüche Johanns I. von Kastilien auf die Krone Portugals.
1412	Abkommen von Caspe: Ferdinand I., Bruder des kastilischen Monarchen, erhält die Krone von Aragón.
1442	Alfons V. von Aragón erobert Neapel.
1451	Bürgerkrieg in Navarra.
1462	Aufstand der Bauern in Katalonien.
1469	Heirat Isabels, Prinzessin von Kastilien, mit Ferdinand, dem Erben Johanns II. von Aragón.
1474	Krieg um die Krone Kastiliens.
1479	Ferdinand erbt die Krone von Aragón. Vertrag von Alcaçovas: Anerkennung Isabels als Königin von Kastilien; Beginn der Regierung der Katholischen Könige in Kastilien und Aragón.

Krise und erneute Expansion

In Kastilien-León läßt sich gegen Ende des 13. Jahrhunderts der weitgehende Stillstand militärischer Aktivitäten gegen die Muslime beobachten, was einen Verlust an Zielen für Adlige und Ritterschaft bedeutete, die überdies ihre

Einkünfte aus den Kriegszügen schwinden sahen. In dieser Situation der Neuorientierung wurde das Fehlen einer politischen und militärischen Führung durch das Königtum deutlich spürbar. Dieses wurde durch zwei aufeinanderfolgende Kinder ausgeübt: Ferdinand IV. (1295–1312) begann seine Herrschaft mit neun Jahren; als er starb folgte ihm sein Sohn Alfons XI. (1325–1350) nach, der beim Tode des Vaters nur ein Jahr alt war, weswegen das Königreich bis zu seiner Volljährigkeit (1325) in den Händen von Vormündern blieb und Eigenmächtigkeiten des Adels an der Tagesordnung waren. Danach aber setzte Alfons XI. den von Alfons X. eingeschlagenen Kurs fort, die königliche Stellung gezielt zu stärken. Er ließ sich zum König krönen, ein Zeremoniell, das sein Großvater Sancho IV. 1284 nach gut 150 Jahren Unterbrechung wiederaufgenommen hatte. Gemäß der Devise, daß der Herrscher seine persönliche Eignung unter Beweis zu stellen habe, wollte Alfons die Ansprüche des Adels in die Schranken weisen. Der in Kastilien stark vertretene Idoneitätsgrundsatz führte beständig zu Spannungen zwischen Adligen und Königtum. Alfons XI. hat dieses Prinzip beachtet, indem er den Feldzug gegen die Mauren weiterführte und trotz einer vernichtenden Niederlage seiner Flotte vor Algeciras (1340) die Stadt selbst eroberte, worauf die Einnahme von Cádiz, Niebla und Jerez (1360–1362) folgte und die Tributpflichtigkeit des Maurenreiches in Granada untermauert wurde. Im Sinne der religiösen Akzentuierung seiner Herrschaft baute er 1337 den Kult um die Jungfrau von Guadalupe (Extremadura) durch die Gründung eines Klosters aus. Innenpolitisch lehnte er sich an die *Siete Partidas* an und versuchte, die königliche Autorität durch die Kontrolle der Stadtverfassungen sowie durch die Entsendung königlicher Beamter in die Städte (*corregidores*) zu stärken, die im *Ordenamiento de Alcalá* (1348) zum ersten Mal erwähnt werden. Die Ausweitung der Verbrauchssteuer (*alcabala*), die bislang nur in einigen Orten Kastiliens erhoben worden war und nun auf das gesamte Reich ausgedehnt wurde, unterstreicht eindrucksvoll den Willen zur Zentralisierung bzw. Stärkung politischer Macht in den Händen des Königtums.

Auf der Iberischen Halbinsel kam es, wie im übrigen Europa, während des 14. und zu Beginn des 15. Jahrhunderts zu Strukturanpassungen. So finden sich für Aragón und Kastilien Informationen über die Existenz von Hungersnöten, in Kastilien zu Beginn des 14. Jahrhunderts und in Katalonien etwas später (1333). Solchermaßen traf die Schwarze Pest auf bereits geschwächte Menschen. Das Ausmaß des Pestzugs läßt sich nur schwer quantifizieren. Aus den Zehntverzeichnissen geistlicher Institutionen ist ein merklicher Rückgang an Einkünften abzulesen. Einige katalanische Landstriche, wie La Plana de Vic, verloren mehr als die Hälfte ihrer Bevölkerung. Ebenso erging es Teruel. Auch Barcelona erlitt eine einschneidende Reduzierung seiner Einwohnerzahl, die sich von etwa 50 000 vor der Pest auf weniger als die Hälfte zu Beginn des 15. Jahrhunderts verminderte. Immer wieder brachten die Repräsentanten der kastilischen Städte auf den *Cortes* den Anstieg von Preisen und Löhnen zur Sprache, Klagen, die auch in Aragón zu hören waren.

In Kastilien beendete die Epidemie sogar das Leben König Alfons' XI. und bereitete einer der traumatischsten historischen Perioden den Weg. Es folgte eine lange Phase der Feudalanarchie. Peter I. (1350–1369) trug den dynastischen Streit mit seinem Stiefbruder, dem Bastard Heinrich von Trastámara, aus. Heinrich versäumte es nicht, die moralischen Qualitäten seines Widersachers öffentlich anzuzweifeln. Wenngleich Peter I. nicht brutaler vorging als damals üblich, so brachte ihm seine Politik doch den Beinamen »der Grausame« ein. Die Konfrontation spitzte sich durch die Intervention Aragóns zugunsten Heinrichs zu, und sie verkomplizierte sich durch die Parteinahme der Kontrahenten im Hundertjährigen Krieg: Frankreich ging gegen Peter I. vor, wohingegen England ihn unterstützte.

Schließlich ließen ihn aber die Engländer im Stich, was den endgültigen Sieg Heinrichs II. (1369–1379) förderte und die Trastámara-Dynastie in Kastilien an die Macht brachte.

Aus diesem Sieg erwuchs jedoch kein wirklicher Friede. Diesen erreichte weder Heinrich II. noch dessen unmittelbarer Nachfolger Johann I. (1379–1390), der überdies eine schmerzhafte Niederlage gegen die Portugiesen hinnehmen mußte, als er mit dem Verweis auf seine Heirat mit der Tochter des portugiesischen Monarchen dessen Reich für sich reklamierte. In dieser Unternehmung kam der Versuch zum Ausdruck, eine Art »iberischer Einheit« erneut zu bekräftigen. Hatte schon Johann I. versucht, die königliche Stellung zu stärken, indem er den Königlichen Rat (*Consejo Real*) institutionalisierte, die Städte an sich band und die königliche Justizverwaltung ausbaute, so folgte auch sein Nachfolger Heinrich III. (1390–1406) der bereits von Alfons X. und Alfons XI. vorgezeichneten Linie.

Wirtschaftlich und demographisch erholte sich Kastilien in den ersten Jahrzehnten des 15. Jahrhunderts. So beobachtet man sowohl die Erschließung neuen Landes als auch eine Zunahme der städtischen Bevölkerung. Doch stand diesen Veränderungen keine positive Entwicklung der politischen Verhältnisse gegenüber. Kastilien geriet erneut in eine Phase politischer Turbulenzen, die die Regierungszeiten Johanns II. (1406–1454) und Heinrichs IV. (1454–1474) überschatteten. Die Monarchie mußte alle ihre Bemühungen darauf konzentrieren, den Adel im Zaum zu halten. Sie tat dies mit geringem Erfolg und von Skandalen begleitet, wie jenem, der in der Hinrichtung des königstreuen Günstlings, des *condestable* Álvaro de Luna gipfelte, oder der als Farce von Ávila bekannten Aktion, bei der Mitglieder des Hochadels in einer öffentlichen Zeremonie eine Puppe, die den König repräsentierte, vom Thron stießen und seinen Stiefbruder Alfons an seine Stelle setzten.

Während Kastilien das Bild eines beständigen Kampfes zwischen Krone und Adelsfaktionen bot, erlebte Aragón eine gewisse, wenn auch ebenfalls gefährdete politische Stabilität. Unter Jakob II. (1291–1327), Alfons IV. (1327–1336) und Peter IV. (*el Ceremoniós*, 1336–1387), konsolidierte sich die katalanische Stellung im Mittelmeerraum durch die Einnahme Neopatrias (1319) und die Eroberung Sardiniens (1324) sowie die erneute Bekräftigung des Besitzes der Balearen.

Nach dem Aussterben der aragonesischen Königsfamilie mit dem Tode Martins I. (1396–1410) einigte sich eine Kommission parlamentarischer Vertreter der *Corts* am 24. Juni 1412 in Caspe darauf, Ferdinand von Antequera, den Bruder des kastilischen Monarchen Heinrich III., zum König von Aragón zu erheben. Solchermaßen regierte nunmehr die Familie der Trastámara sowohl in Kastilien als auch in Aragón. Im nachhinein wird man in der Vereinbarung von Caspe, die zum Teil als »Revolution« bezeichnet wurde, die Grundlage für die spätere Vereinigung Spaniens sehen dürfen.

Der Sohn und Nachfolger Ferdinands, Alfons V. (*el Magnánimo*, 1416–1458), konzentrierte einen großen Teil seiner Aktivitäten auf Italien und den östlichen Mittelmeerraum. Intensiv bemühte er sich um Gebiete in der Levante. Er erreichte seine Anerkennung als König von Neapel und verlegte den Hof dorthin. Nicht zuletzt wegen seiner kostspieligen Politik und seiner Abwesenheit geriet Aragón zur Mitte des 15. Jahrhunderts in eine Krise. Überdies mischten sich die Söhne Ferdinands, die in Kastilien *Infantes de Aragón* genannt wurden, in die kastilische Politik ein. In immer stärkerem Maße wurden die innenpolitischen Ereignisse in den einzelnen Reichen durch Adelsfaktionen des Nachbarreiches mitbestimmt.

Die sozialen und wirtschaftlichen Entwicklungen in Kastilien und Aragón

In den Adelskämpfen ging es von seiten der Großen nicht zuletzt auch um die Behauptung ihrer wirtschaftlichen Position, die die Krone nicht selten mit Privilegien, wie z. B. für die Schafzüchter der *Mesta*, unterstützte. Hatte der kastilische Hochadel seine Stammsitze vor allem im Norden Spaniens bzw. in Altkastilien, so lagen seine großen Besitzungen meist im Süden Kastiliens, da dieser Personenkreis in besonderer Weise von der Reconquista ab dem 13. Jahrhundert und den Güteraufteilungen profitiert hatte. Dahingegen konnte der Norden viele Kleinadlige (*hidalgos*) vorweisen, zu denen in den baskischen Provinzen fast die gesamte Bevölkerung gerechnet wurde. Nur gegen die Überlassung von Privilegien, gerichtsherrlichen Rechten und Einkünften war der Hochadel zur Unterstützung der Krone zu bewegen. Der bemerkenswerteste Fall ist in dieser Hinsicht jener der »Heinrichschen Schenkungen« (*mercedes enriqueñas*), die Heinrich II. ab 1369 jenen gewährte, die ihn bei seinem Kampf um den Thron unterstützt hatten. Zu Beginn des 15. Jahrhunderts kristallisierte sich somit bereits eine Gruppe von Grandenfamilien heraus, die auch in der Neuzeit die Geschicke Spaniens beeinflussen sollten, wie die Mendoza, Manrique, Velasco, Ayala, Ponce de León, Zúñiga oder Álvarez de Toledo. Insbesondere diese Häuser wußten ihren Einfluß und ihr Vermögen zu vermehren.

Unterhalb des Adels reichte das Spektrum der bäuerlichen Bevölkerung von gut gestellten Landeigentümern bis zu denen, die in einer starken Abhängigkeit von den Landbesitzern lebten. Zusammen mit den Handwerkern der Städte galten alle als *pecheros*, d. h., sie allein trugen fast die gesamte Steuerlast. Nicht zuletzt daher rührte das Bemühen, in den adligen Stand – und sei es als kleinadliger *hidalgo* – aufgenommen zu werden. Den sozialen Bodensatz bildeten die vor allem in den Städten lebenden Armen. Besonderen Unmut rief beim gemeinen Mann die Überlassung von Dörfern oder Städten an adlige Grundherren hervor, da die in Spanien nicht voll ausgebildete Feudalität hierfür ein Einverständnis der Bevölkerung voraussetzte. Manchmal provozierte dies sogar gewalttätige Konfrontationen.

Hinsichtlich der Besitzstrukturen ist ein zunehmender Konzentrationsprozeß agrarisch nutzbarer Flächen festzustellen. Die Ausbildung großer Latifundien ging im Süden Spaniens, wo sie jahrhundertelang zu einem strukturellen Problem werden sollten, jedoch schon auf antike Vorläufer in diesem Gebiet ausgedehnter Weizen-, Wein- und Ölkulturen zurück. Auch wenn die Monarchen ihre Zuwendungen an die Kirche im 14. und 15. Jahrhundert reduzierten, unterstützten sie jedoch immer noch einige große Institutionen, wie z. B. das Kloster von Guadalupe in Extremadura.

Insbesondere der adlige Grundbesitz genoß seit dem Ende des 13. Jahrhunderts eine besondere Protektion. Mit der Institution des *mayorazgo*, die die ungeteilte Überlassung des Besitzes an den ältesten Erben vorsah (Fideikommiß), sollte der Zersplitterung der Familiengüter entgegengetreten werden. Zur Gründung eines *mayorazgo* bedurfte es der königlichen Autorisation, die die Krone u. a. auch als Druckmittel und Finanzquelle einsetzte. Auch auf der lokalen Ebene bildete sich während des 14. und 15. Jahrhunderts eine Gruppe von Großgrundbesitzern auf Kosten des gemeindeeigenen Landes, das normalerweise den Bewohnern zur Viehweide oder zur Holznutzung zur Verfügung stand.

Die Gesellschaft Aragóns zeigte interessante Besonderheiten im Vergleich mit der Kastiliens. Auf der einen Seite findet man eine größere Siedlungskontinuität der muslimischen Bevölkerung in den Gebieten Südspaniens, Valencias und Aragóns. In Valencia wurde das Bewässerungssystem, das zum Reichtum der Region beitrug, von den unter Christen lebenden Muslimen (*mudéjares*) gepflegt. Diese erfuhren seitens der Herrscher eine gewisse Respektierung ihrer Institutionen und Repräsentanten; gleichwohl mußten sie sich diese Tolerierung durch Abgaben erkaufen.

Verglichen mit den *mudéjares* gestaltete sich die Lage der einfachen christlichen Bauern Kataloniens weitaus problematischer. Infolge fränkischer Einflüsse waren im »alten Katalonien« die feudalen Strukturen tief verwurzelt. Die unfreien, schollengebundenen Bauern (*payeses de remensa*) hatten im Falle des Verlassens der Parzelle, bei Übergabe des Landes an die Nachkommen oder bei ähnlichen Anlässen Abgaben zu entrichten. Die schon unter Alfons V. angestauten Probleme entluden sich unter seinem Nachfolger Johann II. (1458–1479) in einem Bauernkrieg, der 1462 ausbrach.

Zeitgleich mit dem katalanischen Bauernaufstand erlebte Barcelona eine seiner schwersten Krisen. Zur Mitte des 15. Jahrhunderts rangen dort zwei große Faktionen um die Kontrolle der Stadt. 1462 standen sich die aristokratischen Biga (Balken) und die Busca (Splitter) gegenüber, unzufriedene Kaufleute, aber auch Handwerksmeister. Hierin kam auch ein Richtungsstreit um die Wirtschaftspolitik zum Ausdruck, da die Biga für Freihandel plädierten, während die Handwerksmeister für Protektionismus eintraten.

Tendenzen der Zentralisierung und ihre Folgen

Unzweifelhaft bildeten die Ansprüche des Adels auf Mitregentschaft permanente Reibungspunkte in den mittelalterlichen Königreichen der Iberischen Halbinsel. Die Könige bewegten sich stets eng an der Grenze zwischen politischer und vor allem wirtschaftlicher Privilegierung der Großen einerseits und deren übermäßiger Stärkung andererseits, zwischen der Integration des Adels und der Bildung von

Faktionen. Es gab nicht wenige Fälle von Adligen, die, mit der Leitung des königlichen Heeres beauftragt, in Ungnade fielen, weil sie die Macht für eigene Zwecke mißbrauchten. Im Namen des Monarchen eroberte Gebiete wurden oft der direkten königlichen Kontrolle entzogen oder fielen bei Allianzen des betreffenden Adligen mit anderen Herrschern wieder vom jeweiligen Königreich ab. Doch insgesamt ergaben sich im Verlaufe des Spätmittelalters keine substantiellen Grenzänderungen zwischen den christlichen Königreichen der Halbinsel. Bemerkenswert ist in diesem Zusammenhang, daß die Grenzziehung zwischen Kastilien und Portugal, festgelegt im Vertrag von Alcañices (1297), als eine der ältesten Europas angesehen wird.

Während des Mittelalters hat sich eine Konzentration auf einige wenige Kronen ergeben, doch wiesen die unter einem Monarchen stehenden Gebiete deutlich voneinander unterschiedene Rechts- und Organisationsstrukturen auf. Die Titulaturen, die die Könige in ihren Urkunden verwendeten, geben diese Vielgestaltigkeit wieder; sie beziehen sich gleichermaßen auf Königreiche mit gewisser Tradition als auch auf einfache Herrschaften oder einzelne Städte. Beispielsweise urkundete Johann II. als »König von Kastilien, von León, von Toledo, von Galicien, von Sevilla, von Córdoba, von Murcia, von Jaén, der Algarve, von Algeciras, Herr von Lara, von Vizcaya und von Molina«. Der aragonesische Herrscher Martin I. titulierte sich einige Jahre vorher als »König von Aragón, von Sizilien, von Valencia, von Mallorca, von Sardinien, von Korsika, Graf von Barcelona, Herzog von Athen und Neopatria, Graf von Rosellón und Cerdaña«.

Das Panorama verkompliziert sich noch weiter, wenn man bedenkt, daß jedes dieser Gebiete eine vom Nachbarn vollkommen verschieden organisierte Administration haben konnte, daß sie von Beamten mit unterschiedlichen Kompetenzen regiert wurden, daß nicht alle Verwaltungsbezirke denselben steuerlichen Verpflichtungen unterlagen und daß einige Reiche, wie die Krone von Aragón, eigene *Corts* für Aragón, Katalonien und Valencia besaßen.

Trotzdem sind gegen Ende des Spätmittelalters keine ernsthaften Separationsversuche mehr festzustellen. Eher ging diese Reichsteilungsgefahr von den Herrschern selbst aus: so erwog z. B. Johann I. eine solche zwischen seinem Sohn und sich selbst. Am Ende der Entwicklung stand indessen die Vereinigung der Kronen von Kastilien und Aragón. Dabei spielten sowohl Zufall als auch Absicht eine zentrale Rolle. Zufall, weil die Erbfälle oft in ihren konkreten Folgen nicht vorauszusehen waren, Absicht, weil man ebendiese Erbfälle durch gezieltes Einheiraten in die verschiedenen, sich ausbildenden Königshäuser immer weiter förderte. Sicher ist, daß die in diesen Reichen regierenden Häuser untereinander enge familiäre Beziehungen hatten; weiterhin gab es viele Möglichkeiten, daß sich früher oder später ein Konzentrationsprozeß in der Person eines Erben einstellen konnte, auch wenn jedes Reich seine Gesetze, seine Institutionen und sein Regierungssystem beibehielt. Diese Fusionsperspektive war im *compromiso de Caspe*, der zur Regierung der Trastámara-Dynastie in Kastilien und Aragón führte, bereits angelegt. Die Heirat Isabellas von Kastilien mit Ferdinand von Aragón vollendete die politische Vereinigung beider Reiche.

Aber ebenso bedeutend wie die politische Union war die ökonomische und demographische Dynamik. Kastilien zählte zum Ende des 15. Jahrhunderts ca. 4 Mio. Einwohner, Aragón etwa 1 Mio. Durch die verfassungspolitischen Kämpfe waren Aragón und Barcelona indessen in dem Augenblick geschwächt, als die kastilischen Handelsstädte Burgos und Medina del Campo mit ihren Messen eine Phase wirtschaftlichen Aufschwungs erlebten. Auf diesen Messen wurde die Schafwolle nach Westeuropa verkauft und über die baskischen Häfen ausgeführt.

Spielten im Norden die baskischen Hafenstädte eine wichtige Rolle als Handelskontore mit Westeuropa, so eröffneten die Häfen von Sevilla, Cádiz oder Sanlúcar neue Perspektiven. Sehr wichtig wurden die intensiven Beziehungen mit den Häfen Nordafrikas, von wo man u. a. Sklaven, aber auch Gold bezog, ein Handelsaustausch, der namentlich die Genuesen nach Sevilla lockte. Waren die Einflußbereiche im Mittelmeerraum bereits abgesteckt, so bot sich für die kastilische Marine nun ein neuer Aktionsradius im Atlantik. Einen wichtigen Schritt in dieser Hinsicht bedeutete die Kontrolle der Kanarischen Inseln. Als 1492 mit der Eroberung des Maurenreiches von Granada der letzte große christliche Feldzug abgeschlossen war und als kurz darauf neue Routen im Atlantik erkundet wurden, da eröffnete sich für die kastilische Gesellschaft ein neues zukunftsweisendes Betätigungsfeld.

Literaturhinweise

Argente del Castillo, Carmen: La ganadería medieval andaluza, siglos XIII–XVI. Jaén 1991.

Bonnassie, Pierre: La Catalogne du milieu du Xe à la fin du Xe siècle. Toulouse 1975.

Cabrera, Emilio / Moros, Andrés: Fuenteovejuna. La violencia antiseñorial en el siglo XV. Barcelona 1991.

Casado, Hilario (Hrsg.): Castilla y Europa. Comercio y mercaderes en los siglos XIV, XV y XVI. Burgos 1995.

Engels, Odilo: Reconquista und Landesherrschaft: Studien zur Rechts- und Verfassungsgeschichte Spaniens im Mittelalter. Paderborn 1989.

Fernández Conde, Francisco Javier: Las sociedades feudales 2: Crisis y transformaciones del feudalismo peninsular (siglos XIV y XV). Madrid 1995.

Fletcher, Richard: The Quest for El Cid. London 1989.

García de Cortázar, José Ángel: La sociedad rural en la España Medieval. Madrid 1988.

Gerbet, Marie-Claude: Les noblesses espagnoles au Moyen Age. XI–XV siècle. Paris 1994.

Glick, Thomas F.: Islamic and Christian Spain in the Early Middle Ages (711–1250). Princeton 1979.

González Jiménez, Manuel (Hrsg.): Alfonso el Sabio. Vida, obra, época. Actas del Congreso Internacional. Madrid 1989.

Herbers, Klaus / Plötz, Robert (Hrsg.): Nach Santiago zogen sie: Berichte von Pilgerfahrten ans »Ende der Welt«. München 1996.

Hernández Sánchez, Francisco Javier: Las rentas del rey. Sociedad y fisco en el reino castellano del siglo XIII. Madrid 1993.

Ladero Quesada, Miguel Ángel: Fiscalidad y poder real en Castilla. Madrid 1993.

Ledesma Rubio, María Luisa: Cartas de población del reino de Aragón en los siglos medievales. Zaragoza 1991.

Leroy, Béatrice: L'Espagne au Moyen Age. Paris 1988.

Lomax, Derek W.: The Reconquest of Spain. London 1978.

Mackay, Angus: Society, Economy and Religion in Late Medieval Castile. London 1987.

Malpica, Antonio / Quesada, Tomás (Hrsg.): Los orígenes del feudalismo en el mundo mediterráneo. Granada 1994.

Martín, José-Luis: La España Medieval. Madrid 1993.

Menjot, Denis: Les Espagnes médiévales 409–1474. Paris 1996.

Mínguez Fernández, José María: Las sociedades feudales 1: Antecedentes, formación y expansión (siglos VI al XIII). Madrid 1994.

Nieto Soria, José Manuel: Orígenes de la monarquía hispánica. Propaganda y legitimación. Madrid 1999.

O'Callaghan, Joseph F.: A History of Medieval Spain. New York 1975.

Pastor, Reyna: Resistencias y luchas campesinas en la época del crecimiento y consolidación de la formación feudal Castilla y León, siglos X–XIII. Madrid 1980.

Quintanilla Raso, María Concepción: Nobleza y caballería en la Edad Media. Madrid 1996.

Reilly, Bernard F.: The Medieval Spains. Cambridge 1993.

Rodríguez Molina, José / Toro Ceballos, Francisco (Hrsg.): II Estudios de Frontera. Actividad y vida en la Frontera. Jaén 1998.

Rucquoi, Adeline: Histoire médiévale de la péninsule ibérique. Paris 1993.

Salrach, José María: El procés de feudalització (segles III–XIII). Barcelona 1998.

Sánchez Albornoz, Claudio: España, un enigma histórico. Barcelona 1981.

Valdeón, Julio / Martín, José-Luis: La Baja Edad Media Peninsular. Siglos XIII al XV. Madrid 1996.

Vones, Ludwig: Geschichte der Iberischen Halbinsel im Mittelalter 711–1480. Reiche – Kronen – Regionen. Sigmaringen 1993.

Wolff, Philippe / Nadal, Joaquim: Histoire de la Catalogne. Toulouse 1982.

Die islamischen Reiche des spanischen Mittelalters

(711–1492)

Von Pierre Guichard

Epochenüberblick

Die muslimische Eroberung Spaniens ist Teil der islamischen Expansion seit der Gründung der Religionsgemeinschaft durch Muḥammad. Die Ausweitung der islamischen Welt (*Dār al-Islām*) reichte im Osten bis Indien und stieß seit der Mitte des 7. Jahrhunderts im Westen bis an den Atlantik vor. Bei diesem Expansionsstreben kamen den Muslimen die Streitigkeiten unter den Westgoten zugute. Doch auch Al-Andalus selbst, wie die Muslime die Iberische Halbinsel und Teile Galliens nannten, litt in den gut sieben Jahrhunderten islamischer Herrschaft unter beständigen Rivalitäten, die zu Beginn des 11. Jahrhunderts zur politischen Zersplitterung in Kleinkönigreiche (*taifas*) führten.

Die Geschichte des muslimischen Spanien stieß immer wieder Kontroversen an, wie jene zwischen Claudio Sánchez Albornoz, der für die christliche Tradition des Landes unterstrich, und Américo Castro, der das Charakteristikum des Mittelalters auf der Iberischen Halbinsel in der Koexistenz dreier Religionen sah. Ignacio Olagüe leugnete 1969 in seinem Buch selbst die Tatsache einer regelrechten arabischen Invasion. Rückhalt bekommen diese Thesen, die die islamische Präsenz weitgehend herunterspielen und die Wirklichkeit damit auf den Kopf stellen, durch die sehr unzureichende Quellenlage. Allerdings kann an der tiefgrei-

fenden Umgestaltung der politischen und religiösen Verhältnisse seit 711 kein Zweifel bestehen. Ihre sichtbarsten
Spuren hat die islamische Herrschaft in der Folklore Südspaniens, in Kunst und Architektur, aber auch im Wortschatz der Spanier hinterlassen.

Eroberung und Omayyadenkalifat (710–1031)

710	Erste Expedition unter Ṭārīf b. Mallūk.
711	Ṭāriq b. Ziyād setzt mit seinem Heer über die Straße von Gibraltar; Niederlage der Christen in der Schlacht am Guadalete.
732	Schlacht bei Tours und Poitiers; Niederlage der Muslime.
756	Begründung des Emirats von Córdoba durch ʿAbd al-Raḥmān I.
811	Rebellion der Vorstadt von Córdoba.
um 850	Bürgerkriege und innere Wirren (*fitna*).
929	Errichtung des Omayyadenkalifats unter ʿAbd al-Raḥmān III.
976	Regierungsantritt von Al-Manṣūr; Verstärkung des *djihād*.
1031	Ende des Omayyadenkalifats.

Im Zuge der islamischen Expansion nach Westen gelangten
arabische Heere in den Maghreb, wo die Heerführer auf die
Berberbevölkerung stießen und diese islamisierten. Nach
einem ersten Vorstoß unter Ṭārīf b. Mallūk (710) setzten
711 zwei muslimische Heere über die Straße von Gibraltar.
Befehligt wurden diese Heere, die ca. 12 000 Mann umfaßten, durch den berberischen Heerführer Tāriq b. Ziyād und
dessen arabischen Vorgesetzten Mūsā b. Nuṣayr, der auch
Gouverneur von Kairuan, der Hauptstadt von Ifrīqīya im
heutigen Tunesien, war. Ein Westgote, der mit seinen

Nachbarn im Streit lag, hatte diese Truppen gerufen. In der
Schlacht am Guadalete (bei Jerez de la Frontera) wurden
die Westgoten geschlagen (19. Juli 711). In kurzer Zeit gelang die Zerstörung des Westgotenreiches mit seinem Zentrum Toledo, das noch im selben Jahr erobert wurde.

Die Veränderungen waren zunächst vor allem politischer
Natur und betrafen in erster Linie die westgotische adlige
Führungsschicht und Geistlichkeit. Die breite christliche
Bevölkerung blieb eher passiv und genoß einen besonderen
Schutz (*dhimma*), den die neue islamische Obrigkeit entsprechend dem Koran den Unterworfenen, Gläubigen einer
Offenbarungsreligion, gewährte. Solchermaßen konnten
die unterworfenen Christen (*mozárabes*) im engeren Rahmen ihrer Gemeinwesen unter ihren Bischöfen und Adligen weiterleben. Auch die Juden kamen in den Genuß der
vertraglich gesicherten *dhimma*. Córdoba wurde zum Zentrum von Al-Andalus, wie die Eroberer das unterworfene
Gebiet nannten. Den zweisprachigen Münzen, die die islamischen Herren 711/716 prägen ließen, ist zu entnehmen,
was man mit Al-Andalus meinte: In arabischer Form war
von *Al-Andalus* die Rede, in der lateinischen Schrift hieß es
Spania oder *Hispania*. Doch verstand man darunter nicht
nur die Iberische Halbinsel, sondern auch Teile Galliens. In
der Tat stießen die islamischen Heere bis nördlich der Pyrenäen vor. Erst Karl Martell konnte der muslimischen Expansion in der Schlacht bei Poitiers und Tours erfolgreich
entgegentreten (732). Fortan bezog sich der Begriff »Al-
Andalus« ausschließlich auf die von den Muslimen besetzten Gebiete der Iberischen Halbinsel.

Politische Strukturen und kulturelle Entwicklungen

Das ab 756 als Emirat etablierte Córdoba bzw. Al-Andalus war abhängig von Kairuan und damit letztlich vom Kalifat in Damaskus. Eingeteilt wurde Al-Andalus in drei Marken, die obere mit dem Zentrum Zaragoza, die mittlere mit der Stadt Toledo (ab 946 in Medinaceli) und die untere mit dem Verwaltungsmittelpunkt Mérida für Mittelportugal und die Extremadura. Im Kalifat (ab 929) kannte man nurmehr zwei Marken, die mittlere mit Medinaceli und jene mit Zaragoza. In der ersten Zeit wurde Al-Andalus von 21 Gouverneuren regiert. Ein Rotationsprinzip verhinderte zunächst die Etablierung einer bestimmten Gruppe an den Schalthebeln der Macht. Die arabischen Heerführer und ihre auf der jeweiligen Stammeszugehörigkeit basierenden Kampfverbände (*djund*) gestalteten die Geschicke der Iberischen Halbinsel entscheidend mit und stellten so die eigentliche Führungsschicht dar. Die fiskalische und administrative Ordnung folgte in Al-Andalus den Vorgaben des Kalifats von Damaskus. Vor allem ging es den Eroberern – den Berbern ebenso wie den dominierenden Arabern – darum, wirtschaftlichen Nutzen durch Landverteilung und Tribute zu erzielen. Ein weitergehendes Interesse an der einheimischen christlichen Bevölkerung und ihrer Kultur entwickelten die islamischen Herren kaum. So ließ man christliche Kirchen und Klöster bestehen und konzentrierte sich statt dessen auf die fiskalische Erfassung der *mozárabes* gemäß den Vorgaben aus Damaskus. Steuervorteile stellten aber auch einen Grund für den Religionswechsel zahlreicher Christen dar, denn die Neumuslime (*muwalladūn*) mußten – zumindest dem Gesetz nach – weniger Abgaben entrichten. Besonders häufig waren solche Übertritte im Süden und im Osten der Iberischen Halbinsel. Die Berber in Al-Andalus protestierten jedoch ebenfalls häufig gegen zu hohe Steuern und stritten sich mit der arabischen Führungsschicht um ihre soziale und kulturelle Gleichberechtigung.

Um 730 war die Expansionspolitik von Damaskus an ihre Grenzen gestoßen. Beleg hierfür ist u. a. die Niederlage bei Poitiers und Tours (732). Von der Krise der Omayyaden in Damaskus (740–750), die nicht mehr in der Lage waren, das ausgedehnte Reich im Innern zu sichern, wurde auch das islamische Spanien erfaßt. Ein syrisches Expeditionsheer, das 741 in den Maghreb entsandt wurde, wurde geschlagen und wandte sich schließlich auf Bitten des Gouverneurs in Córdoba nach Al-Andalus. Die Truppen sollten der arabischen Führungsschicht gegen die aufständischen Berber helfen. Rasch entwickelte sich jedoch zwischen den bereits vorher ansässigen Arabern (*baladīyūn*) und den Neuankömmlingen ein Konflikt, der überdies vom Gegensatz zwischen den bislang tonangebenden »Südarabern« (Yemeniten oder Kalbiten) zu den Nordarabern des syrischen Heeres (Qaysiten) überlagert wurde. Politisch-ethnische Rivalitäten dieser Art – zwischen den Arabern untereinander und gegenüber den Berbern – sollten auch weiterhin die Geschichte von Al-Andalus prägen.

Die Regierung ʿAbd al-Raḥmāns I.
und seiner Nachfolger

Al-Andalus fiel schließlich in die Hände des Omayyaden ʿAbd al-Raḥmān I. (756–788). Dieser war einem Massaker der Abbasiden an seiner Familie entkommen und hatte sich zunächst in den Maghreb geflüchtet, aus dem seine Mutter, eine Berberin, stammte. 755 kam er nach Al-Andalus, wo er sich auf alte, den Omayyaden treue Kreise und die Yemeniten stützte, denen das qaysitische Regiment mißfiel. 756 ergriff ʿAbd al-Raḥmān I. mit militärischen Mitteln die Macht und eroberte Córdoba.

Dank seiner politischen Energie und seiner militärischen Fähigkeiten baute er seine Herrschaft aus, wobei ihm eine lange Regierungszeit von 32 Jahren zustatten kam. Opposition erwuchs ihm zunächst nicht nur von Yūsuf, dem abgesetzten Gouverneur, sondern ebenso von den Yemeniten, die schnell bereuten, ʿAbd al-Raḥmān I. zur Macht verholfen zu haben. Auch andere, lokal bedingte Revolten sowie Erhebungen der Berber, die ihre Gleichberechtigung gegenüber den Arabern verlangten (768–776), forderten den neuen Herrscher in Córdoba heraus. Es waren jedoch ebenfalls Berber, die ein ihm ergebenes Heer stellten. Sie und eine den Omayyaden treue Klientel bildeten seine Machtbasis. Unter Ausnutzung der zahlreichen ethnischen und wirtschaftlichen Rivalitäten ging ʿAbd al-Raḥmān I. erfolgreich gegen die Opposition vor und festigte den Herrschaftsanspruch seines Hauses, indem er die bislang dominierenden Kampf- und Stammesverbände (*djund*) ausschaltete und eine Dynastie begründete.

Durch das Ausprägen von omayyadischen Silberdirhams in Córdoba brachte er seine Eigenständigkeit gegenüber den Abbasiden in Bagdad zum Ausdruck. Auch die Architektur verriet seine omayyadische Herkunft. Beim Bau der neuen Moschee von Córdoba, jener großen Moschee, die heute noch existiert, finden sich syrische Anleihen, so z. B. der Längsschiffbau. ʿAbd al-Raḥmān I. war ihr erster Bauherr, von seinen Nachfolgern wurde sie mehrmals erweitert und schließlich unter Kaiser Karl V. zu einer Kirche umgestaltet. Zum ersten Mal fand dabei in der islamischen Kunst in großem Maßstab die Hufeisenbogenform Verwendung, die später stilbildendes Element der andalusischen Architektur wurde.

Außenpolitisch kannte die Zeit ʿAbd al-Raḥmāns I. zunächst kaum größere Aktivitäten, auch wenn ihm mit Pelayo (Pelagius) ein ernsthafter Gegner in Asturien erwachsen war (722). Offensichtlich schuf ein Waffenstillstand ab 768 Ruhe an der Nordfront. Beim Tod ʿAbd al-Raḥmāns I. hatte sich seine Stellung so weit gefestigt, daß er die Herrschaft seinem Sohn Hishām (788–796) überlassen konnte.

Trotz der Schwierigkeiten, die ihm die arabischen Yemeniten in der oberen Mark und die Berber in den andalusischen Bergen bereiteten, nahm dieser schließlich den Kampf mit dem jungen asturischen Königtum auf. Die Wirren in Al-Andalus ausnutzend, eroberten die Christen 785 Gerona. Die Karolinger errangen unter Ludwig dem Frommen weitere entscheidende Erfolge: Barcelona wurde 801 und Pamplona 806 eingenommen. Somit war eine erste dauerhaftere Grenzzone zwischen Al-Andalus und den Reichen des Nordens fixiert. Gleichwohl war die politische Einheit von Al-Andalus keineswegs gewährleistet. In Toledo, das stets in Rivalität zu Córdoba stand, suchte das andalusische Zentrum seine Vorherrschaft zu sichern, indem es die Notabeln massakrieren ließ. Auch Córdoba selbst blieb von religiös inspirierten Unruhen, bei denen es u. a. um die gerechte Verteilung der Steuerlast ging, nicht verschont (818). Angeblich 20000 Familien wurden bei der sogenannten Rebellion der Vorstadt, in der die einfache Bevölkerung wohnte, vertrieben – nach Fes und in den Orient.

Unter 'Abd al-Raḥmān II. (822–852) kam es zu einer Reihe von Stammesfehden im Südosten Spaniens (831). Insgesamt schritt die Islamisierung von Al-Andalus fort. Arabisch diente als Hochsprache, und die Kultur des Vorderen Orients galt als höherstehend als die der Berber oder der romanisierten Bevölkerung. Unter 'Abd al-Raḥmān II. wurden einige zentralisierende Elemente nach dem Vorbild der Abbasiden in Bagdad eingeführt. An oberster Stelle stand die Zentralgewalt (Sultan). Darunter waren in der Hierarchie die »Minister« oder Sekretäre angesiedelt, Würden- und Amtsträger, die den Titel *wazīr* bzw. *kātib* trugen. Für die Finanzverwaltung wurden eigene Büros (*dawāwīn*, Pl. von *dīwān*) errichtet. Auf militärischem Gebiet versuchte man, die Kontrolle in den unruhigen Städten, wie z. B. Mérida (835) oder Toledo, durch den Bau von Zitadellen zu sichern.

Die Zeit des Bürgerkrieges (*fitna*)

Zur Mitte des 9. Jahrhunderts erreichte das Emirat von Córdoba trotz beständiger innerer Querelen seine Blütezeit. Während es im Norden immer wieder zu Allianzen von Muslimen und Christen gegen Córdoba kam, fand der Emir vor allem bei den zum Islam Konvertierten (*muwalladūn*) Rückhalt. Einige von ihnen gehörten dem Adel an, wie das westgotische Grafengeschlecht der Banū Qasī aus Tudela, das dazu beigetragen hatte, die arabische Adelsfronde zu bekämpfen.

Nach gut zwanzig Jahren weitgehender innenpolitischer Beruhigung brachen am Ende der Regierung von Emir Muḥammad (852–886) die politischen Spannungen erneut auf. In Zaragoza ließ ein Mitglied der Banū Qasī, Lubb b. Mūsā, 873/874 die Araber in der Stadt massakrieren. Toledo führte 873 einen regelrechten Krieg gegen Mūsā b. Zannūn, einen Berberführer, der Ländereien um *Shantabarīya* (Santaver) im Osten der Stadt kontrollierte. In Andalusien lebte 878/879 in den Provinzen von Málaga und Algeciras die alte Feindschaft zwischen den arabischen Stämmen wieder auf. In Málaga hatte sich mit ʿUmar b. Ḥafṣūn ein zum Islam konvertierter Westgote erhoben, der nun zum christlichen Glauben zurückkonvertierte und die Christen um sich scharte. Das Emirat war so in eine Fülle lokaler, rivalisierender Gruppen zersplittert, wobei in den arabischen Quellen vor allem der Gegensatz zwischen Arabern und *muwalladūn* (Neumuslimen) betont wird. Nur knapp gelang es dem bis dahin inaktiven Emir ʿAbdallāh (888–912), die Vorrangstellung Córdobas zu verteidigen.

An der Wende zum 10. Jahrhundert bot Al-Andalus ethnisch, religiös und kulturell ein vielgestaltiges Mosaik. Das quantitative Gewicht der einzelnen Gruppen ist kaum zu bestimmen. Insgesamt schätzt man die Bevölkerung auf ca. 2 Mio. Zu Beginn des 8. Jahrhunderts waren wohl kaum mehr als 20000 Araber über die Straße von Gibraltar gekommen. Schwierig abzuschätzen ist auch die Zahl der Berber, die auf der Iberischen Halbinsel siedelten; im 8. Jahrhundert dürften es etwa 150000–200000 gewesen sein. 10–15 % waren wohl Muslime. Die Vorstellung, daß die arabisch-berberischen Kämpfer ohne familiären Anhang kamen und sich durch Verheiratung mit hispanischen Frauen der Kultur der Westgoten anglichen, wie dies früher behauptet wurde, kann als widerlegt gelten. Vielmehr ist von der Migration ganzer Clans bzw. Familien auf die Iberische Halbinsel auszugehen. Der Verlauf der Konversionen zum Islam ist nicht zufriedenstellend zu klären. Glaubt man den Steuerlisten, so waren die Landstriche des Guadalquivirtales in Westandalusien schon zur Mitte des 9. Jahrhunderts islamisiert; zwei Drittel der Steuerzahler entrichtete jene Abgaben, die die Muslime zu zahlen hatten.

Doch nicht nur Auseinandersetzungen bestimmten das Bild, es gab durchaus auch Formen des Austausches. Während der *fitna* bildete sich die Herrschaft der Seefahrer (*baḥrīyūn*) von Pechina (Almería). Trotz der Spannungen fanden arabische Notabeln, Seefahrer und Christen in diesem Hafen zu einem Modus vivendi. Die Seefahrer, die vom Korsarenwesen und vom Sklavenhandel lebten, unterhielten rege Kontakte mit der Levante; 827 wurde Kreta besetzt. Beständig unternahmen sie Züge entlang der Küsten, 846 griffen sie selbst Rom an. Berüchtigt war ihre provenzalische Siedlung Freinet (Fraxinetum). Sie spielten ebenfalls eine wichtige Rolle bei der Eroberung und Islamisierung der Balearen, einem der Höhepunkte der muslimischen Expansion im westlichen Mittelmeer.

Das Kalifat unter 'Abd al-Raḥmān III.

Aus der Krise ging 'Abd al-Raḥmān III. (912–961), der Enkel des Emirs 'Abdallāh, als Sieger hervor. Fünfzehn Jahre waren nötig, um die Kontrolle über Al-Andalus zu sichern. Es fällt schwer, die Faktoren zu bestimmen, die zur erneuten Vorherrschaft des stark geschwächten Córdoba führten: die energische Persönlichkeit 'Abd al-Raḥmāns III., seine mit gut 50 Jahren überaus lange Regierungszeit, die Erschöpfung der Gesellschaft angesichts beständiger Konflikte oder innere, auch religiöse Einkehr bei den Beteiligten. In besonderem Maße stützten die Araber, die sich z. B. in Städten wie Sevilla und Zaragoza durchgesetzt hatten und das Rückgrat der Armee bildeten, die Herrschaft 'Abd al-Raḥmāns. Mit den Berbern kamen neue Elemente ins Militär. Daneben spielte aber auch die alte, den Omayyaden ergebene Klientel eine wichtige Rolle bei der Durchsetzung der Herrschaft. Trotzdem wurden Badajoz (930), Toledo (932) und Zaragoza (937) erst mittels Militärkampagnen in die Herrschaft Córdobas zurückgeführt.

Nach außen hin entfaltete 'Abd al-Raḥmān III. eine rege Tätigkeit, indem er den *djihād* wiederaufnahm. Zu den spektakulärsten Aktionen gehörte die Belagerung und Verwüstung von Pamplona (924). Zwar führte er die Marken wieder der Herrschaft Córdobas zu, jedoch erlitt er bei Simancas (939) eine schwere Niederlage gegen ein christliches Heer, für die er die Desertion arabischer Kontingente verantwortlich machte. Fortan setzte er stärker auf berberische und christliche Soldaten, die meist aus Ostmitteleuropa kamen und als Militärsklaven (*saqāliba*) dienten. In der islamischen Welt wandte er sich gegen den Expansionsdrang der Fatimiden im Maghreb. Dazu knüpfte er Kontakte mit Stämmen Westmarokkos, versuchte, in Marokko auch selbst Fuß zu fassen: Melilla (927) und Ceuta (931) wurden damals für Al-Andalus Vorposten im Maghreb. Diese Hafenstädte sollten später bei der maritimen Expansion Portugals und Kastiliens eine wichtige Rolle spielen und befinden sich noch heute in spanischer Hand.

Die Aktivitäten an der marokkanischen Küste deuten bereits an, daß sich 'Abd al-Raḥmān III. bei der Sicherung seiner Herrschaft nicht auf die Iberische Halbinsel beschränkte. So war es nur folgerichtig, daß er 929 das Kalifat des Westens proklamierte. Er gab sich den Beinamen *Al-Nāṣir li-dīn Allāh* (»derjenige, der für die Religion Gottes erfolgreich ist«); dieser Beiname war den Kalifen vorbehalten. Ferner nahm er den Titel *Amīr al-mu'minīn* (»Emir der Gläubigen«) an. Mit diesem Schritt forderte der Omayyadensprößling, dessen Vorfahren Kalifen in Damaskus gewesen waren, die dort seit 754 herrschenden Abbasiden heraus. Sein Kalifat zielte aber auch gegen die fatimidischen Ansprüche. Dieser Herrschaftsanspruch schlug sich auch in der Architektur nieder. Unter 'Abd al-Raḥmān III. wurde die Moschee in Córdoba ein drittes Mal stark erweitert. Entsprechend der orientalischen Tradition ließ er 936 die Residenzstadt Madīnat al-Zahrā' errichten, eine gut 5000 Hektar große Anlage mit 21 Stadtvierteln, einer Burg und einer Moschee. Der gesamte Komplex und das höfische Zeremoniell überhöhten die Figur des Monarchen und entrückten ihn ein Stück weit der Bevölkerung. Mit ihren Eunuchen, Soldaten und Beamten wurde die Stadt nach der Schilderung des Chronisten Ibn Ḥawqal zur wichtigsten islamischen Stadt neben Bagdad.

Die Krise der christlichen Königreiche erlaubte 'Abd al-Raḥmān III. zur Mitte des 10. Jahrhunderts eine Stärkung der islamischen Stellungen im Norden. 946 wurde das Hauptquartier der mittleren Mark nach Madīnat Sālim (Medinaceli) verlegt. In der oberen Mark und im Osten schritt man zu einer gewissen Dezentralisierung zugunsten einiger Clans.

Ohne größere Schwierigkeiten übergab 'Abd al-Raḥmān III. sein Kalifat an seinen Sohn Al-Ḥakam II. (961–976). Die Herrschaft dieses schöngeistigen Monarchen war aber insgesamt von wenig Dynamik gekennzeichnet. Erwähnenswert ist in jedem Falle das militärische Vorgehen des Befehlshabers der mittleren Mark, Ghālib. Dieser leitete nicht nur Operationen im Maghreb. Bei Gormaz (Juni 975) zerschlug er auch die vereinigten Heere von León, Kastilien und Navarra.

Auch unter Al-Ḥakam II. richtete sich das Augenmerk Córdobas auf die Situation in Nordafrika, wo sich 972 die Fatimiden in Kairo niedergelassen hatten. Córdoba konnte sich ein Gegengewicht schaffen, indem es 974 das Rif besetzte. Durch diesen neuerlichen intensiven Kontakt mit dem Maghreb kam es zum Zustrom von Berbern in die Armee Al-Andalus'.

Besonderes Interesse galt während der Regierungszeit Al-Ḥakams II. der Bildung und Kunst. Er legte nicht nur eine angeblich 400 000 Bände umfassende Bibliothek an, er unterhielt auch Kontakte zu (christlichen) Gelehrten. Sein Name ist in besonderer Weise mit der Moschee von Córdoba verbunden, die er nach dem Vorbild von Damaskus ausschmücken ließ.

Der Aufstieg Al-Manṣūrs und der Amiriden

Die wechselvolle Zeit nach den ersten beiden Kalifen ist hinsichtlich der Deutung der einzelnen Ereignisse nicht unumstritten. Letztendlich markiert die Phase nach 979 den Aufstieg der Amiriden nach einer Reihe von Palastintrigen. Ihren Weg an die Macht ebneten sie sich durch das Amt als Kämmerer (ḥādjib) der Kalifen. Muḥammad b. Abī 'Āmir entriß dem Kalifen Hishām II. (976–1009) de facto die Macht. Mit einer äußerst aggressiven Angriffspolitik sammelte er erste Erfolge: 985 griff er Barcelona an und plünderte es, 988 León, und 997 zerstörte er Santiago de Compostela mit dem Grab des heiligen Jakobus. In seinen zwanzig Regierungsjahren sind über fünfzig Feldzüge gegen die christlichen Reiche nachgewiesen. In gleicher Weise demonstrierte er auch gegenüber der Bevölkerung von Al-Andalus Stärke.

Schon 979 beging er, wie der Arabist Lévi-Provençal zu Recht betonte, eine »unerhörte Kühnheit«, indem er einen neuen Regierungspalast in der Nähe Córdobas bauen ließ, Madīna al-Zāhira, der jedoch nur drei Jahrzehnte bestehen sollte. Es gab nur einen erkennbaren Gegner gegen die Palastrevolution der Amariden, den Feldherrn Ghālib. Dieser wurde im Juli 981 besiegt und getötet. Nunmehr legte sich Muḥammad Ibn Abī ʿĀmir den Ehrennamen *Al-Manṣūr* (»der Siegreiche«, span. Almanzor) zu. Auf die sonst bei Kalifen übliche Erwähnung Allahs im Beinamen verzichtete er. Zur Abrundung seiner Macht übertrug er den Titel *ḥādjib* an seinen Sohn. Der Öffentlichkeit wollte Al-Manṣūr als rechtgläubiger Muslim erscheinen. So ließ er der Heterodoxie verdächtige Bücher aus der umfangreichen Bibliothek Al-Ḥakams II. entfernen. Gleichwohl lassen die Quellen erkennen, daß man die Herrschaft Al-Manṣūrs entgegen aller Beteuerungen als Usurpation ansah.

Immerhin konnte Al-Manṣūrs Maghreb-Politik einige Erfolge vorweisen. Um 980 wurde der wichtige Handelsplatz Sidjilmāsa (Südmarokko) besetzt, wo die Karawanen aus Schwarzafrika mit Sklaven und anderen kostbaren Waren, u. a. Gold, ankamen. Fes wurde 998 besetzt.

Nach dem Tod Al-Manṣūrs (August 1002) begann eine Phase innerer Auseinandersetzungen. Ihren Höhepunkt fanden die Konflikte im Jahre 1009, als sein Sohn ʿAbd al-Raḥmān Sanchuelo ermordete und den Kalif Hishām II. abgesetzt wurde. Der von Al-Manṣūr erbaute Regierungssitz Madīnat al-Zāhira wurde dabei so gründlich zerstört, daß man seine genaue Lage bis heute nicht kennt. Nach gut zwanzig Jahren innenpolitischer Kämpfe verkündeten die Adligen von Córdoba 1031 das Ende des Kalifats. Zuvor waren alle Versuche gescheitert, die Omayyadendynastie noch einmal zu restaurieren.

Die Wirtschaftszonen des islamischen Spanien

Getreide	Cu Kupfer	
Obstkulturen	Fe Eisen	
Weinbau	Zn Zink	▲ hauptsächliche Gewerbezentren
Zuckerrohr	Hg Quecksilber	○ Städte mit muslimischem Einfluss in der Architektur
Baumwolle	Pb Blei	
Nutzwälder	Ag Silber	Toledo jüdische Gemeinde

Nicht zuletzt auf wirtschaftlichem Gebiet hatte die aggressive Außenpolitik Al-Manṣūrs ihren Tribut gefordert. Die Ressourcen der agrarisch bestimmten Wirtschaft von Al-Andalus waren naturgemäß begrenzt. Almería sollte in der gesamten Zeit das wichtigste Seehandelszentrum in Al-Andalus bleiben. Dort kamen die Sklaven Mittelosteuropas an, von dort aus wurde einer der bedeutendsten Exportartikel, die in Ostandalusien gewonnene (Roh-)Seide, in den Mittelmeerraum verschifft, so z. B. nach Genua, Pisa, Lucca und Prato. Papier, das aus Lumpen in Játiva hergestellt wurde, zählte gleichfalls zu den wichtigen Ausfuhrartikeln. Zu den mediterranen Agrargütern gehörten neben Weizen und zahlreichen Getreidesorten auch Olivenöl sowie (trotz des Verbotes) Wein. Auch die über Almería versandten Trockenfrüchte (Feigen) fanden nicht nur in der islamischen Welt, sondern auch in Nordeuropa Absatz. Alle diese Produkte wurden überwiegend im Trockenfeldbau gewonnen. Zwar gab es Bewässerungssysteme, doch war deren Gebrauch beschränkt und damit eine Produktionssteigerung limitiert. Hinsichtlich der Gartenlandschaft bei Valencia (*huertas*) ist im übrigen heute kaum mehr strittig, daß die Bewässerungsanlagen bereits von den Römern betrieben wurden und nicht islamischen Ursprungs sind. Hingegen wurden die Orangen, ebenso wie Maulbeerbäume und Zuckerrohr, von den Arabern auf die Iberische Halbinsel gebracht.

Die Kleinkönigreiche (*taifas*)
zu Beginn des 11. Jahrhunderts

1031–1094	Rivalisierende kleine Herrschaften.
1064	Eroberung Coimbras durch die Christen.
1085	Eroberung Toledos durch den kastilischen König Alfons VI.
1090–1094	Erhebung von Schutzgeldern durch den Ritter El Cid.
1091	Eroberung Sevillas durch die Almoraviden.

Die Geschichte von Al-Andalus wurde in der ersten Hälfte des 11. Jahrhunderts durch die Zersplitterung in Kleinkönigreiche (*taifas*) geprägt. Dabei wählten die Herrscher selbst nie den Titel »König« (*malik*), sondern bezeichneten sich als Emir. Längst nicht alle *taifas* waren monarchisch verfaßt; Toledo und Sevilla kannten ein oligarchisches Regiment. Auch in Córdoba kam es zunächst zur Einsetzung einer Gruppe von Notabeln, die unter dem Einfluß der omayyadenfreundlichen Banū Djahwar standen. Später entstand hier eine Alleinherrschaft. In mehreren andalusischen Städten hatten während der Zeit der Wirren berberische Heerführer die Macht erlangt. An der Mittelmeerküste, in Tortosa, Valencia, Denia und Almería, hatten die Führer der Sklavensoldaten (*saqāliba*) die Macht an sich gerissen. In den Grenzzonen zu den christlichen Reichen, in Zaragoza, Toledo und Badajoz, kamen Vertreter der militärischen Führung ans Ruder. Auch hielten sich Vertreter der Zivilverwaltung in entscheidenden Stellungen, so z. B. die Abbadiden in Sevilla (Hauptzeit 1023–1091) oder die Ziriden (vor allem 1013–1090) in Granada, die als Richter (*qāḍī*, span. *alcalde*) fungierten. Die Quellenlage zur Herrschaft dieser Dynastien ist zum Teil so schlecht, daß man in einigen Fällen kleinerer Herrschaften lediglich die Namen der Herrscher kennt. Manchmal bleibt selbst deren Reihenfolge im dunkeln.

Immer wieder flammten in dieser Zeit Kämpfe der *taifas* untereinander auf. Insgesamt ist ein Trend zur Konzentration erkennbar: die kleineren politischen Einheiten wurden in die größeren eingegliedert. Vor allem im Süden entwickelten die Sevillaner Abbadiden eine Hegemonialstellung, der sich nur noch die berberischen Ziriden Granadas und die arabischen Banū Ṣumādiḥ von Almería entziehen konnten. Aus dem Werk des Historikers Ibn Ḥayyān im 11. Jahrhundert spricht eine große Nostalgie in bezug auf die Omayyadendynastie.

Nicht nur politisch-militärisch, sondern auch kulturell versuchten die Herrscher der Reiche, sich gegenseitig auszustechen. Die Epoche der Kleinkönigreiche war eine literarisch-künstlerische Blütezeit. Poeten, Baumeister und Sänger sollten den Ruhm der Höfe von Córdoba, Sevilla, Badajoz und Zaragoza erhöhen. Toledo ist in diesem Zusammenhang als Ort besonderer intellektueller Regsamkeit zu nennen, die durch das Mäzenatentum des Al-Ma'mūn (1043–1075) gefördert wurde. Gelehrte, die Traktate über Handels- oder Erbschaftsrecht verfaßten, der Mediziner Ibn Wāfid (gest. 1075), der von Al-Ma'mūn beauftragt wurde, einen botanischen Garten anzulegen, und der Mathematiker und Astronom Ibn al-Zarqāla (span. Azarquiel) arbeiteten alle in Toledo.

1085 nahm der kastilische König Alfons VI. Toledo ein. Bis zum Ende des 11. Jahrhunderts hatte sich die Kräftebilanz gänzlich zugunsten der Christen verschoben. Nach dem Ende des Kalifats war bei den christlichen Herrschern das Bewußtsein ihrer Stärke gewachsen. Überdies gingen die verschiedenen muslimischen Parteien die Herrscher des Nordens immer wieder um Unterstützung an. Kastilier und Katalanen drangen dabei mit ihren muslimischen Verbündeten sogar bis Córdoba vor. Immer deutlicher wurde die Schwächung der islamischen Stellung im westlichen Mittelmeer. Dort wandelten sich gegen Ende des 10. Jahrhunderts die Kräfteverhältnisse, als Wilhelm, Graf der Provence, sich erfolgreich gegen die Piraten zur Wehr setzen und deren Stützpunkt Fraxinetum zerstören konnte. Die Seeräuberei blieb freilich weiterhin ein beständiges Problem im Mittelmeer.

Das Verhältnis zwischen Muslimen und Christen war immer zwiespältig. So versuchte insbesondere der navarresische König Sancho III. (*el Mayor*, 1000–1034), die Krise und den Sturz des Kalifats zu nutzen. Andererseits paktierten Christen mit den Muslimen. Um 1050 wurde das Kräfteverhältnis neu fixiert. Mit ihren kleineren Kampfverbänden, die sich leichter aufteilen und bewegen konnten, waren die Christen den schwerfälligen Heeren der Muslime überlegen. In immer stärkerem Maße mußten die *taifas* Söldner rekrutieren, viele davon aus dem christlichen Norden. Um den Frieden zu wahren, forderten die Christen nunmehr Zahlungen (*parias*) von den Muslimen. Diese Transferleistungen bedeuteten eine entscheidende Schwächung der islamischen Herrschaften. Gleichwohl kam es noch immer zu Bündnissen wie jenem von 1063, als kastilische Kontingente Al-Muqtadir aus Zaragoza bei der Verteidigung des Grenzplatzes Graus am Pyrenäenrand gegen die Aragonesen zu Hilfe eilten. Ein Jahr später datiert der sogenannte erste Kreuzzug, als ein Heer französischer Reiter Barbastro an der Grenze zwischen dem Emirat von Zaragoza und Aragón eroberte. Auch El Cid (um 1043–1099), ein christlicher Ritter und der Eroberer von Valencia (1094), wechselte vom Dienst beim kastilischen König in die Gefolgschaft des muslimischen Hofes in Zaragoza.

Al-Andalus unter den Almoraviden und den Almohaden (1094–1232)

1094–1144/1145	Herrschaft der Almoraviden.
1094	Verlust von Badajoz und Lissabon an die Christen.
1108	Eroberung des Reiches von Zaragoza durch Alfons I.
1130	Eroberung Nordafrikas durch die Almohaden.
1147	Eroberung Sevillas durch die Almohaden.
1212	Vernichtende Niederlage der Muslime gegen die christlichen Reiche bei Las Navas de Tolosa.
1229	Beginn der christlichen Eroberung des Valencianer Landes.
1232	Ende der almohadischen Herrschaft in Spanien.

Die Almoraviden

Längst waren die Erfolge der Christen in der gesamten islamischen Welt mit Besorgnis registriert worden. Angesichts der unter Alfons VI. zu konstatierenden Pressionen steigerte die islamische Öffentlichkeit, insbesondere die theologisch-juristischen Gelehrten ('ulamā') und die Führungsschicht in Sevilla, Granada und Badajoz, den Druck auf die muslimischen Führer. Diese wandten sich in ihrer Not an die neue aufsteigende Macht im Maghreb: die Almoraviden, einen Kampfbund nomadisierender Berber aus der Westsahara. Die Mitglieder dieses Bundes zeichneten sich durch das ihnen vorbehaltene Tragen eines Mundschleiers (litam) aus. Sie hatten 1055 das heutige Marokko besetzt und 1083 Ceuta erobert. Ihr Anführer Yūsuf b. Tāshufīn (gest. 1106) hatte Marrakesch zum Regierungssitz gewählt. Die Intervention der Almoraviden verlieh den Muslimen wieder Aufwind: In ihrem ersten Feldzug schlugen sie, unterstützt

von den Kleinkönigen, die Armee Alfons' VI. bei Badajoz
(1086). Dieser Sieg beendete fürs erste das Vorrücken der
Christen. Lediglich im Osten konnten die Aragonesen sich
Richtung Süden bewegen und 1096 Huesca einnehmen.
Doch bedeutete das Vordringen der Almoraviden auch das
Ende der Kleinkönigreiche. Bei ihrem Vormarsch in Rich-
tung Norden gelang es den Almoraviden allerdings nicht,
Toledo für den Islam zurückzugewinnen.

Mit der Etablierung der Almoraviden wurde Al-Andalus
nunmehr Teil eines Reiches, das vom Ebro in Nordspanien
bis zur Südsahara und vom Atlantik bis in den Zentral-
maghreb reichte. Die Geschicke der Iberischen Halbinsel
hingen mehr denn je von den Vorgängen in Nordafrika ab.
Bei alledem respektierte auch der zweite Almoravide, ʿAlī
b. Yūsuf (gest. 1143), die Souveränität des sunnitischen Kalifats von Bagdad. Machtpolitisch beruhte die Herrschaft
der Almoraviden auf den Kriegern der aus der Sahara stammenden Verbündeten. Neben schwarzen Sklaven fand man
aber nach wie vor zahlreiche christliche Kämpfer in den
muslimischen Heeren. Die neue Elite unterschied sich stark
von der alten Gesellschaft Al-Andalus'. Neben dem Mund-
schleier bildete die Matrilinearität der Saharanomaden ein
wichtiges ethnokulturelles Unterscheidungsmerkmal. Die
Aufgaben in der Kanzlei, den Sekretariaten und den Finanzbehörden waren meist den Beamten (*kuttāb*) und den
Gelehrten (ʿ*ulamāʾ*) anvertraut. Im wissenschaftlich-kultu-
rellen Bereich ist die umfangreiche Tätigkeit der Rechtsge-
lehrten hervorzuheben. Allerdings kam es zu Rebellionen,
weil die almoravidischen Herrscher von der Bevölkerung
als fremd empfunden wurden. Gerade die auf ihre Kultur
stolzen arabischen Bewohner von Al-Andalus lehnten die
Berber als Barbaren ab.

Insgesamt konnten die Almoraviden für eine gewisse
Zeit den christlichen Einfluß eindämmen. Wirtschaftlich
florierte Al-Andalus dank des nun verstärkten Handels mit
Afrika. Sichtbares Zeichen eines gewissen Wohlstandes wa-

ren die Goldmünzen, die man in Sidjilmāsa (Marokko) prägte. In der Zeit der *taifas* waren nur noch entwertete Münzen im Umlauf gewesen.

Die Almohaden

Neue Impulse für Al-Andalus gingen abermals von Veränderungen im Maghreb aus. Dort gelang es den Nachfolgern von 'Alī b. Yūsuf nicht, der Herausforderung durch die Almohaden zu widerstehen. Diese drohten, die Almoraviden aus ihren Stellungen zu vertreiben. Darüber hinaus brach 1144 in der Algarve eine Revolte unter dem Mystiker und Prediger Ibn Qāsi aus. Die Krisensituation bewog die Bevölkerung der Städte, die Macht einem lokalen Herrscher, dem *qāḍī* von Córdoba und Valencia anzutragen. Abermals zerfiel die islamische Einheit. Neue *taifas* entstanden und beförderten das Vordringen der christlichen Heere in Richtung Süden. 1147 bemächtigten sich portugiesische Truppen, unterstützt von englischen und flämischen Kreuzfahrern, der Stadt Lissabon. Selbst der wichtige Handelsplatz Almería wurde im selben Jahr mit Hilfe der Genuesen für einige Zeit eingenommen. Diese wirkten auch an der Eroberung von Tortosa mit. Dem Vormarsch der Christen hatten die Muslime wegen ihrer inneren Querelen nichts entgegenzusetzen.

Mit dem Sieg über die Almoraviden in Marokko, in dessen Gefolge auch Marrakesch erobert worden war (1147), stabilisierten die Almohaden auch ihre Position in Al-Andalus. Von Sevilla ging 1147–1149 die Vereinigung der islamischen Territorien auf der Iberischen Halbinsel aus. Auf den ersten almohadischen Kalifen 'Abd al-Mu'min (gest. 1163) folgte sein Sohn 'Abu Ya'qūb Yūsuf (1163–1184), der in Sevilla erzogen worden war und zunächst an dieser Metropole als neuer Hauptstadt festhielt. Die Almohadenherrschaft beruhte auf einer starken theologischen Basis. Man betonte die absolute Einheit Gottes, von dem sich die Menschen kein Bild machen dürften und könnten. Daher nannten sich die Herrscher *Al-Muwaḥḥidūn* (Almohaden bzw. »Einheitsbekenner«). Selbst in der Rechtssprechung galten verbindlich die auf den Propheten direkt zurückführbaren Aussagen und Quellen, d. h. der Koran und die Schule von Medina. Unter ʿAbu Yaʿqūb Yūsuf arbeitete Ibn Rushd (Averroes, 1126–1198), dessen Aristoteleskommentare für die mittelalterliche Philosophie prägend waren. Auch der Schriftsteller Ibn Ṭufayl (1110–1185), Autor des berühmten philosophischen Romans *Hayy ibn Yaqẓān*, verfaßte seine Werke in diesen Jahren.

Der Sohn und Nachfolger, ʿAbu Yūsuf Yaʿqūb (1184–1199), sah sich einem Zweifrontenkampf gegenüber. Im Maghreb brach eine Revolte unter den Banū Ghaniya aus. Im Westen der Iberischen Halbinsel rückten die Christen immer weiter vor: Bereits 1165 hatten sie – auf dem Gebiet des späteren Portugal – Évora eingenommen, 1184 folgte Santarem, 1191 Silves. Einzig bei Alarcos (südlich von Toledo) konnte der Kalif selbst Alfons VIII. eine herbe Niederlage beibringen. Die Rückeroberung der Balearen (1202/1203) brachte nur vorübergehend Entlastung.

Im ersten Jahrzehnt des 13. Jahrhunderts erreichte die Almohadenherrschaft ihren Höhepunkt. Sowohl im Maghreb als auch in Al-Andalus hatte sich die Dynastie durchsetzen können. Mit ihren glanzvollen Bauwerken galten Marrakesch und Sevilla als Symbole ihrer Macht. Sevilla beherbergte eine prachtvolle Moschee (die heutige Kathedrale), von der sich neben dem Orangenhof vor allem das ehemalige Minarett, die Giralda, erhalten hat. Auch der Goldene Turm (*torre de oro*) am Guadalquivir stammt aus dieser Zeit.

Mit dem Kalifen Muḥammad al-Nāṣir (1199–1213) folgte ein erst siebenjähriger Knabe. In seiner Umgebung wollte man die scheinbar günstige Lage ausnützen und einen ent-

scheidenden Schlag gegen die Christen führen. So wurde
eine Armee aufgestellt. Kastilien, Navarra und Aragón hatten ihrerseits gemeinsame Streitkräfte formiert. Insbesondere Alfons VIII. drängte darauf, Revanche für die Niederlage von Alarcos zu nehmen. Am Südrand der Sierra Morena bei Las Navas de Tolosa kam es zur Schlacht, die am
16. Juli 1212 mit der vernichtenden Niederlage der Muslime endete. Der christliche Sieg, den man im islamischen
Lager der Unentschlossenheit des Kalifen und den rivalisie-
renden Clans anlastete, besiegelte das Schicksal von Al-Andalus, auch wenn die Konsequenzen nicht sofort sichtbar
wurden. Die christlichen Königreiche waren tief nach Süden vorgedrungen und erreichten bald den Guadalquivir.
Muḥammad al-Nāṣir zog sich nach Marrakesch zurück, wo
er im Jahr darauf verstarb. Das Ableben der siegreichen
Könige Peter II. von Aragón (1213) und Alfons VIII. von
Kastilien (1214) hinderte die Christen zwar daran, ihre Position weiter auszubauen. Gleichwohl sollte sich die Krise
bei den Almohaden noch verstärken, als mit Yūsuf II. 1213
abermals ein Kind von zehn Jahren Kalif wurde. Der Hof
war kaum mehr in der Lage, auf die Herausforderungen zu
reagieren. In Marokko selbst erwuchs den Almohaden in
Gestalt der nomadischen Zanāta der Banū Marīn eine
ernsthafte Konkurrenz. Einer von ihnen, der Merinide
Al-Ma'mūn, besetzte Marrakesch (1228–1232). Schließlich
brach 1228 in Murcia ein antialmohadischer Aufstand aus.

Das Nasridenreich von Granada (1237–1492)

1237	Muhammad I. in Granada.
1248	Eroberung Sevillas durch Ferdinand III.; Tributzah-lungen der Nasriden an die Könige von Kastilien.
1266	Emigration von Muslimen aus Murcia nach Granada.
1275/1276	Übersiedlung Valencianer Muslime ins Nasridenreich.

1314–1325	Juden in Granada müssen eine besondere Kennzeichnung tragen.
1372	Bruch zwischen Nasriden und marokkanischen Meriniden; Besetzung Gibraltars durch den Meriniden Muḥammad V.
1410	Eroberung Antequeras durch die Christen.
1462	Besetzung Gibraltars durch die Kastilier.

Die Einheit des muslimischen Westens zerbrach zwischen 1230 und 1269. In Al-Andalus war die Situation extrem verworren. Der Anführer der Revolte von Murcia (1228), Ibn Hūd, erkannte das abbassidische Kalifat an. Bei dem Versuch, seine Herrschaft seinerseits in Al-Andalus durchzusetzen, war er hingegen weniger erfolgreich. Seine Anerkennung durch die anderen Reiche – nur Valencia hatte sich entzogen – dauerte nur kurze Zeit. 1231 wurde seine Armee von den Leonesen bei Alanje (Mérida) geschlagen. Ibn Hūd selbst wurde 1238 ermordet. Unter den Clans jener Zeit gab es nur eine Gruppe, der auch zukünftig Bedeutung zukommen sollte, nämlich jene des Muḥammad b. Yūsuf b. Naṣr. 1232 ließ er sich zum Sultan ausrufen, und ein Jahr später nahm er Jaén ein. Mit ihm wurde das Reich der Nasriden von Granada begründet (1237).

Innere Streitigkeiten, so z. B. in Sevilla oder in Valencia, arbeiteten den Christen in die Hände. Unter Jakob I. (1213–1276) wurde die Levante erobert. Valencia fiel 1236. Im Bereich Kastiliens war es Ferdinand III. (1217–1252), der 1236 Córdoba, 1246 Jaén und 1248 Sevilla einnahm. Hilferufe an die Hafsiden in Tunesien fruchteten ebensowenig wie der Versuch des nasridischen Emirs von Granada, Unterstützung von den almohadischen Kalifen in Marrakesch zu erlangen. Teile der Bevölkerung, insbesondere die muslimischen Adligen, flüchteten in den Maghreb. Doch blieb ein nicht näher zu quantifizierender Teil der einfachen islamischen Bevölkerung (*mudéjares*) unter den

Christen in Andalusien wohnen; ihnen fehlte fortan die kulturelle und religiöse Führung. In der Baukunst, wie z. B. im *Alcázar* von Sevilla, wird jedoch der arabische Einfluß auf die Christen überdeutlich.

Ein Teil der Muslime von Al-Andalus, wie z. B. jene aus Murcia und Valencia, fand im letzten islamischen Reich der Iberischen Halbinsel, in Granada, Zuflucht. In der vornehmlich gebirgigen Landschaft Ostandalusiens behauptete sich die muslimische Kultur noch weitere zweihundert Jahre. Zum Zentrum des nasridischen Reiches wählte Muḥammad I. (1232–1273) Granada, nachdem Jaén den Christen überlassen werden mußte. Auf einem Berg errichteten er und seine Nachfolger eine Festung, die Alhambra, die mit ihrer Architektur und den Gartenanlagen das letzte beeindruckende Zeugnis islamischer Kultur auf der Iberischen Halbinsel wurde. Gleichzeitig stellt sie den einzigen muslimischen Fürstenpalast dar, der uns in Spanien erhalten geblieben ist.

Nach der Eroberung Toledos (1085) hatten die *mudéjares* nur kurze Zeit religiöse Tolerierung erfahren, was man auf den Einfluß von Cluny zurückführen mag. Dagegen gewährte man in Al-Andalus den Anhängern von Offenbarungsreligionen (»Leute der Bücher«) prinzipiell Schutz. Mittels eines Unterwerfungsvertrages konnten die Christen und Juden ihr Hab und Gut sowie ihre Religion behalten. Indes hegen neuere Forschungen Zweifel am Grad der christlichen Durchdringung des Westgotenreiches und folglich am Fortbestehen eines tief verwurzelten Christentums in Al-Andalus. Schon im 10. Jahrhundert scheint der Bischofssitz von Toledo verwaist gewesen zu sein. Insgesamt wird man den Muslimen Desinteresse und Gleichgültigkeit gegenüber der christlichen Religion und Kultur, die sie nicht als ebenbürtig betrachteten, bescheinigen müssen. Die islamische Haltung kennzeichnete weniger eine bewußt gelebte Toleranz als vielmehr Indifferenz.

Zur Sicherung des Reiches von Granada trug nicht nur der Schutz der Gebirge bei. Die Nasriden wußten gleichfalls geschickt die machtpolitische Pattsituation zwischen dem kastilischen und aragonesischen Königreich zu nutzen. Auch hielten sie Abstand zu den Meriniden in Marokko, die Versuche unternahmen, in Südspanien (Algeciras, Ronda) Fuß zu fassen. Zu Recht befürchtete Granada nicht nur ein merinidisches Unternehmen gegen die Kastilier, sondern fühlte sich selbst bedroht. Hinter diesen Aktivitäten, die sich von ca. 1250–1330 vollzogen, verbarg sich nicht zuletzt das geostrategische und handelspolitische Interesse an der Kontrolle der Meerenge von Gibraltar. Kastilier, tatkräftig unterstützt von Genuesen und anderen Italienern, versuchten hier, den sich immer lebhafter entwickelnden Mittelmeerhandel mit Nordeuropa zu kontrollieren. 1344 eroberte Alfons XI. Algeciras und setzte den nordafrikanischen Invasionen ein Ende.

Wirtschaftlich war das Reich von Granada in hohem Maße von den Christen abhängig. So ließen sich z. B. aragonesische Kaufleute, aber auch Genuesen in den beiden wichtigsten Hafenstädten des Nasridenreiches, Málaga und Almería, nieder. Daß Granada im 14. Jahrhundert nochmals eine gewisse Blüte erreichte, lag nicht nur an den kastilisch-aragonesischen Rivalitäten und der kastilischen Krise im Gefolge des Dynastiewechsels zu den Trastámara, sondern auch an den Fähigkeiten seiner Herrscher Yūsuf I. (1333–1354) und Muḥammad V. (1354–1359, 1362–1391). Eine gewisse literarische Blüte war mit Ibn al-Khaṭīb (1313–1375) zu verzeichnen, dem wir die Überlieferung zahlreicher medizinischer Werke verdanken.

Mit Beginn des 15. Jahrhunderts verstärkten sich vor dem Hintergrund eines zunehmenden demographischen Drucks durch die Christen die Pressionen auf die Granadiner. Streitigkeiten innerhalb der nasridischen Dynastie bereiteten den christlichen Heeren das Terrain. Schon 1410 wurde die strategisch herausragende Ortschaft Antequera von den Christen eingenommen. Doch erst die Heiratsunion zwischen Kastilien und Aragón (1469) bündelte die nötigen Energien, um das Reich von Granada vollständig zu erobern und Kastilien einzuverleiben. Mit Muḥammad XII. (1482–1492), den die Christen Boabdil nannten, verließ der letzte muslimische Herrscher Spanien. Die Granadiner Muslime waren, sofern sie nicht Boabdil nach Marokko folgten, die letzten, die sich einer christlichen Herrschaft unterwerfen mußten.

Zunächst tolerierten die christlichen Herrscher die Muslime als *mudéjares* unter ihrer Herrschaft. Doch gewinnt man den Eindruck, daß die »friedliche Koexistenz« im Laufe der Zeit immer mehr bedroht wurde. In Valencia, wo sich die Muslime mit Billigung Jakobs I. in den Jahren 1238–1245 in großer Zahl niedergelassen hatten, kam es kurze Zeit später zu ersten Erhebungen (1247–1258, 1275–1279). Gleiches gilt auch für Granada, das nach der Eroberung (1492) zunächst den *mudéjares* Tolerierung zusicherte, diese aber schon 1499–1501 widerrief.

Literaturhinweise

Castro, Americo: Spanien: Vision und Wirklichkeit. Köln 1957.

Collins, Roger: The Arab Conquest of Spain 710–797. Oxford 1989.

Constable, Olivia Remie: Trade and Traders in Muslim Spain. The commercial realignment of the Iberian peninsula, 900–1500. Cambridge 1994.

Dozy, Reinhart Pieter Anne: Geschichte der Mauren in Spanien bis zur Eroberung Andalusiens durch die Almoraviden. Reprogr. Nachdr. der Ausg. Leipzig 1874. Darmstadt 1965.

Glick, Thomas F.: Islamic and Christian Spain in the Early Middle Ages. Princeton 1979.

Guichard, Pierre: Al-Andalus. Estructura de una sociedad islámica en Occidente. Barcelona 1976.

– Structures sociales »orientales« et »occidentales« dans l'Espagne musulmane. Paris 1977.

Harvey, Leonard P.: Islamic Spain: 1250 to 1500. Chicago 1990.

Levi-Provençal, Evariste: Histoire de l'Espagne musulmane. 3 Bde. Paris 1950–67.

Martz, Linda: A Network of Converso Families in Early Modern Toledo. Assimilating a Minority. Ann Arbor 2003.

Melammed, Renée Levine: Heretics or Daughters of Israel? The Crypto-Jewish Women of Castile. New York 1999.

Münzel, Bettina: Feinde, Nachbarn, Bündnispartner. »Themen und Formen« der Darstellung christlich-muslimischer Begegnungen in ausgewählten historiographischen Quellen des islamischen Spanien. Münster 1994.

Olague, Ignacio: Les arabes n'ont jamais envahi l'Espagne. Paris 1969.

Starr-LeBeau, Gretchen D.: In the Shadow of the Virgin. Inquisition, Friars, and Conversos in Guadalupe, Spain. Princeton (N. J.) 2003.

Wallenborn, Hiltrud: Bekehrungseifer, Judenangst und Handelsinteresse. Amsterdam, Hamburg und London als Ziele sefardischer Migration im 17. Jahrhundert. Hildesheim 2003.

Wasserstein, David: The Rise and Fall of the Party-Kings. Politics and Society in Islamic Spain, 1002–1086. Princeton 1985.

Religiöse Minderheiten im christlichen Spanien

Von Christian Windler

Epochenüberblick

An den »Rändern« Europas stellte sich im Mittelalter eine Koexistenz dreier Religionen ein. Nicht nur katholisches Christentum bzw. Orthodoxie und Judentum begegneten einander, in Südosteuropa und auf der Iberischen Halbinsel kam es auch zu einem Nebeneinander von Muslimen, Christen und Juden. Im Hinblick auf das spanische Mittelalter ist das Bild eines von Toleranz geprägten religiösen Klimas durch die neuere Forschung erheblich nuanciert worden. Die Rechtsgarantien zugunsten der Muslime und Juden nahmen deren Marginalisierung als gegeben an. Zuweilen reichten sie nicht aus, um vor Gewaltausbrüchen zu schützen. Juden und Muslime grenzten sich von der christlichen Bevölkerung ab, indem sie sich in eigenen Quartieren um jene Einrichtungen niederließen, die ihnen ein Leben nach den Vorschriften ihrer Religion ermöglichten – etwa Synagogen, Moscheen, Bäder und eigene Schlachtplätze. Durch die zum Teil selbstgewählte, zum Teil auferlegte unterschiedliche Kleidung konnten sie leicht als Nichtchristen identifiziert werden. Trotz gegenseitigen Mißtrauens entwickelten sich jedoch rege Kontakte zwischen den Gemeinschaften. Im Zuge der Ausbildung des frühneuzeitlichen Spanien seit den Katholischen Königen kam es 1492 zur Vertreibung der Juden. Die Muslime wurden im 16. Jahrhundert Opfer eines Assimilierungsdrucks, der schließlich in ihrer Ausweisung gipfelte (1609).

1391	Pogrome gegen Juden, zum Teil auch gegen Muslime (*mudéjares*) in Kastilien.
1478	Gründung der spanischen Inquisition.
1492	Eroberung von Granada.
	Zwangstaufe bzw. Vertreibung der Juden der Krone Kastiliens.
1499–1501	Aufstände der Muslime des Königreiches Granada.
1502	Zwangstaufe bzw. Vertreibung der Muslime der Krone Kastiliens.
1525/1526	Zwangstaufe der Muslime der Krone Aragóns.
1568–1570	Aufstand der Morisken (getaufte Muslime) des Königreiches Granada.
1570	Deportation der granadinischen Morisken.
1609	Vertreibung der Morisken.

In den christlichen Reichen Kastilien und Aragón waren muslimische und jüdische Minderheiten bis ins Spätmittelalter geduldet worden. Vielerorts garantierten die bei der Reconquista ausgehandelten Kapitulationen den Muslimen (*mudéjares*) die freie Ausübung ihrer Religion, die Erhaltung der Moscheen, ihr angestammtes Recht und ihre eigenen Richter.

Die Juden galten in den christlichen Reichen der Halbinsel als *servi regis*, Königsknechte, die ausschließlich königlicher Jurisdiktion unterstanden und mit mehr oder weniger wirksamer Protektion rechnen konnten. Jüdische Finanzleute und Ärzte erlangten an den Höfen Kastiliens und Aragóns beträchtlichen Einfluß. Am Hof Alfons X. des Weisen von Kastilien (1252–1284) dienten Juden als kundige Übersetzer arabischer Schriften. Kartographische Arbeiten, die sie am Hof Peters IV. von Aragón (1336–1387) anfertigten, zeigen, daß ihre geographischen Kenntnisse über die mediterranen Handelswege hinaus, z. B. in den transsaharischen Raum, reichten.

Wie im übrigen Westeuropa häuften sich auf der Iberi-

schen Halbinsel im 14. Jahrhundert die Anklagen gegen die
Juden, sich im Bunde mit dem Teufel gegen die Christenheit zu verschwören. Gerüchte über Ritualmorde, Brun-
nenvergiftungen oder Hostienentweihungen schufen ein
Klima, in dem der Schritt zur Gewalt rasch getan war. Be-
redtes Zeugnis dieser Ablehnung ist die Bezeichnung Mar-
ranen (span. *marranos*, ›Schweine‹) für die Juden. Auch in
Kastilien und Aragón begleiteten Hungersnöte, Pestepide-
mien und soziale Unruhen die Judenpogrome, die sich außerhalb der Autorität der Krone abspielten. Die schlimmsten Ausbrüche von Gewalt gegen die nichtchristlichen
Minderheiten – in erster Linie gegen Juden, teilweise auch
gegen Muslime – ereigneten sich in Kastilien 1391, als der
noch minderjährige Nachfolger des im Vorjahr verstorbenen Königs, Johann I. (1379–1390), nicht in der Lage war,
der königlichen Justiz Achtung zu verschaffen.

Unter dem Eindruck der Pogrome konvertierten im späten 14. und frühen 15. Jahrhundert vor allem in den Städten
Kastiliens und Aragóns zahlreiche Juden zum Christentum.
Die Verfolgungen und Bekehrungen schwächten insbesondere die jüdischen Gemeinden in den größeren Siedlungen.
Dort verlagerte sich die Feindseligkeit im 15. Jahrhundert
von den Juden auf die *conversos*, die bekehrten Juden, deren Assimilation auf heftige Widerstände stieß. Manches,
etwa die zunehmende Verwendung der kastilischen und katalanischen Sprache im innerjüdischen Bereich, spricht indessen dafür, daß die Juden in den ihnen verbliebenen Frei-
räumen in enger Symbiose mit der christlichen Umgebung
lebten. Ähnliches galt für die *mudéjares* Kastiliens, während die geschlossenen ländlichen Siedlungsräume der muslimischen Bevölkerung in Aragón und Valencia weniger
Gelegenheiten zu Kontakten boten.

Noch unter den Katholischen Königen Isabella von Kastilien und Ferdinand von Aragón gehörten Juden und seit
1492 *conversos* als Finanzspezialisten und Ärzte zu den
Vertrauensleuten der Monarchen. Abraham Seneor kann als

Beispiel eines Juden gelten, der dank seiner Stellung am kastilischen Hof auch in der jüdischen Gemeinschaft als oberster Rabbiner Kastiliens eine führende Rolle spielte, bis er
sich 1492 im Kloster Guadalupe taufen ließ. Er hatte im
Dienst Heinrichs IV. (1454–1474) gestanden, bevor er sich
Isabella (1474–1504) zuwandte. Seneor pachtete Rechte der
Krone, trieb Verbindlichkeiten für den König ein und lieh
ihm Geld, insbesondere während des Krieges gegen Granada. Als er sich 1492 bekehrte, übernahm das Königspaar die
Patenschaft. Die Monarchen profitierten nicht nur von den
über Generationen weitergegebenen technischen Kenntnis-
sen der jüdischen Finanziers, sondern schätzten auch deren
Zuverlässigkeit, die in ihrer Abhängigkeit begründet lag.
Allerdings hatten die jüdischen Finanzleute merklich an
Bedeutung verloren: Ihre Beteiligung an der Pacht königlicher Abgaben belief sich im Zeitraum 1439–1469 auf weniger als 15 %, gegenüber ungefähr 30 % hundert Jahre früher. Das Stereotyp des reichen Geldleihers und Steuerein-
treibers entsprach nun noch weniger als zuvor der sozialen
Struktur der jüdischen Gemeinden – Handwerker waren
schon immer viel zahlreicher gewesen. Nichtsdestoweniger
prägte dieses Bild die feindseligen Haltungen der christlichen Nachbarn.

　　Älteren Auffassungen zufolge war die Gründung der
spanischen Inquisition durch eine päpstliche Bulle (1478),
die Verfolgung judaisierender Praktiken der *conversos* sowie die Zwangsbekehrung der Juden im Jahre 1492 und die
der Muslime in den Jahren 1502 (Krone Kastilien) bzw.
1525/1526 (Krone Aragón) ein Teil der Politik des Königs,
welche die religiöse Einheit als Voraussetzung für staatliche
Einheit betrachtet habe. Gewiß war es die Krone, die die
Maßnahmen gegen die jüdischen und muslimischen Minderheiten erließ, doch nahm sie damit Bestrebungen der
Gesellschaft und lokale Pressionen auf, wobei die Religion
als sinnstiftende Institution eine Leitfunktion für die Menschen spielte. Im Nebeneinander von Christen, Juden und

Muslimen entwickelte sich in Spanien ein deutliches Bewußtsein katholischer Identität, das der tridentinischen Konfessionalisierung voranging. Indem sie Juden und Muslime zur Taufe zwangen und eine Einrichtung schufen, die mit dem wirksameren Kampf gegen Häretiker dem Heiligungsstreben der Gläubigen entgegenkam, legitimierten sich Isabella von Kastilien und Ferdinand von Aragón als Katholische Könige.

Sie machten sich weniger zu Vorkämpfern als zu Vollstreckern einer Politik, die dem bisher am Hof gepflegten Umgang mit Juden widersprach. Als die Krone 1480 anläßlich der *Cortes* von Toledo einem Erlaß zustimmte, der die Juden in von Mauern umgebene Ghettos verbannte, tat sie dies auf Drängen der Vertreter der kastilischen Städte. 1483 ordnete die Inquisition die Vertreibung der Juden aus den andalusischen Diözesen Sevilla, Córdoba und Cádiz an; die Krone verzögerte die Ausführung der Maßnahme. Vertriebenen Juden, die sich bekehren wollten, sicherten die Katholischen Könige im November 1492 die Rückgabe ihrer Güter zu. Sie verzichteten außerdem nicht auf die Dienste von Ratgebern jüdischer Herkunft. Nach seiner Taufe wurde der oben erwähnte Seneor in den Stadtrat von Segovia berufen.

Zwar wurde der Generalinquisitor durch die Krone ernannt, deren Kontrolle das *Santo Oficio* unterstand. Ihre Wirksamkeit entfaltete die Inquisition indessen in den jeweiligen lokalen Zusammenhängen und nicht als von außen eingesetztes Instrument eines konfessionellen Zwangsstaates. In den ersten Jahrzehnten ihres Bestehens richtete sie sich vor allem gegen die *conversos*, aus deren Reihen im späten 15. Jahrhundert mehr als 90 % der behandelten Fälle kamen. Mit etwa 2000 Todesurteilen gegen angeblich judaisierende *conversos* erlangte die Inquisition in den ersten Jahrzehnten ihres Bestehens den Ruf einer die Häresie blutig verfolgenden Institution. In Valencia beispielsweise belief sich der Anteil der Todesurteile zwischen 1494 und

1530 auf 45 %. Unter den Opfern der Inquisition befanden sich zwar *conversos* jeder sozialen Stellung, Alters und Geschlechts, doch wandte sich das Gericht vornehmlich gegen jene, die Einfluß und Reichtum besaßen.

Eine Elite von *conversos*, die sich bereits vor ihrer Bekehrung im Handel und Finanzwesen bereichert hatte, erlangte dank der Taufe auch in Kirche, Städten und königlicher Verwaltung Stellungen, die sie dem Neid der Altchristen aussetzten. 1449 richteten sich Unruhen in der Stadt Toledo gegen Neuchristen als Pächter einer Kriegssteuer der Krone. Vierzehn *conversos* wurden abgeurteilt, weil sie als Notare und Richter städtische Ämter ausgeübt und damit ein Privileg der Stadt verletzt hätten. Man warf ihnen vor, die christliche Gemeinschaft von innen zu zerstören. Ohne ihren Glauben und ihre Beziehungen zu den jüdischen Gemeinden aufzugeben, übernähmen sie einflußreiche Ämter.

In solchen Auseinandersetzungen entwickelte sich seit dem späten 15. Jahrhundert die Auffassung von der Blutreinheit (*limpieza de sangre*) als Voraussetzung für die Ausübung von Ämtern in den Städten und der Inquisition sowie für die Zulassung zu Universitäten, Ritterorden, Kirchenpfründen oder Zünften. Altchristen nichtadliger Herkunft fanden in der *limpieza de sangre* die Bestätigung einer Ehre, welche die Aufrichtigkeit des religiösen Bekenntnisses mit ihrer familiären Abstammung – ihrer *raza* – verband und sie gegenüber dem Adel aufwertete. 1547 nahm das Kathedralstift von Toledo auf Betreiben eines Erzbischofs bäuerlicher Herkunft ein *estatuto de limpieza de sangre* an. König und Papst bestätigten die aus den lokalen Verhältnissen hervorgegangene Entscheidung, die im Stift selbst gegen eine starke Minderheit von *conversos* durchgesetzt worden war. Ausgegrenzt wurden mit den *estatutos de limpieza de sangre* nicht so sehr Kryptojuden als vielmehr assimilationswillige *conversos*, denen die Veräußerung zahlreicher Ämter durch die Krone zu dieser Zeit neue Möglichkeiten gab, ihren Reichtum in politischen Einfluß umzusetzen.

Im Jahre 1492 war die Ausweisung der Juden verfügt worden. Wie viele Juden in diesem Jahr getauft bzw. vertrieben wurden, läßt sich nicht genau ermitteln. Bereits vor 1492 dürften Pogrome und Bekehrungen weniger als 100 000 Juden übriggelassen haben. War man früher zum Teil von über 200 000 Personen ausgegangen, die Spanien verließen, so veranschlagen heutige Untersuchungen die Exulantenzahl weitaus vorsichtiger auf etwa 30–40 000 Flüchtlinge.

Das Osmanische Reich, Portugal, Italien, Nordafrika, aber auch die Niederlande wurden zu Zufluchtsstätten der Sepharden. Die Bedeutung des Osmanischen Reiches für die sephardischen Juden hängt damit zusammen, daß sie dort zwar wie alle Nichtmuslime als *dhimmī* besondere Abgaben zu leisten hatten, die ihre untergeordnete Stellung markierten, dafür aber wirksamen Schutz sowie die Möglichkeit freier Religionsausübung und der Selbstverwaltung ihrer Gemeinden fanden. Manche Sepharden beschrieben die osmanischen Siege des 15. und 16. Jahrhunderts in messianischen Begriffen als Beginn einer Erlösung des Judentums von der Unterdrückung im christlichen Europa. Ihre wirtschaftliche Stellung in der osmanischen Gesellschaft beruhte zunächst auf ihren Handelsbeziehungen zu Westeuropa.

Als der Papst 1478 der Errichtung einer von der römischen Inquisition getrennten spanischen Inquisition zustimmte, verband er mit dieser Konzession die Verpflichtung, der muslimischen Herrschaft in Granada ein Ende zu setzen. 1492 war dieses Ziel erreicht. Die Kapitulationen, die mit den eroberten Städten ausgehandelt wurden, sprachen den Besiegten weitgehende Rechtsgarantien zu. In der Praxis wurden diese jedoch oft verletzt. Dagegen erhoben sich die Muslime Granadas in den Jahren 1499–1501. Dieser Aufstand ließ Kirchenleute wie Francisco Jiménez de

Cisneros die Oberhand gewinnen, die eine rasche Taufe verlangten. 1502 wurden alle Muslime – wie zehn Jahre zuvor die Juden – vor die Wahl gestellt, die Territorien der Krone Kastiliens zu verlassen oder sich zum Christentum zu bekehren. 1525/1526 befahl Karl V., der Erbe der Katholischen Könige, auch den Muslimen der Krone von Aragón, sich taufen zu lassen. Diesem Entscheid waren während der Unruhen (*Germanías*) im Königreich Valencia 1521 und 1522 Taufen vorangegangen, zu denen aufständische Christen die von ihren Herren protegierten *mudéjares* gezwungen hatten.

Im Gegensatz zu den bekehrten Juden widersetzte sich ein Teil der getauften Muslime (Morisken) Granadas, Aragóns und Valencias mit Gewalt der Assimilation. Dieser Widerstand fand 1568–1570 im Aufstand der Morisken des Königreiches Granada seinen Höhepunkt. Bereits zuvor hatten bewaffnete Banden die katholische Bevölkerung bedroht. Amtsträger von Inquisition, Kirche und König waren bevorzugte Zielscheiben ihrer Überfälle. Die Schlagkraft dieser Banden, deren die Krone nicht Herr werden konnte, beruhte auf dem ungebrochenen Zusammenhalt der Moriskengemeinden in Aragón, Valencia und Granada, die ihnen wirksamen Schutz boten. Dank ihrer Kontakte mit den Häfen des Maghreb erhielten die Morisken auch Unterstützung seitens nordafrikanischer Korsaren, bei denen es sich teilweise um emigrierte iberische Muslime handelte.

Der Aufstand von 1568–1570 brach vor dem Hintergrund wirtschaftlicher Diskriminierung – etwa der Überprüfung der Grundbesitztitel – aus. Die Regionen, von denen er ausging, waren durch den Niedergang der Seidenherstellung unter dem Druck der mit geringeren Abgaben belasteten Konkurrenz aus Murcia besonders betroffen. Nicht nur die Bedrohung der spanischen Küsten durch die Türken, sondern auch die zunehmende konfessionelle Abgrenzung des tridentinischen Katholizismus trug in den

1560er Jahren dazu bei, daß die Unterdrückung religiöser und kultureller Eigenheiten die offensichtlich gescheiterte Katechese verdrängte. Der Aufstand der Morisken ließ jene Stimmen, die für ihre allmähliche Assimilierung eingetreten waren, weitgehend verstummen. Während der Erhebung von 1568–1570 kehrten die granadinischen Morisken offen zu einer Religion zurück, die sie nie wirklich aufgegeben hatten. Verweigerten sich die Morisken in ihren weitgehend geschlossenen Siedlungsgebieten in Granada, Aragón und Valencia offensichtlich der katholischen Katechese, so läßt sich die Pflege nichtchristlicher Gebräuche bei den in engem Kontakt mit ihrer katholischen Umgebung lebenden Morisken anderer Regionen ebenso wie bei den *conversos* nicht mit der gleichen Eindeutigkeit feststellen. Eine mißtrauische altchristliche Umgebung assoziierte beispielsweise die Weigerung, Schweinefleisch zu essen, mit Islam und Judentum. Inwiefern jedoch vom Weiterleben solcher Gebräuche auf religiöse Überzeugungen und Zugehörigkeiten geschlossen werden kann, ist fraglich.

Ein Teil der Neuchristen jüdischer und muslimischer Herkunft ging gänzlich in der altchristlichen Umgebung auf. Die Verfolgung durch die Inquisition betraf nur eine Minderheit der Getauften. Auch dieser Personenkreis verstand sich selbst nicht durchwegs als jüdisch bzw. muslimisch. Die *conversos*, die von der Inquisition weitaus am meisten behelligt wurden, stießen gerade durch ihren Assimilationswillen auf die Abneigung der Altchristen, welche abweichende Gebräuche als Häresie deuteten. In den Städten des Königreiches Granada fanden die muslimischen Aufständischen aus den Landgemeinden 1568–1570 kaum Unterstützung. Unter dem Eindruck von Evangelisierungsbestrebungen, die sich mit Gunstbezeugungen der Krone verbanden, näherten sich führende Familien der Stadt Granada den christlichen Eroberern an. Manche behielten nach ihrer Bekehrung einflußreiche Stellungen – z. B. als Stadträte (*veinticuatros*) oder als Vertreter (*procuradores*) ihrer

Stadt in den kastilischen *Cortes*. Sie verhielten sich ähnlich wie jene einflußreichen *conversos*, die den neuen Glauben annahmen, ohne völlig mit ihrem bisherigen sozialen Umfeld zu brechen. Demgegenüber beruhte der Widerstand in den Bergregionen Granadas auf den weitgehend intakt gebliebenen sozialen Hierarchien muslimischer Gemeinden.

Nach der 1502 angeordneten Zwangstaufe waren Krone und Kirche auch dort bemüht gewesen, mit der Einrichtung von Pfarreien und der Organisation temporärer Missionen für die Unterweisung der neuen Christen zu sorgen. Trotz Bestrebungen, die Priester auf den Umgang mit den konvertierten Muslimen sprachlich und theologisch vorzubereiten, war der Klerus in den Moriskenpfarreien in der Regel schlecht ausgebildet. Versuche von Priestern, sich auf Kosten der Gläubigen zu bereichern, trugen dazu bei, Mißtrauen und Haß zu schüren. Wenn auch die Repression erst im Laufe des 16. Jahrhunderts gegenüber der Katechese eindeutig in den Vordergrund trat, untersagten die weltlichen und geistlichen Obrigkeiten doch von Anfang an jene Praktiken, in denen sich die Morisken als Muslime zu erkennen gaben. Von den oft erneuerten, offensichtlich wenig wirksamen Verboten betroffen war der Besitz von Büchern, die in arabischer Sprache abgefaßt waren. Aufmerksam beobachtet wurde die Art, wie die Morisken ihr Vieh schlachteten. Da die Vorschrift, altchristliche Metzger heranzuziehen, nicht durchsetzbar war, erlaubte man ihnen, sich an einen der ihren zu wenden, doch blieb die Auswahl des Metzgers dem Priester der Pfarrei überlassen. In Kenntnis der religiösen Bedeutung der rituellen Waschungen erschwerte man den Morisken den Zugang zu den Badeanlagen. In der Hoffnung, auf diese Weise die Beschneidung der Neugeborenen zu unterbinden, wurde es Moriskenfrauen verboten, als Hebammen zu dienen. Ferner mußten die Morisken ihre Toten statt in unberührter Erde außerhalb der Siedlungen fortan in den Pfarreien oder in Klöstern begraben.

Die Verfolgung von Verstößen gegen diese Vorschriften fiel in die Kompetenz der Inquisition, der die *conversos* und die Morisken aufgrund ihrer Taufe unterstanden. Die Akten dieses Gerichts bilden die wichtigste Quelle für die Kenntnis ihrer Lebenswelt und religiösen Praxis. Die Inquisition und ihre Informanten hoben allerdings meist das Trennende hervor, wodurch Gemeinsamkeiten in diesen Dokumenten nicht entsprechend berücksichtigt werden.

In der Regel beruhten die Anklagen auf partiellen Indizien, die sich aus den Beobachtungen von Denunzianten ergaben. Die Reaktionen gegenüber *conversos* und Morisken, die in den Niederlanden bzw. im Maghreb Zuflucht fanden, zeugen von synkretistischen Praktiken, die durch die altchristliche Umgebung in Spanien und die jüdischen bzw. muslimischen religiösen Autoritäten im Exil gleichermaßen abgelehnt wurden. Dieser Synkretismus dürfte nicht zuletzt durch die Nachsicht gefördert worden sein, die jüdische und muslimische Theologen jenen gegenüber an den Tag legten, die sich unter Zwang hatten taufen lassen. War die formelle Einhaltung der Glaubensvorschriften angesichts der Verfolgung nicht möglich, genügte in der jüdischen Tradition die bloße Absicht, sie zu beachten. Eine ähnliche Haltung nahmen islamische Theologen ein. Gläubige, die sich, ohne ihr Leben aufs Spiel zu setzen, den Zwängen einer feindlichen Herrschaft nicht entziehen konnten, durften sich den ihnen aufgezwungenen Handlungen – etwa der katholischen Taufe – unterziehen, sofern sie dem Islam im Herzen treu blieben (*taqīya*). Aus jüdischer Sicht galten die *conversos* nach ihrer Taufe weiterhin als Juden, denn nach dem Talmud bleibt selbst der Jude, der sich gegen seine Religion versündigt, Jude. *Conversos*, die sich in den Niederlanden wieder offen zum Judentum bekannten, wurden deshalb in die Gemeinden aufgenommen.

Der Gefahr, daß unter den Bedingungen der *taqīya* die Grundlagen des Islam allmählich in Vergessenheit gerieten, suchten meist anonyme Autoren entgegenzutreten, die sich mit Aspekten des Katholizismus auseinandersetzten, die aus der Sicht des muslimischen Gottesverständnisses besonders schockierend wirkten, etwa die als polytheistisch abgelehnte Dreifaltigkeit, die Eigenschaft Christi als Gottes Sohn und die Jungfräulichkeit Mariä. Die islamischen Schriften gegen die katholische Kirche zeugen ebenso vom Bestreben, die religiöse Eigenart zu bewahren, wie von kultureller Assimilation, wurden sie doch überwiegend in den romanischen Umgangssprachen der Morisken verfaßt.

Das Fortleben muslimischer Gebräuche wurde dadurch erleichtert, daß die Morisken vielerorts unter sich blieben. Den Ramadan und die Vorschriften bezüglich des Verzehrs von Schweinefleisch scheinen allerdings sogar die am stärksten assimilierten kastilischen Morisken ziemlich strikt beachtet zu haben. Es war weithin üblich, die Knaben nach der Taufe zu beschneiden. Man weiß auch von Pilgerreisen nach Mekka. In den Moriskengemeinden Valencias erinnerte sich noch in der zweiten Hälfte des 16. Jahrhunderts eine Mehrheit der Frauen vor der Inquisition nur an die muslimischen Namen ihrer Ehemänner. Hingegen verlor sich auch hier die Praxis des regelmäßigen Gebetes. Die beschränkten Erfolge der Moriskenkatechese sind um so signifikanter, als die posttridentinische spanische Kirche bei der Unterweisung der altchristlichen Bevölkerung nicht erfolglos blieb: Selbst jene, die durch die Inquisition angeklagt wurden, beichteten wesentlich regelmäßiger und kannten die Gebete sowie die Zehn Gebote besser, als dies vor dem Konzil der Fall gewesen war.

Der Vergleich des Vorgehens gegen *conversos* und Morisken bestätigt aber auch, daß das Handeln der Inquisition nicht so sehr aufgrund »von oben« vorgegebener Anforderungen, sondern vielmehr aus der lokalen Dynamik der Gesellschaft heraus zu verstehen ist. Konfessionalisierung war wie anderswo in Europa auch im katholischen Spanien ein lokal eingebetteter Prozeß. Die Inquisition war zwar von der Krone eingesetzt worden, antwortete aber seit ihrer Gründung auf die unterschiedliche lokale Nachfrage nach Kirchenzucht und sozialer Kontrolle. Sie reagierte auf Denunziationen aus den Gemeinden, insbesondere seitens ihrer Vertrauten und Klienten, der *familiares*, die in Konfliktsituationen ihre Beziehungen zum gefürchteten Kirchengericht nutzten. Gegenüber den Morisken wurde das *Santo Oficio* dort besonders aktiv, wo der Zusammenhalt ihrer Gemeinden geringer war, wo die Integration in die altchristliche Umgebung die alltäglichen Kontakte mehrte und die Bekehrten besonders häufig Provokationen ihrer Umgebung ausgesetzt waren. Die Morisken Granadas, Valencias und Aragóns vermieden es tunlichst, Instanzen der Krone zur Regelung lokaler Konflikte anzurufen. Kontakte zwischen Altchristen und Morisken, die Anlaß zu Konflikten bieten konnten, waren seltener als in Kastilien. Infolgedessen intervenierte auch die Inquisition weniger oft, obwohl nach Maßgabe ihrer formellen Ziele ein besonderer Handlungsbedarf bestanden hätte. Hartnäckige Gerüchte über Kontakte mit den Türken und den französischen Protestanten, welche die Morisken mit einer gegen die spanischen Könige gerichteten Verschwörung in Verbindung brachten, wurden durch abgefangene Briefe bestätigt. Mit der Vertreibung der Morisken, die der Staatsrat bereits 1582 Philipp II. vorgeschlagen hatte, entsprach dessen Sohn Philipp III. (1598–1621) 1609 der verbreiteten Abneigung gegen eine Minderheit, die unter dem Verdacht stand, trotz der Taufe weiterhin dem Islam zu folgen. Im Maghreb fielen die Vertriebenen mit Auffassungen und Verhaltensweisen auf, die hier Christen zugeschrieben wurden.

Die wirtschaftlichen Auswirkungen der Vertreibung von etwa 310 000 Morisken waren schwerwiegend. Besonderen Ruf verlieh den Morisken ihre Kenntnis der Bewässerungstechniken. Durch ihre Deportation 1609 wurden deshalb in den fruchtbaren Landstrichen im Einzugsbereich des Ebro die Bewässerungsanlagen nachhaltig geschädigt. Rückschläge der Seidenraupenzucht in Valencia und Granada sowie des Anbaus von Reis und Zuckerrohr in Valencia sind ebenfalls der Vertreibung zuzuschreiben.

In der ersten Hälfte des 17. Jahrhunderts, unter Philipp III. und Philipp IV. (1621–1665), führten die finanziellen Belastungen der spanischen Hegemonialpolitik nochmals zu einer blühenden Präsenz der *conversos* in Spanien. Die Krone versuchte der beherrschenden Stellung der italienischen Bankiers entgegenzutreten, indem sie portugiesische *conversos* bevorzugte. Viele der Juden, die sich 1492 nicht taufen ließen, waren nach Portugal emigriert, wo man sie zwar 1496/1497 vor die gleiche Wahl wie zuvor in Kastilien und Aragón stellte, judaisierende Praktiken aber nicht mit derselben Härte verfolgte. Gleichzeitig bot der portugiesische Übersee- und Kolonialhandel neue Betätigungsfelder, in denen sich seit der ersten Hälfte des 16. Jahrhunderts eine kommerzielle Elite herausbildete, die dank der Handelsbeziehungen zwischen den iberischen Kolonien und Nordeuropa in engem Kontakt mit jüdischen Gemeinden außerhalb der Iberischen Halbinsel stand.

Nach der Personalunion zwischen Kastilien und Portugal im Jahre 1580 ließen sich portugiesische *conversos* in Madrid, Sevilla und Málaga nieder, um sich an Handel und Finanzgeschäften zu beteiligen. Mit der Krone konnten sie sich auf Bedingungen einigen, die ihnen ihr Leben in Spanien erleichterten. Unter Philipp III. willigten die portugiesischen Neuchristen in die Zahlung von 200 000 Golddukaten ein und erwarben dafür die Erlaubnis, ihren Besitz zu verkaufen und die Halbinsel zu verlassen, mit der Möglichkeit, jederzeit wieder dorthin zurückzukehren; illegal Eingereisten wurde eine Amnestie gewährt. Der Aufstieg des Conde-Duque de Olivares zum ersten Vertrauten (*valido*) Philipps IV. trug dazu bei, die Lage der *conversos* weiter zu verbessern. Der neue Minister wandte sich offen gegen die Auffassungen von der Blutreinheit (*limpieza de sangre*). In einer angespannten außenpolitischen Lage beanspruchte die Krone nun vermehrt die Dienste der *conversos* als Finanzspezialisten. Dafür gewährte sie ihnen neben der Möglichkeit freier Ein- und Ausreise den legalen Zugang zum Amerikahandel, indem sie sie als kastilische Untertanen naturalisierte. 1626/1627 amnestierte Philipp IV. judaisierende Praktiken aus der Zeit vor 1626 und garantierte den Neuchristen für ihre Finanzgeschäfte mit der Krone – die aus dem Ertrag von Einkünften der Krone zurückzuzahlenden Kredite (*asientos*) – Immunität vor der Konfiskation durch die Inquisition. Dank ihrer Beziehungen in Amerika und Westeuropa konnten die *conversos* ihrerseits günstigere Bedingungen als ihre italienischen Konkurrenten anbieten. Größere Rechtssicherheit einerseits, Konkurrenzfähigkeit andererseits ließen den Anteil, den die Neuchristen an den für die Deckung der Kriegsausgaben entscheidenden *asientos* zwischen 1626 und 1640 hatten, von 5 % auf über 50 % ansteigen. Schwer getroffen durch die spanischen Niederlagen, die Sezession Portugals und den Bankrott der Krone von 1647 verließen viele neuchristliche Finanzleute jedoch seit den 1640er Jahren die Iberische Halbinsel. Zu diesem Exodus trug die Inquisition das Ihrige bei, indem sie die *conversos* seit dem Sturz ihres Protektors Olivares 1643 vermehrt verfolgte. Wie die vertriebenen Morisken im Maghreb fielen *conversos*, die sich z. B. an die niederländischen mosaischen Gemeinden wandten, in ihrer neuen Heimat wegen Auffassungen und Verhaltensweisen auf, die man dort den Christen zuschrieb. Sie mußten sich erst wieder mit den eigentlichen Grundsätzen des Judentums vertraut machen. Aus ihrem Milieu wuchs auch der Skeptizismus eines Baruch Spinoza (1632–1677), der von Juden und Christen gleichermaßen verurteilt wurde. Mehr, als es ihre spanischen Ankläger wahrhaben wollten, hatten sich die Minderheiten an ihre christliche Umgebung assimiliert.

Literaturhinweise

Alcalá, Ángel (Hrsg.): Judíos, sefarditas, conversos. La expulsión de 1492 y sus consecuencias. Ponencias del Congreso internacional celebrado en Nueva York en noviembre de 1992. Valladolid 1995.

Baer, Ytzhak: Die Juden im christlichen Spanien. 2 Bde. Berlin 1929–36.

Bodian, Miriam: Hebrews of the Portuguese Nation. Conversos and Community in Early Modern Amsterdam. Bloomington/Indianapolis 1997.

Boyajian, James C.: Portuguese Bankers at the Court of Spain, 1626–1650. New Brunswick 1983.

Cardaillac, Louis: Morisques et chrétiens. Un affrontement polémique (1492–1640). Paris 1977.

Caro Baroja, Julio: Los judíos en la España moderna y contemporánea. 3 Bde. Madrid 1978. (¹1961.)

Contreras, Jaime: Sotos contre Riquelmes. Regidores, inquisidores y criptojudíos. Madrid 1992.

Dedieu, Jean Pierre: L'administration de la foi. L'Inquisition de Tolède (XVIᵉ–XVIIIᵉ siècle). Madrid 1989.

Domínguez Ortiz, Antonio: La clase social de los conversos en Castilla en la edad moderna. Granada 1991. (¹1955.)

– / Vincent, Bernard: Historia de los moriscos. Vida y tragedia de una minoría. Madrid 1978.

Dreßendörfer, Peter: Islam unter der Inquisition. Die Morisco-Prozesse in Toledo, 1575–1610. Wiesbaden 1971.

Haliczer, Stephen: Inquisition and Society in the Kingdom of Valencia, 1478–1834. Berkeley / Los Angeles / Oxford 1990.

Israel, Jonathan I.: European Jewry in the Age of Mercantilism, 1550–1750. Oxford 1989. (¹1985.)

Kedourie, Elie (Hrsg.): Spain and the Jews. The Sephardi Experience, 1492 and After. London 1992.

Kellenbenz, Hermann: Sephardim an der unteren Elbe. Ihre wirtschaftliche und politische Bedeutung vom Ende des 16. bis zum Beginn des 18. Jahrhunderts. Wiesbaden 1958.

Monter, William: Frontiers of Heresy. Cambridge [u. a.] 1990.

Pohl, Hans: Die Portugiesen in Antwerpen (1567–1648). Zur Geschichte einer Minderheit. Wiesbaden 1977.

Sicroff, Albert: Les controverses des statuts de »pureté de sang« en Espagne du XVe au XVIIIe siècle. Paris 1960.

Wilke, Carsten: Jüdisch-christliches Doppelleben im Barock. Zur Biographie des Kaufmanns und Dichters Antonio Enríquez Gómez. Frankfurt a. M. 1994.

Die spanische Monarchie
der Katholischen Könige und der Habsburger

(1474–1700)

Von Friedrich Edelmayer

Epochenüberblick

Als Isabella von Kastilien (1474–1504) und Ferdinand von Aragón (1479–1516) zur Regierung gelangten, übernahmen sie Territorien, die von inneren Krisen und Bürgerkriegen schwer mitgenommen und in permanente Konflikte mit den Nachbarn verwickelt waren. In nur wenigen Jahren gelang es ihnen, sich gegen die Opposition des Adels im Inneren und gegen die äußeren Gegner durchzusetzen. Portugal mußte die Nachfolge Isabellas in Kastilien anerkennen, das letzte muslimische Reich auf der Iberischen Halbinsel, das Königreich Granada, wurde 1492 unterworfen. Mit diesen außenpolitischen Erfolgen, zu denen auch die Eroberung des Königreiches Navarra (1512) gehörte, gelang es den Königen, den Einigungsprozeß auf der Iberischen Halbinsel voranzutreiben. Durch die Gründung von verschiedenen Ratsgremien, die Schaffung von Appellationsgerichtshöfen und die Steigerung der staatlichen Finanzen legten sie den Grundstein für die Entwicklung des modernen spanischen Staates. Während die politische Einigung der Iberischen Halbinsel im Sinne einer Zentralisierung nicht abgeschlossen werden konnte – die einzelnen Teile der Monarchie behielten ihre Sonderrechte –, setzten Ferdinand und Isabella alles daran, die religiöse Einheit zu erreichen. Dies führte zur Vertreibung bzw. Zwangskonversion der Juden und Mauren. Die religiöse Zuverlässigkeit der Untertanen sollte die neugeschaffene spanische Inquisition überwachen.

Die entstehende und im Inneren bedeutend erstarkte spanische Monarchie begann, auch außerhalb der Iberischen Halbinsel politisch aktiv zu werden. Wegen der Gegnerschaft zu Frankreich begründeten die Katholischen Könige nicht nur ein weitgespanntes System von Matrimonialallianzen in Europa, sondern forcierten auch die diplomatischen Kontakte zu anderen Staaten. Durch die Rationalisierung des Militärapparates gelang die territoriale Expansion über die Iberische Halbinsel hinaus, so daß 1503/1504 auch das Königreich Neapel gewonnen werden konnte, ganz abgesehen davon, daß die Reconquista auf Nordafrika ausgedehnt wurde. Mit der Entdeckung der Neuen Welt 1492 wurde schließlich der Weg des Ausbaus der spanischen Monarchie zu einem weltumspannenden Imperium geebnet.

Karl I. (Kaiser Karl V., 1516–1556) übernahm von seinen Großeltern nicht nur die Königreiche der spanischen Monarchie, sondern auch die Niederlande aus seinem burgundischen Erbe. Als er zusätzlich noch die Kaiserwürde erhielt, konnte er seine Weltherrschaftsansprüche auch ideologisch untermauern. Aufstände gegen den Herrscher am Beginn seiner Regierung in Kastilien ebenso wie in den Ländern der aragonesischen Krone verdeutlichen aber, daß die Untertanen Karls anfänglich keineswegs gewillt waren, ihnen nicht nur geographisch fernliegende politische Ziele mitzutragen. Die Großmachtpolitik des Kaisers, die sich immer wieder gegen den französischen Dauergegner und gegen das Osmanische Reich, den »Erbfeind der Christenheit«, wie es in den zeitgenössischen Quellen heißt, richtete, wurde wesentlich erleichtert durch die ständig anwachsenden Zuflüsse des amerikanischen Silbers. Die Edelmetalle aus der Neuen Welt machten Karl V. zunehmend unabhängig von den Geldbewilligungen der Stände, führten aber auch zu einer permanenten Inflation, erst in den spanischen Ländern, dann in ganz Europa.

Mit der Regierung von Philipp II. (1556–1598) erreichte die spanische Krone den absoluten Höhepunkt ihrer politischen Macht. Dem spanischen Vorherrschaftsanspruch mußte sich 1559 auch Frankreich beugen. Als 1580/1581 die portugiesische Erbfolge im spanischen Sinn entschieden wurde, regierte Philipp II. auch noch das weitgespannte portugiesische Handelsimperium in Asien und Afrika, ganz abgesehen davon, daß der gesamte amerikanische Kontinent nur noch von einem einzigen europäischen Herrscher verwaltet wurde. Der intransigente Katholizismus des Monarchen provozierte allerdings die Aufstandsbewegung in den Niederlanden, deren Untertanen dem König die Gefolgschaft aufkündigten. Dieser Konflikt ebenso wie der erfolglose Landungsversuch auf der Insel Britannien 1588 schmälerten jedoch die Macht der spanischen Monarchie keinesfalls, obwohl der König zweifellos den parallel zu diesen Konflikten tobenden Propagandakrieg verlor. Die damals entstehende »Schwarze Legende« schädigte das Ansehen der spanischen Krone nachhaltig.

Die innere Entwicklung auf der Iberischen Halbinsel war während der Regierungszeit Philipps II. weitgehend friedlich, sieht man vom Aufstand der Morisken in Granada (1568–1570) und der Rebellion in Aragón (1590/1591) ab. Das sollte sich in der Regierungszeit der Könige Philipp III. (1598–1621), Philipp IV. (1621–1665) und Karl II. (1665/1675–1700) ändern. Die Unzufriedenheit in den Ländern der spanischen Krone wuchs zusehends und machte sich in immer wiederkehrenden Aufstandsversuchen Luft. Karl V. und Philipp II. hatten nämlich mit ihren Ambitionen, als »Weltpolizei« zu fungieren und sich an allen Orten zu engagieren, die Kräfte der Monarchie überbeansprucht. Als im 17. Jahrhundert die Lieferungen an Edelmetallen aus der Neuen Welt für 60 Jahre schmerzlich zurückgingen, machte sich die Finanznot der Monarchie allenthalben be-

merkbar. Der Niedergang der Wirtschaft belastete vor allem die einfache Bevölkerung. Die Krone selbst sah sich
mit dem erfolglosen Separationsversuch Kataloniens ebenso konfrontiert wie mit den erfolgreichen Unabhängig-
keitsbestrebungen Portugals (1640).

Die Probleme im Inneren der spanischen Monarchie
wurden in der Außenpolitik jedoch nicht so rasch sichtbar.
Vielmehr verteidigten die Spanier ihr Hegemonialsystem
und ihre Friedensordnung in Europa und in Übersee mit
aller Kraft, allerdings zusehends mit weniger Erfolg. In
Amerika drangen die europäischen Konkurrenten in das
spanische Imperium ein, in Europa machte sich die wieder
erstarkte Kraft Frankreichs bemerkbar, das ab der Mitte des
17. Jahrhunderts die Spanier als europäische Hegemonial-
macht ablöste.

Die Krise des 17. Jahrhunderts, die durch die Umstrukturierung der Gesellschaft und Wirtschaft sowie durch
zahlreiche Katastrophen wie die häufig wiederkehrende
Pest hervorgerufen wurde, war eine demographische, politische, wirtschaftliche, generalisierend gesprochen strukturelle, die allerdings keineswegs mit einem kulturellen Verfall einherging. Das Staatswesen der spanischen Monarchie,
um dessen Erbe sich nach dem Tod Karls II. ganz Europa
auf den Schlachtfeldern stritt, hat in den etwas mehr als 200
Jahren zwischen den Katholischen Königen und dem Ende
der *Casa de Austria* das Bild der Welt bis zum heutigen Tag
nachhaltig geprägt.

Die Grundlegung des modernen Spanien unter den Katholischen Königen
(1474–1504/1516)

1469	Heirat Ferdinands von Aragón und Isabellas von Kastilien in Valladolid.
1474–1504	Isabella I. Königin von Kastilien.
1478	Schaffung der spanischen Inquisition.
1479–1516	Ferdinand II. König von Aragón.
1479	Friedensvertrag von Alcáçovas zwischen Kastilien und Portugal.
1480	*Consejo Real de Castilla* wird zuständig für die Innen- und Außenpolitik.
	Bestätigung der persönlichen Freiheit der Bauern.
1481–1492	Krieg mit dem Königreich Granada.
1489	Gründung der *Real Audiencia y Chancillería* von Valladolid.
1492	Eroberung von Granada.
	Nebrija publiziert die erste Grammatik des Kastilischen.
	Vertreibung der Juden.
	Fahrt des Kolumbus; Entdeckung der Neuen Welt.
1493	Rückgabe von Rosellón und Cerdaña an Aragón.
	Bulle Papst Alexanders VI. über die Interessenszonen zwischen Kastilien und Portugal.
	Gründung der *Audiencias* von Zaragoza und Barcelona.
1494	Vertrag von Tordesillas zwischen Kastilien und Portugal.
	Gründung des Konsulats von Burgos, des *Consejo Supremo de Aragón* und der *Audiencia* von Ciudad Real.
1494–1497	Krieg zwischen Frankreich und Aragón.
1495	Gründung des *Consejo de Órdenes*.
1496	Endgültige Unterwerfung der Kanarischen Inseln.
	Der Papst verleiht Ferdinand und Isabella den Titel »Katholische Könige«.
1496/1497	Ehe zwischen den Kindern der Katholischen Könige und jenen Maximilians I.
1497	Eroberung von Melilla in Nordafrika.

1499–1501	Aufstand der maurischen Bevölkerung in Granada.
1502	Königlicher Befehl an die Mauren Granadas, entweder zu konvertieren oder auszuwandern.
1502–1504	Aragonesisch-französischer Krieg um Süditalien.
1503	Gründung der *Casa de la Contratación* in Sevilla.
1503/1504	Erwerbung des Königreichs Neapel. Johanna Königin von Kastilien.
1505	Eroberung von Mazalquivir in Nordafrika. Gründung der *Chancillería* von Granada.
1506	Regentschaft König Ferdinands in Kastilien nach dem Tod Philipps I.
1507	Gründung der *Audiencia* von Valencia.
1508	Gründung der Universität von Alcalá de Henares.
1512	Eroberung von Navarra.
1515	Inkorporation von Navarra in die Krone Kastiliens.

Die Entstehung der spanischen Monarchie

Die Regierungszeit der Katholischen Könige Isabella von Kastilien-León und Ferdinand von Aragón gilt allgemein als der Beginn der modernen Geschichte Spaniens. Der Einigungs- und »Modernisierungsprozeß«, der unter diesen beiden Monarchen eingeleitet wurde, hat das Bild der Iberischen Halbinsel nachhaltig bestimmt – in territorialer Hinsicht bis heute. Im Dezember 1474, als Isabella in Kastilien als Nachfolgerin ihres Bruders Heinrich IV. (1454–1474) die Herrschaft antrat, oder auch im Januar 1479, als Ferdinand seinem Vater Johann II. (1458–1479) in den Ländern der aragonesischen Krone als König nachfolgte, bestanden auf der Iberischen Halbinsel noch fünf verschiedene Reiche, wobei die Herrscher der vier christlichen Länder mannigfach miteinander verschwägert waren: Kastilien-León, die Länder der Krone von Aragón, ferner die Königreiche Navarra und Portugal sowie das muslimische Reich von Granada. Als Karl I., der spätere Kaiser Karl V., nach dem

Tod König Ferdinands (1516) im Jahre 1517 die Iberische Halbinsel betrat, gab es dort nur noch zwei herrschende Dynastien – das Haus Avis in Portugal und das Haus Habsburg, die *Casa de Austria*, in allen anderen Ländern. Denn 1492 war es Ferdinand und Isabella gelungen, das Königreich Granada zu erobern und der kastilischen Krone anzuschließen – in der Folge erhielten sie 1496 vom Papst den Ehrentitel »Katholische Könige« –, 1512 annektierte Ferdinand den auf der Südseite der Pyrenäen liegenden Teil des Königreiches Navarra, der unter Wahrung seiner Sonderrechte 1515 ebenfalls der Krone von Kastilien inkorporiert wurde.

Das waren jedoch nicht die einzigen territorialen Veränderungen, die in der Regierungszeit der Katholischen Könige zu beobachten sind. Vielmehr schufen sie die Grundlagen dafür, daß unter ihren Nachfolgern Karl V. und Philipp II. die spanische Monarchie zu einer Weltmacht aufsteigen konnte. Doch Spanien war unter den Katholischen Königen kein zentralisierter Einheitsstaat, sondern eine Matrimonialunion. Sowohl die aragonesische Krone als auch jene von Kastilien-León folgten weiterhin eigenen Richtungen einer expansiven Territorialpolitik. Die Krone von Aragón bestand aus den Königreichen Aragón, Valencia und Mallorca sowie dem Fürstentum Katalonien. Bereits 1282 hatte der aragonesische König Sizilien okkupiert, 1324 das Königreich Sardinien. 1493 gab der französische König die besetzten Grafschaften Rosellón/Roussillon/Rosselló und Cerdaña/Cerdagne/Cerdanya an Aragón zurück. 1503/1504 gelang es Ferdinand, auch das Königreich Neapel gegen die Aspirationen Frankreichs zu erwerben. Das westliche Mittelmeer wurde damit endgültig zu einem aragonesischen, oder, zieht man in Betracht, daß unter den Katholischen Königen in Fortführung der Reconquista von Granada auch in Nordafrika Territorien erobert wurden – Melilla 1497, Mazalquivir 1505, Oran 1509, Bugia und Tripolis 1510 –, zu einem »spanischen« Meer. Die Erobe-

Königreiche und Teilreiche der Iberischen Halbinsel am Beginn der Neuzeit

rungspolitik am südlichen Mittelmeersaum sollte nicht nur die Erträge aus dem reichen Transsaharahandel für die Monarchie der Katholischen Könige nutzbar machen, sondern auch der gleichzeitig erfolgenden portugiesischen Expansionspolitik ih Nordafrika einen Riegel vorschieben. Denn bereits 1471 war es den Portugiesen gelungen, die »Algarve jenseits des Meeres« mit den wichtigen Städten Ceuta und Tanger zu erobern. Portugal kontrollierte damit eine Seite der Meerenge von Gibraltar und konnte die Handelsströme in und aus dem Mittelmeer zumindest teilweise beeinflussen.

Portugal war nach der Eroberung von Granada und Navarra der einzige Konkurrent der kastilischen und aragonesischen Monarchie auf der Iberischen Halbinsel geblieben.
Mit Portugal mußten die Katholischen Könige daher zu einem Ausgleich der Interessen kommen. Dies war um so nö-
tiger, als König Alfons V. von Portugal im kastilischen Bürgerkrieg, der nach dem Tod Heinrichs IV. 1474 begann, sich
militärisch auf die Seite einer mächtigen Adelsgruppe gestellt hatte, die Johanna, die Tochter des verstorbenen Königs, zur neuen Herrscherin proklamieren wollte. Alfons V.,
der die Thronprätendentin heiraten wollte – was im Falle
der Durchsetzung der so entstehenden Ansprüche anstelle
der kastilisch-aragonesischen eine portugiesisch-kastilische
Matrimonialunion bedeutet hätte –, mußte damals nach einigen verlorenen Schlachten 1479 mit Ferdinand und Isabella den Friedensvertrag von Alcáçovas abschließen. Dieser
legte nicht nur jene Grenzen zwischen Kastilien und Portugal endgültig fest, die mit geringfügigen Ausnahmen auch
heute noch gelten, sondern sollte sich noch in anderer Hinsicht als folgenschwer erweisen. Denn Ferdinand und Isabella mußten darin anerkennen, daß der Seeweg um Afrika
nach Indien ausschließlich den Portugiesen vorbehalten sein
sollte. An den afrikanischen Küsten bekamen nur diese das
Recht, Handelsstützpunkte zu gründen. Einzig die Kanarischen Inseln, die damals erst teilweise erobert waren, blieben der Krone von Kastilien vorbehalten, weil auf einigen
Inseln des Archipels seit Beginn des 15. Jahrhunderts bereits
kastilische Vasallen saßen. Vollständig der kastilischen Krone unterworfen wurde diese Inselgruppe bis 1496.
   In der Historiographie wird immer wieder betont, daß
die Übereinkunft von Alcáçovas erst die folgenden Ereignisse ermöglichte. Die Kastilier waren durch den Vertrag
definitiv davon ausgeschlossen, am reichen indischen Ge-
würzhandel teilzunehmen. Da machte die endgültige Eroberung von Granada 1492 auch finanzielle Ressourcen
frei, so daß Ferdinand und Isabella den Plänen des Ge-

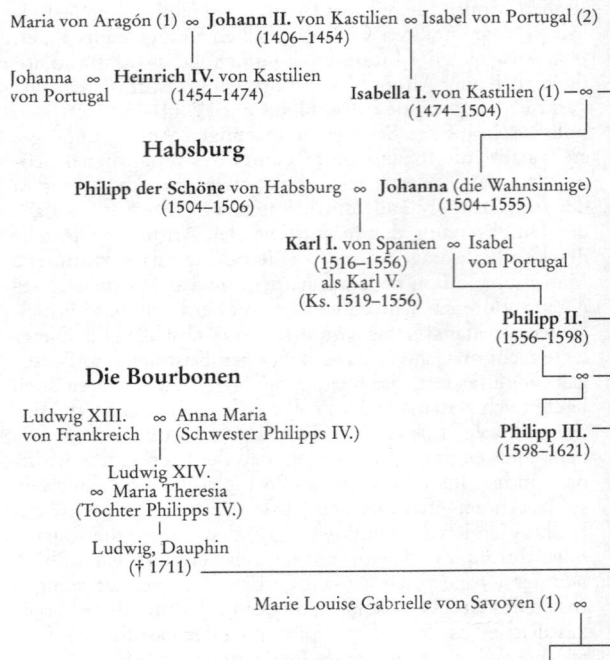

Kastilien (Trastámara)

Maria von Aragón (1) ∞ **Johann II.** von Kastilien ∞ Isabel von Portugal (2)
(1406–1454)

Johanna ∞ **Heinrich IV.** von Kastilien
von Portugal (1454–1474)

Isabella I. von Kastilien (1) —∞ —
(1474–1504)

Habsburg

Philipp der Schöne von Habsburg ∞ **Johanna** (die Wahnsinnige)
(1504–1506) (1504–1555)

Karl I. von Spanien ∞ Isabel
(1516–1556) von Portugal
als Karl V.
(Ks. 1519–1556)

Philipp II. —
(1556–1598)

∟ ∞ —

Die Bourbonen

Ludwig XIII. ∞ Anna Maria
von Frankreich (Schwester Philipps IV.)

Philipp III. —
(1598–1621)

Ludwig XIV.
∞ Maria Theresia
(Tochter Philipps IV.)

Ludwig, Dauphin
(† 1711) _____

Marie Louise Gabrielle von Savoyen (1) ∞

Louise Elisabeth von Orleans ∞ **Ludwig I.**
(1724)

Aragón (Trastámara)

Johanna ∞ **Johann II.** ∞ Blanka von Navarra (1)
Enriquéz (2)   von Aragón
        (1458–1479)

—— **Ferdinand II.** von Aragón (1479–1516)

—— ∞ 1. Maria von Portugal
   2. Maria Tudor von England (I.)
—— 3. Elisabeth von Valois
   4. Anna von Österreich

—— ∞ Margarethe von Österreich

      Philipp IV. ∞ Elisabeth von Bourbon
      (1621–1665)

       Karl II.
       (1665–1700)

Philipp V. (von Anjou)   ∞   Elisabeth Farnese von Parma (2)
  (1700–1724)
  (1724–1746)

Ferdinand VI.   **Karl III.**   ∞   Maria Amalie von Sachsen
(1746–1759)   (1759–1788)

   Maria Louise von Parma   ∞   **Karl IV.**
             (1788–1808, 1808 abgedankt)
             († 1819)

       Ferdinand VII.
       (1808 abgedankt; 1814–1833)

                →

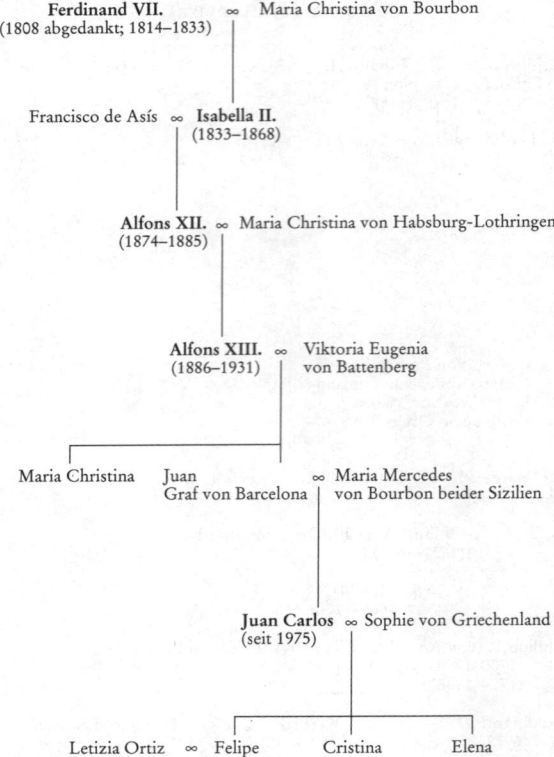

Ferdinand VII. ∞ Maria Christina von Bourbon
(1808 abgedankt; 1814–1833)

Francisco de Asís ∞ **Isabella II.**
(1833–1868)

Alfons XII. ∞ Maria Christina von Habsburg-Lothringen
(1874–1885)

Alfons XIII. ∞ Viktoria Eugenia
(1886–1931)   von Battenberg

Maria Christina   Juan   ∞ Maria Mercedes
                   Graf von Barcelona │ von Bourbon beider Sizilien

Juan Carlos ∞ Sophie von Griechenland
(seit 1975)

Letizia Ortiz ∞ Felipe   Cristina   Elena

nuesen Cristoforo Colombo (Christoph Kolumbus) nicht mehr ablehnend gegenüberstanden, die reichen Schätze Indiens auf dem Westweg zu erschließen. Das, was Kolumbus mit seinen drei Schiffen im Oktober 1492 entdeckte, war zwar nicht das Reich eines asiatischen Großkhans, weder das sagenumwobene Zipangu noch das Catay von Marco Polo, sondern die Inselwelt der Karibik, doch öffnete der Genuese mit seinen Entdeckungen das Tor zu einer wahrhaft »Neuen Welt«. Bis zum Ende der Regierungszeit der Katholischen Könige wurden die Inseln der Karibik, vor allem Kuba, Santo Domingo, Puerto Rico und Jamaica, für die kastilische Krone in Besitz genommen, auch Teile der Küsten des kontinentalen Festlandes Süd- und Mittelamerikas befuhr bereits Kolumbus.

Der Konflikt, der wegen der neuen Entdeckungen sofort mit Portugal auszubrechen drohte, das seine Handelsinteressen erheblich gefährdet sah, wurde durch den Papst entschärft. Alexander VI., als Mitglied der Familie Borja aus den Ländern der Krone von Aragón stammend, teilte 1493 mit einer zu Berühmtheit gelangten Bulle die Interessenzonen zwischen Kastilien und Portugal. Die im Vertrag von Alcáçovas entlang einer Ost-West-Linie geregelten Einflußzonen wurden fortan entlang einer Nord-Süd-Linie geteilt. 1494, im Vertrag von Tordesillas zwischen Kastilien und Portugal, wurde diese Linie mit 370 *leguas* (Meilen) westlich der Kapverdischen Inseln endgültig fixiert. Westlich dieser Linie sollten die Kastilier das ausschließliche Entdeckungs-, Navigations- und Kolonisationsrecht haben, östlich davon, mit Ausnahme der Kanarischen Inseln, die Portugiesen. Als nach der kastilischen Entdeckung der Molukken 1521 der Streit zwischen den beiden iberischen Mächten neuerlich aufflammte, dieses Mal um die Einflußzonen in Ostasien, wurde die Tordesillas-Linie im Vertrag von Zaragoza 1529 auf die andere Seite des Globus verlängert.

Das Jahr 1492 stellt noch in anderer Hinsicht eine bedeutende Zäsur in der Geschichte der Iberischen Halbinsel dar.

Denn bereits kurz nach der Eroberung von Granada dekre-
tierten Ferdinand und Isabella die Vertreibung all jener Juden, die sich nicht taufen lassen wollten (vgl. S. 111). Gemeinsam mit den Maßnahmen gegen die Muslime, die trotz
gewisser Schutzgarantien bereits zehn Jahre nach der Eroberung von Granada ein ähnliches Schicksal erlitten, zeigt
das antijüdische Dekret den Willen der Monarchen, nicht
nur eine territoriale, sondern auch eine religiöse Einheit auf
der Halbinsel zu schaffen. Selbst in sprachlicher Hinsicht
ist dies zu bemerken. Denn ebenfalls 1492 legte Elio Antonio de Nebrija seine Grammatik des Kastilischen vor, die
erste Grammatik einer romanischen Sprache überhaupt.
Seine Bemühungen um ein Regelwerk für das Kastilische,
für jene Sprache also, die im Deutschen als die spanische
bezeichnet wird, begründete er damit, daß eine starke
Herrschaft auch einer einzigen und verbindlichen Sprache
bedürfe. Bereits seit dem Spätmittelalter hatte das Kastilische die anderen Sprachen im kastilisch-leonesischen Königreich zu verdrängen begonnen. Das Galegische in Galicien wurde stark kastellanisiert, das Asturisch-Leonesische
hauptsächlich nach Asturien und Kantabrien zurückgedrängt, das Baskische in den baskischen Provinzen und in
Navarra durch das Kastilische überlagert. Auch im Königreich Aragón setzte sich dieses schrittweise gegen das Aragonesische durch, das heute nur noch in einigen Pyrenäen-
tälern gesprochen wird. Da auch bald nach der Eroberung
von Granada das Arabische verboten wurde, gab es zu Beginn des 16. Jahrhunderts nur noch zwei offizielle Verwal-
tungssprachen in den iberischen Territorien der Katholischen Könige – eben das Kastilische sowie das Katalanische
in Katalonien, Valencia und Mallorca.

Bevölkerung und Wirtschaft

Das Übergewicht der kastilischen Länder in der kastilisch-aragonesischen Matrimonialunion der Katholischen Könige wird sichtbar, wenn man die Bevölkerung der iberischen Königreiche betrachtet. Kastilien mit seinen sämtlichen Provinzen, also auch dem neu eroberten Granada, erstreckte sich über eine Fläche von ungefähr 385000 km², auf denen etwas mehr als 4 Mio. Menschen wohnten. In den vier iberischen Teilen der aragonesischen Krone lebten auf ungefähr 110000 km² etwa 800000 Menschen, in dem kleinen Königreich Navarra (12000 km²) nur 120000.

Die wichtigsten Großstädte Kastiliens lagen im Tal des Duero. Mit mehr als 10000 Einwohnern waren dies Burgos, Valladolid, Medina del Campo und das leonesische Salamanca. In Neukastilien kann nur Toledo als Großstadt bezeichnet werden. Der Rest der Großstädte mit mehr als 10000 Einwohnern lag in Andalusien. Zu diesen zählten Sevilla und Córdoba sowie, und das zeigt die Bedeutung der Eroberung des Königreichs Granada, die erst 1487 unter christliche Herrschaft gelangte Hafenstadt Málaga und die Stadt Granada. In den aragonesischen Reichen können Zaragoza, Barcelona und Palma de Mallorca mit mehr als 10000 Menschen als Großstädte gelten sowie Valencia, das mit seinen 70000 Einwohnern eine der größten Städte Europas war.

Fragt man danach, wovon diese Menschen lebten, besteht die erste Antwort wie fast überall im frühneuzeitlichen Europa in einem Hinweis auf die Landwirtschaft. In den kastilischen Ländern ist dabei auf drei unterschiedliche Klimazonen zu verweisen, die unterschiedliche landwirtschaftliche Betätigungen hervorriefen. Im feuchten, an den Atlantik grenzenden Norden wurde Getreide angebaut, Obst kultiviert und Viehzucht betrieben. Die trockene, klimatisch betrachtet kontinentale Hochebene der kastilischen *Meseta* mit ihrem trockenen und niederschlagsarmen Klima produzierte Getreide, vor allem Weizen, während die Be-

wohner des etwas feuchteren Andalusien vornehmlich vom
Getreide, Wein und der Olivenölproduktion lebten.

Das Wappentier des Königreiches Kastilien müßte eigentlich das Schaf sein. Denn es war das wohl wichtigste
und vorherrschende Tier der kastilischen Wirtschaft. In
seiner Genügsamkeit war es optimal an die Härten des Klimas angepaßt. Und die Schafzucht verursachte eine Besonderheit auf der Iberischen Halbinsel. Denn die Tiere wurden im Sommer auf die grünen, fetten Weiden im Norden
getrieben, während sie im Winter Hunderte Kilometer
weiter im Süden, in La Mancha, in der Extremadura oder
in Andalusien, vornehmlich auf den im Sommer verdorrten
Territorien der Militärorden, weideten. Der Transport, der
eine bedeutende Logistik erforderte, wurde durch eine
einzigartige Institution kontrolliert, durch den »Ehrenwer-
ten Rat der Mesta« (*Honrado Concejo de la Mesta*), eine
privilegierte Organisation der meist kirchlichen und adligen Schafbesitzer. Das Schaf wurde auf seinem Weg von
Süden nach Norden und umgekehrt nicht nur zu einem
wichtigen Düngerlieferanten für die kastilischen Böden,
sondern ein bedeutender Teil der Wirtschaft hing von der
Schafwolle ab. Ganze Städte wie beispielsweise Segovia
oder Cuenca lebten von der Verarbeitung der Wolle, die
Textilprodukte waren das wichtigste Exportgut Kastiliens
und wurden vor allem nach Norden in die Niederlande
vertrieben. Dieser Handel ging über Burgos und den Hafen von Bilbao/Bilbo, weshalb in den beiden Städten 1494
bzw. 1511 Konsulate begründet wurden, die die Händler
zu kontrollieren, die Interessen der Produzenten zu schützen und als Gerichtsstand bei Streitigkeiten zu fungieren
hatten.

Natürlich waren Wollprodukte nicht die einzigen Ex-
portgüter der kastilischen Wirtschaft. Die Waffen von Toledo, die Seide von Granada oder die Lederwaren von Córdoba konnten aber niemals die wirtschaftliche Bedeutung
der Wolle erreichen. Und dieser Wollhandel begünstigte

auch die Entstehung von wichtigen Messezentren wie Medina del Campo, Medina de Rioseco oder Villalón, die unter tatkräftiger Förderung der Katholischen Könige zu bedeutenden Finanzplätzen wurden, ganz abgesehen davon,
daß der baskische Schiffbau nicht nur wegen des europäischen Handels, sondern auch wegen der Expansion in der
Neuen Welt einen wichtigen Aufschwung nahm.

Ist in der Wirtschaft der kastilischen Länder unter den
Katholischen Königen also eine positive Konjunktur zu bemerken, die nicht zuletzt auf die zunehmende internationale Verflechtung und den Export zurückzuführen ist, muß
für die Länder der Krone von Aragón die gegenteilige Entwicklung konstatiert werden. Die katalanische Wirtschaft
geriet damals in eine Phase der Depression. Äußeres Merkmal derselben wurde die Zahlungsunfähigkeit der *Taula de
Canvi* in Barcelona 1468, der ersten Depositenbank in den
Ländern der aragonesischen Krone. Die Ursachen für diese wirtschaftliche Rezession sind mannigfaltig. Zu nennen
sind soziale Unruhen auf dem flachen Land, der Niedergang der Textilverarbeitung sowie die Reduktion des See-
handels auf das westliche Mittelmeer wegen der Expansion
des Osmanischen Reiches. Einzig das Königreich Valencia
erlebte eine gewisse Prosperität wegen der größeren Diver-
sifikation der landwirtschaftlichen Produkte, u. a. Reis,
Safran und Zucker, und eines intensiven Handels mit
Nordafrika, der vor allem Gold und Sklaven einbrachte.
Insgesamt betrachtet sollte sich aber die Wirtschaft in den
Ländern der aragonesischen Krone erst wieder im 18. Jahrhundert erholen.

Die innere Entwicklung

Wie in den anderen Ländern Europas lebte auf der Iberischen Halbinsel eine Feudalgesellschaft. Auch dort war der
Adel die dominante Schicht der Gesellschaft, vor allem der

hohe Adel, der über die nötigen Titel und das dazugehörige
Land verfügte. Dieser hohe Adel, der auch die wichtigsten
Bischofsstühle kontrollierte, war in Kastilien um vieles
zahlreicher als in den aragonesischen Ländern. Er hatte im
kastilischen Bürgerkrieg nach dem Tod Heinrichs IV. das
Land polarisiert und war eigenen Interessen gefolgt, ganz
abgesehen davon, daß er sich in den letzten Jahren der Regierung Heinrichs immer mehr Rechte angemaßt und die
königliche Macht zurückgedrängt hatte. Ferdinand und
Isabella versuchten nun, den Einfluß des hohen Adels auf
das Staatswesen zu reduzieren. Das gelang ihnen durch
mehrere Maßnahmen, von denen nur einige genannt werden sollen. So mußten sämtliche Privilegien, vor allem jene
fiskalischer Natur, zur Bestätigung vorgelegt werden – viele
von diesen wurden nicht mehr erneuert. Außerdem gelang
es Ferdinand, als Administrator der Militärorden von Santiago, Alcántara und Calatrava eingesetzt zu werden. Wegen der reichen Ländereien dieser Orden wurde dem Adel
ein Stück weit die ökonomische Basis entzogen und der
Monarchie dienstbar gemacht. Gleichzeitig wurde aber der
Adel, der sich der Herrschaft Isabellas im Bürgerkrieg wi-
dersetzt hatte, gnädig behandelt, was Loyalitäten stärkte.
Die Kommenden der Militärorden samt ihren reichen Einkünften übergaben die Monarchen an verdiente Adlige –
der 1495 geschaffene *Consejo de Órdenes*, der Ordensrat,
widmete sich als zentrale Behörde der Regierung und dem
Justizwesen auf den Gebieten der Orden.

Von Bedeutung ist es, daß es Ferdinand und Isabella
durch die Schaffung der *Santa Hermandad*, der »heiligen
Bruderschaft«, einer Art Polizei, im Jahre 1476 gelang,
sukzessive den Landfrieden wiederherzustellen. Außerdem
stärkten die Monarchen das städtische Bürgertum, indem
sie den Einfluß des Adels auf die städtischen Räte ein-
schränkten. Das erzeugte nicht nur neue Loyalitäten, sondern machte gebildete Schichten der Gesellschaft bereit
zum Dienst an der Monarchie. Und der bäuerlichen Land-

bevölkerung wurde die persönliche Freiheit gegenüber dem Adel bestätigt, was zwar die häufig miserablen Lebensbedingungen nicht änderte, aber potentielle Konflikte minimierte.

Nicht nur die Kontrolle der Ländereien der Militärorden ermöglichte finanzielle Einnahmen, sondern auch die *cruzada*, eine Art Kreuzzugsteuer, die die Kirche wegen des Krieges in Granada konzedierte, obwohl sie von der Steuerpflicht eigentlich befreit war. Auch das »königliche Drittel«, zwei Neuntel des Zehnten, gab die Kirche an die Könige als Hilfe im granadinischen Krieg ab. Diese Hilfe blieb auch nach der Eroberung Granadas bestehen. Für die Verwaltung der kirchlichen Einkünfte wurde ebenfalls ein eigenes Ratsgremium eingerichtet, der 1509 begründete *Consejo de la Cruzada*, der Kreuzzugsrat. Diese Gelder kirchlicher Herkunft ebenso wie gewisse Geldbewilligungen der Stände (*Cortes*) ermöglichten den Monarchen eine Verbesserung der finanziellen Situation der Königreiche und eine größere Unabhängigkeit gegenüber dem Adel. Außerdem wurden die staatlichen Finanzen durch die Schaffung zweier Finanzbehörden effizienter gemacht. Die *Contaduría Mayor de Cuentas* und die *Contaduría Mayor de Hacienda* kontrollierten die Einnahmen und Ausgaben und überwachten sämtliche finanziellen Angelegenheiten. Die aragonesischen Länder hatten ein eigenes Finanzsystem. Auch waren die dortigen Einnahmen nur für aragonesische Angelegenheiten reserviert, während die kastilischen im Dienste der Gesamtmonarchie eingesetzt werden konnten.

Die bereits erwähnten Ratsgremien (*Órdenes, Cruzada*) waren nicht die einzigen administrativen Neuerungen Ferdinands und Isabellas. Der *Consejo Real de Castilla*, der königliche Kastilienrat, der schon im 14. Jahrhundert geschaffen worden war, bekam ab 1480 eine Zuständigkeit für alle Felder der Innen- und Außenpolitik, dort wurden die Bestellungen aller wichtigen Ämter vorgenommen, der Rat wurde außerdem zum Obersten Gerichtshof. Eine ähnliche

Institution schuf man 1494 auch für die aragonesischen Länder, den *Consejo Supremo de Aragón*. In diesen Räten wurden hauptsächlich akademisch gebildete Personen installiert, was den Einfluß des hohen Adels und des Klerus auf die Politik bald minimierte. Zwischen den Räten und den Monarchen vermittelten Sekretäre, die ebenfalls meist niederen Standes waren.

Schließlich wurde der Einfluß der Ständeversammlung, der *Cortes*, in Kastilien immer mehr reduziert. Ihr Gewicht ging schon deshalb zurück, weil sich der Adel und der Klerus immer mehr aus ihnen zurückzogen. Das größte Gewicht hatten damit die Vertreter von 18 Städten mit Stimmrecht. Doch wurden die *Cortes* immer seltener einberufen, ein Vorgang, der auch in den aragonesischen Ländern, wo jedes Königreich eine eigene Ständeversammlung hatte, zu beobachten ist.

Dem königlichen Willen in den entferntesten Winkeln der Monarchie wurde durch den *corregidor* oder *alcalde mayor* Nachdruck verliehen, der die Interessen der Monarchen gegenüber dem Vertreter der lokalen Interessen, dem *regidor*, wahrnahm. In den aragonesischen Ländern übte die Aufgaben des *corregidor* der *merino*, *battle* oder *verguer* aus, je nachdem, in welchem Teilreich der Krone man sich befand. Schließlich wurden auf dem Sektor des Gerichtswesens noch Appellationsgerichtshöfe eingerichtet, die zwischen den lokalen Gerichten und dem Kastilien- bzw. Aragónrat standen, die *Real Audiencia y Chancillería* von Valladolid (1489), jene von Ciudad Real (1494), später transferiert nach Granada (1505), die *Audiencia* von Zaragoza, die von Barcelona (beide 1493) sowie jene von Valencia (1507). Bereits 1511 richtete König Ferdinand einen eigenen Appellationsgerichtshof in der Neuen Welt ein, die *Audiencia* von Santo Domingo.

Schließlich installierten die Monarchen noch die Inquisition, die die durch die Vertreibung der Juden und die Zwangsmaßnahmen gegen die Mauren erreichte religiöse

Einheit zu kontrollieren hatte. Im Vordergrund stand die Überwachung der Glaubenstreue der *conversos*, also der zum Christentum konvertierten Juden. Die Inquisition hatte zwar bereits als päpstliche Institution im mittelalterlichen Königreich Aragón existiert, doch war sie dort nicht sonderlich erfolgreich gewesen. Papst Sixtus IV. erlaubte nun 1478 die Schaffung der sogenannten spanischen Inquisition. Das Besondere an dieser war, daß nicht kirchliche römische Stellen die Inquisitoren ernannten, sondern die Monarchen. Die spanische Inquisition war also unabhängig von Rom und den Interessen der Monarchie Ferdinands und Isabellas unterworfen. Da sie ihre Jurisdiktion in sämtlichen Territorien der beiden Monarchen ausüben durfte, war sie die einzige »gesamtstaatliche« Institution, die in den Dienst der politischen Union gestellt werden konnte. 1483 schufen die Könige den *Consejo de la Inquisición*, den Inquisitionsrat, und etablierten in allen Teilen der Monarchie Inquisitionstribunale.

All diese Maßnahmen erklären aber noch nicht, warum Ferdinand und Isabella den Grundstein für eine spanische Monarchie legen konnten, die Europa und Teile des atlantischen Raumes eineinhalb Jahrhunderte lang dominierte. Dazu gehörte ein professionelles Heer ebenso wie ein funktionierender diplomatischer Dienst. Dieser war wegen der vielfältigen Interessen der kastilisch-aragonesischen Monarchie und wegen der dauernden Rivalität mit Frankreich notwendig geworden. So waren es Ferdinand und Isabella, die mit der Schaffung eines permanenten Botschafterwesens in Rom, Venedig, London, Brüssel und am Kaiserhof begannen, überall dort also, wo potentielle Feinde des französischen Königs saßen.

Auf dem militärischen Sektor hatte der Krieg um Granada durchaus als Exerzierfeld gedient, um die militärischen Strukturen zu rationalisieren. Schon damals wurden besonders Fußsoldaten und eine starke Artillerie eingesetzt und neue Belagerungstechniken mit Schanzen und Minen entwickelt. In den italienischen Kriegen, vor allem um Neapel, gelang es dann Gonzalo Fernández de Córdoba, der für seine Erfolge den Ehrentitel eines »Großen Kapitäns« erhielt, das System des *tercio* zu schaffen. Es waren dies große militärische Einheiten von 6000 Mann Fußsoldaten, die mit Piken, Musketen und Armbrüsten ausgerüstet waren, im Karree marschierten und sich durch große Beweglichkeit auszeichneten. Den Fußtruppen wurde leichte Reiterei hinzugefügt. Dieses System war auf fast allen europäischen Schlachtfeldern bis 1643 nahezu unüberwindlich.

Die schon öfter angedeutete Rivalität mit Frankreich war einer der Gründe dafür, daß die Katholischen Könige ganz Europa mit einem Netz von dynastischen Heiratsallianzen überzogen. Der Verbesserung der Beziehungen zu Portugal diente die Ehe ihrer Tochter Isabel mit König Manuel I., der Schaffung einer antifranzösischen Allianz die Heirat ihrer Tochter Catalina mit Heinrich VIII. von England. Am folgenschwersten sollte sich aber die Verbindung mit dem Haus Habsburg erweisen. 1496 bzw. 1497 heirateten Johann und Johanna, Kinder der Katholischen Könige, jene des Römischen Königs Maximilian I. und Marias von Burgund, Philipp und Margarete von Österreich. Was ursprünglich nur als starkes antifranzösisches Bündnis gedacht war, sollte nach dem unerwarteten Tod aller anderen Thronkandidaten das Haus Habsburg zur Regierung der spanischen Monarchie führen.

Nach dem Tod Isabellas 1504 ging die Regierung Kastiliens nach einer kurzen Regentschaft König Ferdinands an Philipp I. von Österreich und Johanna. Philipp starb allerdings bereits 1506. Damals war bereits klargeworden, daß Johanna wegen einer psychischen Krankheit die Regierung nicht würde ausüben können. König Ferdinand übernahm daher neuerlich die Regentschaft Kastiliens in Vertretung seiner kranken Tochter, deren beide Söhne, der 1500 geborene Karl sowie der 1503 geborene Ferdinand, noch minderjährig waren. Die Union zwischen den aragonesischen und kastilischen Kronen wäre damals beinahe wieder zerbrochen, heiratete doch Ferdinand neuerlich. Der Sohn aus dieser Ehe starb aber bereits als Kleinkind, so daß 1516, nach dem Tod König Ferdinands, Herzog Karl von Burgund, Erzherzog von Österreich, die Nachfolge in den Iberischen Ländern und in der Neuen Welt antreten konnte. Karl, der in den Niederlanden erzogen worden war, fügte das burgundische Erbe seiner Großmutter väterlicherseits den spanischen Monarchien hinzu, während sein Bruder Ferdinand mit den österreichischen Ländern der Habsburger vorliebnehmen mußte.

Der Aufstieg zur Hegemonialmacht unter Karl V. und Philipp II. (1516–1598)

1516–1556	Karl I. (ab 1520 Kaiser Karl V.) König von Kastilien und Aragón.
1517	Gründung des *Consejo de Guerra*.
1519–1521	Eroberung Mexikos durch Hernán Cortés.
1519–1522	Weltumsegelung durch Magalhães und Elcano.
1520–1522	Aufstand der *Comunidades* in Kastilien und der *Germanías* in Valencia und auf den Balearen.
1521	Entdeckung der Molukken.
1521–1529	Krieg gegen Frankreich.
1525	Schlacht bei Pavia.
1527	Gründung der *Audiencia* von Mexiko. *Sacco di Roma*.
1529	Vertrag von Zaragoza zwischen Kastilien und Portugal. Friede von Cambrai mit Frankreich.
1529/1530	Pestepidemie in den aragonesischen Ländern.
1530	Kaiserkrönung Karls V. in Bologna.
1531	Gründung der Universität von Zaragoza.
1532–1539	Eroberung von Peru durch Pizarro.

1534	Gründung des Jesuitenordens (*Societas Jesu*) durch Ignacio de Loyola.
1535	Schaffung des Vizekönigreichs Neu-Spanien.
	Erwerbung des Herzogtums Mailand.
	Eroberung von Tunis.
1543	Schaffung des Vizekönigreichs Peru.
1544	Entdeckung der Silberminen von Potosí in Peru.
1547	Schlacht bei Mühlberg.
1551	Augsburger Familienverhandlungen der Habsburger.
1554	Philipp II. erhält Mailand und Neapel.
1555	Philipp II. erhält die Regierung der Niederlande.
	Gründung des *Consejo de Italia*.
1556–1598	Philipp II. König von Kastilien und Aragón.
1557	Schlacht bei St. Quentin.
	Spanischer Staatsbankrott.
1559	Friede von Cateau-Cambrésis zwischen der spanischen Monarchie und Frankreich.
1561	Madrid wird Hauptstadt.
1562–1566	Pestepidemie in den aragonesischen Ländern.
1563–1583	Bau des El Escorial.
1566	Beginn des Aufstandes in den Niederlanden.
	Gründung der *Audiencia* von Sevilla.
1568	Gründung der *Audiencia* der Kanarischen Inseln.
	Tod des Thronfolgers Don Carlos.
1568–1570	Aufstand der Morisken in den granadinischen Alpujarras.
1570	Vertreibung der Morisken aus Granada.
1571	Seeschlacht von Lepanto.
1574	Verlust von Tunis.
1575	Spanischer Staatsbankrott.
1576–1578	Don Juan de Austria Gouverneur der Niederlande.
1579	Gründung der Liga von Arras und der Union von Utrecht.
1581	*Cortes* von Tomar; Verbindung Portugals mit der Katholischen Monarchie.
	Friedensschluß mit dem Osmanischen Reich.
	Absetzung Philipps II. in den (nördlichen) Niederlanden.
1582	Gründung des *Consejo de Portugal*.
1583	Gründung der *Audiencia* der Philippinen.

1586–1592	Pestepidemie in den aragonesischen Ländern.
1588	Gründung des *Consejo de Flandes*.
	Fahrt der Armada nach England.
1588/1589	Publikation der *Constitutions i altres drets de Cathalunya*.
1590/1591	Unruhen in Aragón.
1592	*Cortes* von Tarazona; Beschneidung der aragonesischen Sonderrechte.
1595–1598	Spanisch-französischer Krieg.
1596	Spanischer Staatsbankrott.
1596–1602	Pestepidemie in Kastilien.
1598	Friede von Vervins mit Frankreich.

Der Beginn der Regierung Karls V.

Karl kam im September 1517 auf der Iberischen Halbinsel an. Doch kaum hatten ihn die *Cortes* von Kastilien (Februar 1518) und Aragón (Januar 1519) als neuen König anerkannt, traf die Nachricht vom Tod seines Großvaters Maximilian I. ein. Karl verließ bereits im Frühling 1520 seine neuen Königreiche, um nach seiner Wahl durch die Kurfürsten zum Römischen König zur Krönung nach Aachen zu reisen. Die Regentschaft übertrug er dem Humanisten Adrian von Utrecht, dem späteren Papst Hadrian VI. Doch schon kurz nach der Abreise des Monarchen kam es in Kastilien zu einer bald revolutionären Protestbewegung, der sogenannten Rebellion der *Comunidades*. Mittlere und niedere städtische Gruppen opponierten gegen die Einsetzung von Ausländern in die wichtigsten Ämter und die Verwendung kastilischer Ressourcen für die imperiale Politik Karls V. Wichtige Gründe für den Aufstand sind späterhin in der Opposition der kastilischen Städte gegen die Allianz des Herrschers mit dem hohen Adel zu suchen, dem Karl die Übernahme städtischen Grundbesitzes und städtischer

Einkünfte ermöglichte und dessen wirtschaftliche Ambitionen auf dem Gebiet der Schafzucht und des Wollhandels er gegen die Aktivitäten der Bewohner der Städte auf dem Sektor des Ackerbaus und der Wollverarbeitung unterstützt hatte. Seine Zentren hatte der Aufstand in Ávila, Segovia, Salamanca, León, Zamora und Toledo, also in den wichtigsten kastilischen Gewerbezentren. Nicht zuletzt konkurrierten die spanischen Textilproduzenten mit den flandrischen Städten um den Aufkauf der Merinowolle, die in großen Mengen Richtung Ärmelkanal verschifft wurde. So besaß die Feindschaft gegen die burgundischen Fremden, die Karl V. begleitet hatten, noch eine zusätzliche wirtschaftliche Fundierung.

Doch bereits im April 1521 wurde der Aufstand nach einer verlorenen Schlacht und einem blutigen Strafgericht gegen die Anführer niedergeworfen, nur Toledo leistete noch bis 1522 Widerstand. Der hohe Adel hatte sich in diesem Konflikt eindeutig auf die Seite des Monarchen gestellt und konnte dafür auch seine Privilegien verteidigen. Die monarchische Herrschaft setzte sich damit ebenso durch wie die Allianz der privilegierten Klassen mit der Krone. Die kastilischen Städte verloren seit diesem Aufstand ihr politisches Gewicht, auf dem flachen Land wurde die Adelsherrschaft endgültig gefestigt.

Auch in den Königreichen Valencia und Mallorca gab es revolutionäre Aufstände gegen Karl, die sogenannten *Germanías*. Die Ursachen dafür waren ähnlich gelagert wie in Kastilien, einer der Gründe lag in der Unzufriedenheit über die beständigen Versuche schon seit der Zeit Ferdinands des Katholischen, in die städtischen Belange hinein zu regieren und die niederen städtischen Schichten aus der Regierungsverantwortung zu drängen. Auch das Unbehagen über den wirtschaftlichen Niedergang der aragonesischen Länder hat viel zu den Aufständen beigetragen, die allerdings wegen eines gewissen programmatischen Defizits nie so gefährlich für die Gesamtmonarchie wurden wie die Rebellion in Kastilien. Auch in Valencia und Mallorca verbündete sich der hohe Adel mit dem Herrscher. Bis 1522 wurden daher die *Germanías* besiegt.

Bis 1522 hatte sich damit die Herrschaft des Monarchen in den spanischen Königreichen endgültig durchgesetzt. Mit Ausnahme des Moriskenaufstandes in den Alpujarras 1568–1570 und den Unruhen in Aragón 1590/1591, die ein Heer Philipps II. niederschlug und die mit einer Beschneidung der aragonesischen Sonderrechte in der Ständeversammlung von Tarazona 1592 endeten, trat nun eine lange Phase der Ruhe in den spanischen Ländern ein, was auf mehrere Ursachen zurückzuführen ist: die Wirtschaftsentwicklung wurde insgesamt betrachtet positiv, die Expansionspolitik der Habsburger finanzierte zusehends das amerikanische Silber, die Kriege fanden während des 16. Jahrhunderts außerhalb der spanischen Länder statt. Außerdem begann sich die Bevölkerung zunehmend mit den weltmachtpolitischen Zielsetzungen der Monarchie zu identifizieren.

Der Ausbau der spanischen Monarchie

Die spanischen Länder blieben unter den Habsburgern eine zusammengesetzte Monarchie (*monarquía compuesta*), eine Ansammlung von verschiedenen Territorien, die alle ihre eigenen Rechte und Gesetze und ihre eigenen institutionellen Apparate hatten. Als Gesamtbezeichnung begannen sich die Termini *Monarquía Hispánica* oder auch *Monarquía Católica* durchzusetzen, Begriffe, die alle Länder unter der Regierung der habsburgischen Monarchen zwischen den Niederlanden und Süditalien über die Iberische Halbinsel und Amerika bis zu den fernen Philippinen umfaßten. Denn die spanische Monarchie erweiterte ihre überseeischen Besitzungen sehr rasch. 1519–1522 umfuhren der portugiesische Kapitän Fernão de Magalhães (Fernando de

Magallanes) und der Spanier Juan Sebastián Elcano das erste Mal die Welt, was zur Entdeckung der Marianen und Molukken führte, 1519–1521 wurde das aztekische Mexiko durch Hernán Cortés erobert, 1532–1535 das Andenreich der Inkas durch Francisco Pizarro. Bis zur Mitte des 16. Jahrhunderts beherrschten die Spanier bereits den gesamten amerikanischen Kontinent zwischen der Südgrenze der heutigen USA und dem heutigen Argentinien und Chile. Nicht erobert waren damals die Südspitze Südamerikas sowie das Amazonasgebiet. An der brasilianischen Küste begannen ab 1500 die Portugiesen mit ihren Kolonisationsunternehmungen.

Nach dem Aussterben des Hauses Avis 1580 in Portugal gelang es Philipp II., sich auch in diesem Königreich durchzusetzen. Damit war nicht nur in Vollendung des Einigungswerkes der Katholischen Könige die gesamte Iberische Halbinsel unter einem Herrscher verbunden, sondern der König kontrollierte auch den ausgedehnten afrikanischen und asiatischen Kolonialbesitz der portugiesischen Krone. Und auch in Asien setzten sich die Spanier formell fest, als sie 1571 Manila auf der philippinischen Insel Luzón begründeten.

Dieses komplizierte Gebilde der spanischen Monarchie entwickelte sich in einem permanenten Zusammen- und auch Gegenspiel seiner einzelnen Teile weiter. Maßnahmen des Monarchen, die nur ein Reich betrafen, mußten sich zwangsläufig auf die anderen Glieder der Monarchie auswirken, vor allem, weil der König und seine Räte permanent versuchten, partikularistische Tendenzen einzuschränken. Als Mittel des königlichen Absolutismus wurde das unter den Katholischen Königen begründete System der einzelnen Räte noch ausgebaut. Ferdinand und Isabella hatten ja, wie bereits erwähnt, den Kastilien-, den Aragón-, den Inquisitions-, den Ordens- und den Kreuzzugsrat geschaffen. 1517 begründete Karl V. den *Consejo de Guerra*, den Kriegsrat, der 1522 dem neugeschaffenen *Consejo de*

Estado, dem Staatsrat, untergeordnet wurde. Dieser Staatsrat war allein verantwortlich für die Außenpolitik der Monarchie. Hier zeigt sich deutlich, daß die immer häufigeren internationalen Verwicklungen und Aktivitäten der spanischen Monarchie samt den zahlreichen Kriegen schlagkräftiger Instrumentarien bedurften.

Die immer komplexeren Aufgaben der spanischen Monarchie lassen sich deutlich an der weiteren Entwicklung der einzelnen Ratsgremien verfolgen. Denn bereits 1523 schuf Karl V. den *Consejo de Hacienda*, den Finanzrat, in dem bis 1593 sukzessive die unter den Katholischen Königen begründeten *Contadurías* aufgingen. Die große Bedeutung, die die Neue Welt bereits in den Anfangsjahren Karls V. gewonnen hatte, macht die 1524 erfolgte Gründung des *Consejo de Indias*, des Indien-(=Amerika-)Rates deutlich. Auch die Verwaltung der italienischen Reiche wurde immer komplexer, so daß 1559 aus dem Rat von Aragón die italienischen Belange ausgegliedert und einem eigenen *Consejo de Italia* zugeordnet wurden. Dem folgte nach der Inkorporation Portugals 1582 noch der *Consejo de Portugal*. Das letzte im 16. Jahrhundert begründete Ratsgremium ist auf die immer unlösbarer werdenden Probleme der Rebellion in den Niederlanden zurückzuführen. Es war dies der *Consejo de Flandes* (1588), der Rat für die Niederlande.

Mit diesem System thematischer und territorialer Ratsgremien war es der spanischen Monarchie gelungen, ein effizientes Verwaltungssystem zu errichten, das wesentlich zur »Modernität« des Gesamtsystems und zum Zusammenhalt der *monarquía compuesta* beitrug. Daneben bauten Karl V. und Philipp II. das System der Sekretäre, der Mittler zwischen den einzelnen Räten und dem Monarchen, noch weiter aus. Nachdem in der Anfangsphase der Regierung Karls V. diese Sekretärsämter noch von Ausländern, hauptsächlich Niederländern, gehalten wurden, hatten sie ab den dreißiger Jahren des 16. Jahrhunderts nur noch Spanier inne. Zu nennen sind hier wahre Meister der

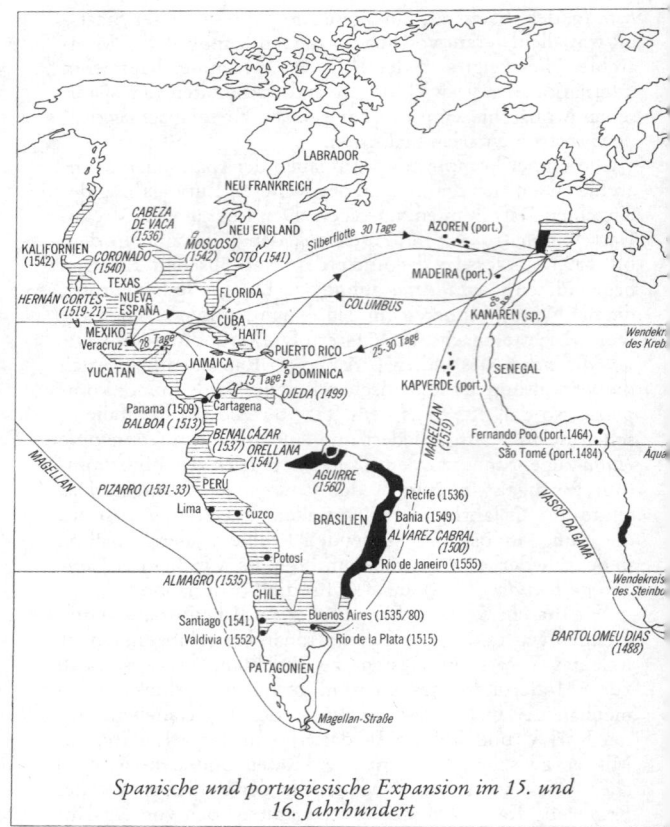

Spanische und portugiesische Expansion im 15. und 16. Jahrhundert

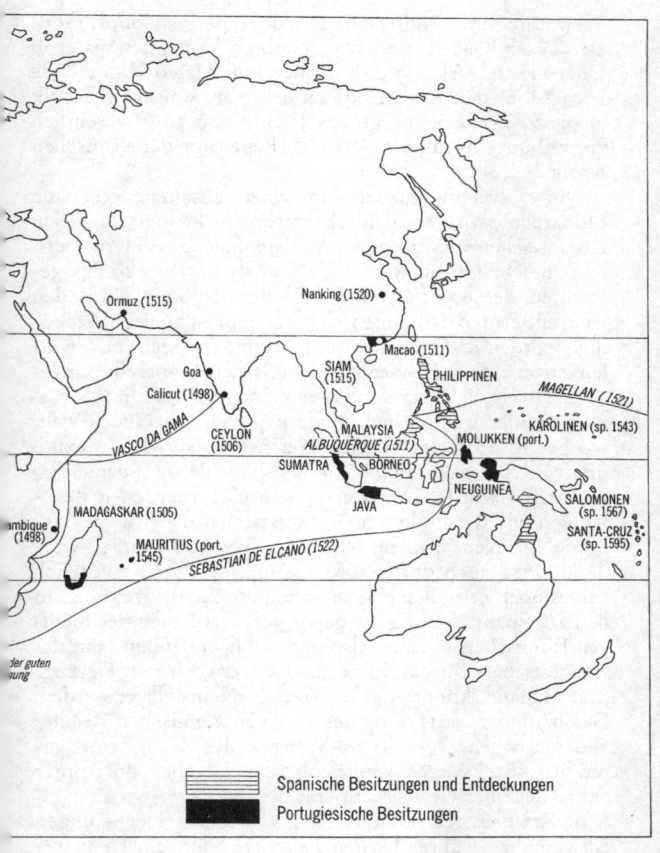

Ormuz (1515)

Nanking (1520)

Macao (1511)

Goa

Calicut (1498)

SIAM
(1515)

PHILIPPINEN

MAGELLAN (1521)

VASCO DA GAMA

CEYLON
(1506)

MALAYSIA
ALBUQUERQUE (1511)

SUMATRA   BORNEO

JAVA

MOLUKKEN
(port.)

KAROLINEN (sp. 1543)

NEUGUINEA

SALOMONEN
(sp. 1567)

SANTA-CRUZ
(sp. 1595)

MADAGASKAR (1505)

mbique
(1498)

MAURITIUS (port.)
1545)

SEBASTIAN DE ELCANO (1522)

der guten
ung

	Spanische Besitzungen und Entdeckungen
	Portugiesische Besitzungen

Verwaltung und Politik wie Francisco de los Cobos, Gonzalo Pérez, Gabriel de Zayas, Antonio Pérez, der später in Ungnade fiel, Alonso de Idiáquez und Mateo Vázquez de Leca. Ohne den Konsens dieser Sekretäre war keine Politik mehr zu machen, ihr großes Fachwissen trug wesentlich zur reibungslos funktionierenden Regierung der spanischen Krone bei.

Quasi systemimmanent in einer zusammengesetzten Monarchie wie der spanischen war die häufige, in vielen Königreichen permanente Abwesenheit des Herrschers. Aus diesem Grund wurde die Gestalt des Vizekönigs geschaffen, der als *Alter ego* des Königs den Souverän in den weit entfernten Dominien sichtbar repräsentierte. Vizekönige wurden im Laufe des 16. Jahrhunderts nicht nur in allen europäischen Ländern der spanischen Monarchie eingesetzt, also in Valencia, Katalonien, Aragón, Mallorca, Sardinien, Sizilien und Neapel, sondern auch in der Neuen Welt, wo bereits 1535 das Vizekönigreich Neu-Spanien (Mexiko und Mittelamerika) und 1543 jenes von Peru (Südamerika) geschaffen wurde. Die ozeanischen und asiatischen Besitzungen wie die Philippinen unterstanden dabei dem Vizekönig von Neu-Spanien. Nach dem Erwerb Portugals wurde ab 1582 auch dort ein Vizekönig installiert, zusätzlich gab es noch in Indien einen (portugiesischen) Vizekönig. In den zur spanischen Krone gehörigen Territorien des Heiligen Römischen Reiches, also in den Niederlanden samt der Freigrafschaft Burgund und im 1535 erworbenen Herzogtum Mailand, konnten keine Vizekönige installiert werden. Das hätte der Verfassung des Heiligen Römischen Reiches widersprochen, weshalb die Vertreter des Königs trotz ihrer den Vizekönigen vergleichbaren Aufgaben dort unter dem Titel eines Gouverneurs residierten.

In Kastilien selbst setzte Karl V. wegen seiner häufigen Abwesenheit während seiner Feldzüge oder seiner Aufenthalte im Heiligen Römischen Reich immer wieder Familienmitglieder als Statthalter ein. Die spanische Monarchie unter dem Kaiser hatte noch keine feste Residenz, sondern erinnert partiell an das mittelalterliche Reisekönigtum, obwohl der Monarch gewisse Präferenzen für Städte wie Granada am Anfang seiner Regierungszeit oder Valladolid und Toledo in späteren Jahren zeigte. Der dauernde Umzug des Hofes bedeutete auch für die Ratsgremien, daß sie mit Karl im Land herumreisen mußten. Erst unter Philipp II., der sich ab 1559 ununterbrochen auf der Iberischen Halbinsel aufhielt, änderte sich dieser Zustand. Philipp machte 1561 Madrid zur Hauptstadt der spanischen Monarchie, wo der Königshof und alle zentralen Ratsgremien angesiedelt wurden, obwohl der König selbst nicht das ganze Jahr in Madrid residierte, sondern immer wieder in Paläste in der Umgebung auswich, wie Aranjuez, El Pardo, Valsaín oder San Lorenzo de El Escorial. Madrid blieb mit Ausnahme einiger Jahre zu Beginn des 17. Jahrhunderts, als Philipp III. den Hof kurzfristig nach Valladolid verlegte, ununterbrochen Hauptstadt.

Die zunehmende staatliche Kontrolle aller Lebensbereiche der Menschen in der absolutistischen spanischen Monarchie wird schließlich daran sichtbar, daß unter Karl V. und Philipp II. die Zahl der Appellationsgerichtshöfe, der *Audiencias*, vermehrt wurde. Besonders in der Neuen Welt kann man an den Daten der Gründungen dieser Gerichtshöfe deutlich die zunehmende Durchdringung des amerikanischen Kontinents mit spanischen Institutionen verfolgen: Nach der schon erwähnten Gründung der *Audiencia* von Santo Domingo (1511) wurde kurz nach der Eroberung des Aztekenreiches in der Stadt México 1527 ein Appellationsgerichtshof geschaffen, weitere derartige Gerichtshöfe in Neu-Spanien entstanden 1542 in Guatemala, 1548 in Guadalajara und 1583 auf den Philippinen. Im Bereich des späteren Vizekönigreiches Peru gab es ab 1535 die erste *Audiencia* in Panamá, 1542 folgte Lima, 1548 Santa Fe de Bogotá, 1559 La Plata de los Charcas, 1563 San Francisco de Quito und 1563 bzw. 1606 die *Audiencia* von Chile.

Und selbst in Europa wurde das System der Appellationsgerichtshöfe noch verdichtet mit der Schaffung der *Audiencias* von Galicien (1563), Sevilla (1566) und der Kanarischen
Inseln (1568) im Bereich der kastilischen Länder sowie jener von Mallorca (1571) in den Ländern der Krone von
Aragón.

All die erwähnten Ratsgremien und Gerichtsinstitutio-
nen zeigen eines ganz deutlich: Seit den Katholischen Königen erlebte die spanische Monarchie eine zunehmende
Bürokratisierung und Diversifizierung der Aufgaben der
Amtsträger der Krone sowie eine Intensivierung der Verwaltung. Damit einher ging eine Steigerung der Effizienz
des Staates, der es immer besser vermochte, durch ein rigo-
roses Steuerregiment mehr an Einnahmen für die wachsenden Aufgaben zu erlangen, die allerdings mit der Vergrößerung des Imperiums auch immer zahlreicher und verschie-
denartiger wurden. Die spezielle Leistung der spanischen
Monarchie in diesem »Modernisierungsprozeß« ist einerseits darin zu sehen, daß im Vergleich zu anderen europäischen Staatssystemen diese Vorgänge um 50–100 Jahre früher in Gang gesetzt wurden, andererseits darin, daß dieses
System, das spätestens ab Karl V. als ein globales, weltum-
spannendes bezeichnet werden muß, relativ reibungslos
und sehr effizient funktionierte, und das zu Zeiten, in denen sich im Vergleich zum Spätmittelalter die Möglichkeiten der Kommunikation nicht wesentlich verbessert hatten.
Zwar hatten die Verkehrsmittel zur See durch neue Schiff-
bau- und Segeltechniken sowie durch neue Navigationsin-
strumente an Sicherheit und Schnelligkeit gewonnen – die
europäische Expansion über den Mittelmeerraum hinaus
wäre sonst gar nicht möglich gewesen –, doch auf dem
Land fand die Kommunikation noch immer mit dem Maul-
tier oder dem Pferd auf schlechten, kaum befestigten Straßen statt, obwohl bereits die Katholischen Könige 1497 die
Cabaña Real de Carreteros geschaffen hatten, eine privilegierte Vereinigung lokaler Transportunternehmer, die

den Waren- und Nachrichtenaustausch auf der Iberischen Halbinsel verbessern sollten. Das straffe Verwaltungs- und Rechtssystem der spanischen Krone mit seinen Ratsgremien, Sekretären, Vizekönigen, *corregidores* und Richtern in den Appellationsgerichtshöfen war die bürokratische und effiziente Antwort auf ein vielschichtiges und vielgliedriges staatliches System. Dem König an der Spitze ermöglichte es durch seinen stufenweisen Aufbau eine permanente Kontrolle von oben nach unten und gab ihm die Instrumente in die Hand, im Bedarfsfall rasch zu reagieren.

Die Appellationsgerichtshöfe schufen außerdem eine größere Rechtssicherheit, was vor allem nach dem kastilischen Bürgerkrieg unter Heinrich IV. und den Aufständen der *Comunidades* und *Germanías* unter Karl V. von großer Bedeutung war. Rechtssicherheit in Kastilien wurde weiter durch die Zusammenstellung aller gültigen Gesetze erzielt, die nach einer langen Sammeltätigkeit 1567 unter dem Titel *Recopilación de las leyes* von Philipp II. in Kraft gesetzt wurden. Dieses Gesetzeswerk, bekannt auch unter der Bezeichnung *Nueva Recopilación*, regelte in ungefähr 4000 Paragraphen aus dem Kirchen-, Staats-, Administrativ-, Herrschafts-, Prozeß-, Zivil-, Stadt- und Strafrecht alle Aspekte des Lebens und blieb 250 Jahre in Kraft. In Katalonien gab es ein vergleichbares Werk, die *Constitutions i altres drets de Cathalunya*, das 1588/1589 publiziert wurde.

Die Bevölkerung

Während des gesamten 16. Jahrhunderts läßt sich in allen Königreichen der spanischen Monarchie ein kontinuierlicher Bevölkerungsanstieg beobachten. Gegen Ende des Jahrhunderts lebten allein in den kastilischen Ländern ungefähr 6 Mio. Menschen, in den aragonesischen 1,25 Mio. und in Navarra 150000 Personen. Dieser Bevölkerungsanstieg muß ganz wesentlich mit einem Anstieg der Natalität in Verbindung gebracht werden, die im 16. Jahrhundert zwischen 35 und 45 pro 1000 Einwohner lag. Denn auch die Mortalitätsrate ging keineswegs zurück – ganz im Gegenteil kam es immer wieder zu starken Pestwellen, so in den Ländern der Krone von Aragón 1529/1530, 1562–1566 und 1586–1592, die große Teile der Bevölkerung hinwegrafften. Die Pestepidemie von 1562–1566 tötete beispielsweise allein in der Stadt Zaragoza die Hälfte der Bevölkerung. Und die sogenannte atlantische Pest zwischen 1596 und 1602 kostete in den Ländern der kastilischen Krone ungefähr 600000 Menschen, mithin 10 % der Bevölkerung, das Leben.

Die Auswanderung in die Neue Welt hatte dagegen eine relativ geringe Bedeutung für die Bevölkerungsentwicklung auf der Iberischen Halbinsel. Während des gesamten 16. Jahrhunderts dürften nicht viel mehr als 200000 Menschen, hauptsächlich aus Andalusien, der Extremadura und Neukastilien, den Weg über den Ozean gewagt haben. Sehr wohl aber gab es eine wegen der dortigen Religionskriege relativ starke Einwanderung aus Frankreich auf die Iberische Halbinsel, vor allem in die aragonesischen Länder. Die Zuwanderer hatten dort in der zweiten Hälfte des 16. Jahrhunderts einen Anteil von ungefähr 20 % der Bevölkerung und sind auf ungefähr 250000 Menschen zu beziffern.

Die Bevölkerung auf der Iberischen Halbinsel war aber sehr ungleichmäßig verteilt. Während in Mallorca 25 Menschen für den Quadratkilometer berechnet werden, lebten in Kastilien nördlich des Tajo oder im Königreich Valencia durchschnittlich 20 Personen pro km². Es gab aber auch viel dünner besiedelte Regionen wie Katalonien mit elf Bewohnern pro km², das Königreich Aragón mit sieben oder gar die Extremadura oder La Mancha mit nur fünf Menschen pro km².

Ungefähr 80 % der Bevölkerung im 16. Jahrhundert waren Bauern, die allerdings unter sehr verschiedenen ökonomischen Bedingungen lebten. Es gab durchaus Bauern, die ihr eigenes kleines Stück Land bearbeiteten, doch viele ernährten sich nur als Taglöhner bei den großen weltlichen und kirchlichen Grundherren. Alle gemeinsam stöhnten unter der Vielzahl an Abgaben, die ihnen auferlegt waren: kirchlicher Zehnt, königliche Steuern und Leistungen an die Grundherren.

Die städtische Bevölkerung war im wesentlichen geprägt von drei Gruppen: den Adligen (vornehmlich *caballeros*), die ihre Einkünfte aus Landbesitz, aus der Vermietung von städtischen Häusern und aus städtischen Ämtern bezogen und denen es gelang, ihre Vorherrschaft in der Stadt aufrechtzuerhalten, den Händlerfamilien, die sich meist durch große Mobilität und durch besondere internationale Vernetzung auszeichneten, ganz abgesehen davon, daß es in dieser Schicht auch sehr viele Ausländer gab, beispielsweise Genuesen, und schließlich den Handwerkern, die auch in den spanischen Ländern in Zünften und Gilden organisiert waren. In den Städten ebenso wie auf dem Land befand sich der Klerus. Gegen Ende des 16. Jahrhunderts waren es ungefähr 100 000 Personen, die zu diesem Stand, der seine Privilegien erhalten, partiell sogar erweitern konnte, zu zählen sind. Diese hohe Anzahl an Kirchenleuten, von denen ein Viertel Mitglieder weiblicher Orden war, erklärt sich nicht nur aus der Dominanz der Religion in der Gesellschaft, sondern auch daraus, daß die Kirche noch immer jene Institution war, die einen sozialen Aufstieg ebenso wie die Sicherung des Überlebens ermöglichte.

Schließlich ist noch der Adel zu erwähnen, der in sich heterogen war. Auf der einen Seite gab es in Kastilien ungefähr 100, in den aragonesischen Ländern 50 hochadlige Titel, auf der anderen Seite allein in Kastilien an die 100 000 niederadlige Familien, die sogenannten *hidalgos*. In Aragón hießen diese niederen Adligen *infanzones*, in Katalonien *barones*. Auffällig ist jedenfalls die große Zahl an Menschen in der spanischen Gesellschaft, die Adelstitel hatten, wobei

sich hier der Bogen vom armen *hidalgo*, dem Miguel de
Cervantes in seinem *Don Quijote de la Mancha* ein un-
sterbliches literarisches Denkmal gesetzt hat, bis zu jenen
Familien hin spannte mit einer Vielzahl an Adelstiteln, die
beispielsweise große Teile von Andalusien kontrollierten
und die immer wieder die hohen Ämter in der spanischen
Monarchie, z. B. die Geschäfte eines Vizekönigs, ausübten.

Am Rand der Gesellschaft schließlich standen die Minderheiten, die in vielfältiger Art und Weise marginalisiert
und diskriminiert wurden. Dazu zu zählen sind ethnische
Minderheiten wie konvertierte Juden, Morisken, die nach
dem Aufstand in den granadinischen Alpujarras über ganz
Kastilien verteilt wurden, und Gitanos sowie soziale Minderheiten wie die Gruppe der Sklaven, des Strandgutes der
Kriege im Mittelmeerraum oder der Unternehmungen des
internationalen Sklavenhandels. Gegen Ende des 16. Jahrhunderts gab es ungefähr 50 000 Sklaven, zur einen Hälfte
Schwarzafrikaner, zur anderen Muslime.

Ungefähr 20 % der Bevölkerung auf der Iberischen
Halbinsel waren als arm zu bezeichnen, als so arm, daß sie
wirklich täglich um das Überleben kämpften. Die Armut in
der spanischen Gesellschaft war so omnipräsent, daß sie sogar in der zeitgenössischen Literatur verewigt wurde, so in
den pikaresken Romanen wie *Lazarillo de Tormes*, dessen
Autor unbekannt ist, oder *Guzmán de Alfarache* von
Mateo Alemán. Das Problem der Armut konnte die früh-
neuzeitliche spanische Gesellschaft nicht lösen, sieht man
davon ab, daß sich die Betroffenen in Hospitälern, an
Klosterpforten oder beim Almosensammeln von Haus zu
Haus mühsam das Allernotwendigste zusammenbetteln
konnten.

Die Wirtschaft

Das Gewerbe bzw. Handwerk konzentrierte sich auf relativ wenige Städte, die allerdings allesamt einen ziemlich großen Bevölkerungsanstieg zu verzeichnen hatten. Diese städtischen Zentren widmeten sich der Verarbeitung und Vermarktung der landwirtschaftlichen Produkte. Arbeitsintensive Produktionszweige wie die allgegenwärtige Wollverarbeitung führten bereits im 16. Jahrhundert in manchen Städten wie Segovia zu einem enormen Ansteigen des städtischen Proletariats, da gerade dieser Produktionszweig starken saisonalen Schwankungen unterworfen war. Gleichzeitig ist dieses Proletariat auch ein Zeichen für eine sehr starke Spezialisierung Segovias auf nur ein einziges, den Unsicherheiten des Marktes unterworfenes Produkt.

Überhaupt ist bei manchen der städtischen Zentren eine überdurchschnittliche Spezialisierung auf nur ein Produkt im weitesten Sinn zu bemerken. Zaragoza beispielsweise verdankte den Aufstieg und das Bevölkerungswachstum seiner Funktion als Hauptort der aragonesischen Länder, Burgos dem Wollhandel samt seinem Konsulat, Medina del Campo den Messen und den damit verbundenen Geldgeschäften, Salamanca der Universität, Sevilla dem Hafen und dem Amerikahandel, Toledo dem Sitz des Erzbischofs, des mächtigsten und reichsten kirchlichen Amtsträgers in den spanischen Ländern.

Derartige Spezialisierungen auf nur eine Wirtschafts- oder Verwaltungsfunktion, somit also die in den spanischen Ländern bemerkbare geringe Durchmischung der Aufgaben zwischen den einzelnen Städten, konnte in Krisenzeiten ernsthafte strukturelle Mängel bloßlegen und zu teilweise extremen Bevölkerungsschwankungen führen, und zwar nicht nur wegen des Auftretens von Seuchen. Besonders deutlich läßt sich das anhand eines gewiß singulären, dafür aber um so instruktiveren Beispiels anführen, nämlich bei Madrid. Die *Villa* – Madrid hatte nicht das Recht, den Titel einer Stadt zu führen, gab es doch dort weder einen Bischof noch eine signifikante Ummauerung – hatte 1530 ungefähr 3000 Einwohner. Der allgemeine Bevölkerungsanstieg in Kastilien manifestierte sich auch in Madrid. Um 1550 hatte die Siedlung bereits 8000 Einwohner, um 1560 nahezu 9000. Dann kam das für die Entwicklung von Madrid wichtige Jahr 1561, in dem der König den Hof dorthin verlegte. 1570 lebten in Madrid bereits 34000 Menschen, 1580 46000, 1590 67000, 1600 mehr als 82000. 1601 verlegte Philipp III. den Hof nach Valladolid. Allein in diesem Jahr verlor Madrid mindestens 50000 Einwohner, die sich beinahe alle in Valladolid niederließen. Die strukturellen Probleme, die eine derartig signifikante Bevölkerungsänderung hervorrief, sowohl für Madrid als auch für Valladolid, hinsichtlich der Lebensmittelversorgung, der Fragen des Wohnraumes, der städtischen Hygiene oder der Situation am »Arbeitsmarkt«, können gar nicht genug hervorgehoben werden.

Die Landwirtschaft blieb auch im 16. Jahrhundert – und das trotz der immer weiter gespannten Aufgaben der spanischen Monarchie – die wichtigste Säule der Wirtschaft und die primäre Lebensgrundlage der Menschen. Das Anwachsen der Bevölkerung führte zur intensiveren Nutzung von bisher brachliegendem Grund und Boden, somit also zu einer verstärkten Binnenkolonisation, die mit den spezifischen klimatischen Bedingungen des größten Teils der Iberischen Halbinsel, also vor allem mit dem Wassermangel, zu kämpfen hatte. Witterungsbedingte Mißernten waren nicht selten, weshalb vor allem unter Philipp II. mit der systematischen Anlage von Speichern für Getreideüberschüsse sowie zaghaft auch mit dem Bau von überregionalen Bewässerungskanälen begonnen wurde.

Gerade die Bewässerung erlitt aber auch Rückschläge, so vor allem im Königreich Granada nach der Aussiedlung der moriskischen Bevölkerung im Zuge der Niederschlagung des Aufstandes in den Alpujarras zwischen 1568 und 1570.

Denn es ging mit den Morisken sehr viel an technischem Wissen für die Betreibung der ausgeklügelten Bewässerungssysteme verloren, oft fehlte es auch ganz einfach an der menschlichen Arbeitskraft in Gegenden, die nicht rasch genug neu besiedelt werden konnten. Dieses Problem sollte sich mit noch viel gravierenderen Folgen zu Beginn des 17. Jahrhunderts stellen, als Philipp III. alle Morisken aus den spanischen Ländern vertreiben ließ, was vor allem in Aragón und Valencia den Verfall des einst blühenden Agrarlandes verursachte.

Ein anderes politisches Ereignis, der Krieg in den Niederlanden, sollte dazu führen, daß die Schafzucht mit ihren Wanderherden zwischen dem Norden und dem Süden der Halbinsel um die Mitte des 16. Jahrhunderts ihren Zenit erreichte. Ab den sechziger Jahren brachen wegen des Krieges die niederländischen Märkte zusammen. Versuche, die Wolle zu Verarbeitungszentren in Italien zu exportieren, schlugen weitgehend fehl. Damit wurde es notwendig, mehr Wolle auf der Halbinsel selbst zu verarbeiten, was vor allem den beiden wichtigen Zentren der Tucherzeugung, Segovia und Córdoba, zugute kam. Auch die Seidengewinnung von Granada, Córdoba, Sevilla, Murcia, Valencia und Toledo konnte weitere Zuwächse erzielen, was bewirkte, daß der Maulbeerbaum in manchen Gegenden zur dominanten Kulturpflanze wurde.

Die permanenten kriegerischen Verwicklungen der spanischen Monarchie riefen einen stetig anwachsenden Bedarf an Waffen hervor. Dies führte zum wirtschaftlichen Aufschwung eisenerzeugender und -verarbeitender Regionen wie Kataloniens oder der baskischen Provinzen. In der letztgenannten Region nahm auch der Schiffbau einen weiteren Aufschwung, was angesichts des beständigen Anwachsens des spanischen überseeischen Imperiums nicht verwundert. Schließlich ist noch der Bergbau zu erwähnen. Wichtig waren hier vor allem die Alaunproduktion in Murcia, die wegen des Einsatzes von Alaun als Beiz- und

Fixiermittel in der Textilverarbeitung expandierte, sowie die Produktion von Quecksilber in Almadén (La Mancha). Quecksilber wurde nach dem Bekanntwerden des Amalgamierungsverfahrens in großen Mengen im Silberbergbau benötigt, abgebaut wurde es aufgrund einer königlichen Konzession von den Fuggern. Die spanische Monarchie versuchte dadurch, einen Teil ihrer großen Schulden bei diesem Bankhaus zu verringern. Gearbeitet wurde im Quecksilberbergbau wegen der gesundheitlichen Risiken hauptsächlich mit Sklaven, Morisken und Sträflingen.

Am nachhaltigsten für die spanische Wirtschaft des 16. Jahrhunderts sollten sich die Edelmetallimporte aus der Neuen Welt auswirken. Zur Erläuterung dieses Prozesses seien hier einige Zahlen genannt: Während im ersten Jahrzehnt des 16. Jahrhunderts, also noch unter den Katholischen Königen, nur ungefähr 200 000 Pesos an Edelmetallen pro Jahr aus der Neuen Welt nach Spanien importiert wurden, wuchs dieser Import während des gesamten 16. Jahrhunderts kontinuierlich an, im zweiten Dezennium auf 360 000 Pesos pro Jahr, nach einem Einbruch in den zwanziger Jahren in den dreißiger Jahren auf 920 000 Pesos, um im Zeitraum zwischen 1541–1550 bereits die Millionengrenze zu überschreiten (1,73 Mio. Pesos). Die importierten Edelmetallmengen stiegen weiter an: Zwischen 1551 und 1560 wurden durchschnittlich 2,96 Mio. Pesos pro Jahr importiert, 1561–1570 4,19 Mio. pro Jahr, 1571–1580 4,82 Mio., 1581–1590 8,80 Mio., im letzten Jahrzehnt des Jahrhunderts 11,52 Mio. Pesos pro Jahr, ein Wert, der im 17. Jahrhundert erst ab 1661 wieder überschritten wurde.

Diese Edelmetallimporte verursachten in Spanien, aber auch in ganz Europa das, was unter dem Schlagwort der Preisrevolution in die Historiographie eingegangen ist. Diese Preisrevolution wirkte sich besonders nachteilig auf die spanische Wirtschaft aus, denn die großen Mengen des importierten Silbers führten in den spanischen Ländern zu einer besonders hohen Inflation in einer Wirtschaft, die durch geringe Flexibilität und durch wenige technische Möglichkeiten, die Produktion in Verbindung mit Investitionen zu erhöhen, gekennzeichnet war. Das wiederum bewirkte ein Desinteresse bei den Erzeugern, ihre Produktion auszuweiten, und höhere Importe ausländischer Waren. Der Reichtum Spaniens wurde somit zur Ursache für seine Armut, eine Entwicklung, die besonders im 17. Jahrhundert sichtbar werden sollte.

Die Außenpolitik

In der Regierungszeit Karls V. ist es nicht so einfach, spezifische spanische Elemente der Außenpolitik aus einem Gesamtkomplex von Maßnahmen herauszulösen, die häufig auch mit der Tatsache korrelierten, daß der Monarch eben nicht nur Herrscher der spanischen Kronen war, sondern seit seiner Königswahl 1519 auch Oberhaupt des Heiligen Römischen Reiches. Ab 1520 nannte er sich bereits – wie vor ihm sein Großvater Maximilian I. – »Erwählter Römischer Kaiser«. Karl war der letzte Kaiser, der noch in mittelalterlicher Tradition vom Papst gekrönt wurde. Die Zeremonie fand allerdings nicht, wie früher üblich, in Rom statt, sondern im Jahre 1530 in Bologna.

Die Idee des Kaisertums hat die gesamte Politik des Herrschers beeinflußt. Denn als Kaiser fühlte sich Karl als Oberhaupt der gesamten Christenheit, somit eigentlich als Beherrscher der Welt. Theoretisch ausformuliert wurde sein Konzept einer »Universalmonarchie« durch seinen italienischen Kanzler, den Humanisten Mercurio Gattinara, der ebenso wie Karl im Kaisertum implizit einen Anspruch auf die Weltherrschaft sah. Und diese schien in der Zeit Karls V. durchaus greifbar, bedenkt man, daß sich die spanische Herrschaft in Übersee in atemberaubender Geschwindigkeit ausbreitete. Gleichzeitig hatte Karl von seinen Großeltern eine Fülle von Konfliktfeldern geerbt, so den aragonesisch-osmanischen Wettlauf um die Vorherrschaft im Mittelmeerraum oder den Dauerkonflikt mit Frankreich, der bereits unter den Katholischen Königen und Kaiser Maximilian I. bestand. Somit vermengten sich in der Regierungszeit Karls V. ureigene spanische Momente einer internationalen Politik mit solchen, die dem Kaisertum und der Reichspolitik innewohnten, ganz abgesehen davon, daß sich Karl aufgrund der Kaiserwürde zeitweise quasi als »Weltpolizist« gerierte. Ermöglicht wurde diese internationale Politik vor allem deshalb, weil Karl auf die immer mehr anwachsenden Edelmetallimporte aus der Neuen Welt zurückgreifen konnte.

Wie bereits erwähnt, war Frankreich mit König Franz I. einer der Hauptfeinde in der Politik Karls V., sowohl in seiner Funktion als Herr der Niederlande, als Reichsoberhaupt als auch als Oberhaupt der spanischen Monarchie. Der erste Konflikt begann bereits 1521 und dauerte bis zum Frieden von Cambrai 1529. Hauptstreitpunkt war die Frage der Vorherrschaft in Italien, also ein genuin aragonesisches Problem. Nach dem triumphalen Sieg der Truppen Karls V. 1525 bei Pavia, dem zu trauriger Berühmtheit gelangten *Sacco di Roma*, der Plünderung Roms 1527, die der Papst durch seine Unterstützung des französischen Königs partiell mit provoziert hatte, endete der Krieg mit der spanischen Vorherrschaft in Italien: die Franzosen mußten auf das Herzogtum Mailand verzichten und die Medici wurden als treue Verbündete der spanischen Monarchie in Florenz wieder installiert. In fünf weiteren Kriegen Karls gegen Frankreich, die teilweise mehr mit der Reichsgeschichte als mit jener der spanischen Monarchie zu tun hatten und daher hier nicht näher erläutert werden sollen, erzielten die Spanier 1557, schon unter der Regierung von Karls Sohn Philipp II., einen entscheidenden Sieg in der Schlacht von St. Quentin. Der Frieden von Cateau-Cambrésis 1559 beendete den Konflikt und festigte die Hegemonie der spanischen Monarchie in ganz Europa.

Eine andere Auseinandersetzung ging für Spanien weniger erfolgreich zu Ende. Denn im Dauerkrieg gegen das Osmanische Reich und seine nordafrikanischen Vasallen konnten die spanischen Truppen zwar 1535 einen triumphalen Sieg bei Tunis erringen, der zur Eroberung der Stadt führte, doch sollte das der einzige Sieg bleiben. Ganz im Gegenteil gelang es den Osmanen und ihren Verbündeten nicht nur, 1541 den kaiserlichen Angriff auf Algier erfolgreich abzuwehren, sondern in den fünfziger Jahren gingen auch noch Eroberungen Ferdinands des Katholischen wie Tripolis und Bugia in Nordafrika verloren, was nichts anderes bedeutete, als daß es den Spaniern nicht nachhaltig gelungen war, die Idee der Reconquista an den nordafrikanischen Küsten zu verwirklichen. Die osmanischen Erfolge schädigten auch nachhaltig den aragonesischen Handel im Mittelmeer, ganz abgesehen davon, daß der Schutz der Schiffahrt und der spanischen Küsten vor osmanischen und algerischen Kapereifahrern große Kosten verursachte. Damals wurde an den Küsten sämtlicher spanischer Reiche das System der Wachtürme und Hafenfestungen verstärkt ausgebaut. Doch die islamischen Mittelmeerstaaten bildeten ein militärisches Großmachtpotential, dem nicht einmal die spanische Monarchie mit ihren finanziellen Ressourcen beikommen konnte.

Andere Konflikte, die der Kaiser austrug, so die Auseinandersetzungen mit den deutschen Protestanten, berühren die spanische Geschichte weniger, obgleich Karl beispielsweise in der Schlacht bei Mühlberg (1547) gegen die Truppen des Schmalkaldischen Bundes spanische Soldaten einsetzte. Gerade der Schmalkaldische Krieg ermöglichte allerdings so manchem Spanier den Gewinn weiterer militärischer Erfahrungen, so dem Herzog von Alba, der damals auf der Seite des Kaisers im Feld stand und unter Philipp II. zu einem der wichtigsten Militärs werden sollte.

Auch für Karl V. war die Heiratspolitik, wie für die Katholischen Könige, ein Mittel zur Stärkung politischer Allianzen. Er selbst verehelichte sich mit Isabel von Portugal, eine Ehe, die den Frieden zwischen den beiden iberischen Mächten festigte. Portugal spielte auch späterhin die erste Geige im habsburgischen Heiratskonzert. Denn auch Philipp II., der Sohn aus dieser Ehe, sowie seine Schwester Johanna heirateten wieder Mitglieder des Hauses Avis, nämlich Maria Manuela und João Manuel. Gleichzeitig versuchte der Kaiser auch die Beziehungen zu seinem Bruder, dem späteren Kaiser Ferdinand I., durch eine Heirat zu stärken. Daher mußte Karls Tochter Maria Ferdinands Sohn, den nachmaligen Kaiser Maximilian II., ehelichen. Diese intensive innerhabsburgische und habsburgisch-portugiesische Heiratspolitik mit dem Ziel der Stärkung dynastischer Allianzen trug wesentlich zum späteren Aussterben des Hauses Österreich in Spanien bei. Denn selbst päpstliche Heiratsdispense, die wegen der engen Verwandtschaft der Heiratskandidaten immer wieder erbeten und auch gewährt wurden, konnten die negativen Auswirkungen des Ahnenverlustes nicht wettmachen.

Auch die zweite Ehe Philipps II., die der Kaiser für seinen Sohn beschloß, sollte politischen Zielen dienen. Philipp mußte 1554 Maria Tudor heiraten, die Tochter Heinrichs VIII. von England aus seiner Ehe mit Catalina, der Tochter der Katholischen Könige. Diese neuerliche Verwandtenheirat mit der Königin von England sollte die Allianz zwischen dem Haus Habsburg und den Engländern stärken und Frankreich endgültig politisch einkreisen, ganz abgesehen davon, daß sich Karl V. eine Rückkehr Britanniens zum Katholizismus erhoffte. Diese spanisch-englische Allianz scheiterte allerdings wegen des kinderlosen Todes der Königin 1558.

Ein Zeichen der neuen spanisch-französischen Freundschaft setzte dann Philipp II. durch seine dritte Ehe mit der französischen Prinzessin Elisabeth von Valois im Jahre

1560. Der Friedensschluß von 1559 wurde damit auch noch dynastisch untermauert. Doch auch diese Ehe endete bald durch den Tod der Gemahlin, so daß Philipp schließlich 1570 ein viertes Mal heiratete, Anna von Österreich, die Tochter seiner Schwester Maria aus der Ehe mit seinem Vetter, Kaiser Maximilian II. Erst diese Ehefrau gebar schließlich die Erben der spanischen Reiche, den späteren König Philipp III. Denn der ursprüngliche Thronfolger Don Carlos, Philipps II. Sohn aus seiner Ehe mit der portugiesischen Prinzessin, war 1568 unter nicht ganz geklärten Umständen in der väterlichen Gefangenschaft gestorben.

Gegen Ende seines Lebens sind bei Karl V., dem permanent durch Europa reisenden Kaiser, gewisse Ermüdungserscheinungen zu erkennen. Gezeichnet von Krankheiten und der Enttäuschung darüber, daß er den Protestantismus nicht besiegen konnte, sondern vielmehr den Augsburger Religionsfrieden von 1555 zwischen den beiden streitenden Konfessionen im Heiligen Römischen Reich erleben mußte, übertrug Karl V. sukzessive seine einzelnen Königreiche an seinen Sohn. Bereits 1554 anläßlich seiner Ehe mit Maria Tudor hatte Philipp von Karl das Königreich Neapel und das Herzogtum Mailand erhalten. 1555 übertrug er ihm die Niederlande, 1556 schließlich alle spanischen Länder in Europa und in der Neuen Welt. Das Kaisertum ging damals an die österreichische Linie der Habsburger, denn mit seinen Versuchen, in den Augsburger Familienverhandlungen von 1551 die Kaiserwürde für seinen Sohn zu sichern, hatte sich Karl gegen den Widerstand seines Bruders Ferdinand I. und seines Neffen Maximilian II. nicht durchsetzen können.

Die Jahre 1555/1556 bedeuteten das Auseinanderbrechen der Universalmonarchie Karls V. Somit ist es wieder einfacher, unter Philipp II. konkrete Linien einer spanischen Außenpolitik festzustellen. Dabei lassen sich mehrere Handlungsstränge rekonstruieren und mehrere Konfliktfelder ausmachen, die Philipp II. zu jeweils verschiedenen Zeitpunkten besonders beschäftigten.

An erster Stelle ist der Mittelmeerraum zu erwähnen, in dem der spanisch-osmanische Konflikt weiterhin tobte. Die osmanische Gefahr hoffte der König durch die Errichtung neuer Brückenköpfe in Afrika einzuschränken. Doch war er in dieser Politik nicht sehr erfolgreich. Bereits ein Unternehmen zur Eroberung der Insel Djerba vor der tunesischen Küste endete 1560 mit einem Desaster. 1564 konnte zwar der Peñón de Vélez, einige winzige Inselchen vor der marokkanischen Küste, die heute noch zu Spanien gehören, besetzt werden, doch als 1565 die Osmanen zur Eroberung Maltas schritten, die im letzten Moment verhindert werden konnte, wurde neuerlich die große militärische Potenz der osmanischen Flotte sichtbar. Dazu kam, daß zwischen 1568 und 1570 in den Alpujarras im Königreich Granada der Aufstand der Morisken, der zwangskatholisierten muslimischen Bevölkerung, losbrach. Am Hof in Madrid herrschte die etwas übertriebene Befürchtung, die Morisken würden der osmanischen Politik als fünfte Kolonne im Herzen der spanischen Monarchie dienen. Als es dann den Osmanen ab 1570 gelang, die venezianische Insel Zypern zu erobern, formierte sich die sogenannte Heilige Liga zwischen Venedig, Spanien und dem Papst, deren Truppen unter der Führung von Don Juan de Austria, dem Halbbruder Philipps II., 1571 in der Seeschlacht von Lepanto ein in der gesamten Christenheit gefeierter und propagandistisch vielfach breitgetretener Sieg über die osmanische Flotte gelang. Politische Konsequenzen hatte der Sieg keine. Ganz im Gegenteil gelang es den Osmanen innerhalb kürzester Zeit, ihre Stärke zur See wiederzuerlangen, obwohl bei Lepanto zwei Drittel der Flotte verlorengegangen waren. Auch die mit den Osmanen verbündeten nordafrikanischen Barbareskenstaaten wurden militärisch noch stärker. So verloren denn auch 1574 die Spanier wieder Tunis. Finanzielle Probleme der spanischen Monarchie ebenso wie neue Kon-

fliktfelder in den Niederlanden und im gesamten atlantischen Raum veranlaßten den König, 1581 einen Frieden mit
dem Osmanischen Reich abzuschließen. Der Mittelmeerraum verlor damit seine Qualität eines bevorzugten Feldes
spanischer Außenpolitik. Auch Philipp II. mußte sich mit
dem entstandenen labilen Kräftegleichgewicht zwischen
der spanischen Monarchie und dem Osmanischen Reich
abfinden.

Nicht ein Problem der Außenpolitik, sondern ursprünglich ein solches der Innenpolitik war der Aufstand der Niederländer gegen die Regierung Philipps II. Da dieser Konflikt aber in vielfältiger Weise von beiden Seiten »interna-
tionalisiert« wurde, soll über ihn an dieser Stelle berichtet
werden. Denn das, was ursprünglich als Rebellion von
Untertanen gegen ihren angestammten Landesherrn begonnen hatte, kann in keiner Weise als »innerspanischer« Konflikt bezeichnet werden, sondern veränderte die politische
Landkarte Europas und das Gleichgewicht der Kräfte der
europäischen Mächte nachhaltig, ganz abgesehen davon,
daß dieser sogenannte Achtzigjährige Krieg erst mit den
Westfälischen Friedensverträgen von 1648 ein Ende fand.

Die Ursachen des Konfliktes waren vielschichtig. Ein
Faktor war, daß mit dem Abschluß des Konzils von Trient
1563 die römische Kirche eine Festigkeit in der Doktrin erreicht hatte, die den Prozeß der katholischen Konfessionalisierung partiell erst möglich machte. Die niederländischen
Untertanen des Königs waren zu diesem Zeitpunkt allerdings zu einem großen Teil bereits Anhänger Calvins, zu
einem kleineren Teil Luthers, und widersetzten sich den
Versuchen des Monarchen, die religiöse Einheit wiederherzustellen. Mit dem religiösen Konflikt mischten sich jedoch
auch Elemente des Protests gegen den Anspruch Philipps,
seinen Absolutismus in einer Landschaft durchzusetzen,
die durch ein starkes städtisches Bürgertum und einen
mächtigen landbesitzenden Adel geprägt war. Außerdem
beschnitten die Pläne des Königs zu einer Diözesanreform

ureigene Felder der Machtausübung der herrschenden Führungsgruppen. Und die dauernden Kriege von Philipps Vater hatten schließlich die finanziellen Lasten der niederländischen Provinzen um vieles vermehrt, was auch die nicht privilegierten Schichten der Bevölkerung spürbar belastete.

Als sich die Unzufriedenheit der protestantischen Bevölkerung 1566 in einem Sturm der katholischen Kirchen und der Zerstörung sakraler Objekte entlud (Bildersturm) und der Aufstand mit ganzer Gewalt ausbrach, sandte der König 1567 als Gouverneur den Herzog von Alba, der durch seine blutigen Strafgerichte und Unterdrückungsmaßnahmen die Situation nur noch verschlimmerte. Alba wurde daher 1572 abberufen, 1576 übernahm Don Juan de Austria das Gouverneursamt, zu einem Zeitpunkt, als die spanischen *tercios*, die wegen eines spanischen Staatsbankrottes 1575 schon lange keinen Sold erhalten hatten, Antwerpen und andere Städte plünderten. Damit wurde die antispanische Stimmung in den Niederlanden noch verstärkt. 1578 starb Don Juan, sein Nachfolger, Alessandro Farnese, Herzog von Parma, begann mit der Rückeroberung der größten Teile der aufständischen Provinzen, was zum endgültigen Auseinanderbrechen der Niederlande führte. Denn die katholischen Provinzen des Südens vereinigten sich in der Liga von Arras, der protestantische Norden in der Union von Utrecht. 1581 wurde Philipp II. von den Staaten des Nordens unter der Führung von Wilhelm von Oranien als Souverän definitiv abgesetzt. Trotz diverser militärischer Erfolge von Farnese mißlang die Rückeroberung der abgefallenen Provinzen.

Der niederländische Krieg war nicht nur eine Auseinandersetzung auf den Schlachtfeldern, sondern auch von Propagandaschlachten begleitet. Diese gewannen zweifellos die Niederländer. Damals verdichtete sich unter tatkräftiger Mithilfe Wilhelms von Oranien auch das, was als *Leyenda Negra*, als Schwarze Legende, das Bild der Spanier in der Welt nachhaltig negativ färben sollte. Wesentliche Inhalte der Legende bestanden in den Vorwürfen der religiösen Intoleranz, die mit Ereignissen in der Neuen Welt und in Europa untermauert wurden. Gewürzt wurde das propagandistische Werk durch die düstere Schilderung der Inquisition und die Beschuldigung des Königs, Gatten- und Kindermörder zu sein. Die Ausbildung der Legende wurde noch verstärkt, als der in Ungnade gefallene Sekretär Antonio Pérez in den neunziger Jahren nach Frankreich ins Exil ging.

Während der König zu Beginn der achtziger Jahre im Norden endgültig den Verlust eines Teils seines Erbes hinnehmen mußte, gelang ihm auf der Iberischen Halbinsel selbst der bedeutendste politische Erfolg seines Lebens, nämlich der Erwerb Portugals. Wie schon erwähnt, stammte Philipp II. mütterlicherseits aus dem Hause Avis, ganz abgesehen davon, daß zwischen den iberischen Herrscherhäusern auch sonst zahlreiche dynastische Verbindungen bestanden. 1578 starb König Sebastian I., ein Vetter Philipps, beim erfolglosen Versuch, die nordafrikanischen Besitzungen der portugiesischen Krone auf Kosten der Marokkaner zu vergrößern, in der Schlacht bei Alcazarquivir. Die portugiesische Krone ging an den alten Onkel Sebastians, Kardinal Heinrich. Mit diesem starb das Haus Avis 1580 im Mannesstamm aus.

Philipp II. war nicht der einzige, der Ansprüche auf den portugiesischen Thron hatte. Es gab noch die Herzogin von Bragança, die aus dem Haus Avis stammte und Sukzessionsrechte hatte, die im 17. Jahrhundert wirksam werden sollten, sowie Dom Antonio, Prior von Crato, einen legitimierten natürlichen Sohn des Infanten Luis. Antonio proklamierte sich 1581 in Santarem zum portugiesischen König. Ihn unterstützten Teile des niederen Klerus und Adels. Philipp II. dagegen gelang es, die Sympathien des hohen Adels und Klerus ebenso wie der finanzkräftigen Kaufmannsfamilien zu gewinnen. Ein Heer unter dem Herzog von Alba konnte 1581 rasch den Widerstand der

Anhänger Dom Antonios brechen – Antonio selbst floh nach Frankreich –, einzig auf der Azoreninsel Terçeira hielten sie sich bis 1583. In den *Cortes* von Tomar handelte der König mit den ihn favorisierenden Gruppen die Bedingungen aus, unter denen sich die portugiesische Monarchie mit der kastilisch-aragonesischen, der *Monarquía Hispánica*, verbinden würde. Die Sonderrechte Portugals sollten gewahrt bleiben, ebenso die eigenständige Verwaltung des portugiesischen überseeischen Imperiums. Mit dem Anschluß der portugiesischen Monarchie war die Einigung der Iberischen Halbinsel, die unter den Katholischen Königen begonnen hatte, fast genau hundert Jahre später zu einem – wenn auch nur kurzfristigen – Abschluß gekommen.

Philipp II. und mit ihm die spanische Monarchie standen damit zweifellos auf dem Höhepunkt der politischen Macht. Es bestand damals noch die Hoffnung, durch ein Handelsembargo seitens aller iberischen Königreiche die Niederländer letztendlich zur Unterwerfung unter die Regierung des Königs zu zwingen. Denn aus Portugal wurde traditionell Salz in die Niederlande exportiert, ganz abgesehen vom Pfeffer, einer der wichtigen Quellen des niederländischen Reichtums. Die nun weltbeherrschende Monarchie Philipps II. erweckte freilich erst recht die Opposition zweier anderer wichtiger europäischer Monarchien, des traditionell der spanischen Monarchie feindlich gesinnten Frankreich sowie des ursprünglich freundlich gesinnten England.

Die spanisch-englischen Beziehungen waren seit der Regierung der Katholischen Könige immer sehr freundschaftlich gewesen. So hatte Catalina, die Tochter Ferdinands und Isabellas, Heinrich VIII. geheiratet, deren Tochter Maria I. Philipp II. Auf Maria folgte auf dem englischen Thron deren Halbschwester Elisabeth, die letzte Königin aus dem Hause Tudor. Philipp II. hatte mehrfach versucht, entweder selbst Elisabeth zu heiraten oder sie mit einem seiner Vettern, meist war Erzherzog Karl von Innerösterreich im

Gespräch, zu verbinden. Alle neuerlichen Intentionen, England in einem ganz Europa umspannenden Bündnis potentiell antifranzösisch gesinnter Monarchien zu halten, scheiterten jedoch. Der Hauptgrund dafür lag in der beginnenden Konfessionalisierung, die auch England erfaßte. Sowohl Philipp II. als auch Elisabeth I. sahen sich beide als Verteidiger des wahren Glaubens. Führten somit konfessionelle Differenzen zu einer schleichenden Entfremdung zwischen den beiden Monarchen, so vergiftete der niederländische Freiheitskrieg wegen der mehr oder weniger offenen Unterstützung der Aufständischen durch England zusätzlich die Atmosphäre, ganz abgesehen davon, daß es englischen, niederländischen und partiell hanseatischen Schiffen gelungen war, den Handel zwischen der Iberischen Halbinsel und dem Norden nahezu vollständig den Spaniern zu entreißen. Schließlich wurden die englischen Piraten der spanischen Monarchie zwar nicht wirklich gefährlich, doch machte die Weltumsegelung von Francis Drake zwischen 1577 und 1580 klar, daß die Engländer das Potential zu schaffen begannen, auf allen Weltmeeren in Konkurrenz zu den Spaniern zu treten.

Seit dem Beginn der achtziger Jahre, bedingt durch den Friedensschluß mit dem Osmanischen Reich und wegen der Verbindung der portugiesischen Monarchie mit der spanischen, hatte Madrid die nötigen Schiffskapazitäten frei, um sich auf den nordatlantischen Raum zu konzentrieren. Dazu kamen die militärischen Erfolge Farneses in den Niederlanden. Mit dem Jahr 1583 begannen sich daher in Madrid die Pläne zu konkretisieren, eine Strafexpedition gegen England zu starten. 1584 zerbrachen die spanisch-englischen diplomatischen Beziehungen, als der spanische Botschafter mit dem Vorwurf aus London ausgewiesen wurde, an einem Mordkomplott gegen Königin Elisabeth beteiligt gewesen zu sein, das die schottische Königin Maria Stuart auf den englischen Thron bringen sollte. Außerdem versicherte Elisabeth 1585 den Niederländern militärische

Unterstützung. Den letzten Anlaß für einen Invasionsversuch bildete 1587 die Hinrichtung der katholischen schottischen Königin Maria Stuart in England.

1588 verließ die »Unbesiegbare Armada« den Hafen von Lissabon und segelte nach einem Zwischenstop in La Coruña mit 127 Schiffen Richtung England. Das Unternehmen endete jedoch in einem Mißerfolg. Nicht nur, daß es nicht gelang, den Landungstruppen, die Farnese in den Niederlanden bereitstellen sollte, ein sicheres Geleit nach England zu bieten, wurde die Armada durch Stürme in die Nordsee abgetrieben. Bei dem Versuch, Schottland und Irland zu umsegeln, um nach Spanien zurückzukehren, gingen 28 Schiffe verloren, insgesamt beliefen sich die spanischen Verluste an Schiffen auf 35, also ein gutes Viertel der Flotte.

Die spanische Vorherrschaft zur See wurde damals zwar etwas eingeschränkt, doch noch lange nicht gebrochen. Ganz im Gegenteil führten die Erfahrungen des Jahres 1588 zu einer Aufrüstung der spanischen Flottenkapazitäten. In England herrschte außerdem in den folgenden Jahren die permanente Angst, das Unternehmen von 1588 könnte eine Wiederholung erfahren. Was die Spanier 1588 wirklich verloren, war die auf das Unternehmen folgende Propagandaschlacht, die die Engländer so nachhaltig gewannen, daß bis in die jüngste Zeit selbst Historiker davon ausgingen, die spanische Vorherrschaft zur See sei damals nachhaltig zerstört worden. Die Beziehungen zwischen England und Spanien blieben für den Rest der Regierungszeit Philipps II. allerdings feindlich, ein Frieden wurde erst unter Philipp III. abgeschlossen.

Seit 1559 herrschte zwischen Frankreich und Spanien Frieden, seit 1560 war Philipp II. mit Elisabeth von Valois verheiratet. Die langen Konflikte aus der Regierungszeit Karls V. hatten damit ein Ende gefunden. Begünstigt wurden friedliche nachbarschaftliche Beziehungen nicht zuletzt deshalb, weil in Frankreich seit 1562 die Religionskriege zwischen den Katholiken und den Protestanten immer wieder aufflammten und die französische Monarchie daher wegen der inneren Probleme gar nicht mit der spanischen in Konkurrenz treten konnte. Philipp II. unterstützte aber mehr oder weniger offen die katholische Seite, 1585 schloß er sogar ein Bündnis mit der katholischen französischen Liga.

Die Situation änderte sich ab 1589, als König Heinrich III. ermordet wurde und damit das Haus Valois im Mannesstamm ausstarb. Die Nachfolge ging an den protestantischen Heinrich von Navarra aus dem Haus Bourbon, den Béarner, wie er in den spanischen Quellen der Zeit nach seinen Stammlanden immer bezeichnet wurde, weil Philipp II. selbst ja den Titel eines Königs von Navarra führte und auch den größten Teil dieses Königreichs beherrschte. Philipp wollte auf alle Fälle eine protestantische französische Monarchie verhindern und präsentierte selbst seine Tochter Isabel Clara Eugenia aus seiner Ehe mit Elisabeth von Valois als Kandidatin für den Thron. Nach Paris ließ er 1590 eine Besatzung legen, die die katholische Stadt gegen den protestantischen König schützen sollte. Als Heinrich von Navarra 1593 zum Katholizismus konvertierte und 1594 in Chartres zum König geweiht wurde, brach 1595 abermals ein spanisch-französischer Krieg aus. Der spanische Staatsbankrott von 1596 verhinderte größere kriegerische Ereignisse, sieht man von der Eroberung von Amiens durch spanische Truppen ab. Im Frieden von Vervins 1598 wurde jener von Cateau-Cambrésis (1559) erneuert. Beide Seiten garantierten sich die gegenseitigen Besitzstände.

Dies war das letzte wichtige Ereignis in der spanischen Außenpolitik in der Regierungszeit Philipps II., denn im September 1598 starb der König im Schloß des El Escorial.

Das Geistesleben und die Kultur

Die spanische Monarchie unter Karl V. und Philipp II. stützte sich wesentlich auf eine gebildete Schicht meist bürgerlicher oder geistlicher Personen, die häufig ein Universitätsstudium absolviert hatten. Auch das ist als ein Zeichen des Aufbaus eines frühneuzeitlichen Staates zu sehen. Wichtige Universitäten in den spanischen Reichen gab es seit dem Mittelalter im Königreich Kastilien-León in Salamanca und Valladolid, innerhalb der Krone von Aragón in Lleida/Lérida. Noch unter den Katholischen Königen kam es zur Gründung der Universitäten von Valencia (1500) und Alcalá de Henares (1508). Unter Karl V. wurden die Universitäten von Zaragoza (1531) und Granada (1542) geschaffen, unter Philipp II. schließlich Oviedo in Asturien (1574).

Besonders die Universität von Alcalá, eine Gründung unter der Patronanz des Kardinals Cisneros, sollte bald in starke Konkurrenz zu Salamanca und Valladolid treten, was darauf zurückzuführen ist, daß die dortigen Professoren wie der schon erwähnte Nebrija zu den wichtigsten Repräsentanten des spanischen Humanismus zählten. Für die Geistesgeschichte bedeutende Personen wie Ignacio de Loyola, der Gründer des Jesuitenordens, studierten in Alcalá, wo bis 1514 die berühmte dreisprachige Bibelausgabe, die *Biblia Políglota*, in hebräischer, griechischer und lateinischer Sprache erarbeitet wurde, die allerdings erst nach der Bibelausgabe des Erasmus von Rotterdam im Jahre 1521 auf den Markt kam.

Die Ideen des Erasmus beeinflußten eine ganze Generation von Humanisten, wie Juan Luis Vives oder die Brüder Juan und Alonso de Valdés, um die Mitte des Jahrhunderts Theologen wie Fray Luis de León oder Fray Luis de Granada, und hatten ihre wichtigsten Zentrum an der Universität Alcalá. Der *Erasmismo*, wie die Denkschule genannt wird, hatte während der Regierungszeit Karls V. ein bedeutendes Gewicht für das gesamte spanische Geistesleben, doch geriet diese philosophische Richtung ab den dreißiger Jahren in den Verdacht der Sympathien mit dem Protestantismus. Die Inquisition begann sich für sie zu interessieren, die Schriften des Erasmus befanden sich ab 1551 auf deren Indizes. Wurden schon die Anhänger von Erasmus in einem zunehmend intoleranteren Klima verfolgt, so erst recht die Lutheraner, wie die *autos de fe* von 1559 in Sevilla und Valladolid zeigen.

Die mit dem Humanismus konkurrierende Denkschule, die Neoscholastik oder, wie sie in der deutschsprachigen Literatur häufig bezeichnet wird, die Spätscholastik, hatte ihr geistiges Zentrum an der Universität von Salamanca. Sie setzte sich ab der Mitte des Jahrhunderts gegen den Erasmismus durch. Sichtbar wird dies an einem neuerlichen Anwachsen der Studentenzahlen in Salamanca zuungunsten von Alcalá. Der bekannteste Vertreter der Neoscholastik war der Theologe Francisco de Vitoria, der mit seinen rechtsphilosophischen Werken das spanische Geistesleben nachhaltig prägte und wegen seines Buches *De Indis* (1539) als der Begründer des modernen Völkerrechtes gilt. Weitere wichtige Vertreter dieser Salmantiner Schule waren Melchior Cano und Domingo de Soto. Letzterer wurde berühmt durch seine Parteinahme im Streit zwischen Bartolomé de las Casas und Juan Ginés de Sepúlveda über die Rechte der indigenen Bevölkerung der Neuen Welt.

Auf dem Gebiet der Architektur ist während der ersten Jahrzehnte des 16. Jahrhunderts ein Nebeneinander mehrerer Stilrichtungen zu bemerken. Immer noch einflußreich blieb der platareske Stil, eine Weiterentwicklung der Gotik mit Elementen der italienischen Renaissance und der maurische Formen verwendenden Mudéjararchitektur, der bereits unter den Katholischen Königen zu einer ersten großen Blüte gelangt war, ebenso wie die florale Spätgotik. Der Geist der italienischen Renaissance zog auf der Iberischen Halbinsel endgültig mit Karl V. ein, wie sein unter der Leitung von Pedro Machuca auf dem Hügel der Alhambra in

Granada erbauter Palast zeigt. Gerade bei der Architektur gab es eine besonders rasche Fortentwicklung, wie der manieristische Klosterpalast Philipps II., San Lorenzo de El Escorial nördlich von Madrid, demonstriert, den Juan Bautista de Toledo und Juan de Herrera zwischen 1563 und 1583 erbauten.

Der Reichtum der spanischen Monarchie des 16. Jahrhunderts wird besonders deutlich sichtbar bei der Vielzahl an Malern, die für den Hof, den Adel oder die Kirche wirkten. An dieser Stelle können sie nur aufgezählt werden: die durch ihre Porträts berühmt gewordenen Künstler wie der Niederländer Antonio Moro, die Spanier Alonso Sánchez Coello und Juan Pantoja de la Cruz oder Domenico Theotocopuli, besser bekannt unter dem Namen El Greco. Sie alle verherrlichten nicht nur die Ehre eines Gottes, der immer ausschließlicher und im Sinne der wieder erstarkten römischen und katholischen Kirche interpretiert wurde, sondern auch den Glanz der weltumspannenden spanischen Krone und ihrer Herrscher.

Das 17. Jahrhundert – eine Epoche der Dekadenz?

1598–1621	Philipp III.
1599–1618	Lerma *valido*.
	Erste Prägung von Kupfermünzen (*moneda de vellón*).
1602	Erwerb von Finale in Ligurien.
1604	Friedensschluß mit England.
1605/1615	Publikation von Cervantes' *Don Quijote de la Mancha*.
1607	Spanischer Staatsbankrott.
1609	Abschluß eines zwölfjährigen Waffenstillstandes mit den Niederlanden.
1609–1614	Deportation der Moriskell.
1618–1620	Uceda *valido*.
1620	Eroberung der Pfalz; Besetzung des Veltlin; Schlacht am Weißen Berg.

1621–1665	Philipp IV.
1621–1643	Olivares *valido*.
1621	Neuerlicher Krieg mit den Niederlanden.
1627	Spanischer Staatsbankrott.
1629/1630	Pestepidemie in Katalonien und Aragón.
1634	Schlacht bei Nördlingen.
1635–1659	Krieg mit Frankreich.
1638	Aufstand in Évora.
1640	Beginn des Aufstandes in Katalonien.
	Unabhängigkeit Portugals.
1643	Schlacht von Rocroi.
1647	Spanischer Staatsbankrott.
1647/1648	Aufstände in Neapel und Palermo.
1648	Friede von Münster mit den Niederlanden.
1652	Spanischer Staatsbankrott.
	Rückeroberung Barcelonas.
1655	Englische Eroberung Jamaicas.
1659	Pyrenäenfriede mit Frankreich; spanische Territorialverluste in Katalonien und in den Niederlanden; Ende der spanischen Hegemonie in Europa.
1662	Spanischer Staatsbankrott.
1665–1700	Karl II.; bis 1675 Regentschaft Maria Annas von Österreich.
1668	Friedensschluß mit Portugal; Anerkennung der portugiesischen Unabhängigkeit; Ceuta wird spanisch.
1677–1679	Juan José de Austria Erster Minister.
1678	Friede von Nimwegen mit Frankreich; Verlust der Freigrafschaft Burgund.
1684	Friede von Regensburg mit Frankreich; Verlust von großen Teilen Luxemburgs.
1685–1691	Conde de Oropesa Erster Minister.
1687–1689	Aufstände in Katalonien.
1689	Beginn des spanisch-französischen Krieges.
1693	Aufstände in Valencia.
1697	Französische Eroberung Barcelonas.
	Friede von Rijswijk mit Frankreich; Rückgabe aller seit 1678 verlorenen Gebiete.
1698–1699	Oropesa neuerlich Erster Minister.

Während das 16. Jahrhundert gerne als das »Goldene Zeitalter« Spaniens bezeichnet wird, ist die häufigste Charakterisierung für das 17. Jahrhundert »Epoche der Dekadenz«.
Das hängt mit sehr unterschiedlich zu gewichtenden Ursachen zusammen, nicht zuletzt mit den Repräsentanten des
Herrscherhauses. Denn während Karl V. und Philipp II.
den ehrenden Titel *Austrias Mayores* (»größere Österreicher« oder Habsburger) von der Historiographie verliehen
bekamen, wurden die Könige Philipp III. (1598–1621),
Philipp IV. (1621–1665) und Karl II. (1665/1675–1700) oft
mit dem wenig schmückenden Titel *Austrias Menores*, (»geringere, mindere oder weniger tatkräftige Habsburger«)
versehen.

Diese Charakterisierung hat viele und sehr verschieden-
artige Ursachen. Während im 16. Jahrhundert ein dauern-
der Aufstieg der spanischen Monarchie zu beobachten ist,
der begleitet wurde von einer äußerst erfolgreichen territorialen Expansion, trat im 17. Jahrhundert zumindest in
Europa ein Stillstand dieser Expansion ein, der im Laufe
der Jahre in einen Prozeß der territorialen Verkleinerung
der spanischen Monarchie umgekehrt wurde. Zusätzlich gingen die Silberimporte zurück, was die Aktionsfähigkeit der
Könige und ihrer Räte beträchtlich beschnitt. Außerdem
ließen sich die Monarchen von Günstlingen, den *validos*,
beraten, was ebenfalls zum negativen Image der spanischen
Monarchie beitrug. Die neuere Forschung betont hier allerdings stärker die Tatsache, daß es solche Figuren bei Hofe
überall in Europa gab und daß diese häufig Ausdruck einer
gewissen Rationalisierung (im Sinne der absolutistischen
Monarchie) des politischen Alltagsgeschäftes waren. Ihre
Funktion als Koordinatoren der Politik gleicht jener der
späteren Premierminister oder Kanzler. Schließlich aber
verlor Spanien sukzessive seine dominierende Stellung in
Europa.

Diese Interpretation der Dekadenz der spanischen Monarchie im 17. Jahrhundert entlarvt sich aber bei genauerer

Betrachtung als ein typisches Produkt der Nationalge-
schichtsschreibung des 19. Jahrhunderts mit ihren teleolo-
gischen Interpretationen. Natürlich nahm die Vorherrschaft
des spanischen Imperiums in Europa im 17. Jahrhundert
sukzessive zugunsten aufsteigender Mächte wie der (nördlichen) Niederlande, Frankreichs oder Englands ab, und natürlich gab es in Spanien selbst Stimmen, die wehmütig an
die vergangene Größe erinnerten. Doch übersehen die Ver-
fechter des Modells der Dekadenz, daß sich im 17. Jahrhundert in Europa ein System des Kräftegleichgewichts
herauszubilden begann, im Rahmen dessen mehrere Staaten
zu zeitweise gleich starken Mitspielern wurden, und nicht
mehr eine Macht allein das Feld beherrschen konnte. Ferner war der Niedergang Spaniens nur ein relativer, erscheint auch nur so wegen des Aufstiegs anderer Mächte,
und spielte sich genau betrachtet allein in Europa ab. In der
Neuen Welt konnten die Spanier ihr Imperium noch bedeutend ausbauen. Auch die Silberimporte nahmen ab 1660
wieder zu. Während beispielsweise in den Jahren zwischen
1651 und 1660 nur 7,15 Mio. Pesos pro Jahr importiert
wurden, zeigt das Dezennium zwischen 1661 und 1670 mit
durchschnittlich 15,69 Mio. Pesos einen mehr als doppelt
so hohen Wert. Und zwischen 13,58 und 14,25 Mio. Pesos
pro Jahr lagen die Durchschnittswerte der Silberimporte
auch in den restlichen dreißig Jahren des Jahrhunderts.

Was sich in den Ländern der spanischen Monarchie während des 17. Jahrhunderts tatsächlich beobachten läßt, ist
ein grundlegender Strukturwandel in allen Bereichen des
Staates, der Wirtschaft und der Bevölkerung. Ausgelöst
und auch notwendig wurde dieser Strukturwandel aufgrund des hypertrophen Wachstums während des 16. Jahrhunderts, einer Entwicklung, auf die zwar auf dem bürokratischen Sektor sehr wohl reagiert wurde, nicht aber auf
wirtschaftlichem Gebiet. Die gewaltigen Edelmetallzuflüsse
unter Philipp II. hatten außerdem die längste Zeit strukturelle Mängel überdeckt, so daß während der Regierung die-

ses Monarchen Reformen, beispielsweise auf dem Finanzsektor oder beim Handwerk, unterlassen wurden, obwohl
sie notwendig gewesen wären.

Das 17. Jahrhundert zahlte somit die offengebliebenen
Rechnungen des vorangegangenen. Die Schmälerung der
Erfolge und Leistungen der Herrscher nach Philipp II.
diente in der Historiographie im wesentlichen der Überhöhung der Regierungen Karls V. und seines Sohnes. Das
Konzept einer spanischen Dekadenz im 17. Jahrhundert ist
außerdem als eurozentristisches und stark der politischen
Geschichte verbundenes Interpretationsmodell nur bedingt
verwendbar, indem es die Erklärung der vielfältigen Ent-
wicklungsprozesse auf der Iberischen Halbinsel nicht erleichtert, sondern im Gegenteil erschwert. Beispielsweise
brachte die spanische Kultur gerade im 17. Jahrhundert
eine große Fülle an Leistungen hervor, so auf den Gebieten
der Literatur oder Malerei, auf denen von Dekadenz keineswegs gesprochen werden kann.

Bevölkerung und Wirtschaft

Zweifellos ging im 17. Jahrhundert die spanische Bevölkerung beträchtlich zurück. Eine Ursache dafür lag in dem
rapiden Bevölkerungswachstum im 16. Jahrhundert, mit
dem die Produktion von Nahrungsmitteln nicht mehr
Schritt halten konnte. Mißernten führten außerdem zu einer Unterversorgung der Menschen mit Lebensmitteln, so
daß Epidemien die teilweise unterernährte Bevölkerung viel
leichter attackieren konnten. Im Laufe des 17. Jahrhunderts
nahm zuerst die Bevölkerung der Städte ab, in manchen
Gegenden Kastiliens, beispielsweise im Tal des Duero, so
stark, daß verschiedene Autoren sogar von einem Prozeß
der »Verländlichung« sprechen. Aber auch auf dem Land
verringerte sich die Bevölkerung, Siedlungen wurden auf-

gegeben und verfielen. In vielen Fällen hatte das nur bedingt demographische Ursachen. Vielmehr entzog sich nicht selten die bäuerliche Bevölkerung durch die Abwanderung in Städte oder in andere Regionen dem großen Abgabendruck, mit dem manche Grundherren ihre Untertanen belasteten.

Vor allem vier besonders starke Pestwellen forderten einen hohen Blutzoll. Die bereits erwähnte atlantische Pest wütete zwischen 1596 und 1602 in ganz Kastilien zwischen Kantabrien und Andalusien. Die Mailänder Pest, so benannt nach ihrem Ursprung in der Lombardei, tötete 1629/1630 besonders viele Menschen in Katalonien und Aragón. Am grausamsten dürfte die Pestwelle zwischen 1647 und 1654 gewesen sein, während der die Stadt Valencia 20 % ihrer Einwohner verlor, Zaragoza sogar 25 %. Am ärgsten traf es damals allerdings Sevilla, das allein 1649 mit 60 000 Pesttoten die Hälfte seiner Einwohner einbüßte. Schließlich verwüstete noch eine vierte Pestwelle zwischen 1678 und 1684 große Landstriche an der Mittelmeerküste sowie in Neukastilien.

Andere Ursachen für den starken Bevölkerungsrückgang sind in der Vertreibung der Morisken in der Regierungszeit Philipps III. zu suchen. Mit 300 000 Deportierten gingen ungefähr 4 % der spanischen Bevölkerung verloren. Die Auswanderung in die Neue Welt dagegen wirkte sich auch im 17. Jahrhundert, ähnlich wie davor im 16., nicht spürbar auf die Entwicklung aus. Während der gesamten Zeit dürften nicht viel mehr als 100 000 Menschen ihr Glück jenseits des Ozeans gesucht haben.

Betrachtet man diese gewiß dramatischen Einzelzahlen über das gesamte Jahrhundert hinweg, erscheint die Bevölkerungsentwicklung der Länder der spanischen Krone weniger alarmierend. Denn die Natalität blieb weiterhin sehr hoch, so daß am Beginn des 18. Jahrhunderts bereits wieder die Bevölkerungszahlen vom Ende des 16. Jahrhunderts zu konstatieren sind. Allerdings hatte das gesamte 17. Jahr-

hundert zu einer Umstrukturierung bezüglich der Bevölkerungsdichte geführt. Denn nun lagen die am dichtesten be-
siedelten Regionen an der Peripherie der Halbinsel, beispielsweise in Katalonien, und nicht mehr im kastilischen
Zentrum.

Auf dem Land änderten sich durch den Bevölkerungsrückgang die Besitzrechte. Hatten schon während des 16.
Jahrhunderts die adligen Herren über große Teile des be-
baubaren Landes verfügt, so kam es während des 17. Jahrhunderts zu einer verstärkten Refeudalisierung. Ursache
für diese Entwicklung war die Verarmung der Landbevölkerung, die auf ihren eigenen Grund häufig Hypotheken
zur Beschaffung von Nahrungsmitteln aufnahm, die nicht
mehr zurückgezahlt werden konnten, so daß sich der
Landbesitz noch mehr als bisher in den Händen einzelner
adliger Familien oder der Kirche konzentrierte. Auch auf
die Bebauung des Landes wirkten sich die Bevölkerungs-
veränderungen aus. Ackerboden wurde in Weideland zu-
rückverwandelt, in Andalusien wurden die Flächen des
Olivenbaumes auf Kosten des Ackerlandes ausgeweitet, in
Kastilien jene des Weines. In feuchteren Regionen wie in
Galicien kam es während des 17. Jahrhunderts zur Einführung der amerikanischen Maispflanze.

Die Krise des spanischen Handwerks wurde im 17. Jahrhundert verstärkt sichtbar. Denn weiterhin lebte die spanische Monarchie vom Import der meisten Güter. Eigene
Produkte waren wegen der veralteten Technologien im
Preis nicht konkurrenzfähig. Dies schädigte die Textilherstellung auf Wollbasis in Städten wie Segovia oder Toledo
stark, ganz abgesehen davon, daß die spanische Seidenver-
arbeitung fast vollständig einging. Einzig die Rüstungspro-
duktion blieb weiterhin lebensfähig und verbesserte sogar
ihre Produktivität, was auf die permanenten Kriege der
spanischen Krone zurückzuführen ist. So wuchs die Metallverarbeitung ebenso an wie der Schiffsbau, obwohl der
transatlantische Handel spätestens ab der Mitte des Jahr-

hunderts von den Niederländern, Franzosen und Engländern beherrscht wurde. Doch auch auf dem Handwerkssektor wäre das Modell der Dekadenz gänzlich überzogen. Spätestens ab 1680 begann sich die Wirtschaft wieder langsam zu erholen, wenn auch hier wieder auffällt, daß diese Erholung zuerst an der Peripherie, in Katalonien oder Galicien, und nicht im Zentrum einsetzte.

Bei all den geschilderten strukturellen Änderungen erhebt sich die Frage, wie die Gesellschaft darauf reagierte. Beim Adel bewirkte die Refeudalisierung ebenso wie die notorische Geldnot der Krone ein Anwachsen der hochadligen Titel und Herrschaften, die die Könige immer häufiger an finanzkräftige Personen verkauften. Außerdem suchte der Hochadel zunehmend die Nähe des Herrschers und engagierte sich in der Regierung und Administration der Länder. Gleichzeitig wurden die Untertanen mit höheren Abgaben belastet, um das immer teurere Leben am Königshof oder in den zahlreichen lokalen Adelszentren, wo in Kopie des königlichen Hofes adlige Höfe entstanden, finanzieren zu können. Eine weitere Strategie zum Überleben war die im Vergleich zum vorhergehenden Jahrhundert stärkere Installation des Adels an der Spitze der vielen Bistümer, aus denen die gebildeten bürgerlichen Schichten zunehmend verdrängt wurden.

Während der Hochadel also durchaus noch Möglichkeiten finden konnte, sich seinen aufwendigen Lebensstil zu finanzieren, hatten dies die armen und marginalisierten Schichten der Bevölkerung in den krisengeschüttelten Städten und auf dem flachen Land nicht. Die Armut nahm im 17. Jahrhundert beständig zu – in manchen Gegenden waren 20–50 (!)% der Gesamtbevölkerung den Armen zuzuzählen, die aufgrund der Probleme auf dem Agrarsektor, wegen diverser Mißernten oder sonstiger Naturkatastrophen wie beispielsweise Heuschreckenplagen, die besonders die Länder der aragonesischen Krone 1685–1687 heimsuchten, keine andere Möglichkeit zum Überleben

hatten, als auf die Mildtätigkeit der zahlreichen neu gegründeten Hospitäler und sonstigen Armeninstitutionen
zu hoffen.

Die sich ausbreitende Armut erhöhte zweifellos die Kon-
fliktbereitschaft von großen Teilen der Bevölkerung. Insofern verwundert es nicht, daß das spanische 17. Jahrhundert
von einer Fülle an Aufständen gekennzeichnet ist, die gegen die adligen Herren (beispielsweise 1687–1689 in Katalonien, 1693 in Valencia), die städtischen Oberschichten
(1652 in Andalusien) oder den königlichen Fiskus (Bilbao
1631–1634 gegen die Intentionen der Krone, ein Salzmonopol zu schaffen) gerichtet waren. Die ökonomische Krise
manifestierte sich in der ersten Jahrhunderthälfte auch in
verschiedenen Hexenverfolgungen, die allerdings wegen
des Einflusses der Inquisition in »geordneteren« Bahnen
verliefen und nie zu solch blutigen Wellen der Tötungs-
hysterie wie in anderen Ländern Europas führten.

Ein Phänomen, das auf die Verarmung zurückzuführen
ist, war der *bandolerismo*, das, wenn man so will, Banditen-
tum, wobei das deutsche Wort den Vorgang nur unzureichend beschreibt. Vielfach glorifiziert in der Volkstradition,
in Balladen und Erzählungen, trat der *bandolerismo* verstärkt in jenen Regionen Kastiliens, Andalusiens, Kataloniens und besonders Valencias auf, die die Auswirkungen
der Agrarkrise besonders hart zu spüren bekamen. Ein
bandolero war in der Volkstradition oft ein »edler Räuber«,
kein gemeiner Straßendieb, was Schicksale wie jenes des
Perot Rocaguinarda, der sein Leben außerhalb des Gesetzes
begann und als Kapitän eines *tercios* im Königreich Neapel
beendete, zu illustrieren vermögen.

Die innere Entwicklung

Neben den königlichen Sekretären, ohne die das komplizierte Gefüge der spanischen Monarchie nur schwer hätte regiert werden können, tauchte im 17. Jahrhundert eine weitere Gestalt am königlichen Hof auf, der schon erwähnte *valido*, der königliche Günstling. Zweifellos hatten die *validos* ein politisches Amt, obwohl dieses niemals institutionalisiert wurde. Ihre Funktion bei Hof war schon bei ihrem Auftauchen umstritten, da sie ihre Existenz einzig dem Vertrauen des Königs verdankten. Während sich verschiedene Zeitgenossen beschwerten, die Günstlinge würden dieses Vertrauen zu ihrem eigenen Vorteil mißbrauchen, sich zwischen den Herrscher und das Volk stellen und verhindern, daß dessen Klagen an den Hof gelangen könnten, meinten andere, die Komplexität der spanischen Monarchie und die zahlreichen Aufgaben des Königs machten eine Person, die die Geschäfte eines Ersten Ministers ausübe, unbedingt notwendig. Besonders zwei dieser *validos* gelangten zu einem allumfassenden Einfluß auf die Monarchen: Francisco Gómez de Sandoval y Rojas, Duque (Herzog) de Lerma, in der Regierungszeit Philipps III., und Gaspar de Guzmán y Pimentel, Conde-Duque de Olivares, unter Philipp IV.

Die Kritik an den Günstlingen wird verständlicher, betrachtet man ihre Aktionen bei Hof etwas genauer. Sie entstammten allesamt dem Hochadel, hatten schon in der Jugend der jeweiligen Könige auf diese als Mitglieder ihres Hofstaates und Erzieher großen Einfluß ausgeübt, politische Karriere gemacht und an der Seite des Königs versucht, die Regierung ohne die Einbeziehung der einzelnen Ratsgremien auszuüben, indem sie neue Beratungskörper, die sogenannten *Juntas*, schufen. Da diese Form der Regierung zwangsläufig die Kritik politischer Gegenspieler hervorrufen mußte, versuchten sie, ihre Feinde vom Hof und aus den Ratsgremien zu entfernen und dort Freunde und

Verwandte einzusetzen. Besonders schmerzhaft für den konkurrierenden Hochadel war es, daß selbst begehrte Ämter wie jene der Vizekönige mit der Klientel der *validos* besetzt wurden. Doch umgaben sich die Günstlinge auch mit ihnen loyal dienenden Fachleuten, die beispielsweise als Sekretäre große Sachkompetenz aufwiesen.

Nach dem Sturz von Olivares im Jahre 1643 ging das Zeitalter der *validos* im klassischen Sinn zu Ende. Denn nun gaben die Könige ihren Vertrauten wie Luis de Haro in den letzten Jahren Philipps IV., dem Pater Johann Eberhard Nithard und Fernando Valenzuela während der Regentschaft der Königsmutter Maria Anna von Österreich (1665–1675), oder Don Juan José de Austria, dem Duque de Medinaceli und dem Conde de Oropesa während der Regierung Karls II., nie mehr eine derartige Fülle an Macht wie in den ersten vier Jahrzehnten des Jahrhunderts. Doch viele Entscheidungen, sowohl in der Innen- als auch in der Außenpolitik der spanischen Krone während des 17. Jahrhunderts, waren dem Einfluß der Könige entzogen und wurden von Günstlingen getroffen, was nicht unmaßgeblich zu der ungünstigen Bewertung der Habsburger des 17. Jahrhunderts in der Historiographie beigetragen hat.

Eines der gravierendsten Probleme der spanischen Monarchie im 17. Jahrhundert war ihre Geldnot. Diese hing nicht nur mit dem Rückgang der Edelmetallimporte aus der Neuen Welt zwischen 1610 und 1660 zusammen, sondern auch mit den Schulden, die aus der Regierungszeit Philipps II. stammten. Die Krone versuchte dem ständigen Geldmangel durch mehrere Maßnahmen zu begegnen: durch die Schaffung neuer Abgaben, den Verkauf von Ämtern und Einkünften sowie durch die Prägung von Kupfermünzen (*moneda de vellón*). Besonders die letzte Maßnahme beschleunigte die Inflation und verstärkte noch die Klagen über die Regierung, ganz abgesehen davon, daß das Metall kostenintensiv aus Schweden importiert werden mußte, was erst recht zum Abfluß des Silbers aus der Iberischen Halbinsel führte. Trotz verschiedener Versuche, besonders unter Olivares, die Staatsfinanzen zu sanieren und zu einem ausgeglichenen Budget zu gelangen, kam es immer wieder zu Staatsbankrotten, so 1607, 1627 – dieser Bankrott beendete die Vorherrschaft der Genuesen auf dem Finanzsektor –, 1647 – mit diesem Jahr endete der Einfluß der portugiesischen Juden auf die Finanzierung des Staates, auf die sich Olivares anstelle der Genuesen gestützt hatte –, 1652, 1662 und 1666. Erst gegen Ende des Jahrhunderts stabilisierten sich die Staatsfinanzen durch die Maßnahmen Medinacelis und Oropesas wieder.

In der inneren Politik der iberischen Länder hinterließ die Regierung König Philipps III. keine wirklich nachhaltigen Spuren, sieht man von der brutalen Vertreibung der Morisken zwischen 1609 und 1614 ab, die zum Teil mit der noch intensiveren Konfessionalisierung auf der Iberischen Halbinsel und den wirtschaftlichen Problemen des hohen Adels zusammenhing, der traditionell in der Position des Beschützers der Morisken gestanden hatte. Seitens der Historiographie wurde dem König immer wieder vorgeworfen, daß er zwar ein glänzender Fürst des beginnenden Barock gewesen sei, aber sich mehr kostspieligen Festen als der Regierung der Monarchie gewidmet und diese seinem korrupten Günstling Lerma überlassen habe, der zwar seine eigene Familie bereicherte, aber eine relativ lange Epoche des Friedens nicht zur Sanierung der Staatsfinanzen nutzte.

Nach dem Sturz Lermas (1618) konnte sich zwar sein Clan noch kurzfristig an den Schalthebeln der Monarchie halten – Lermas Sohn, der Herzog von Uceda, wurde neuer *valido* Philipps III. –, doch mit dem Beginn der Regierung Philipps IV. 1621 trat ein anderer ambitionierter Günstling auf das politische Parkett: eben Olivares. Dieser versuchte tatkräftig, die Monarchie zu sanieren, doch scheiterten seine diesbezüglichen Versuche. Seinen folgenschwersten Plan präsentierte Olivares 1625: die *unión de armas*, die Vereinigung der Kräfte. Hinter dem Projekt stand die Idee, ein einheitliches spanisches Königreich zu schaffen und die *monarquía compuesta* in ein »Königreich Spanien« umzuwandeln. Der Plan beinhaltete die Schaffung gleichmäßiger Abgaben in allen Territorien der Monarchie, was die Benachteiligung Kastiliens gegenüber den anderen Reichen beendet hätte, sowie die Aufstellung eines gemeinsamen Heeres, zu dem alle Länder gleichmäßig hätten beitragen sollen. Der Plan fand auch durchaus die Zustimmung von Aragón, Valencia, der (Spanischen) Niederlande und der italienischen Territorien, wurde aber von Katalonien abgelehnt.

In Katalonien verdichteten sich in den folgenden Jahren die Probleme, nicht zuletzt deshalb, weil 1635 Frankreich der spanischen Monarchie den Krieg erklärt hatte. In Katalonien lagen damals starke Militäreinheiten, was die Unzufriedenheit der Bevölkerung wegen der Einquartierungen und der Zwangseintreibung von Lebensmitteln und Viehfutter durch die Soldaten noch verstärkte. 1640 brach daher die offene Rebellion aus. Als die königlichen Truppen rasch große Teile des aufständischen Fürstentums erobern und militärisch besetzen konnten, riefen die Katalanen die »Katalanische Republik« aus, die sich, als die königlichen Truppen weiter vormarschierten, 1641 unter die Souveränität des französischen Königs Ludwig XIII. stellte. Auf der Iberischen Halbinsel blieb in den folgenden Jahren die Rückeroberung des abtrünnigen Territoriums eines der ersten politischen Ziele. Sie gelang aber erst endgültig, als sich 1652 Barcelona ergab. Mit beigetragen zum abschließenden Sieg der königlichen Truppen hat sicher die Enttäuschung über die Franzosen, deren Truppeneinquartierungen als mindestens so belastend empfunden wurden wie jene Philipps IV. und deren absolutistische Politik jene von Olivares noch übertraf.

Doch der Aufstand in Katalonien im Jahre 1640 hatte seine Auswirkungen auch auf der anderen Seite der Iberischen Halbinsel. Denn die Unzufriedenheit über die Regierung von Olivares war auch in Portugal beständig gewachsen. Dazu kam, daß das portugiesische überseeische Imperium schmerzhaften Attacken der Niederländer ausgesetzt war. Die portugiesische Unzufriedenheit über die Finanzpolitik hatte sich bereits 1638 in einem Aufstand in Évora entladen, 1640 revoltierte Lissabon. Der dortige Palast der Vizekönigin wurde gestürmt und Johann IV. (1640–1656) aus dem Haus Bragança zum König ausgerufen. Militärische Versuche, Portugal der spanischen Monarchie zu erhalten, scheiterten allesamt, ein Friede, mit dem die Unabhängigkeit Portugals durch die Habsburger anerkannt wurde, kam aber erst 1668 in Lissabon zustande. Portugal trat damals Ceuta in Nordafrika an die spanische Monarchie ab.

Andere Aufstandsversuche gegen die Monarchie Philipps IV. waren nicht so erfolgreich wie jene in Portugal. Gescheiterte Adelsverschwörungen mit mehr oder weniger separatistischen Tendenzen gab es 1641 in Andalusien und 1648 in Aragón und Navarra. Gefährlicher erschienen die Aufstände 1647 in den süditalienischen Königreichen, in Neapel und Palermo. Während der sizilianische Aufstand bald aufgrund diverser Konzessionen des Vizekönigs beendet werden konnte, wurde der neapolitanische 1648 mit Waffengewalt niedergeschlagen.

Als Philipp IV. 1665 verstarb, hinterließ er einen noch minderjährigen Sohn, Karl II. Die Vormundschaftsregierung für diesen letzten König aus dem Haus Österreich übte bis 1675 seine Mutter Maria Anna aus. Sie stützte sich auf die Ratschläge des österreichischen Jesuiten Johann Eberhard Nithard, der allerdings 1669 durch Juan José de Austria, einen illegitimen Sohn Philipps IV., gestürzt wurde. Juan José war einer jener Staatsmänner des 17. Jahrhunderts, die tatkräftig eine Reorganisation der spanischen Monarchie zu erreichen versuchten. Seine Erfolge und seine Mißerfolge hielten sich dabei die Waage. Er war der Sieger des Jahres 1648 in Neapel, jener, dem sich die Stadt Bar-

celona 1652 ergab, aber auch der Feldherr, der 1661 gegen
die Portugiesen verlor, was endgültig den Weg zur Anerkennung der portugiesischen Unabhängigkeit durch die
spanische Monarchie ebnete. Als Generalvikar der aragonesischen Reiche gelang es ihm bis 1677, dort von neuem das
Vertrauen in die Monarchie herzustellen, indem die Sonderrechte der aragonesischen Kronen wieder akzeptiert
wurden. 1677 wurde er Erster Minister in Madrid. Seine
Bemühungen zur Sanierung des Staatshaushaltes machte
eine neue Pestwelle zunichte, schließlich sein Tod 1679.

Neuer Erster Minister wurde 1680 der Duque de Medinaceli, dem endgültig eine Stabilisierung der wirtschaftlichen
Lage durch eine drastische Geldentwertung und eine Neuordnung des Steuerwesens gelang. Weitere Steuerreformen
führte der Conde de Oropesa als Erster Minister zwischen
1685 und 1691 durch, so daß es der spanischen Monarchie
gegen Ende des Jahrhunderts schrittweise gelang, ihre achtzigjährige Phase wirtschaftlicher Depression zu überwin-
den. Wenn dennoch am Ende des Jahrhunderts kein spekta-
kulärer Erfolg mehr eintrat, hing das wesentlich damit zusammen, daß König Karl II. ohne Erben geblieben war, so
daß nicht nur die spanischen Länder, sondern ganz Europa
gespannt darauf warteten, welche der Fraktionen in Madrid
sich durchsetzen und wer die Erbfolge antreten würde. Es
war schließlich dem Kardinal Portocarrero und seinen Anhängern zu verdanken, daß der König noch kurz vor seinem
Tod (1700) das Haus Bourbon der Casa de Austria vorzog
und so den Weg freimachte für König Philipp V.

Die Außenpolitik

Betrachtet man die Entwicklung der spanischen Außenpolitik während des 17. Jahrhunderts, lassen sich ganz klar
zwei Perioden ausmachen: die erste Hälfte des Jahrhun-

derts bis zum Westfälischen Frieden, in der die Katholische Monarchie noch immer klar die erste Macht auf dem europäischen Kontinent war, sowie die Jahre zwischen 1648 und 1700, in denen Spanien die Hegemonie Frankreichs nicht nur Schritt für Schritt anerkennen, sondern auch immer wieder territoriale Verluste zugunsten dieses Nachbarn erleiden mußte. Dennoch gelang es der Monarchie grosso modo, ihren Besitzstand zu halten.

Die ersten Jahre der Regierung Philipps III. dienten ganz eindeutig dazu, die Hypotheken aus der Zeit seines Vaters, in der sich Spanien nahezu überall in Europa engagiert hatte, abzubauen, obwohl eine der Leitlinien der Politik Philipps II., der Kampf gegen den Protestantismus, durchaus beibehalten wurde. Philipp II. hatte, wie bereits berichtet, noch kurz vor seinem Tod mit Frankreich Frieden geschlossen. Mit England gingen dagegen die Feindseligkeiten noch einige Zeit weiter. 1601 unternahmen spanische Truppen sogar eine Expedition nach Irland, die in einem totalen Desaster endete. 1603 starb allerdings Elisabeth I. Der neue König aus dem Haus der Stuarts, Jakob I., signalisierte Friedensbereitschaft, so daß 1604 der Friedensvertrag von London abgeschlossen werden konnte. Dieser beendete die englische Unterstützung der Niederländer sowie die englischen Attacken gegen das spanische Imperium in Übersee.

Der Krieg in den Niederlanden ging vorläufig mit wechselndem Kriegsglück für beide Seiten noch weiter. Es waren schließlich der Staatsbankrott im Jahre 1607 und das Aufflammen von Konflikten zwischen Savoyen, einem der treuesten Verbündeten der spanischen Monarchie, und Frankreich, die Italien wieder mehr an Gewicht in den spanischen politischen Konzeptionen gewinnen ließen. Mit den Niederlanden wurde daher 1609 ein zwölfjähriger Waffenstillstand in Antwerpen abgeschlossen, womit die Spanier de facto die Niederländische Republik anerkannten, sich allerdings Ruhe im konfliktiven Norden schaffen konnten.

Auch in Nordafrika gelangen einige Erfolge. So konnten 1610 und 1614 Stützpunkte an der marokkanischen Atlantikküste erobert werden, was dem Korsarentum der Berber beträchtlichen Schaden zufügte und die christliche Schifffahrt etwas sicherer machte. Allerdings konsolidierte sich die Korsarenrepublik von Salé an der marokkanischen Atlantikküste trotz spanischer Angriffe und bestand bis 1668 – die Existenz dieses Territoriums kann als quasi »hausgemachtes« Problem angesehen werden, bevölkerten es doch zum überwiegenden Teil aus Spanien vertriebene Morisken. Die spanische Schiffahrt zu gefährden gelang den Seefahrern dieser Republik immer wieder.

Die Regierungszeit Philipps III. kann somit keineswegs als wirklich friedlich bezeichnet werden, ein gewisser Friedenswille ist allerdings zu erkennen. Lerma versuchte jedenfalls, Europa eine spanisch diktierte Friedensordnung, die *pax hispanica*, aufzuerlegen, die durch diverse diplomatische Offensiven gestärkt werden sollte, beispielsweise durch die Vermittlung eines Friedens zwischen den österreichischen Habsburgern und Venedig 1617. Europäische Politik wurde unter Philipp III. verstärkt durch ambitionierte Diplomaten und nicht so sehr mit den *tercios* gemacht, Spanien verteidigte seine Friedensordnung auf dem diplomatischen Parkett. Die *pax hispanica* blieb allerdings äußerst fragil.

Von einer Krise oder gar einer Dekadenz der spanischen Monarchie war in Europa wenig zu spüren. Ganz im Gegenteil schien sich der Triumph aus der Zeit Philipps II. fortzusetzen – Finale in Ligurien ging 1602/1617 in spanischen Besitz über, ebenso Piombino. Als der Dreißigjährige Krieg ausbrach, konnte Ambrosio Spinola 1620 die calvinistische Pfalz erobern, womit der *camino español*, die spanische Straße zwischen Mailand und den Niederlanden, weiter konsolidiert wurde. Spanische Truppen kämpften auch erfolgreich an der Seite ihrer österreichischen Verbündeten gegen die aufständischen Böhmen in der Schlacht am Weißen Berg, das Veltlin wurde 1620 besetzt, spanische *tercios* gewannen gemeinsam mit den kaiserlichen Truppen die Schlacht bei Nördlingen (1634) gegen die Schweden.

Allerdings brach 1621 nach dem Ende des Waffenstillstandes der Krieg mit den Niederländern neuerlich aus. Hier gelangen den Spaniern einige spektakuläre Erfolge, so 1625 die Einnahme von Breda, die Velázquez in seinem berühmten Gemälde verewigte. Doch Breda ging wieder verloren, ebenso Maastricht und 's-Hertogenbosch, womit spätestens 1637 die Grenze zwischen den Niederlanden und dem heutigen Belgien faktisch festgelegt wurde. An der spanisch-niederländischen Front änderte sich fortan nichts mehr – 1648 erkannte Madrid im Friedensvertrag von Münster endgültig die niederländische Unabhängigkeit an.

Das Ereignis, mit welchem das Ende der spanischen Suprematie in Europa eingeläutet wurde, war der Ausbruch des spanisch-französischen Krieges 1635, eines der zahlreichen »Teilkriege«, aus denen der Dreißigjährige Krieg bestand. Das Verhältnis zu Frankreich war in den Jahren vor 1635 keineswegs friedlich gewesen, es gab sogar kriegerische Auseinandersetzungen wie den Erbfolgekrieg um die norditalienischen Herzogtümer Mantua und Monferrato 1627. Außerdem hatten die Franzosen die Niederländer und Schweden mit Subsidien unterstützt. Den Franzosen gelang es während des Krieges, das spanische Kommunikationssystem im Heiligen Römischen Reich zwischen Mailand und den Niederlanden so nachhaltig zu unterbrechen, daß keine Truppen mehr nach Norden geschickt werden konnten. Die Konsequenz waren Gebietsverluste in den Niederlanden, ganz abgesehen davon, daß nach dem Ausbruch der Rebellion in Katalonien ab 1640 dort eine zweite Front zwischen den beiden Nachbarn eröffnet wurde.

Das Auf und Ab dieses Krieges, den die Spanier schließlich nicht zuletzt deshalb verloren, weil die Franzosen mit England eine antispanische Allianz schlossen und die Engländer die spanische Silberflotte 1657 versenkten, was für

Spanien bedeutete, zwei Jahre ohne Edelmetallnachschub aus der Neuen Welt auskommen zu müssen, soll an dieser Stelle nicht näher ausgeführt werden. Der lange Krieg, der erst 1659 mit dem Pyrenäenfrieden endete, brachte der spanischen Monarchie den Verlust der Grafschaften Rosellón, Conflent und des Nordteils von Cerdaña an der Mittelmeerküste sowie des größten Teiles des Artois, von Teilen Flanderns, des Hainaut und Teilen Luxemburgs in den Niederlanden. Die Hoffnung, nach dem Frieden mit Frankreich Portugal zurückerobern zu können, erfüllte sich nicht, unterstützten doch sowohl die Engländer als auch die Franzosen tatkräftig die Portugiesen. 1659 war damit das spanische Hegemonialsystem in Europa endgültig zerbrochen, es begann die Epoche der französischen Hegemonie, obwohl es Frankreich nicht gelungen war, die spanische Vorherrschaft in Italien zu beenden. Schon spätestens mit den Westfälischen Friedensverträgen von 1648 war aber auch die enge kaiserlich-spanische Zusammenarbeit zwischen den beiden Zweigen des Hauses Österreich zu Ende gegangen, was beträchtliche Auswirkungen auf den Wettlauf um das spanische Erbe gegen Ende des Jahrhunderts haben sollte, vor allem deshalb, weil 1659 auch die Ehe zwischen Ludwig XIV. und Maria Theresia, der ältesten Tochter Philipps IV., beschlossen worden war.

Trotz des neuen Ehebündnisses bekriegten sich die spanische Monarchie und Frankreich bis zum Ende des Jahrhunderts noch viermal. Die Friedensschlüsse von Aachen (1668), Nimwegen (1678), Regensburg (1684) und Rijswijk (1697) brachten neuerliche Territorialverluste der spanischen Monarchie – es gingen nicht nur weitere Teile der Spanischen Niederlande an Frankreich verloren, sondern im zweiten der genannten Friedensschlüsse auch die Freigrafschaft Burgund. Im letzten der Kriege belagerten und eroberten die Franzosen 1697 auch Barcelona. Dieses Ereignis ebenso wie die harte Steuerpolitik Frankreichs in den 1659 erworbenen katalanischen Territorien am Mittelmeer trugen viel dazu bei, daß im Spanischen Erbfolgekrieg die Katalanen besonders treu zum habsburgischen Thronprä- tendenten hielten und sich gegen die Monarchie Philipps V. aus dem Haus Bourbon aussprachen.

Karl II., der glücklose König aus dem Haus Österreich, konnte während seiner Regierung außenpolitisch keine Ak- zente mehr setzen. Als er 1700 starb, hatte er zu seinem Nachfolger den Enkel jenes Königs bestimmt, mit dessen Land die spanische Monarchie seit 1635 nahezu dauernd Krieg geführt hatte. Doch Frankreich war zur Monarchie der Zukunft geworden, zu einem modernen und schlag- kräftigen Staat. Frankreich symbolisierte für große Teile, besonders des kastilischen Adels, das, was die spanische Monarchie in den letzten Jahrzehnten des 17. Jahrhunderts längst verloren hatte – Größe, politisches Gewicht und Tat- kraft. Daher konnte sich die österreichfreundliche Partei gegen die französische im Intrigenspiel um das spanische Erbe auch nicht durchsetzen.

Die Kultur

Die am Anfang dieses Abschnittes angemeldeten Bedenken gegen das Konzept der Dekadenz der spanischen Monar- chie lassen sich besonders gut anhand der Kultur auf der Iberischen Halbinsel erhärten. Deutlich wird das vor allem bei der Betrachtung des Leitbegriffes *Siglo de Oro*, mit dem die spanische Geschichte geschmückt wird. Wann dieses »Goldene Zeitalter« anfing, ist weitgehend unbestritten: nämlich mit dem Beginn der Regierung Karls V., also gegen Ende des zweiten Dezenniums des 16. Jahrhunderts. Wann es allerdings endete, darüber gibt es unterschiedliche Mei- nungen. Mit Begründungen aus der politischen Geschichte argumentieren jene, die 1648, das Jahr der Westfälischen Friedensverträge, oder 1665, das Ende der Regierungszeit

Philipps IV., als Endpunkt des *Siglo de Oro* ansetzen. Kulturgeschichtliche Überlegungen bewegen manche Autoren, das Ende des Goldenen Zeitalters mit dem Tod des Dichters Calderón (1681) zu terminieren. Für alle Standpunkte lassen sich ausreichend Argumente finden, wobei die kulturgeschichtlich begründende Forschung eines ganz deutlich aufzeigt: Trotz des sukzessiven Niederganges der spanischen politischen Hegemonie seit dem zweiten Drittel des Jahrhunderts und trotz der durch den Strukturwandel bedingten wirtschaftlichen Probleme blieb das kulturelle Schaffen in Spanien auch im 17. Jahrhundert besonders reich. Auf manchen Gebieten wie der Malerei sehen besonders Kunsthistoriker erst in diesem Jahrhundert das wahre Goldene Zeitalter.

Zahlreich sind die geistigen Bewegungen, die alle die Reform der spanischen Monarchie propagierten. Auf wirtschaftlichem Gebiet waren es vor allem die unter dem Namen Arbitristen bekanntgewordenen Autoren wie Martín González de Cellorigo oder Pedro Fernández de Navarrete, die wenig gehörte Vorschläge zur Sanierung der Wirtschaft des Landes vorbrachten. Die politische Philosophie des Jahrhunderts war geprägt vom Neostoizismus und vom politischen Tacitismus, zu dessen bekanntesten Repräsentanten Baltasar Álamos de Barrientos gehörte. Diego de Saavedra Fajardo, der in seinem Werk *Idea de un príncipe cristiano* (1640) die negativen Auswirkungen der spanischen Großmachtpolitik und der Verteidigung der spanischen Hegemonie auf den Schlachtfeldern aufzeigte und diese Faktoren für ihren Niedergang verantwortlich machte, ist einer der auch außerhalb der Iberischen Halbinsel sehr bekanntgewordenen Autoren, der sich keiner dieser Denkschulen wirklich zuordnen läßt.

Das literarische Schaffen des spanischen 17. Jahrhunderts zeichnet sich durch seine große Vielfalt ebenso wie durch seinen Reichtum aus. Namen wie Francisco de Quevedo oder Luis de Góngora sind hier ebenso zu nennen wie Cervantes, der seinen *Don Quijote de la Mancha* 1605 bzw. 1615 publizierte, in dem er in genialer Art und Weise all die Ängste und Wünsche seines Zeitalters einfing. Und die Stücke eines Lope de Vega, Tirso de Molina oder Pedro Calderón de la Barca sind bis in unsere Zeit fester Bestandteil der Theaterspielpläne geblieben.

Die spanische Architektur des 17. Jahrhunderts litt besonders unter dem Mangel an Geldmitteln. Das führte zu einem besonders langsamen Baufortschritt ebenso wie zu einem Übergewicht der sakralen gegenüber der weltlichen Architektur. Dennoch ist besonders in Madrid eine rege Bautätigkeit zu bemerken, die das Bild der Stadt nachhaltig prägte – man denke nur an die Plaza Mayor. Einer jener Bauten, die wegen ihrer exorbitanten Kosten besondere Kritik hervorriefen, war der heute zum größten Teil zerstörte Palast Philipps III., der Buen Retiro, der durch seinen Reichtum und seine Monumentalität die Größe der spanischen Monarchie den Untertanen und den Besuchern Madrids demonstrieren sollte.

Die Malerei des spanischen Barock schließlich brachte eine Reihe von Werken hervor, die heute Prunkstücke bedeutender Museen sind. Hier waren es vor allem die gegenreformatorische Kirche, der Königshof und die hohe Aristokratie, die in ihrem Bedürfnis nach Repräsentation für die Künstler ein reiches Betätigungsfeld schufen. Eine Aufzählung der wichtigsten spanischen Maler, wobei eine besondere Konzentration von Meistern in Madrid, Sevilla und Valencia zu beobachten ist, muß immer unvollständig bleiben: Juan Bautista Maino, Juan Sánchez Cotán, Francisco Pacheco, José Ribera, Francisco de Zurbarán, der alles dominierende Diego de Velázquez oder Claudio Coello und Bartolomé Esteban Murillo, sie alle trugen mit ihren grandiosen Werken dazu bei, daß eine abschließende Interpretation des 17. Jahrhunderts widersprüchlich bleiben muß.

Literaturhinweise

Überblickswerke

Belenguer Cebriá, Ernest: El Imperio hispánico 1479–1665. Barcelona 1995.
– Del oro al oropel. Barcelona 1997.
Edelmayer, Friedrich: Aufbruch zu neuen Ufern: Die iberischen Welten. In: Edelmayer, Friedrich / Feldbauer, Peter / Wakounig, Marija (Hrsg.): Globalgeschichte 1450–1620. Anfänge und Perspektiven. Wien 2002. S. 33–51.
Elliott, John H.: Imperial Spain, 1469–1716. Harmondsworth 1975.
Kamen, Henry: The Spanish Inquisition. London 1965. [Dt. München 1980.]
– Inquisition and Society in Spain in the Sixteenth and Seventeenth Centuries. Bloomington 1985.
– Crisis and Change in Early Modern Spain. Aldershot/Brookfield 1993.
– Spain, 1469–1714. A Society of Conflict. London / New York ²1996.
– The Spanish Inquisition. A Historical Revision. New Haven 1998.
Lynch, John: Spain, 1516–1598. From Nation State to World Empire. Cambridge (Mass.) 1992.

Die Regierungszeit der Katholischen Könige

Alvar Ezquerra, Alfredo: Isabel la Católica. Una reina vencedora, una mujer derrotada. Madrid 2002.
Belenguer Cebriá, Ernest: Fernando el Católico. Un monarca decisivo en las encrucijadas de su época. Barcelona 1999.
Kohler, Alfred / Edelmayer, Friedrich (Hrsg.): Hispania–Austria. Die Katholischen Könige, Maximilian I. und die Anfänge der Casa de Austria in Spanien. Akten des Historischen Gespräches – Innsbruck, Juli 1992. Wien/München 1993.
Ladero Quesada, Miguel Ángel: Castilla y la conquista del Reino de Granada. Granada ²1993.
– Granada después de la conquista. Repobladores y mudéjares. Granada ²1993.

Ladero Quesada, Miguel Ángel: Andalucía a fines de la Edad Media. Estructuras, valores, sucesos. Cádiz 1999.
– La España de los Reyes Católicos. Madrid 1999.
Leicht, Hans: Isabella von Kastilien (1451–1504). Königin am Vorabend der spanischen Weltmacht. Regensburg 1994.
Liss, Peggy K.: Isabel the Queen. Life and Times. New York 1992.
Pérez-Bustamante, Rogelio / Calderón Ortega, José Manuel: Felipe I, 1506. Palencia 1995.
Pietschmann, Horst: Staat und staatliche Entwicklung am Beginn der spanischen Kolonisation Amerikas. Münster 1980.
San Miguel Pérez, Enrique: Isabel I de Castilla, 1474–1504. Palencia 1998.
Sarasa, Esteban (Hrsg.): Fernando II de Aragón, el Rey Católico. Zaragoza 1996.
Suárez Fernández, Luis: Fernando El Católico y Navarra. El proceso de incorporación del reino a la Corona de España. Madrid 1985.
– Isabel, mujer y reina. Madrid 1992.

Das 16. Jahrhundert

Anatra, Bruno / Manconi, Francesco (Hrsg.): Sardegna, Spagna e Stati italiani nell'età di Filippo II. Cagliari 1999.
Belenguer Cebriá, Ernest (Hrsg.): Felipe II y el mediterráneo. 4 Bde. Madrid 1999.
– (Hrsg.): De la Unión de Coronas al Imperio de Carlos V. 3 Bde. Madrid 2001.
– El imperio de Carlos V. Las coronas y sus territorios. Barcelona 2002.
Bouza Álvarez, Fernando Jesús: Imagen y propaganda. Capítulos de historia cultural del reinado de Felipe II. Tres Cantos (Madrid) 1998.
Buyreu Juan, Jordi: La corona de Aragón de Carlos V a Felipe II. Las instrucciones a los virreyes bajo la regencia de la princesa Juana (1554–1559). Madrid 2000.
Carande, Ramón: Carlos V y sus banqueros. Barcelona 1987.
Carlos Morales, Carlos Javier de: Carlos V y el crédito de Castilla. El tesorero general Francisco de Vargas y la Hacienda Real entre 1516 y 1524. Madrid 2000.
Carnicer García, Carlos J. / Marcos Rivas, Javier: Sebastián de Arbi-

204   *Die Katholischen Könige und die Habsburger*

zu, espía de Felipe II. La diplomacia secreta española y la intervención en Francia. Madrid 1998.

Castellano Castellano, Juan Luis / Sánchez-Montes González, Francisco (Hrsg.): Carlos V, Europeísmo y Universalidad. 5 Bde. Madrid 2001.

Checa Cremades, Fernando: Carlos V. La imagen del poder en el Renacimiento. Madrid 1999.

Echevarría Bacigalupe, Miguel Ángel / Edelmayer, Friedrich (Hrsg.): Martín Antonio Del Río, Die Chronik über Don Juan de Austria und den Krieg in den Niederlanden (1576–1578) / La crónica sobre don Juan de Austria y la Guerra en los Países Bajos (1576–1578). Wien/München 2003.

Edelmayer, Friedrich: Maximilian II., Philipp II. und Reichsitalien. Die Auseinandersetzungen um das Reichslehen Finale in Ligurien. Stuttgart 1988.

– (Hrsg.): Die Korrespondenz der Kaiser mit ihren Gesandten in Spanien. Wien/München 1997.

– (Hrsg.): Hispania – Austria II. Die Epoche Philipps II. (1556–1598). Wien/München 1999.

– Söldner und Pensionäre. Das Netzwerk Philipps II. im Heiligen Römischen Reich. Wien/München 2002.

Ezquerra Revilla, Ignacio: El Consejo Real de Castilla bajo Felipe II. Grupos de poder y luchas faccionales. Madrid 2000.

Fernández Álvarez, Manuel: Felipe II y su tiempo. Madrid 1998.

– Carlos V, el césar y el hombre. Madrid 1999.

Fernández Conti, Santiago: Los Consejos de Estado y Guerra de la Monarquía hispana en tiempos de Felipe II (1548–1598). Valladolid 1998.

Fernández Terricabras, Ignasi: Felipe II y el clero secular. La aplicación del concilio de Trento. Madrid 2001.

Fortea Pérez, José Ignacio: Monarquía y cortes en la Corona de Castilla. Las ciudades ante la política fiscal de Felipe II. Valladolid 1990.

García Hernán, David: La aristocracia en la encrucijada. La alta nobleza y la monarquía de Felipe II. Córdoba 2000.

Gonzalo Sánchez-Molero, José Luis: El aprendizaje cortesano de Felipe II (1527–1546). La formación de un príncipe del renacimiento. Madrid 1999.

Hernando Sánchez, Carlos José: El reino de Nápoles en el Imperio de Carlos V. La consolidación de la conquista. Madrid 2001.

Jiménez Díaz, Pablo: El coleccionismo manierista de los Austrias entre Felipe II y Rodolfo II. Madrid 2001.

Kagan, Richard L.: Lucrecia's Dreams. Politics and Prophecy in Sixteenth-Century Spain. Berkeley 1990.

– / Parker, Geoffrey (Hrsg.): Spain, Europe, and the Atlantic World. Essays in Honour of John H. Elliott. Cambridge / New York 1995.

Kamen, Henry: The Phoenix and the Flame. Catalonia and the Counter Reformation. New Haven 1993.

Kellenbenz, Hermann: Die Fugger in Spanien und Portugal bis 1560. Ein Großunternehmen des 16. Jahrhunderts. 2 Bde. München 1990.

Kohler, Alfred: Karl V.: 1500–1558. Eine Biographie. München ²2000.

Las sociedades ibéricas y el mar a finales del siglo XVI. 6 Bde. Madrid 1998.

Lindorfer, Bianca Maria: Kampf gegen Windmühlen. Der niedere Adel Kastiliens in der frühen Neuzeit. Wien/München 2004.

Martínez Millán, José: La Hacienda de la Inquisición (1478–1700). Madrid 1984.

– (Hrsg.): Instituciones y élites de poder en la Monarquía hispana durante el siglo XVI. Madrid 1992.

– (Hrsg.): Felipe II (1527–1598). Europa y la Monarquía católica. 5 Bde. Madrid 1998.

– (Hrsg.): La corte de Felipe II. Madrid 1998.

– (Hrsg.): Carlos V y la quiebra del humanismo político en Europa (1530–1558). 4 Bde. Madrid 2001.

Martínez Ruiz, Enrique (Hrsg.): Madrid, Felipe II y las ciudades de la monarquía. 3 Bde. Madrid 2000.

Pardo Molero, Juan Francisco: La defensa del Imperio. Carlos V, Valencia y el Mediterráneo. Madrid 2001.

Parker, Geoffrey: The Army of Flanders and the Spanish Road, 1567–1659. The Logistics of Spanish Victory and Defeat in the Low Countries' Wars. Cambridge 1972.

– The Dutch Revolt. London 1977.

– Spain and the Netherlands, 1559–1659. Ten Studies. London 1990.

– The Grand Strategy of Philip II. New Haven 1998.

Perez, Joseph: La Révolution des »Comunidades« de Castille (1520–1521). Bordeaux 1970.

Regla, Juan / Belenguer Cebriá, Ernest (Hrsg.): Felipe II y Cataluña. Madrid 2000.

Ribot García, Luis A. (Hrsg.): La monarquía de Felipe II a debate. Madrid 2000.

Rivero Rodríguez, Manuel: Felipe II y el gobierno de Italia. Madrid 1998.

Ruiz Ibáñez, José Javier: Felipe II y Cambrai. El consenso del pueblo. La soberanía entre la práctica y la teoría política (1595–1677). Madrid 1999.

Sánchez Montes, Juan: Franceses, protestantes, turcos. Los españoles ante la política internacional de Carlos V. Granada 1995.

Das 17. Jahrhundert

Allen, Paul C.: Philip III and the Pax Hispanica, 1598–1621. The Failure of Grand Strategy. New Haven / London 2000.

Álvarez Nogal, Carlos: El crédito de la monarquía hispánica en el reinado de Felipe IV. Valladolid 1997.

– Los banqueros de Felipe IV y los metales preciosos americanos (1621–1665). Madrid 1997.

Bolzern, Rudolf: Spanien, Mailand und die katholische Eidgenossenschaft. Militärische, wirtschaftliche und politische Beziehungen zur Zeit des Gesandten Alfonso Casati (1594–1621). Luzern 1982.

Cárceles de Gea, Beatriz: Fraude y desobediencia fiscal en la Corona de Castilla en el siglo XVII (1621–1700). Valladolid 2000.

Contreras, Jaime: Carlos II el hechizado. Poder y melancolía en la corte del último Austria. Madrid 2003.

Ebben, Maurits Alexander: Zilver, brood en kogels voor de koning. Kredietverlening door Portugese bankiers aan de Spaanse kroon, 1621–1665. Leiden 1996.

Elliott, John H.: The Revolt of the Catalans. A Study in the Decline of Spain, 1598–1640. Cambridge / New York 1984.

– The Count-Duke of Olivares. The Statesman in an Age of Decline. New Haven / London 1986.

Fernández-Santamaría, José A.: Reason of State and Statecraft in Spanish Political Thought (1595–1640). Lanham 1983.

Feros, Antonio: Kingship and Favoritism in the Spain of Philip III, 1598–1621. Cambridge / New York 2000.

García Cárcel, Ricardo / Alabrús Iglesias, Rosa María: España en 1700. ¿Austrias o Borbones? Madrid 2001.

García García, Bernardo José: La pax hispanica. Política exterior del Duque de Lerma. Leuven 1996.

Gelabert, Juan E.: Castilla convulsa (1631–1652). Madrid 2001.

Haliczer, Stephen: Between exaltation and infamy: female mystics in the golden age of Spain. Oxford 2002.

Kalnein, Albrecht Graf von: Die Regentschaft in Spanien 1665–1677. Schwächung der Krongewalt und politische Alternativen. Saarbrücken 1992.

Kamen, Henry: Spain in the Later Seventeenth Century, 1665–1700. London / New York 1980.

Kessel, Jürgen: Spanien und die geistlichen Kurstaaten am Rhein während der Regierungszeit der Infantin Isabella (1621–1633). Frankfurt a. M. 1979.

Lynch, John: The Hispanic World in Crisis and Change, 1598–1700. Oxford / Cambridge (Mass.) 1992.

Mackay, Ruth: The Limits of Royal Authority. Resistance and Obedience in Seventeenth-Century Castile. Cambridge / New York 1999.

Pérez Samper, Maria Àngels: Catalunya i Portugal el 1640. Dos pobles en una cruïlla. Barcelona 1992.

Sánchez, Magdalena S.: The Empress, the Queen, and the Nun. Women and Power at the Court of Philip III of Spain. Baltimore 1998.

Santiago Fernández, Javier de: Política monetaria en Castilla durante el siglo XVII. Valladolid 2000.

Sanz Ayán, Carmen: Los banqueros de Carlos II. Valladolid 1989.

Schmidt, Peer: Spanische Universalmonarchie oder »teutsche Libertet«. Das Bild des spanischen Imperiums in der Propaganda des Dreißigjährigen Krieges. Stuttgart 2001.

Stradling, R. A.: Philip IV and the Government of Spain, 1621–1665. Cambridge / New York 1988.

– The Armada of Flanders. Spanish Maritime Policy and European War, 1568–1668. Cambridge / New York 1992.

– Spain's Struggle for Europe, 1598–1668. London / Rio Grande 1994.

Valladares, Rafael: La rebelión de Portugal. Guerra, conflicto y poderes en la Monarquía hispánica (1640–1680). Valladolid 1998.

Absolutismus und Aufklärung:
Die Bourbonen im 18. Jahrhundert

Von Peer Schmidt

Epochenüberblick

Der dynastische Wechsel von den Habsburgern zu den Bourbonen gilt als eine der entscheidenden Zäsuren in der neueren Geschichte Spaniens. Nach den als Niedergang empfundenen Jahrzehnten unter dem letzten Habsburger Karl II., der 1700 kinderlos starb, begann mit Philipp V. (1701–1746), dem Enkel Ludwigs XIV. (1643–1715), eine Phase der Neuorientierung. Nicht zuletzt die staatsrechtliche Neugestaltung Spaniens in Richtung Zentralstaat wurde in diesen Jahren in Angriff genommen. Die aragonesischen Reiche, die sich nicht dem Bourbonen, sondern dem habsburgischen Kandidaten Karl (III.), dem späteren Kaiser Karl VI., angeschlossen hatten, mußten den Niedergang ihrer politischen Selbständigkeit hinnehmen.

Bei genauer Betrachtung sind bereits um 1680 erste Reformbemühungen zu spüren. Unter den beiden ersten Bourbonen Philipp V. und Ferdinand VI. (1746–1759) stand zunächst die Veränderung der staatlich-administrativen Strukturen im Vordergrund (*Prerreformismo*). Den Höhepunkt erreichten die Rationalisierungsbestrebungen unter König Karl III. (1759–1788). Unter dem Einfluß des aufgeklärten Absolutismus versuchten Spaniens Politiker und Reformbeamten, mittels zahlreicher Projekte Wirtschaft, Gesellschaft und Kultur des Mutterlandes und der Kolonien zu dynamisieren. Dabei standen die spanischen Herrscher und ihre Beamten vor strukturell ähnlichen Problemen wie andere Monarchen ihrer Zeit. Aufklärung im eigentlichen Sinn trat hinter die von oben verordnete Rationalisierung staatlicher, sozioökonomischer und kultureller Strukturen zurück. Die Stärkung partizipatorischer Elemente spielte bei den Reformvorhaben eine eher nachgeordnete Rolle.

Vorbereitet durch die Flottenpolitik unter Ferdinand VI. erreichte Spanien trotz seiner Niederlage im Siebenjährigen Krieg wieder eine gewisse Machtstellung im atlantischen Raum. Nach England und noch vor Frankreich besaß es am Ende des 18. Jahrhunderts die größte Kriegsflotte in Europa. Für die liberalen, sich nach Modernisierung sehnenden Spanier verband sich mit dem Namen Karls III. lange Zeit das Bemühen um den Anschluß des Landes an das übrige Europa. Dies wurde nicht zuletzt im Jahre 1988 deutlich, als man anläßlich seines 200. Todestages und im Zeichen der fortschreitenden europäischen Integration an das Werk des Königs und seiner Minister erinnerte. Das Spanien der 1980er Jahre erkannte in den Bestrebungen Karls III. sein Spiegelbild. Für die konservativen Historiker galt er dagegen lange Zeit als derjenige, der krampfhaft versuchte, es einem Peter dem Großen gleichzutun, und dabei die eigentlichen Werte des Landes (*lo castizo*) aufs Spiel setzte. Doch im Jubiläumsjahr wurde auch deutlich, daß längst nicht nur konservative Historiker Kritik anzumelden hatten. Seit Anfang der 1980er Jahre mehrten sich gerade die Stimmen linksliberaler Historiker, die den Tiefgang der Reformpolitik in Zweifel zogen. Nie habe der Reformismus wirklich die Strukturen grundlegend verändern wollen. Nicht zuletzt verwies man darauf, daß Karl III. selbst – im Gegensatz beispielsweise zum Preußenkönig Friedrich II. – kein Interesse für weitergehende philosophische Fragen an den Tag legte. Auch die Reformpolitiker hätten sich im Grunde mit den philosophischen Postulaten der Aufklärung nie auseinandergesetzt. Freilich muß man fragen, inwieweit diese Beschränkung nicht prinzipiell auf alle Monarchien,

die im Geiste des aufgeklärten Absolutismus geführt wurden, zutrifft. Auch sollte man trotz der Begrenztheit der
spanischen Bemühungen nicht ihren zum Teil wegweisen-
den Charakter vergessen.

Nach dem Tode Karls III. und dem Ausbruch der Französischen Revolution war man unter dem Ersten Minister
Manuel Godoy bemüht, einen Teil der Reformen »behutsa-
mer« fortzuführen, indem man z. B. antiklerikale Äußerun-
gen und Aktionen streng beobachtete. Außenpolitisch geriet Spanien als atlantische Macht immer mehr in den Sog
der Revolutionskriege. England sah im spanischen Neutra-
litätskurs eine Verletzung seiner Interessen. Die Kriegsfinanzierung bzw. die Kosten der Neutralität zehrten in wenigen Jahren die Früchte der spanischen Reformpolitik auf.

1700 hatte Frankreich Spanien einen neuen König, eine
neue Dynastie gesandt. Gut ein Jahrhundert später sollte
Frankreich wieder entscheidend in die Geschicke Spaniens
eingreifen und das Ancien Régime zum Scheitern bringen.
Einige wenige radikale Aufklärer, die als »Französlinge«
(*afrancesados*) bezeichnet wurden, erblickten nun in Joseph I.
(1808–1814), dem in Spanien ungeliebten Bruder Napoleons, den eigentlichen Reformer.

Der Spanische Erbfolgekrieg (1701–1713) und erste innere Reformen bis 1759

1701–1746	Philipp V.
1701	7. September: Haager Allianz.
1704	Eroberung Gibraltars durch England.
ab 1704	Einführung der Staatssekretariate.
1705	Die Grafschaft Katalonien und das Reich von Valencia erkennen den Habsburger Karl als Karl III. an.
1706	25. Juni: Erzherzog Karl in Madrid zum König Karl (III.) erklärt; Flucht Karls.

1707	Abschaffung der Sonderrechte Aragóns und Valencias.
1710	28. September: Karl zum zweiten Mal in Madrid; zweite Niederlage gegen Philipp V.
1713	Friede von Utrecht.
1714	Friede von Rastatt.
	Städtische Rebellion (*La Diada*) in Barcelona.
1707–1716	Ende der Selbständigkeit der Reiche von Aragón. *Decretos de Nueva Planta* (Neuordnung) für Valencia, Aragón (1707), Mallorca (1715) und Barcelona (1716).
1746–1759	Ferdinand VI.
1749	Einführung des Intendantensystems.

Nachdem eine Reihe möglicher Nachfolgelösungen gescheitert war, bestimmte der kinderlos gebliebene Karl II. schließlich den Enkel Ludwigs XIV., Philipp von Anjou, zum Thronfolger. Mit ihm schien die Einheit des Reiches in den Augen der spanischen Politiker, und namentlich des Kardinals von Toledo und Präsidenten des Kastilienrates Portocarrero, am ehesten gewährleistet. Kurz vor der Testamentseröffnung hatte Ludwig XIV. selbst noch einmal die bis dahin ventilierten Teilungspläne ins Spiel gebracht. Der Sonnenkönig wollte sich die italienischen Besitzungen sowie einen Teil des Baskenlandes (Guipúzcoa) – gleichsam als Brückenkopf nach Spanien – aneignen. Doch mit dem Testament fiel dem Haus Bourbon nunmehr das gesamte Erbe zu.

Im Januar 1701 überschritt Philipp V. die spanische Grenze. Die Mehrheit der Bevölkerung bereitete ihm einen freundlichen Empfang. Französischer Einfluß wurde sofort spürbar, als Philipp Jean Orry, einen in der Finanzwelt bekannten und erfahrenen Fachmann, mit der Kontrolle der Staatsfinanzen und Steuern beauftragte. Mit Anne Marie de Trémouille (Princesa de los Ursinos) war eine französische Vertraute am Madrider Hof präsent, die den König und die Königin gleichermaßen dominierte. Französischer Herkunft waren auch die ersten Beichtväter

Philipps. Überdies versuchte Ludwig XIV., seinem Enkel in zahlreichen Briefen Hinweise zur Amtsausübung zu geben. Doch auch Kardinal Portocarrero übte beträchtlichen Einfluß auf die mitunter wankelmütige Persönlichkeit Philipps V. aus.

Sah es auf den ersten Blick so aus, als könnte sich der neue König ungetrübt seiner Herrschaft freuen – Murcia, Valencia und Mallorca huldigten ihm –, so machte die aggressive Außenpolitik seines Großvaters den Frieden zunichte. Ludwig XIV. besetzte die Spanischen Niederlande und ließ im Februar 1701 vom Pariser *Parlement* die Wahrung der Thronrechte seines Enkels festschreiben. Die Zulassung französischer Kaufleute im Amerikahandel war ein weiterer wichtiger Schritt, der den Franzosen eine bevorzugte Stellung in Spanien einräumen sollte. Ebendiese Aussicht rief nunmehr die Seemächte England und die Niederlande auf den Plan, die sich vor allem am französisch-spanischen Handelsmonopol im »Indienhandel« rieben. Sie unterstützten den zweiten Anwärter auf den Thron, den Habsburger Erzherzog Karl. Am 7. September 1701 unterzeichneten sie zusammen mit dem Kaiser den Haager Allianzvertrag. Der habsburgische Prätendent konnte sich neben den alliierten Seemächten in Spanien selbst vor allem auf Katalonien und Aragón stützen, Regionen, die von ihm eine Wahrung ihrer alten Rechte und Freiheiten erwarteten. Dem Bourbonen standen sie nicht zuletzt aufgrund der absolutistischen Ambitionen seines Großvaters sehr ablehnend gegenüber, argwöhnten sie doch einen zunehmenden Zentralismus auch in Spanien.

Zunächst bildeten Italien und die italienischen Besitzungen der Spanier, wohin sich auch Philipp V. begeben hatte, den Hauptschauplatz der Auseinandersetzungen. 1703 schlossen sich der Allianz noch der König von Portugal und der Herzog von Savoyen an – letzterer unbeschadet der Tatsache, daß seine Tochter mit dem Bourbonen verheiratet war. Noch in Wien als Thronfolger vereidigt, kam

Karl (III.) im Mai 1704 in Lissabon an. Nunmehr griffen die Kriegshandlungen auch auf Spanien selbst über, und die Engländer besetzten in einem ersten Vorstoß Gibraltar, das sich seitdem in ihrem Besitz befindet. Dieser Verlust band Philipp V. und Madrid noch enger an Ludwig XIV. Der französische König verstärkte seinen ohnehin schon großen Einfluß, indem er einmal mehr Berater sandte. Unter Michel Amelot de Gournay, offiziell Botschafter Frankreichs, wurde das spanische Militärwesen reformiert.

In Spanien kam es zu Auseinandersetzungen, die als der erste Bürgerkrieg der neueren Geschichte des Landes bezeichnet werden können. Die Regionen Kastiliens und Zentralspaniens folgten nach wie vor Philipp V. Der kastilische Hochadel hatte dagegen weniger Vertrauen in die neue Monarchie und hielt lange Zeit zum Hause Habsburg. Vor allem aber die Länder der Krone von Aragón schlossen sich dem Habsburger an, der von seinen Anhängern als Karl III. bezeichnet wurde. Die kastilischen Zentralisierungsbestrebungen riefen in den auf Eigenständigkeit bedachten Regionen im Osten der Halbinsel Argwohn hervor. Gleichzeitig trugen Pläne, die Besteuerung in den aragonesischen Reichen zugunsten der spanischen Krone zu verändern – sie hatten bislang Steuerautonomie genossen –, zur Zuspitzung der Lage bei. Zusätzlich hatten sich die Bauern des Valencianer Landes wegen der Abgaben gegen die Grundherren gewandt; in diesem Gebiet hatte der Bürgerkrieg daher eine weitere, soziale Dimension. Angriffe auf Herrensitze blieben ebensowenig aus wie die Zerstörung von Archiven, die man niederbrannte, um Besitztitel zu vernichten. Zielgerichtet galt der erste Vorstoß der Alliierten der Grafschaft Barcelona, wo Karl mit der stärksten Unterstützung rechnen konnte (1705). Mit der Residenz des Erzherzogs in Barcelona besaß Spanien somit zwei Höfe bzw. Regierungssitze. Ein Angriff der Franzosen auf die Stadt konnte abgewehrt und zum Gegenschlag ausgeholt werden. Darüber hinaus rückten Karls englisch-portugiesische Verbündete nunmehr weiter in Richtung Kastilien vor. Im Sommer 1706 erreichte der Habsburger Madrid, wo er am 25. Juni zum König Karl III. ausgerufen wurde. Doch schon wenige Wochen später gelang es Philipp V., die Hauptstadt erneut einzunehmen. Kurze Zeit später wurde die Inthronisation Karls für ungültig erklärt.

Bei Almansa stießen schließlich im April 1707 die Truppen des Erzherzogs und jene Philipps V. aufeinander. Der Bourbone setzte sich auf der ganzen Linie durch. Der Weg zur Eroberung von Valencia stand offen; am 8. Mai 1707 wurde die Stadt eingenommen. Als Vergeltung für den Widerstand der Stadt Játiva – die bis zur blutigen Eroberung an Karl festhielt – wurde schließlich auch Valencia zerstört. Nicht minder hart war der Verlust der Sonderrechte, womit Philipp V. das Reich von Valencia für seine Parteinahme bestrafte.

In der Folgezeit wurde das Kriegsgeschehen allerdings wieder von den Alliierten bestimmt, die 1707 Neapel eroberten, Mailand einnahmen und 1709 Sardinien besetzten. Die Engländer siegten 1708 auf Menorca, und die Festung Lille mußte sich Prinz Eugen ergeben. Ludwig XIV. konnte unter diesen Umständen aus der vorteilhaften Entwicklung in Spanien kein Kapital schlagen, zumal der Widerstand in Aragón ungebrochen war. Kleinere Kampfeinheiten – die ersten Guerilla-Verbände in Spaniens neuerer Geschichte, die sich gegen die regulären Truppen stellten – wehrten sich weiterhin gegen die bourbonische Herrschaft. Für den Sonnenkönig war dies der Moment, seinem Enkel zu raten, auf den spanischen Thron zu verzichten, was dieser mit dem Hinweis, er werde Spanien nur tot verlassen, schroff ablehnte. Im Verlaufe der weiteren Kämpfe geriet Philipp V. erneut in Bedrängnis, ja er mußte Madrid in Richtung Valladolid verlassen und den anrückenden englischen Truppen weichen. Dank der militärischen Unterstützung der Alliierten unter Starhemberg und Stanhope zog Karl zum zweiten Mal in Madrid ein (28. September 1710). Doch die Engländer erwarben sich keine Sympathien, da

sie sich an kirchlichem Eigentum vergriffen, was bei der
Bevölkerung Unmut hervorrief. Unterstützung konnte
Karl nur bei einigen Granden finden. Ludwig XIV. schickte nun mit den Herzögen Noailles und Vendôme neue
Heerführer und frische Truppen. Schließlich gelang es, die
Verbindungswege von Madrid nach Barcelona zu unterbrechen und Karl von der Versorgung abzuschneiden. Mit einer regelrechten Guerillataktik setzten die probourboni-
schen Verbände der Hauptstadt zu. Als auch die Verbindung nach Westen, nach Portugal abgeschnitten wurde, gab
Karl schließlich auf und verließ die Hauptstadt. Am 3. Dezember 1710 zog Philipp V. erneut in Madrid ein.

Nunmehr trat der Krieg auf der Iberischen Halbinsel in
eine letzte, entscheidende Phase ein. Im Laufe des Jahres
1711 gewannen die bourbonischen Truppen in Aragón und
Katalonien immer mehr an Boden. Als am 17. April 1711
Kaiser Joseph I. starb, fiel die Nachfolge auf den in Spanien
weilenden Karl, der nach fünf Jahren Katalonien verließ.
Währenddessen wurden die Friedensverhandlungen in Utrecht und später in Rastatt aufgenommen. Im Frieden von
Utrecht wurden die Rechte Philipps V. auf den spanischen
Thron bekräftigt. Hierfür mußte auf die Vereinigung der
beiden bourbonischen Monarchien in Frankreich und Spanien verzichtet werden. Fortan gab es zwei bourbonische
Linien. Die Engländer, die Gibraltar und das 1708 eroberte
Menorca erhielten, ließen sich den Utrechter Friedensschluß überdies durch handelspolitische Zugeständnisse bezahlen: Im sogenannten *Asiento* gestattete ihnen die spanische Krone, Sklaven nach Hispanoamerika zu transportie-
ren sowie jährlich ein Schiff mit englischen Waren nach
Amerika zu schicken. De facto schuf dieser Friedensschluß
somit ein legales Schlupfloch für den britischen Handel mit
Spanischamerika. Von Portugal erhielt Philipp V. die süd-
amerikanische Kolonie Sacramento am Rio de la Plata. Von
den europäischen Besitzungen Spaniens fiel Sizilien an den
Schwiegervater Philipps V., den Savoyer Herzog Viktor

Amadeus (1675–1730), das dieser bis 1720 behielt, um es im Austausch gegen Sardinien wieder abzugeben. Die Übereinkunft, die Frankreich in Rastatt mit dem Kaiser traf, beinhaltete die Übergabe der spanischen Besitzungen in Italien (Mailand, die toskanischen Presidii, Neapel) und Plätze in Tournai, Ypern sowie der Spanischen Niederlande an die österreichische Dynastie. Im europäischen Mächtekonzert des 18. Jahrhunderts spielte Spanien nun keine tragende Rolle mehr, wenngleich seine Italienpolitik immer wieder Unruhe in das Gleichgewichtssystem brachte. Bedeutend blieb aber seine Position als atlantische Macht.

Am Ende des Krieges schwelte nur noch ein Unruheherd weiter: Barcelona. Die alliierten Truppen und jene des Erzherzogs Karl hatten sich entsprechend den Vorgaben des Friedensvertrages aus der Stadt und der Provinz zurückgezogen. Die Barceloneser Bevölkerung war nunmehr auf sich allein gestellt. Während der Adel – durch persönliche Bande mit dem Kastiliens verwandt – zum Frieden mit Philipp V. neigte, zögerte der Klerus. Dagegen waren die Handwerker und kleinen Leute nach wie vor gegen die bourbonische Herrschaft eingestellt. Eingeschlossen von den Truppen Philipps V. – Hilfe war nunmehr nicht mehr zu erwarten –, organisierte man seitens der Barceloneser Stadtverwaltung den Widerstand. Die aufgeladene Stimmung in der Stadt wurde weiterhin durch eine schlechte Versorgungslage angeheizt. Am 11. September 1714 kam es zur Belagerung, die schließlich in einer Art Häuserkampf mündete. Am selben Tag (*La Diada*) ergab sich der Führer der Barceloneser Handwerker den Truppen des Marschalls Berwick. Sowohl die Landstände (*Corts*), die *Generalitat*, der Stadtrat (*Consell de Cents*) als auch die Steuerverwaltung wurden durch die *Decretos de Nueva Planta* abgeschafft. Der katalanistischen Bewegung des 19. Jahrhunderts wurde *La Diada* zum Sinnbild für den Kampf um Eigenständigkeit; in Katalonien wird sie heute als Nationalfeiertag begangen.

Die wohl wichtigste innerspanische Konsequenz des Erbfolgekrieges bestand in der Neugestaltung der östlichen Reiche auf der Iberischen Halbinsel und im Sieg des kastilischen Zentralismus. Ihren Widerstand gegen die Bourbonen und die Unterstützung für den Habsburger mußten die
Reiche der Krone von Aragón teuer bezahlen. Zwar blieb
ihr hergebrachtes Zivil- und Strafrecht unangetastet, doch
erfuhren die politischen Institutionen wichtige Veränderungen. Die Landstände wurden aufgelöst und in die gesamtspanischen *Cortes* integriert. Diese verloren allerdings im
Laufe des 18. Jahrhunderts an Bedeutung und traten nur
noch bei der Vereidigung auf den neuen Monarchen zusammen. Die aragonesischen Vizekönigreiche wurden abgeschafft und die Territorien Generalkapitänen unterstellt. Die
Zuständigkeiten des alten Rates für Aragón wurden dem
Kastilienrat übertragen. Die Gerichtshöfe erfuhren eine Reorganisation nach kastilischem Vorbild. Den Territorien
standen jeweils hohe militärische Befehlshaber (*Comandan-
tes generales* bzw. Generalkapitäne) vor. Die Lokalverwal-
tung erfolgte nach kastilischem Vorbild in Form von *corre-
gimientos*. Die Einschränkung der Steuerfreiheiten gehörte
ebenfalls zu den bourbonischen Vereinheitlichungsbestrebungen, doch war der Versuch, die finanzielle Eigenständigkeit zu brechen, nur bedingt erfolgreich. Die Einführung
der Umsatzsteuer (*alcabala*) ließ sich weder in Valencia
noch in Aragón durchsetzen. Statt dessen wurde eine Ein-
heitsabgabe eingeführt. Dieses Beispiel bezeugt den Versuch
der östlichen Reiche, die zentralistischen Tendenzen Madrids auszuhöhlen. Neuere Forschungen belegen, daß das
Gros der indirekten Steuern und Zölle nach wie vor in Andalusien erhoben wurde. In keinem Fall gelang es, das poli-
tisch-kulturelle Eigenbewußtsein der Bewohner des Ostens
zu brechen. Im Gegenteil: diese sollten sich zukünftig stets
distanziert gegenüber Madrid und Kastilien verhalten.

Von nicht minderer Bedeutung war die Einführung sogenannter Staatssekretariate, der Vorläufer von Ministerien,

die man schon während des Erbfolgekrieges eingerichtet
hatte. Die Neuordnung ergab sich u. a. daraus, daß Philipp V. sich auf eine hinreichend loyale Beamtenschaft stützen wollte, wobei die oberste politische Verantwortlichkeit
nicht mehr einem Kollegialgremium, sondern einem zuständigen Minister zukam. Zum Kern gehörten (seit 1721
fest) neben dem vornehmlich für die Außenpolitik zuständigen Staatssekretariat die Ressorts Krieg, Marine und
Amerika (»Indien«), Finanzen und Justiz; der Marine wurden mitunter auch die amerikanischen Angelegenheiten
übertragen. Die bisherigen Ratskollegien, wie der Staatsrat,
der Kastilien- oder Finanzrat blieben weiter bestehen, doch
wies man ihnen nunmehr vor allem die Rechtsprechung in
den einzelnen Bereichen zu. Nichtsdestoweniger wirkten
die Mitglieder des Kastilien- oder Kriegsrates immer noch
an wichtigen Entscheidungen mit.

Von Orry waren bereits erste Veränderungen in der Finanzverwaltung durchgeführt worden. Auch die Neuordnung der Provinzverwaltung lag den Reformern am Herzen.
1749 kam es zur Einführung der Provinzintendanten. Dies
war zwar auf französischen Einfluß hin erfolgt – erste Ansätze dazu gab es bereits unter Orry während des Erbfolgekrieges –, doch knüpften das Amt und der Amtscharakter eines
Intendanten auch an genuin spanische Vorläufer aus der Zeit
der Habsburger an. Die wichtigste Aufgabe der Provinzbe-
amten war dabei neben der allgemeinen Verwaltung (*policia*)
die Finanz- und Heeresorganisation ihrer Intendanturen.

Den Finanzen kam naturgemäß besonderes Interesse
zu. Insbesondere in der Zeit des Marqués de la Ensenada
(1743–1754) wurden auf diesem Gebiet erste wichtige Anstrengungen unternommen. Die wohl folgenschwerste
Maßnahme bestand in der Aufgabe der Steuerpacht. Dem
Vorbild anderer Staaten jener Zeit folgend ging man dazu
über, die Erhebung der Provinzsteuern und Zölle nunmehr
in staatlicher Regie zu betreiben – mit einigem Erfolg, stieg
doch die Summe der Abgaben deutlich an.

Die dadurch gewonnenen Gelder flossen dem Aufbau der Marine und des Heeres zu. Die Stärkung der maritimen Stellung Spaniens war schon ein Anliegen des Marineministers José Patiño (1726–1736) gewesen und wurde nunmehr vom Marqués de la Ensenada weiter betrieben. Um 1731 verschlangen Heer (62,3 %) und Marine (15 %) zusammen gut drei Viertel des spanischen Staatshaushaltes. Im Laufe des 18. Jahrhunderts sollte sich dabei der Anteil der Marine zuungunsten der Landstreitkräfte auf etwa ein Viertel erhöhen. Um 1750 sahen die Pläne Ensenadas vor, ein Heer von ca. 186 000 Soldaten und ein Marinekorps von etwa 80 000 Mann zu unterhalten, was von manchen Historikern als eine das demographische Potential Spaniens bei weitem übersteigende Truppenstärke kritisiert wird. Nicht zuletzt der von Ensenada energisch betriebene Ausbau der Seestreitkräfte führte zu seinem Sturz (1754): Dem englischen Botschafter Benjamin Keene wird nachgesagt, er habe die Absetzung dieses für Großbritannien so gefährlichen Politikers betrieben. Wann immer die spanischen Politiker einen eigenständigen Kurs gegenüber dem atlantischen Rivalen steuerten, versuchte London unter Ausnützung der Hofintrigen, sich gefährlicher Männer zu entledigen.

Dem Verhältnis von Staat und Kirche widmete Ensenada, der in seiner Politik meist von José de Carvajal (1746–1754) unterstützt wurde, sein weiteres Augenmerk. Dabei knüpfte er an Versuche an, die noch während der Zeit des Spanischen Erbfolgekrieges unter Melchor de Macanaz, dem Fiskal des Kastilienrates unternommen worden waren. Die regalistische Politik, d. h. das Bestreben, die Stellung des Staates gegenüber der Kirche und insbesondere gegenüber der Kurie zu stärken, war in den 1710er Jahren zunächst nicht von Erfolg gekrönt. Macanaz hatte zwar auf die finanzielle Macht der Kirche und ihre Zahlungen nach Rom hingewiesen, die Madrid verlorengingen, doch hatte er mit seiner Politik zunächst nichts ausrichten können.

Der Kampf um das spanische Italien: Die bourbonischen Familienpakte

1717/1718	Kurzzeitige spanische Eroberung Sardiniens und Siziliens; Kongreß von Cambrai: spanischer Anspruch auf Sekundogenituren in Parma-Piacenza und Toskana.
1724	Kurzzeitige Abdankung Philipps V.
1725	Ausgleich zwischen Spanien und dem Kaiser durch Riperdá; Verzicht Karls VI. auf spanische Ansprüche.
1731	Sekundogenitur in Parma.
1733/1734	Erster bourbonischer Familienpakt: Sekundogenitur der spanischen Bourbonen im Königreich beider Sizilien.
1734	Zweiter bourbonischer Familienpakt: Sekundogenitur in Parma, Piacenza und Guastalla, bestätigt im Frieden von Aachen (1748).
1762	Dritter bourbonischer Familienpakt: Niederlage Spaniens im Siebenjährigen Krieg.

Entgegen der in Darstellungen mitunter zu findenden gegenteiligen Behauptung wurde der Verlust der italienischen Besitzungen von der spanischen Krone nur mit äußerstem Widerstreben akzeptiert. Der Erbfolgekrieg hatte hier eine Wende zugunsten der kaiserlichen Seite bedeutet. Bereits während des Erbfolgekrieges hatte der Kaiser in Oberitalien auf Zahlungen bestanden, die sich auf lehensrechtliche Bindungen stützten. Einmal mehr sollte Italien zwischen den Ansprüchen des Kaisers und des Papstes, die stets auch ihre Lehensherrschaft zu betonen wußten, und der seit 1494 bestehenden spanischen Vorherrschaft hin- und hergerissen werden. Das Aussterben italienischer Herrscherhäuser (Gonzaga in Mantua 1708; Farnese in Parma und Piacenza 1732; Medici in der Toskana 1737; Cibo-Malaspina in Massa und Carrara 1741; Gonzaga in Guastalla 1746) gab dem Kaiser die Gelegenheit, die lehensrechtliche Anbindung Oberitaliens an das Reich zu betonen. Wie wenig man sich in Spanien mit der österreichischen Vorherrschaft abfand und wie sehr Italien im Zentrum spanischer Interessen stand, geht daraus hervor, daß Philipp V. nach dem Tode seiner ersten Frau, der Savoyerin Marie Louise Gabrielle, auch als zweite Frau eine Italienerin nahm: Elisabeth Farnese. Diese Heirat (1713) war von dem parmaischen Abt und Diplomaten Giulio Alberoni eingefädelt worden. Alberoni, der aus bescheidenen Verhältnissen stammte, in der Kirche Karriere gemacht hatte und die besondere Gunst des Herzogs von Parma gewann, sollte bis 1720 die beherrschende Figur am Hofe sein. Da Elisabeth Farnese eine Urenkelin des Großherzogs Cosimo II. gewesen war, erhob sie – unbeschadet des Fehlens einer weiblichen Erbfolge – als letzte ihres Geschlechtes Ansprüche auf Parma, Piacenza und sogar das Großherzogtum Toskana. Alberonis und Elisabeth Farneses Ziel war es, für die Söhne Karl und Philipp die Errichtung von Sekundogenituren in Oberitalien zu erreichen.

Doch auch in Unteritalien ergab sich eine spanisch-habsburgische Rivalität. Die habsburgische Herrschaft in Neapel wurde dort von der Bevölkerung ebenso zurückgewiesen wie jene des Savoyers auf Sizilien. Nach einer ersten Phase der Begeisterung für Wien sehnten Neapolitaner und Sizilianer gleichermaßen die Herrschaft der spanischen Bourbonen herbei, da man hoffte, diese würden weniger in die bestehenden Strukturen Süditaliens eingreifen als die neuen Herren.

Um ihre italienischen Ziele durchzusetzen, lieferten sich Madrid und Wien drei große Kriege um die Apenninenhalbinsel: 1717–1719, 1733–1735 (zeitgleich mit dem Polnischen Erbfolgekrieg) und 1742–1748 (zeitgleich mit dem Österreichischen Erbfolgekrieg). Erst der Frieden von Aachen (1748) regelte die Verhältnisse in Italien. Doch ging es dabei nicht allein um die Territorien südlich der Alpen. Vielmehr ist die italienische Politik in einem weiteren Rahmen der Mittelmeerinteressen und -ansprüche Madrids zu bewerten.

Das Signal für eine Revision der politischen Landkarte, wie sie in Utrecht und Rastatt geschaffen worden war, gab schließlich der Kaiser, der von Mailand aus auf Genua vorrückte und damit die Neutralität Italiens auf Spiel setzte (1717). Wie sehr man in Madrid auf einen geeigneten Moment zur Intervention gewartet hatte, ist an der Schnelligkeit abzulesen, mit der die Spanier eine Flotte nach Sardinien sandten, um die Insel erneut in Besitz zu nehmen. Im Juli 1718 besetzten sie schließlich Teile Siziliens, wo sie von der Bevölkerung willkommen geheißen wurden. Um die Gleichgewichtssituation in Italien zu gewährleisten, schritten schließlich die Engländer ein, die im Laufe ihrer Aktionen auch Santander und Teile Kataloniens einnahmen. Als Preis für einen Friedensschluß verlangte London die Absetzung und Verbannung Alberonis aus Spanien (1719). Obwohl Sardinien mit dem Königstitel nunmehr an Savoyen kam und Sizilien in die Hände der Österreicher, die damit ihre Stellung in Süditalien weiter ausbauten, erreichte Madrid doch die Anerkennung der spanischen Rechte auf Parma-Piacenza sowie auf das Großherzogtum Toskana (1720). Vier Jahre später wurde auf dem Kongreß in Cambrai der spanische Anspruch erneut bestätigt. 1731 wurde, nach dem Tod von Antonio Farnese, mittels englischer Hilfe das Großherzogtum Toskana für die bourbonische Sekundogenitur durch den Infanten Karl (den späteren Karl III.) in Besitz genommen. Nach Alberoni wurde mit dem aus Holland stammenden Baron Riperdá ein neuer Leiter der spanischen Außenpolitik gefunden. Riperdá handelte mehrere Verträge mit Wien aus. Die wichtigste Bestimmung bestand darin, daß Philipp V. auf die Niederlande und auf die italienischen Besitzungen verzichtete – mit Ausnahme von Parma, Piacenza und Toskana. Doch so wie die Seemächte zum Sturz Alberonis beigetragen hatten, so wurde auch Baron Riperdá 1726 ein Opfer international eingefädelter Intrigen. Schließlich zog er sich nach Marokko zurück.

Einen weiteren wichtigen Schritt in Richtung der Sicherung von Rechten in Italien unternahmen die Spanier anläßlich des Polnischen Erbfolgekrieges. Frankreich erklärte dabei den Österreichern den Krieg (1733). Spanien schloß sich ein Jahr später im ersten bourbonischen Familienpakt an, da Wien die spanische Erbfolge in der Toskana nach wie vor nicht anerkannte, wohingegen man den spanischen Bourbonen von seiten Englands diese Sekundogenitur zugestanden hatte. Nicht im Großherzogtum Toskana, wo sich die Österreicher durchsetzen sollten – der Schwiegersohn Kaiser Karls VI., Franz Stephan von Lothringen, wurde zum Großherzog eingesetzt –, sondern in Süditalien gelang den Spaniern ihr Revisionsversuch. Schon im August 1735 hatten sie Sizilien erneut besetzt. Drei Jahre später willigte der Papst in die bourbonische Herrschaft im Königreich beider Sizilien ein. Der Infant Karl wurde als Karl IV. von Neapel mit dem Königreich belehnt; freilich durfte es nicht mit den iberischen Kronreichen vereinigt werden.

Der zweite bourbonische Familienpakt führte schließlich in Mittelitalien zum Erfolg. Im Frieden von Aachen (1748) wurde dann die Existenz einer oberitalienischen Sekundogenitur für das spanische Haus Bourbon endgültig festgeschrieben: Der Infant Philipp bekam Parma-Piacenza und Guastalla. So wenig wie die Toskana mit den österreichischen Erblanden verbunden werden durfte, so wenig war ein Zusammenschluß von Parma-Piacenza oder Sizilien-Neapel mit den Bourbonen in Madrid erlaubt. Aus Italien kommend sollte schließlich 1759 mit Karl III. von Spanien der König von Neapel-Sizilien den Thron in Madrid einnehmen. Um einen Erbfolgestreit zu vermeiden, überließ Karl III. seinem Sohn Ferdinand das Königreich beider Sizilien.

Der Höhepunkt der bourbonischen Reformpolitik unter Karl III. (1759–1788)

1759–1788	Karl III.
1762	Besetzung Havannas durch die Briten.
1764	Kurzzeitige Liberalisierung des Getreidehandels.
1766	Aufstand gegen die Reformpolitik (*Motín de Esquilache*).
	Beginn der Beratungen über ein »Agrargesetz«.
1776	Unterstützung der USA im Kampf gegen England.
1778	Liberalisierung des spanischen Handels mit Hispanoamerika.

Mit dem Regierungsantritt Karls III., der seit 1734 König von Neapel und Sizilien gewesen war und nun dem kinderlosen Ferdinand VI. folgte, erlebte die Politik des aufgeklärten Absolutismus ihren Höhepunkt. Freilich stand am Anfang ein Tiefpunkt, denn kaum war Karl auf den spanischen Thron gelangt, da trat er auf der Seite Frankreichs in den Krieg gegen England ein. London besetzte dafür Havanna, ein Schlag, von dem man sich in Madrid nur schwer erholte. Kuba war die Drehscheibe des Warenverkehrs und vor allem der Silbertransporte nach Spanien gewesen. Die Besetzung durch englische Truppen führte die Verletzlichkeit des Imperiums deutlich vor Augen. Nur mittels eines energisch betriebenen Reformprogramms glaubte man in Madrid, die britische Expansion eindämmen zu können. Dabei merkt ein Teil der jüngeren Forschung an, daß Karl die Politik häufig seinen Ministern überlassen habe; ja, man behauptete sogar, daß er mangelndes Interesse an der Aufklärung gezeigt habe. Andere betonen dagegen seine Erfahrungen in Neapel und seine Verbindung zu seinem ehemaligen Minister Bernardo Tanucci.

Da schon bald der politische Wille zur Umgestaltung Spaniens unter Karl III. deutlich wurde, formierte sich gegen die Reformvorhaben früh Widerstand aus den Reihen von Adel und Kirche. Bereits 1766 entlud sich ein von den privilegierten Ständen mitgeschürter Volksaufstand gegen den aus Italien stammenden und für Finanzen zuständigen Minister Marqués de Esquilache (Squilache), der die Liberalisierung des Getreidehandels verfügt hatte und den man für die hohen Preise, die (üblicherweise) im Frühjahr in Madrid und im übrigen Land herrschten, verantwortlich machte. Unmittelbarer Anlaß war ferner eine kurz zuvor ergangene Verordnung, die das Tragen der traditionell weiten Mäntel (*capas largas*) und großkrempigen Hüte – ein Zeichen der Volkskultur – mit der Begründung verbot, sie beförderten Diebstähle und Überfälle. Der später den Jesuiten angelastete Aufruhr, der sich ab dem Karsonntag (23. März 1766) für einige Wochen über Spanien erstreckte und in dessen Verlauf Karl III. sogar die Hauptstadt verlassen mußte, führte zur Absetzung Esquilaches.

Keine Einigkeit herrscht in der neueren Forschung darüber, in welchem Maße die allgegenwärtigen Klientelsysteme als ein strukturelles Hindernis für den Erfolg der Reformpolitik zu gelten haben. Während ein Teil der jüngeren Historiographie die Omnipräsenz von Patronagebeziehungen als Widerstandspotential für die staatliche Reformpolitik ansieht, die sogar geeignet war, die Existenz des Absolutismus generell in Frage zu stellen, sieht eine andere historiographische Richtung den König seinerseits als hierarchische Spitze im Vergabesystem von Gunstbeweisen (*favores*), welches ihn befähigte, seine Ziele mittels der Patronage durchzusetzen. Ein Beispiel dafür, daß das Klientelsystem auch von seinen Ministern für Reformvorhaben nutzbar gemacht wurde, stellt der zum Indienminister aufgestiegene José de Gálvez (1776–1787) dar, der u. a. auch Familienmitglieder in höchste Stellungen im Staatsdienst beförderte, um vor allem seine Amerikapolitik voranzubringen.

In jedem Falle hielt Karl III. auch nach dem *Motín de Esquilache* am Reformkurs fest, und Spanien erlebte nun den Aufstieg einer Reihe reformerisch gesonnener Minister, von denen neben dem Fiskal des Kastilienrates Rodríguez de Campomanes vor allem der Graf Floridablanca und der stärker die aristokratische Linie vertretende, aus Asturien stammende Graf Aranda zu nennen sind. Floridablanca stieg in der Folgezeit zum Leiter der spanischen Politik auf. Galt sein Interesse und Aufgabengebiet zunächst der Kirchenpolitik, bei der er die Rechte der spanischen Krone zur Geltung brachte, so übernahm er nach dem Sturz des Staatsministers Grimaldi (1763–1776) auch die Leitung der Außenpolitik – sehr zur Enttäuschung des Grafen Aranda, des Verfechters eines gemäßigteren Reformkurses. Aranda selbst sollte Floridablanca für kurze Zeit (1792–1794) im Amt des Staats- bzw. »Premierministers« folgen.

Ungeachtet eines gewissen Eklektizismus herrschte bei der Mehrheit der Politiker und Beamten Einigkeit über das Grundübel der spanischen Gesellschaft und Wirtschaft. Ihrer Meinung nach beeinträchtigte der mangelnde Arbeits- und Leistungswille der Bevölkerung alle Bereiche der Wirtschaft. Es sei eine der Hauptaufgaben der Politik – so der einflußreiche Graf Campomanes –, das gesellschaftliche Ansehen der Arbeit zu fördern. Den spanischen Aufklärern galt folglich derjenige als idealer Staatsbürger, der mit eigener Hände Arbeit seinen Lebensunterhalt bestritt. Arbeit hatte ihrer Ansicht nach nicht nur ökonomischen Wert, vielmehr trug sie dazu bei, dem moralischen, ja dem körperlichen Verfall des einzelnen entgegenzuwirken.

Der aufgeklärte Absolutismus wandte sich aufgrund dieser Überzeugung gegen einige traditionelle Lebensformen in Spanien. So kritisierte man das von der Kirche durch karitative Einrichtungen unterstützte Bettelwesen, da auch gesunde Arme Almosen bekämen, ohne dafür der Gesellschaft einen Dienst zu leisten. Ganz im Sinne dieses von Nützlichkeit und Rationalität bestimmten Denkens griff man die zu hohe Zahl von Feiertagen an. Die Betonung des Arbeitsethos und des sozialen Nutzens des Individuums für die Gemeinschaft hatte, wenn auch zunächst nur theoretisch, weitreichende Folgen für die Gestaltung der gesellschaftlichen Aufgaben der verschiedenen sozialen Gruppen im Staat. Dementsprechend machte die Kritik des aufgeklärten Absolutismus auch vor Adel und Klerus nicht halt. Diese beiden Gruppen sollten durch neue Anstrengungen und Leistungen für die Gesellschaft ihre einst erworbene privilegierte Stellung im Staat erneut rechtfertigen. Campomanes schlug vor, daß die in den Gemeinden tätigen Weltgeistlichen die Kenntnis neuer Agrartechniken unter ihren Gemeindemitgliedern verbreiten und dadurch ihren gesellschaftlichen Beitrag leisten sollten. Den Nonnen empfahl er, durch Textilproduktion zum wirtschaftlichen Wohlstand beizutragen. Besonderem Druck sahen sich jene Kleriker ausgesetzt, die als Regulargeistliche einem Orden angehörten. Bei ihnen, deren Leben vorrangig auf die Selbstheiligung abzielte, klagte man ganz besonders das Fehlen einer gesellschaftlichen Aufgabe an.

In diesem Zusammenhang nahmen sich die Reformer besonders der Agrarfrage an. Während Adel und Kirche über ausgedehnten Landbesitz verfügten, lebten im Süden Spaniens, vor allem in der Extremadura und in Andalusien, große Teile der Bevölkerung als landlose Tagelöhner. Seit 1765 diskutierte man in zahlreichen Memoranden und Gesetzesentwürfen die Frage der Besitzverhältnisse, wobei das Postulat der Sozialpflichtigkeit von Eigentum, ja der Gerechtigkeitsgedanke eine zentrale Rolle spielten. So wurde etwa die Aufteilung großer, ungenutzter Flächen des Großgrundbesitzes erwogen. Die Tatsache, daß ein großer Teil des Bodens dem freien Wirtschaftskreislauf entzogen war (Besitz der Toten Hand), d. h. durch rechtliche Verfügung als Adelsgut oder Eigentum einer kirchlichen Körperschaft unpfändbar und unveräußerlich war, stieß immer wieder auf Kritik. Vor dem Hintergrund einer wachsenden Bevölkerung, steigender Agrarpreise und angesichts einer stärkeren Nachfrage nach Parzellen wurde diese Frage immer dringlicher. Doch konkrete Maßnahmen zur Agrarreform blieben in der Zeit Karls III. aus.

Stets bemühte sich die Krone, auf die Entwicklung der sozioökonomischen Faktoren und Strukturen Einfluß zu nehmen. So profitierte die katalanische Tuchindustrie von der staatlichen Zollpolitik. Am deutlichsten sichtbar wurde der staatliche Interventionismus bei der Schaffung von Textilmanufakturen in Guadalajara, die mit Hilfe niederländischer Fachkräfte aufgebaut wurden; Seidenmanufakturen entstanden in Talavera de la Reina und Cervera. Doch die Produkte dieser Werkstätten waren entweder qualitativ mangelhaft, oder aber das Design der Stoffe war veraltet. Die königlichen Manufakturen erwiesen sich daher als Subventionsunternehmen. Besonders einträglich war dagegen die Tabakmanufaktur von Sevilla, in der vornehmlich kubanische und venezolanische Blätter verarbeitet und in ganz Europa verkauft wurden. Gut 20 % der Staatseinnahmen stammten aus dem Tabakmonopol.

Noch unter Ferdinand VI. hatte man den freien Handel mit Getreide beschlossen (1756). Doch eine Trockenperiode zu Beginn der 1760er Jahre führte zu Preissteigerungen und zum Import von Weizen. Nunmehr versuchte man seitens der königlichen Beamten, auch den Getreidemarkt durch festgelegte Preise, Ausfuhrbeschränkungen und durch das Verbot des interprovinziellen Handels zu reglementieren.

Immer wieder kreisten die Überlegungen der Reformer um das Paradox, daß Spanien über ausgedehnte Kolonien in Amerika verfügte, aus diesen aber für sich keinen nennenswerten Nutzen zog. Die in Spanien ankommenden Edelmetallieferungen gingen sofort in die Hände westeuropäischer Händler über. Die Vorschläge von Politikern wie Jerónimo de Ustariz (1724), vor allem aber dem Indien-, Kriegs- und Finanzminister José del Campillo y Cossío (1739–1741) oder Bernardo Ward (1770) zielten darauf ab, im merkantilistischen Sinne die Funktion der Kolonien als

Rohstoffproduzenten zu stärken. Die Rohstoffe sollten dann im Mutterland Spanien verarbeitet und die Fertigprodukte in Hispanoamerika verkauft werden. Eine umfassende praktische Umsetzung dieser wirtschaftspolitischen Vorstellungen war jedoch kaum möglich.

Ein beachtlicher Erfolg war dagegen der Ausweitung des Amerikahandels beschieden. Bis 1717 war Sevilla und danach Cádiz der spanische Monopolhafen gewesen, über den sämtliche Warenlieferungen nach und aus Amerika sowie der Personenverkehr zu laufen hatten. Unmittelbar nach dem Siebenjährigen Krieg löste sich die Krone vom System eines einzigen Hafens und erlaubte nunmehr neben Cádiz und Sevilla auch Málaga, Alicante, Cartagena, Barcelona, Santander, La Coruña und Gijón den Handel mit den amerikanischen Inseln Kuba, Puerto Rico, Santo Domingo, Margarita und Trinidad. Im Zuge dieser etwas irreführend als »Freihandel« bezeichneten Reform (es handelte sich lediglich um eine Lockerung des Monopols) waren die genannten Inseln ebenfalls berechtigt, untereinander Handel zu treiben. Im Reglement von 1778 wurde schließlich 13 spanischen und 24 hispanoamerikanischen Häfen erlaubt, den Überseehandel abzuwickeln. Diese Öffnung weiterer spanischer Häfen führte zu einer zum Teil 400prozentigen Erhöhung der Ausfuhrraten. Zwar konzentrierten sich gut drei Viertel der spanischen Ausfuhr auf Cádiz, doch daneben profitierten Barcelona, Málaga, Santander und La Coruña in besonderer Weise. Barcelona verschiffte katalanische Textilien, und das nordspanische Santander wurde zum Ausfuhrhafen der baskischen und asturischen Eisenwaren.

Wesentliche wirtschaftliche Impulse gingen freilich von der gestiegenen Nachfrage einer anwachsenden Bevölkerung aus. Nach einem Einbruch zur Mitte des 17. Jahrhunderts erlebte Spanien seit den 1680er Jahren eine allmähliche demographische Erholung. Seit dem letzten Drittel des 17. Jahrhunderts waren die Spanier von deutlich weniger

Epidemien heimgesucht worden als in den Jahrhunderten zuvor. Auch hatte der Spanische Erbfolgekrieg, in dem zahlreiche Ausländer eingesetzt worden waren, insgesamt wenig Menschenopfer gefordert. War das Wachstum in der ersten Hälfte des 18. Jahrhunderts noch eher verhalten, so beschleunigte sich der Bevölkerungszuwachs ab etwa 1750. Insgesamt wuchs die Bevölkerung von etwa 7–7,5 Mio. (1700) auf ca. 11,5 Mio. (1800), was einer Zunahme von etwa 50 % entspricht. Spanien blieb damit im Wachstum allerdings hinter Deutschland und England deutlich zurück.

Vor allem in der zweiten Hälfte des 18. Jahrhunderts trat die wirtschaftliche, aber auch die gesellschaftliche Dynamik immer deutlicher zutage. Diese war allerdings eher auf die demographischen und genuin ökonomischen Faktoren und nur sehr begrenzt auf die reformerischen Neustrukturierungen zurückzuführen. So fanden z. B. die Produkte der katalanischen Baumwollindustrie sowohl in Spanien als auch in Amerika immer schwunghafteren Absatz. Wein konnte auf wachsende Nachfrage in England zählen. Von der allmählichen Dynamisierung des Handels mit den amerikanischen Kolonien sollte schließlich auch die Eisenwarenherstellung in Nordspanien, vor allem im Baskenland, profitieren.

Die Dynamik der gesellschaftlichen Entwicklung Spaniens ist eher mit jener in den deutschen Territorien als mit der Englands oder Frankreichs zu vergleichen. So stieg die Zahl der Adligen weiter an, doch rückten nun, wie anderernorts in Europa auch, die bürgerlichen vermögenden Schichten in den Adel auf. Kannte man noch zur Zeit Karls V. nur 24 Granden, so war ihre Zahl im 18. Jahrhundert auf über 100 angestiegen; die Zahl der titulierten Adligen verdoppelte sich im Laufe der zweiten Hälfte des 18. Jahrhunderts auf ca. 1300 Familien. Titel wie die eines *Marqués del Real Tesoro* (»Markgraf des königlichen Schatzes«) oder eines *Marqués del Real Transporte* (»Markgraf des königlichen Transportwesens«) – 1760 geschaffen – lassen keinen Zweifel darüber aufkommen, worauf sich die Erhebung in den Adelsstand gründete. Dem alten Hochadel waren solche Parvenus (*advenedizos*) ein Greuel. Bereits in der Form der Anrede setzte man sich gesellschaftlich von den neu Nobilitierten ab. Insgesamt blieb die traditionelle Struktur der Adelslandschaft bestehen, wonach im Norden viele Kleinadlige (*hidalgos*) lebten und der Hochadel vor allem in Altkastilien und Südspanien dominierte; in einigen nördlichen Landstrichen besaßen zum Teil 70, ja 90 % der Einwohnerschaft den Status von *hidalgos*, wobei die Ausübung eines Handwerks in diesem Fall nicht zum Verlust des privilegierten Standes führte. Im übrigen lassen sich im Verlaufe des Jahrhunderts zunehmend wirtschaftliche Aktivitäten beim Adel feststellen.

Auch die Reformpolitiker selbst waren meist in den niederen Adel aufgenommen worden. Innerhalb der Kronbürokratie war die Rivalität zwischen alteingesessenem Adel, der bestimmte Universitäten besucht hatte, und den aus bürgerlichen Verhältnissen aufgestiegenen Kronbeamten deutlich zu spüren. Sie gab auch Anlaß zur Bildung von Parteiungen am Hofe, wobei der alte Adel zunehmend in Opposition zu Aufklärung und Reformpolitik ging. Insgesamt bot die spanische Adelsgesellschaft – nicht zuletzt auch wegen der Unterschiede zwischen kastilischer und aragonesischer Nobilität – alles andere als ein homogenes Bild.

Innerhalb des Bürgertums zählten die Überseekaufleute bzw. die im Großhandel Tätigen unbestreitbar zur führenden Schicht, die sehr schnell bestrebt war, ihre Nobilitierung gegen entsprechende »Dienstleistungen« für die Krone zu erreichen. Das Anwachsen einer Mittelschicht aus Bürokraten, Freiberuflern oder kleinen Agrarunternehmern ist zum gegenwärtigen Zeitpunkt quantitativ kaum abzuschätzen. Lokalstudien zeigen z. B. im südspanischen Andalusien eine Art agrarischer Mittelschicht von Großpächtern und lokalen Notabeln, die ihre Stellung zwischen dem Hochadel und der Masse der Landarbeiter selbstbewußt betonte. Wie sehr sich die spanische Gesellschaft in Bewegung befand, geht aus der Tatsache hervor, daß der vormals den Adligen vorbehaltene Titel »Don« (»Herr«) nunmehr auch auf vermögende Personen bürgerlichen Standes angewandt wurde. Dies trifft auf das zum Teil nichtadlige Patriziat in einigen Städten zu, eine soziale Schicht, die es in ihrem Lebensstil dem Adel gleichzutun versuchte.

Ihre entscheidende Prägung erhielt die sozioökonomische Struktur durch die Tatsache, daß der überwiegende Teil der Bevölkerung in der Landwirtschaft sein Auskommen fand. Dabei ergab sich eine Zone des Klein- und Mittelbesitzes, der vom Nordwesten (Galizien) quer durch die Halbinsel nach Südosten, bis ins Valencianer Land, reichte. Nördlich dieser Linie können die Besitzverhältnisse als ausgeglichener bezeichnet werden als in den südlich gelegenen Regionen. Ferner war hier der Anteil landloser Saisonarbeiter deutlich geringer und lag bei kaum mehr als 10 %. Südlich dieser Linie – vor allem in der Extremadura und in Andalusien – bestimmte der Großgrundbesitz in den Händen hochadliger Familien die Agrarlandschaft. Daß die Masse der Bevölkerung in der Regel ohne Landbesitz und ohne geregelte Beschäftigung von saisonaler Erntearbeit abhängig war – in einigen Landstrichen wie Westandalusien bis zu 90 % –, bedeutete für die gesamtspanische Sozialgeschichte eine schwere Bürde.

Eine größere Arbeiterschaft, die in Manufakturen oder gar in der Fabrikarbeit ähnlichen Arbeitsbeziehungen eingebunden war, kannte Spanien im Gegensatz zum zeitgenössischen England kaum. Vorformen von Fabrikarbeit fanden sich vor allem im nordspanischen Hütten- und metallverarbeitenden Gewerbe sowie in der Textilproduktion Kataloniens und Valencias.

Kultureller Wandel: Kirche und Gesellschaft

1713   Gründung der *Real Academia de la Lengua Española*.
1737   Konkordat.
1742   Benito Feijóo beginnt die Edition seiner *Cartas eruditas y curiosas*.
1753   Konkordat.
1767   Ausweisung der Jesuiten aus Spanien und den Kolonien.
1776   Inquisitionsprozeß gegen den Sevillaner Intendanten Pablo de Olavide.
1789   Beginn des Versuches einer Weltumsegelung durch Malaespinas.
1789   Zensurverschärfung und Kontrolle der Buchimporte durch die Inquisition.

Seit der Begründung des frühneuzeitlichen, absolutistischen Staates durch die Katholischen Könige hatte sich die spanische Monarchie bemüht, auf die Geschicke der Kirche, auf ihre Personalpolitik und auf ihre geistig-moralische Verfassung Einfluß zu nehmen, aber auch sich ihrer Dienste und Unterstützung zu vergewissern. Diese traditionelle Politik des Regalismus strebte – nicht ohne Erfolg – die Verminderung der päpstlichen Macht in Spanien und eine größere staatliche Kontrolle über die Kirche z. B. in der Frage von Immunitäten und Sonderrechten an. Nach dem Dynastiewechsel erreichte die bourbonische Monarchie weitere Fortschritte durch den Abschluß zweier Konkordate in den Jahren 1737 und 1753. 1737 war der Krone das Recht zugestanden worden, die Zahl der Geistlichen zu begrenzen und alle seit dem Regierungsantritt Philipps V. »amortisierten«, d. h. unveräußerlichen Kirchengüter den gleichen Steuern und Abgaben zu unterwerfen wie das Vermögen der Laien. 1753 erlangten die spanischen Könige das Patronatsrecht in all ihren Reichen, das sie vorher nur für Granada, die Kanarischen Inseln und die überseeischen Besitzungen innegehabt hatten. Das ausgeweitete Vorschlagsrecht für geistliche

Stellen, das die Krone in Spanien bislang nur für Bischöfe, Erzbischöfe und einige hohe geistliche Würdenträger besessen hatte, ermöglichte es ihr nun, noch größeren Einfluß auf die kirchliche Personalpolitik auszuüben.

Doch nicht nur die Konkordate kündigten eine Neuordnung und Stärkung der königlichen Macht gegenüber dem Klerus an. Eine Fülle von Reformvorhaben, die wegen der vielfältigen Verflechtung der Kirche mit allen übrigen Bereichen des gesellschaftlichen Lebens immer auch den eigentlichen kirchenpolitischen Rahmen überschritten, wurden unter Karl III. in Angriff genommen. Die Beratungen und Initiativen gingen – wie schon bei der Agrarfrage – vom Kastilienrat unter Führung des Grafen Aranda aus. Zunächst gerieten besonders die Ordensgeistlichen ins Blickfeld der Kritik, wie sich dies bereits bei der Diskussion über den Besitz der Toten Hand gezeigt hatte. Einen ersten Höhepunkt stellte die Ausweisung der Gesellschaft Jesu dar. 1767 verfügte Karl III. die Vertreibung der Jesuiten, denen man die Entfachung eines Aufstandes gegen seinen aus Italien stammenden Minister Esquilache (*Motín de Esquilache*) im Jahr zuvor zur Last legte, eine Erhebung, die sich im Kern gegen die Reformpolitik insgesamt wandte. Zu den vielschichtigen Gründen der Ausweisung der Gesellschaft Jesu gehörten neben dem Gehorsam der Patres gegenüber Rom auch deren politische Lehren, die dem Absolutismus kritisch gegenüberstanden und den Tyrannenmord billigten. Die Bildungsinstitutionen der Jesuiten wurden meist anderen Orden übergeben, ihre Besitzungen zugunsten der Staatskasse veräußert. Die Ausweisung der Gesellschaft Jesu bildete den Beginn einer Reihe von Maßnahmen gegen die Ordensgemeinschaften. In den siebziger Jahren führte der Kastilienrat eine Umfrage über die Orden, ihre Anzahl und ihre geistig-sittliche Verfassung durch.

Auch auf die Lage der niederen Weltgeistlichen richteten die Reformer ihr Augenmerk. Dabei stand besonders die

Sicherung der materiellen Basis der Gemeindepfarrer im Zentrum des Interesses. Den Hintergrund hierfür bildete die Tatsache, daß in vielen ländlichen Pfarreien Priestermangel herrschte, da die Geistlichen die höher dotierten Pfarr- oder Pfründnerstellen in den Städten bevorzugten. Im Jahre 1797 verzeichnete man in Spanien etwa 3000 Landgemeinden ohne Pfarrer. Mit einer Neugestaltung ihrer Einkünfte und der Sicherstellung ausreichend dotierter Pfarrstellen wollte die Krone die Arbeit dieser Geistlichen unterstützen, denen sie bei der Schaffung eines neuen Spaniens eine wichtige Rolle zugedacht hatte.

Die Vielfalt kirchenpolitischer Aktivitäten der Krone wird jedoch mit dem Begriff Regalismus nur unzureichend wiedergegeben. Das Vordringen aufgeklärten Denkens und das Insistieren spanischer Politiker auf die Idee der Nützlichkeit spiegelte sich auch in der Haltung gegenüber den traditionellen Formen der Religionsausübung wider. Die religiöse Grundhaltung der Reformer neigte zu einem gewissen Rigorismus, woraus folgte, daß sie die Verinnerlichung der Religion und religiöser Tugenden anstrebten und eine äußerlich zur Schau gestellte Frömmigkeit ablehnten. So befaßte man sich auch mit der Frage, welche der religiösen Praktiken womöglich den staatlichen Interessen zuwiderliefen. Vor diesem Hintergrund sind die Einwände der Reformer gegen das von der Kirche unterstützte Armen- und Bettelwesen und gegen jedwede Art von Verschwendung und Prunk in den Kirchen zu bewerten, welche den barocken Katholizismus kennzeichneten.

In diesen Punkten fanden die Reformer bei jenen Teilen des Klerus Unterstützung, die dem Jansenismus zuneigten. Dieser Geistesströmung im Klerus ging es, neben der Betonung der Rolle der Bischöfe gegenüber dem Papsttum, vor allem um die Erneuerung des katholischen Glaubens. In ihrem Streben nach den ursprünglichen Tugenden des Christentums, die sie durch das Bibelstudium und eine Intensivierung der Volksmission zu erreichen hofften, wandten sie sich, wie die Reformer, gegen die traditionellen Formen der spanischen Volksfrömmigkeit. Diese Züge des Jansenismus führten häufig zur Gleichsetzung von Regalismus und Jansenismus und zur Fehleinschätzung des letzteren als eine Art Aufklärung, wobei jedoch übersehen wurde, daß der Jansenismus keine Anpassung an den rationalistischen Geist der Aufklärung darstellte, sondern vielmehr eine Rückkehr zu alten Traditionen verfocht (Saugnieux). So ging der gegen den Regalismus opponierende Bischof von Barcelona, José Climent, sogar so weit, den im Grunde traditionell inspirierten Jansenismus zu verurteilen, da ihn zu viele Elemente an die französische Aufklärung erinnerten.

Es ist daher nicht verwunderlich, daß in der zweiten Hälfte des 18. Jahrhunderts die populärste Form der Volksfrömmigkeit, die Bruderschaften (*cofradías*, *hermandades* und *congregaciones*) – die heute noch das Bild der Städte und Dörfer zur Karwoche bestimmen –, eine Zielscheibe der Kritik von Klerus und Staat gleichermaßen abgaben und zum Gegenstand von Reformbemühungen wurden. An die von den Laienorganisationen veranstalteten religiösen Akte und Versammlungen schlossen sich meist Volksfeste, profane Theateraufführungen und andere Festlichkeiten an, die häufig mit Alkoholgenuß endeten. Solche Erscheinungen konnten weder vom jansenistischen Klerus noch von den regalistischen Reformern toleriert werden. Mit dem rigorosen Vorgehen in der Frage der Bruderschaften, die zur Volkskultur gehörten, stieß die Krone beim einfachen Mann auf Unverständnis. Man kann dies als einen Konflikt zwischen der Volkskultur und den Reformern werten.

Daß ein Teil der Geistlichkeit die Reformvorhaben unterstützte, ist ferner durch die Mitwirkung des Klerus, insbesondere der niederen Weltgeistlichen, in den »Ökonomischen Gesellschaften« belegt, in denen es häufig um praktische Vorhaben wie die Stadtsanierung, die Verbesserung der Hygiene oder die Agrarproblematik ging. Hingegen wurden gegen Ende des 18. Jahrhunderts Stimmen laut, die einer weiteren Aufnahme und Verbreitung aufklärerischer Ideen zunehmend kritisch gegenüberstanden. Besonders seit der Französischen Revolution läßt sich eine Wende in der Haltung der hohen Geistlichkeit erkennen.

Aus den Reihen der Ordensleute kam eine wichtige, in offener Opposition zur Reformpolitik stehende Gruppe des Klerus: die Wanderprediger. In Teilen des Klerus war in der zweiten Hälfte des 18. Jahrhunderts eine breite Strömung vorhanden, die Volksmissionierung wieder stärker voranzutreiben. Mönche wie die Kapuziner Fray Diego José de Cádiz und Miguel de Santander, der Jesuit Pedro de Calatayud und der Dominikaner Antonio Garcés zogen bei ihren Predigten auf öffentlichen Plätzen Tausende von Menschen an und erlangten so allgemeine Berühmtheit. Die Missionare wandten sich nicht nur gegen den allgemeinen Verfall der Moral und die Ungerechtigkeit des Wirtschaftslebens. Gezielt griffen sie in ihren Predigten jene Einrichtungen und Vorhaben an, die gerade den Reformpolitikern besonders am Herzen lagen. Sie hingen einer traditionellen, durch überschaubare Handelsbeziehungen geprägten Wirtschaftsordnung an, deren Bestand sie durch Neuerungen bedroht sahen. Ihre große Popularität bezeugt, daß sich diese Ansichten mit der beim einfachen Volk verbreiteten Vorstellung einer »moralischen Ökonomie« im Einklang befanden. Das 1766 vom Kastilienrat ausgesprochene Verbot für Pedro de Calatayud, in Bilbao zu predigen, ging auf eine Beschwerde der dortigen Kaufmannschaft (*Consulado*) zurück. Bei einem früheren Aufenthalt in der baskischen Stadt hatte der Mönch die angeblich unlauteren Wirtschaftspraktiken der Kaufmannschaft angeprangert. Auch der andalusische Pater José Diego de Cádiz erlangte Berühmtheit durch seine Kritik an einem von der Krone initiierten Reformwerk: 1786 verurteilte er in Zaragoza die dortige »Ökonomische Gesellschaft« (*Sociedad Económica de los Amigos del País*). Auch erhob er Protest gegen die geplante Reform des Stiftungswesens. Insgesamt läßt sich diese Kritik an den aufklärerischen Neuerungen als der Beginn des konservativen Denkens in Spanien ab den 1770er Jahren werten.

Auch aus den Reihen der Inquisition erwuchs den Reformpolitikern im Laufe der Zeit eine immer stärkere protokonservative Opposition. Dem *Santo Oficio* ging es vor allem um die Bewahrung christlicher Werte und Anschauungen angesichts der neuen Ideen. So gerieten die Reformpolitiker und -beamten Karls III. auch in Konflikt mit dieser Institution. Graf Campomanes war von der Inquisition ins Visier genommen worden, da er wegen seiner regalistischen Schrift *Juicio imparcial* (1768) beim Klerus Mißfallen erregt hatte. Mit voller Härte ging die Inquisition gegen Pablo de Olavide vor, der 1776 verhaftet wurde. Der Intendant und königliche Stadtbeamte (*asistente*) von Sevilla hatte in seiner Amtszeit eine Fülle von Reformen unternommen. Auch war er durch seine antikirchlichen Kommentare aufgefallen. Zwei Jahre blieb er in Haft, ohne daß die Öffentlichkeit wußte, wie es um den Beamten stand. Die Angst der übrigen Reformer, nun selbst von der Inquisition angefeindet zu werden, lähmte den Protest. Das aufgeklärte Spanien und Europa waren von diesem Vorgehen erschüttert, und die alte Vorstellung vom finsteren, katholischen Spanien machte die Runde. Die Verhaftung des Intendanten veranschaulicht, welchen Spannungen die Reformpolitik Karls III. ausgesetzt war.

Daß der Wandel in der Einstellung zur Kirche sich nicht allein auf die staatliche Ebene und die Reformpolitiker erstreckte, daß sich vielmehr auch gesellschaftlich eine Front gegen die traditionelle Kirche bildete, ist der Reaktion auf die Französische Revolution und die Aufklärungsliteratur, die aus dem Ausland importiert wurde, zu entnehmen. Voltaires und Rousseaus Schriften wurden in Spanien wie den überseeischen Kolonien gleichermaßen gelesen und zitiert; manches wurde ins Spanische übertragen. Gegen die die

Iberische Halbinsel von außen erfassenden Strömungen, die den Konservativen des 19. Jahrhunderts rückwirkend als ein Sündenfall der spanischen Gesellschaft vorkamen, ging die Inquisition nach 1789 verstärkt vor. Daß die geistige Elite in ihrem Verhalten zur Kirche aber nicht von radikaler Ablehnung erfaßt war, vielmehr in ihren Gefühlen und Einstellungen schwankte, läßt sich an den Bildern und Skizzen eines Francisco de Goya erkennen. Auf der einen Seite stellte der Maler die religiöse Inbrunst selbst von Flagellantenprozessionen dar, um auf der anderen Seite in manchen Zeichnungen das finstere Treiben der Inquisition aufzudecken.

Im 18. Jahrhundert litt Spanien noch immer an dem Verbot, wonach sich die Studenten – von sehr wenigen Ausnahmen abgesehen – nicht an europäischen Hochschulen immatrikulieren durften. Diese auf Philipp II. zurückgehende Beschränkung führte dazu, daß Spanien keinen nennenswerten Beitrag zu den naturwissenschaftlichen Entdeckungen des 17. Jahrhunderts leistete. Mit großer Energie verfolgte die Monarchie aber in der zweiten Hälfte des 18. Jahrhunderts die naturkundliche Erforschung der amerikanischen Kolonien. Im Stil der Zeit sandte sie botanische Expeditionen nach Chile unter Hipólito Ruiz (1777/78) oder Martín Sesé (1788) nach Mexiko. Auch Celestino Mutis' Forschungen in Neu-Granada sowie die Weltumsegelung Alejandro Malaespinas (ab 1789) und die Reise Alexander von Humboldts (1799–1804) sind in diesen Kontext einzuordnen. Insgesamt war die spanische Kultur mehr als in anderen Ländern eine Kultur einiger weniger Gebildeter. Meist handelte es sich um im Staatsdienst stehende Juristen oder aber um Angehörige der vermögenden bürgerlichen Schicht. Doch ist gegen Ende des 18. Jahrhunderts eine gewisse Zunahme jener literarischen Bemühungen zu verzeichnen, die sich der Aufklärung verpflichtet wußten.

Das 18. Jahrhundert erlebte die Gründung der Königlichen Spanischen Akademie für Sprache (1713); auch in den

Provinzen formierten sich, wie z. B. 1729 in Barcelona, literarische Akademien. Unverkennbar nahm Spanien nun lebhafteren Anteil an der gelehrten Kultur und an den aufgeklärten Debatten der Zeit. Man blickte gerade in der zweiten Jahrhunderthälfte verstärkt nach England und Frankreich. Freilich war es der spanische Benediktinermönch Benito Feijóo, der der Aufklärung seit den 1720er Jahren entscheidende Impulse gab. Auch der Einfluß Italiens auf die spanische Kultur, der schon unter Elisabeth Farnese und dann nochmals durch den Regierungsantritt Karls III. mit seinem Minister Esquilache – sowie durch die Korrespondenz des Königs mit dem Neapolitaner Tanucchi – gestärkt wurde, war beträchtlich. Im übrigen war es die Krone, die die »Ökonomischen Gesellschaften« begründete, in denen die lokalen Notabeln über praktische Reformen und Neuerungen beratschlagen sollten. Zu den Höhepunkten aufgeklärter Literatur zählten die *Cartas marruecas* José de Cadalsos, der sich von *Lettres persanes* des Baron de Montesquieu inspirieren ließ, sowie die Arbeiten des Frühliberalen und Dichters Manuel de Quintana.

Trotz all dieser Initiativen und Entwicklungen ist gleichwohl unverkennbar, daß die traditionell schwache Entwicklung des Pressewesens und des Buchdrucks auch im 18. Jahrhundert eine weitere Verbreitung aufgeklärter Ideen behinderte. Eine Zunahme journalistischer Aktivitäten, wie man sie z.B. für Teile des Habsburger Reiches oder gar Frankreich und England kennt, blieb in Spanien weitgehend aus. Im Zusammenhang mit den Periodika *El Censor* und *El Pensador* ist immer wieder auf deren sehr geringe Reichweite und Verbreitung verwiesen worden.

Bei den einfachen Bevölkerungsschichten stießen die Reformmaßnahmen häufig auf Unverständnis. Angesichts einer hohen Analphabetenrate ist dies nicht weiter verwunderlich. Dieser im gesamteuropäischen Durchschnitt niedrige Bildungsgrad – noch 1850 bezifferte man die Zahl der Analphabeten auf über 75 % – erklärt den Fortbestand einer insgesamt traditionellen oralen Volkskultur. So war die einfache Bevölkerung noch immer ihrer alteuropäischen Vorstellungswelt verhaftet, in der der Marienglaube ebenso seinen Platz hatte wie Hexen und Geister. Der Versuch, die Sorgen des Alltags mittels Kerzenspenden und frommer Stiftungen zu bewältigen, gehörte ebenfalls zu diesen traditonellen Lebens- und Handlungsmustern.

Der Niedergang des Ancien Régime: Revolutionskriege und Staatsverschuldung unter Karl IV. (1788–1808)

1780	Ausgabe von Papiergeld (*Vales Reales*).
1788–1808	Karl IV.
1793	Kriegserklärung Spaniens an Frankreich.
1795	Friedensschluß mit Frankreich in Basel; Neutralität.
1798–1808	Säkularisation von Kirchengütern.
1804	Krieg mit England.
1805	Vernichtung der spanischen Marine durch Lord Nelson bei Trafalgar.
1808	März: Aufstand des Thronfolgers Ferdinand. Mai: Abdankung Karls IV.

Der Herrscherwechsel 1788 zu Karl IV. markiert den Übergang zu einer verhalteneren Reformpolitik. Vor allem aber sollte die Epoche der Revolutionskriege zum Ruin der Staatsfinanzen führen. Während der Regierungszeit Karls III. hatte sich der spanische Staatshaushalt durch ein wenn auch prekäres Gleichgewicht von Einnahmen und Ausgaben ausgezeichnet. Wie schon in der ersten Hälfte des Jahrhunderts kam die Verwendung der Ausgaben vor allem dem Ausbau des Militärwesens zugute. Gegen Ende des 18.

Jahrhunderts verfügte die Monarchie über ein Heer von 90 000 Soldaten an Infanterie und Kavallerie; zwischen 1758 und 1798 erhöhte sich die Anzahl der Kriegs- und Versorgungsschiffe von 87 auf 304. Bis zum Ende des 18. Jahrhunderts verfügte das Land nach England über die zweitgrößte Marine in Europa. Mit diesem bedeutenden militärischen Potential konnte sich Spanien nicht neutral verhalten, als im Gefolge der Revolutionskriege die Auseinandersetzungen in Europa und Übersee begannen, zumal Spanien seine Interessen im Atlantik und in Amerika wahren mußte. Das militärische Engagement brachte aber für die Staatsfinanzen ungeheure Belastungen mit sich, die mit den regulären Einnahmen nicht zu bewältigen waren.

1779 griff Spanien zusammen mit Frankreich in den Amerikanischen Unabhängigkeitskrieg auf seiten der aufständischen Kolonien gegen England ein. Die spanischen Aktivitäten zielten vor allem auf die Rückeroberung des seit 1704 von den Engländern besetzten Gibraltar. Der bis 1782 andauernde Krieg ließ sich nur noch mittels Kreditaufnahmen finanzieren. 1780 begann die Krone daher auf Vorschlag des Bankiers Francisco de Cabarrús zur Finanzierung der Kriegskosten, staatliche Schuldverschreibungen (*Vales Reales*) auszugeben, die verzinst wurden und nach einer Laufzeit von zwanzig Jahren zurückgenommen werden sollten. Die Krone aber wollte aus ihrer Finanznot eine wirtschaftspolitische Tugend machen und erklärte daher die *Vales Reales* zum offiziellen Zahlungsmittel. Das Papiergeld diente dazu, die Geldmenge zu erhöhen und z. B. die Vergabe von Krediten zu erleichtern, doch beschränkte der hohe Nennwert die Verwendung der Papiere auf größere geschäftliche Transaktionen. Die anhaltende Finanznot des Staates führte im Oktober 1781 und im April 1782 zu weiteren Emissionen von *Vales Reales* im Wert von 79,8 bzw. 222,8 Mio. *Reales de Vellón*. Angesichts der anhaltend prekären Lage der Staatsfinanzen verfiel der Kurs des Papiergelds rasch. 1782 wurden die *Vales Reales* mit einem Kurswert von 78 % gehandelt. Die Kursentwicklung wurde zum Vertrauensbarometer für die spanische Monarchie. Die Beendigung des Krieges verschaffte dem Staat politische und finanzielle Entlastung. Bis zum Ende der Regierungszeit Karls III. war Papiergeld in Höhe von 451 Mio. *Reales de Vellón* in Umlauf gekommen. Die Schuldscheine wiesen zeitweise eine bemerkenswert gute Kursentwicklung auf. Doch sollten die nicht zurückgenommenen bzw. eingelösten Papiergeld-Schuldscheine zu einer Belastung in den Jahren der Revolutionskriege werden.

Von 1793 bis 1795 kämpfte Spanien in den Koalitionskriegen gegen das revolutionäre Frankreich, und von 1796 bis 1802 sowie von 1804 bis 1808 lag es mit England im Krieg, dem gegenüber es vor allem seine Handelsinteressen in Hispanoamerika zu wahren suchte. Die durch die Kriegsoperationen unterbrochenen Handelswege dorthin hatten neben dem Ausbleiben der Silberlieferungen auch eine verminderte Wirtschaftstätigkeit und somit geringere Steuereinnahmen zur Folge. Gleichzeitig wuchsen die Kosten für Heer und Marine, was dem spanischen Staat keine andere Wahl ließ, als weitere Kreditaufnahmen zu tätigen. Zwischen 1792 und 1807 betrugen die jährlichen Einnahmen der Staatskasse im Durchschnitt nur 685 Mio., die Ausgaben beliefen sich aber auf durchschnittlich 1087 Mio. *Reales de Vellón*, woraus sich ein jährliches Defizit von 303 Mio. *Reales de Vellón* ergab.

Als wichtigstes Mittel zur Finanzierung ihres militärischen Engagements griff die Krone ab 1794 auf die erneute Ausgabe von Papiergeld zurück und tätigte drei neue Emissionen mit einem Gesamtvolumen von 984 Mio. *Reales de Vellón*, obwohl der weitaus größte Teil der alten *Vales Reales* aus den Jahren 1780–1782 noch im Umlauf war. Die massive Ausgabe dieser Schuld- und Geldscheine führte – bei gleichzeitig mangelnder finanzieller Absicherung durch den Staat – zu deren sofortigem Kursverfall, eine Entwicklung, die sich erst nach dem Friedensschluß von Basel

(22. Juli 1795) wieder besserte. Zur Stützung des Kurses verfügte die Krone 1794 die Bildung eines Fonds, an den seit Februar 1794 selbst die Gemeindekassen 10 % ihrer Einnahmen abführen mußten. Um den Kurswert der im September 1794 ausgegebenen *Vales Reales* zu stützen, wurde eine Steuer auf Pachterträge und Mieteinkünfte sowie eine Abgabe auf die Einkommen von Beamten erhoben. Zur Absicherung der Emission von 1795 wurde ab August 1795 auch der Besitz der Toten Hand von den Konsolidierungsmaßnahmen erfaßt: Es wurde eine Abgabe von 15 % auf jenes Vermögen eingeführt, das zukünftig in den Besitz der Toten Hand überginge. Die Kirche verpflichtete man außerdem zu einer Zahlung von 7 Mio. *Reales de Vellón* pro Jahr als Beitrag zur Tilgung der Staatsschulden. Wie verzweifelt die Lage war, zeigt auch die Überlegung, königliche Wälder und ungenutzte Jagdreviere zu verkaufen.

An eine Erhöhung der Steuern war seitens der Krone, mit Ausnahme der zu Beginn der Konsolidierung beschlossenen Anhebung des Salzpreises um 4 %, nicht gedacht, da man eine zu starke Belastung der Bevölkerung scheute. Zahlreiche Unruhen in den Jahren 1797 und 1798 waren Ausdruck der gespannten Lage in Teilen des Landes, weshalb man glaubte, von Steuererhöhungen absehen zu müssen. Doch die Versuche, besonders die Kaufleute und die vermögenden Schichten zu weiteren Abgaben in Form sogenannter freiwilliger Spenden zu bewegen, hatten nur geringen Erfolg, da Handel und Wirtschaft ebenfalls unter den kriegerischen Auseinandersetzungen litten. Die Beschaffung von Krediten auf dem internationalen Finanzmarkt in Amsterdam war nur noch zu äußerst ungünstigen Konditionen möglich. Besonders nach der letzten Ausgabe 1799 beschleunigte sich der Kursverfall der Schuldverschreibungen weiter rasant: In diesem Jahr verzeichneten sie einen Verlust von 40 % ihres Nennwertes.

Um die Lage der Staatsfinanzen zu verbessern, suchten

die Politiker und Beamten nach neuen Einnahmequellen. In dieser Situation griffen die Reformer zu einer Maßnahme, die bislang vor allem im revolutionären Frankreich angewendet worden war: Teile des umfangreichen Kirchenbesitzes wurden zugunsten der Staatskasse verkauft. Dabei hielt man sich zunächst an die große Zahl der frommen Stiftungen und das Vermögen von Hospitälern, das zum Teil aus kleinen und damit gut verkäuflichen Immobilien oder Landstücken bestand.

Der Unmut des Adels über die zahlreichen Steuern und Abgaben und jener des Klerus über die Säkularisation traf in besonderer Weise den Ersten Minister Manuel de Godoy, der 1792 Graf Aranda abgelöst hatte und dem neugeschaffenen Staatsrat vorstand. Sein kometenhafter Aufstieg vom Gardeoffizier zum Premierminister und Günstling der Königin Maria Louisa sowie seine Aufnahme in den Stand der Granden erregten beim Adel Mißgunst und Neid; der Frieden von Basel brachte ihm den Ehrentitel »Príncipe de la Paz« ein. Godoy versuchte jedoch, einen vermittelnden Kurs in den Jahren der Revolutionskriege zu verfolgen.

So kann es nicht verwundern, daß – als man in Spanien von der Französischen Revolution erfuhr – die einfache Bevölkerung eher der gegenrevolutionären Vendée zuneigte, als sich den jakobinischen Ideen anzuschließen. Eine Zurücknahme des Reformeifers ist mit dem Herrschaftsantritt Karls IV. dennoch nicht zu beobachten. Zwar stand die im zweiten Jahr seiner Regierung ausbrechende Französische Revolution den spanischen Politikern als Schreckgespenst vor Augen, doch die Staatsverschuldung zwang, den reformorientierten Kurs beizubehalten, eine Politik, die die Grundlagen des Ancien Régime auszuhöhlen drohte. Die Reformminister Francisco Saavedra (1798 Finanzen) und der Erste Minister M. Luis de Urquijo (1798–1800) standen mit ihren Luxussteuern ebenso für diesen Kurs wie der aufgeklärte Schriftsteller Gaspar de Jovellanos, der 1797 das Justizressort bekleidete.

Der als »zweiter hundertjähriger Krieg« (Crouzet) bezeichnete Wirtschaftskrieg Frankreichs gegen England (1689–1815) erreichte unter Napoleon seinen Höhepunkt. Als atlantische Macht geriet nun auch Spanien in den Strudel der Ereignisse. Dabei wurde die schon im Bereich der Finanzen spürbare Schwäche auch im Militärischen sichtbar. Spaniens Versuche, sich für neutral zu erklären, brachten keine Entlastung. Der Korse ließ sich überdies die spanische Neutralität teuer bezahlen. Die Entlassung Godoys (März 1798) steigerte den Einfluß Frankreichs auf Madrid nur noch weiter. Da England 1805 die Neutralität Spaniens nicht anerkannt hatte, kam es schließlich bei Trafalgar, vor der Südküste Spaniens, zur Begegnung der englischen Flotte unter Lord Nelson mit der spanischen Armada. Im Verlauf der Schlacht verlor Spanien fast seine gesamte Flotte. Napoleons Plan einer Kontinentalsperre sollte auch Spanien, vor allem aber das traditionell englandfreundliche Portugal, mit dessen Kolonie Brasilien die Engländer einen schwunghaften Handel trieben, in die antibritische Koalition zwingen. Daher wurden die beiden iberischen Staaten zu wichtigen Pfeilern seiner Kontinentalsperre. Godoy, der 1800 als leitender Politiker zurückgekehrt war – offiziell hatte Pedro Cevallos das Amt des Ersten Ministers inne –, bot Napoleon die Dreiteilung des Nachbarlandes zum Zwecke der besseren Einhaltung der Wirtschaftsblockade an.

Napoleon selbst hatte zunächst kein weitergehendes Interesse an Spanien an den Tag gelegt. Doch die Palastintrigen, die der älteste Königssohn und Prinz von Asturien Ferdinand, der zum Mittelpunkt einer *réaction nobiliaire* wurde, gegen den nach wie vor einflußreichen Godoy richtete, weckten die Aufmerksamkeit des Kaisers der Franzosen. Dieser hatte in Italien begonnen, die bourbonischen Sekundogenituren zu stürzen und die Throne mit Angehörigen seiner Familie zu besetzen. Als Kaiser der Franzosen saß er selbst auf einem Bourbonenthron. Sein Interesse war es daher, jedweden Rivalen dieses Hauses zur Sicherung seiner eigenen Herrschaft auszuschalten.

Zum Schein ging Napoleon auf die Vorschläge Godoys ein, doch verhandelte er ebenfalls mit dem Thronanwärter Ferdinand. Die beiden Parteien am spanischen Hof blockierten sich gegenseitig. Im Vertrag von Fontainebleau (27. Oktober 1807) erhielt der Korse die Zusage, daß französische Truppen Spanien durchqueren dürften, um nach Portugal zu gelangen. Der portugiesische König und seine Familie verließen auf englischen Schiffen Lissabon und verlegten den Hof nach Rio de Janeiro, wo er bis 1822 bleiben sollte.

Währenddessen hatte Karl IV. seinen Sohn festsetzen lassen und begonnen, gegen die Anhänger des Infanten Prozesse anzustrengen. In dieser gespannten Lage beauftragte Napoleon General Murat, wichtige Städte im Norden Spaniens einzunehmen. Furcht ergriff den Hof. Man plante nunmehr, den Hofstaat nach Sevilla zu verlegen. Nach dem Vorbild des portugiesischen Königshauses erwog man ebenfalls die Flucht nach Amerika. Die von Ferdinand orchestrierte Palastintrige vom März 1808 (*Motín de Aranjuez*), bei der die Volksmenge die Residenz Godoys stürmte und die Absetzung Karls IV. forderte, heizte die Stimmung weiter an. Nicht zuletzt die mit der Reformpolitik und namentlich der Säkularisation Unzufriedenen scharten sich nun um Ferdinand (VII.). Letztlich wurde Karl IV. jedoch selbst zum Rücktritt gezwungen; Ferdinand VII. zog am 24. März 1808 als König in Madrid ein. Diese insgesamt konfuse Situation nutzte Napoleon nun zielstrebig aus. Schon am 23. März waren französische Truppen in Richtung Hauptstadt vorgerückt. Sowohl dem neuen König als auch dem abgesetzten Karl IV. wurde nun eingeredet, sie müßten Napoleon, der angeblich die Absicht hatte, nach Spanien zu kommen, entgegenreisen. Kaum im südwestfranzösischen Bayonne angekommen, diktierte der Korse beiden ihre Abdankungen, ein in der spanischen Verfassungsgeschichte einmaliger Vorgang, sieht man davon ab, daß Philipp V. im Jahre 1724 für wenige Monate auf seinen Thron zugunsten Ludwigs I. verzichtet hatte. Napoleon ließ nunmehr den spanischen Thron mit seinem Bruder Joseph I. besetzen. Adel und Amtskirche leisteten keinen nennenswerten Widerstand. Nur die Bevölkerung stellte sich dem neuen Regime entgegen. Sowohl im Mutterland als auch in den amerikanischen Kolonien erklärten Spanier und Amerikaner ihre Treue zur alten Monarchie.

Literaturhinweise

Actas del Congreso Internacional sobre »Carlos III y la Illustración«. 3 Bde. Madrid 1989.

Corona, Carlos: Revolución y reacción en el reinado de Carlos IV. Madrid 1957.

Domínguez Ortiz, Antonio: Sociedad y Estado en el siglo XVIII español. 2., überarb. Aufl. Barcelona 1981.

Egido López, Teófanes: Prensa clandestina española del siglo XVIII: »El Duende Crítico«. Valladolid ²2002.

Fernández, Roberto (Hrsg.): España en el siglo XVIII. Homenaje a Pierre Vilar. Barcelona 1985.

Fernández Álvarez, Manuel: Jovellanos. Madrid 1988.

Herr, Richard: Rural Change and Royal Finances in Spain at the End of the Old Regime. Berkeley 1989.

Herrero, Javier: Los orígenes del pensamiento reaccionario español. Madrid 1994.

Kamen, Henry: The War of Succession in Spain 1700–15. London 1969.

– Philip V of Spain: the king who reigned twice. New Haven 2001.

Kleinmann, Hans-Otto: Die Politik des Wiener Hofes gegenüber der Spanischen Monarchie unter Karl III. (1759–1788). Diss. Köln 1967.

– (Hrsg.): Die Berichte der diplomatischen Vertreter des Wiener Hofes aus Spanien in der Regierungszeit Karls III. (1759–1788). 14 Bde. Madrid 1970–88.

Konetzke, Richard: Die Politik des Grafen Aranda. Berlin 1929.

Llombart, Vicent: Campomanes, economista y político de Carlos III. Madrid 1992.

Lope, Hans-Joachim (Hrsg.): Federico II de Prusia y los Españoles. Frankfurt a. M. 2000.

Nadal Oller, Jordi: Atlas de la industrialización de Espana: 1750–2000. Barcelona 2003.

Pieper, Renate: Die spanischen Kronfinanzen in der zweiten Hälfte des 18. Jahrhunderts. Ökonomische und soziale Auswirkungen. Stuttgart 1988.

Pohl, Hans: Die Beziehungen Hamburgs zu Spanien und dem spanischen Amerika in der Zeit von 1740–1806. Wiesbaden 1963.

Ringrose, David R.: Spain, Europe, and the »Spanish Miracle«, 1700–1900. Cambridge 1998.

Sarrailh, Jean: L'Espagne éclairée de la seconde moitié du XVIIIe siècle. Paris 1954. Neuausg. Paris 2001.

Saugnieux, Joël: Le jansénisme espagnol du XVIIIe siècle, ses composantes et ses sources. Oviedo 1975.

Schmidt, Peer: Die Privatisierung des Besitzes der Toten Hand in Spanien. Die Säkularisation unter König Karl IV. in Andalusien. Stuttgart 1990.

Windler, Christian: Lokale Eliten, seigneurialer Adel und Reformabsolutismus in Spanien (1760–1808). Stuttgart 1992.

Zwischen Ancien Régime und Liberalismus

(1808–1874)

Von Hans-Otto Kleinmann

Epochenüberblick

Die Zäsuren, die nach einhelligem Urteil der Geschichtsschreibung den Anfang und das Ende der Epoche bilden, ähneln sich auf signifikante Weise. Beide Male umfassen sie einen Zeitraum von sechs Jahren (1808–1814 und 1868–1874). Beide Male ereignet sich ein revolutionärer Umsturz, ein König fremder Herkunft gelangt auf den Bourbonenthron, und es kommt zur Einführung einer neuen Verfassung. In letzter Konsequenz führt dann die Entwicklung des politischen Systems, in einem Klima kriegerischer Gewalt, zu einer radikalen Änderung der Regierungsform: im einen Fall zur liberalen konstitutionellen Monarchie von 1812, im anderen zur Ersten Republik. Beiden Zäsuren ist auch gemeinsam, daß ihnen eine Rückwendung folgt, ein Wiedereinschwenken auf die unterbrochene staatliche Entwicklung: Der neoabsolutistischen Reaktion Ferdinands VII. (1814–1833) entspricht so im Abstand von sechzig Jahren die bourbonische Restauration unter Alfons XII. (1875–1885). Die Ähnlichkeit beider Zäsuren ist nicht zufällig, sondern begründet in der Beharrungskraft der gesellschaftlichen und ökonomischen Strukturen Spaniens, die den Prozeß der Modernisierung in diesem Land gehemmt und verlangsamt hat.

Es fällt daher schwer, »morphologische Grundbestimmungen« (Schieder) für die spanische Geschichte des 19.

Jahrhunderts zu definieren. Sicher, die großen Bewegungen des Zeitalters prägten auch die politischen Auseinandersetzungen in Spanien, aber sie wirkten und entwickelten sich dort derart anders als im übrigen Europa, daß man von einem »Sonderweg« Spaniens sprechen kann (Millán). Der spanische Liberalismus trat, ohne daß er starke eigene Wurzeln und eine breite soziale Basis besessen hätte, in einer einzigartigen historischen Konstellation zu Beginn des Jahrhunderts mit revolutionärem Anspruch auf, blieb aber stets zu schwach, um diesen nachhaltig durchzusetzen. Er erreichte die formale Etablierung der konstitutionellen Monarchie. Er darf sich auch wirtschaftliche und soziale Reformen, die tiefgreifende soziale Veränderungen in Gang setzten, zurechnen. Seine Erfolge verdankte er aber weniger eigener Stärke als vielmehr temporären politischen Bündnissen mit der monarchischen Spitze, mit dem Militär sowie den alten und neuen Oligarchien.

Der Konservativismus war in Spanien mit Denkern wie Juan Donoso Cortés und Jaime Balmes vertreten. In der doppelten Frontstellung gegenüber Liberalen und ultrakonservativen Traditionalisten gelangte er jedoch trotz dieser originären Ansätze zu keiner politischen Form. Statt dessen wurde der Karlismus der Hauptgegner des liberalen Verfassungsstaates und der bürgerlichen Ökonomie. Entstanden durch den Thronfolgestreit nach dem Tode Ferdinands VII., ließen ihn die starke Verankerung in einigen Regionen, die Sympathie, die große Teile der Kirche ihm entgegenbrachten, und eine beachtliche Mobilisierungsenergie in ländlichen Unterschichten und im Kleinbürgertum zu einem besonderen politischen Faktor werden.

Auch die Epochenbewegungen des Nationalismus und Sozialismus nahmen in Spanien eine auffällig andere Entwicklung. Der spanische Nationalismus dieser Epoche war rückwärtsgewandt und defensiv. Er erwuchs aus der Abwehrhaltung gegenüber der Moderne als romantische Aufbereitung vergangener nationaler Größe (*Costumbrismo*), begegnet aber auch als regionale Identitätsbildung gegenüber dem liberalen Zentralismus, wie in Katalonien und im Baskenland mit ihren »Nationalitäten«. Der Sozialismus fand seit den vierziger Jahren parallel zu der sich organisierenden Arbeiterbewegung Verbreitung. Auf seinem »Sonderweg« wurde Spanien jedoch zur Bastion des Anarchismus, der vor allem in der sozialrevolutionären ländlichen Bevölkerung Fuß faßte. Die großen Bewegungen des Zeitalters sahen Spanien in der Rolle des Nehmenden und Empfangenden. Von der Politik, Wissenschaft und Kunst Spaniens ging kaum etwas aus, das über die nationalen Grenzen hinaus Bedeutung gewann. Wie kein anderer europäischer Staat war Spanien vor allem mit sich selbst und seinen innenpolitischen Krisen beschäftigt, die sich an der ereignisgeschichtlichen Oberfläche in einer wilden Folge von Revolten, Bürgerkriegen und Regierungswechseln äußerten. Europäische Ereignisse wie die Revolutionen von 1830 und 1848 oder der Krimkrieg ließen Spanien weitgehend unberührt. Durch seine innere Schwäche zur Passivität nach außen verurteilt, spielte Spanien im europäischen Mächtekonzert nur einen unbedeutenden Part. Mit der Unabhängigkeit des spanischen Amerika büßte es auch seine atlantische Stellung ein und wurde auf seine europäische Randlage zurückgeworfen. Dieses Abgleiten in die Zweitrangigkeit verstärkte sich durch die Rückständigkeit der ökonomischen und sozialen Struktur. Das Bevölkerungswachstum war langsamer als in vergleichbaren anderen Ländern. Die Geschichtswissenschaft spricht vom »Fehlschlag der industriellen Revolution« und von einer »langen Siesta« der spanischen Landwirtschaft.

Die Ablösung vom Ancien Régime erfolgte in Spanien mit außerordentlicher Konfliktdynamik. Nirgendwo sonst in Europa findet sich eine vergleichbar gewalterfüllte Konfrontation der konkurrierenden epochalen Gesellschaftsmuster und Wirtschaftsweisen. Hat es sich hierbei, wie es seit dem Ende des 19. Jahrhunderts häufig gesehen worden

ist, um eine Auseinandersetzung zwischen »zwei Spanien«
gehandelt, in denen sich die Antithetik der Paradigmen
»Hispanität« und »Modernität« verkörperte? Auch wenn
die Historiker heute mit guten Gründen von einer solchen
Deutung abgerückt sind, führt die Frage nach dem besonderen »Ort« Spaniens im Modernisierungsprozeß Europas
mitten hinein in die Problematik der Epoche zwischen
1808 und 1874.

Die Krise des absolutistischen Regimes in der Epoche Ferdinands VII. (1808–1833)

1808	2. Mai: Volksaufstand in Madrid gegen die französischen Truppen unter Murat.
	5. Mai: Abdankung Karls IV. zugunsten Napoleons I.
	6. Juni: Proklamierung des Napoleon-Bruders Joseph zum spanischen König.
	Beginn des spanischen Unabhängigkeitskrieges.
	25. September: Bildung der *Junta central* (Regentschaftsrat).
1810–1811	Beginn der Unabhängigkeitsbestrebungen im spanischen Amerika.
1810	24. September: Eröffnung der *Cortes* in Cádiz.
1812	19. März: Verkündung der ersten spanischen Verfassung.
1813	11. Dezember: Spanisch-französischer Vertrag von Valençay; Anerkennung Ferdinands VII. durch Napoleon; Ende des Unabhängigkeitskrieges.
1814	Rückkehr Ferdinands VII. aus Frankreich nach Spanien; Aufhebung der *Cortes* und der von ihnen beschlossenen Gesetze einschließlich der Verfassung von 1812.
1815–1819	Restauration des Absolutismus; Verfolgung der Liberalen.
1820–1823	»Liberales Triennium«.
1820	1. Januar: Erhebung des Obersten Rafael Riego und

der nach Amerika bestimmten Regimenter in Andalusien.

7. März: Wiedereinführung der Verfassung von 1812.

25. April: Gründung einer Nationalmiliz.

1823   7. April: Militärische Intervention Frankreichs aufgrund der Beschlüsse des Kongresses von Verona (1822).

26. Mai: Regentschaft unter dem Vorsitz des Duque de Infantado. Erneute politische Reaktion.

1824   9. Dezember: Kapitulation des Vizekönigs in Ayacucho (Peru); Ende der spanischen Herrschaft in Südamerika.

1828   Höhepunkt der Liberalenverfolgung.

1830   31. März: Veröffentlichung der *Pragmática Sanción* von 1789 über die Änderung des Thronfolgerechts.

1833   20. Juni: Huldigungseid für die Infantin Isabella als Thronerbin.

29. September: Tod Ferdinands VII.

4. Oktober: Selbstproklamation des Don Carlos zum König, Beginn des ersten Karlistenkriegs.

Tiefpunkte und Höhepunkte liegen in der Geschichte einer Nation oft nahe beieinander. Der erbärmlichen Posse, in der sich die spanischen Bourbonen ihrer Thronrechte zugunsten Napoleons begaben, folgte unmittelbar das Heldenepos des spanischen Unabhängigkeitskrieges gegen die französische Fremdherrschaft. Die Krise des spanischen Ancien Régime, die in diesen beiden Ereignissen zum Ausdruck kam, wurde ausgelöst durch die hegemoniale Politik Napoleons. Sein Ziel war es, auch die Iberische Halbinsel in sein Kontinentalsystem gegen England einzugliedern und sein Empire an der atlantischen Südflanke sicherzustellen.

Am 27. Oktober 1807 waren im Vertrag von Fontainebleau ein gemeinsamer spanisch-französischer Kriegszug gegen Portugal und eine »portugiesische Teilung« verabredet worden. Der Aufmarsch französischer Truppen auf spanischem Territorium nahm jedoch alsbald Züge einer regelrechten Besetzung des Landes an. Die spanische Regierung geriet sofort in Panik. Gleichzeitig breitete sich im Volk größte Unruhe aus, denn die Erinnerung an die unglücklichen Kampagnen des Koalitionskrieges gegen das revolutionäre Frankreich waren noch frisch. Diese labile Situation erschien einer Adelsclique um den spanischen Thronfolger Ferdinand, den Prinzen von Asturien, günstig, um mit dem königlichen Günstling Godoy und seinem Regime Schluß zu machen. Der »Tumult von Aranjuez« (17.–19. März 1808) erzwang die Entlassung Godoys und bewog Karl IV. zur spontanen Abdankung. Der Familienzwist zwischen Vater und Sohn, vor allem aber die Frage der Anerkennung Ferdinands als neuen König machte mit einem Schlag den Kaiser der Franzosen zum Schiedsrichter über die spanischen Dinge. Die Bourbonen, zu einer Konferenz nach Bayonne gelockt, mußten sich dort dem Druck ihres »treuen Alliierten und Freundes« beugen und einer scheinlegalen Übertragung des spanischen Throns auf Joseph Bonaparte, Napoleons jüngeren Bruder, die Hand bieten. Sie selbst wurden mit einer Apanagierung auf Schlössern in Frankreich abgefunden. Bei dem Coup war allerdings die Rechnung ohne das Volk gemacht worden. Die Anwesenheit fremder Soldaten, die undurchschaubaren Vorgänge am Hof und der Exodus der Königsfamilie gaben vielen Gerüchten Nahrung und erzeugten in der breiten Bevölkerung eine brisante Mischung aus Proteststimmung, Wachsamkeit und Mobilisierungsbereitschaft.

Vor diesem Hintergrund mit einer dynastisch-politischen Handlungsebene oben und einer gewaltentwickelnden gesellschaftlichen Handlungsebene unten, ist der *Dos de Mayo* (2. Mai 1808) zu sehen: der Ausbruch der Volkswut, als auch die übrigen, noch in Madrid verbliebenen Angehörigen der spanischen Königsfamilie, darunter der vierzehnjährige Infant Francisco de Paula, der Liebling der Madrilenen, nach Frankreich verbracht werden sollten. Zwar wur-

de der Madrider Aufstand von den Truppen Murats blutig
unterdrückt, aber der Funken der Empörung zündete in
den Regionen. Zuerst in Asturien, von wo aus das Beispiel
der Bildung lokaler *Juntas* Schule machte und gleich einer
Bewegung das ganze Land ergriff. Diese Ausschüsse, zu
denen in der Regel die Honoratioren einer Stadt, eines Ge-
richtssprengels oder einer Diözese zusammentraten, übernahmen in Vertretung der legitimen königlichen Gewalt
und im Namen Ferdinands VII. die politische Führungstä-
tigkeit und Organisation des beginnenden Volkskrieges.

Der spanische Unabhängigkeitskrieg (1808–1813) wurde
zum bewunderten Vorbild für die Erhebungen und Befrei-
ungskämpfe gegen die napoleonische Herrschaft in ganz
Europa. Für Spanien hatte er die Bedeutung eines »Ur-
knalls«, aus dem sich der weitere Geschichtsverlauf und der
Gesellschaftszustand im 19. Jahrhundert ableiteten. Das
militärische Geschehen war nur eine Seite des Krieges. Auf
der anderen Seite veränderte er die institutionellen Grundlagen von Staat und Gesellschaft tiefgreifend. Dabei ist
nicht nur an die liberale Verfassung und die Reformgesetz-
gebung zu denken, die während des Krieges entstanden.
Auch die administrativen und wirtschaftlichen Strukturen
ebenso wie Armee und Kirche wurden von dem Umbruch
nachhaltig betroffen.

Das spanische Dilemma war, daß mit dem Regierungsantritt Josephs I. die Verfassung von Bayonne und Re-
formdekrete verbunden waren, die Richtmarken einer
Neuordnung setzten. Die Verfassung, von einer recht will-
kürlich zusammengeholten 150köpfigen spanischen Depu-
tation verabschiedet, sah eine ständische Repräsentation
sowie einen Senat aus ernannten Notabeln vor und garantierte die Grundrechte auf persönliche Sicherheit und Un-
verletzlichkeit der Wohnung, die Gleichheit vor dem Recht
und die richterliche Unabhängigkeit sowie eine gleiche Besteuerung. Die Aufhebung der grundherrschaftlichen Rechte, die Abschaffung der Inquisition und die Auflösung

geistlicher Orden sollten den Übergang vom Absolutismus
zum Konstitutionalismus vervollständigen. Gegenüber diesem unter Napoleons Regie zustande gekommenen Reformwerk bildeten sich auf spanischer Seite unterschiedliche politische Haltungen heraus. So sah sich ein Großteil
der Reformer im spanischen Widerstand nun genötigt, die
Verfassung von Bayonne in liberaler Hinsicht noch zu
überbieten. Im Adel und im Klerus überwogen die Kräfte,
die aus dynastisch-monarchischen, religiösen und standes-
politischen Motiven heraus die vorrevolutionäre Ordnung
verteidigten. Die breite Masse der Bevölkerung lehnte
überhaupt alles Fremde ab. Eine kleinere Reformergruppe,
in der namhafte Repräsentanten der geistigen Elite Spaniens
anzutreffen waren, versuchte das Beste aus der neuen Situation zu machen und stellte sich Joseph I. zur Verfügung. Zu
diesen *afrancesados* (Franzosenfreunde) sind nicht nur die
Kollaborateure, die *josefinos*, zu zählen, sondern auch im
weiteren Sinn alle, die für Reformen eintraten, welche sich
an französischen Vorbildern orientierten.

Die Regierung Josephs I. hat gleichwohl in der spanischen Geschichte kein Profil gewinnen können. Die Politik
des von seinen Gegnern als Alkoholiker Pepe Botella ver-
spotteten Kaiserbruders blieb in gutgemeinten Ansätzen
stecken, was nicht zuletzt daran lag, daß er seine Herrschaftsgewalt faktisch kaum über die Grenzen der spanischen Zentralprovinzen hinaus durchzusetzen vermochte.
Am 6. Juni 1808 zum König Spaniens proklamiert, mußte
er schon kurze Zeit später, nach dem Sieg der Spanier bei
Bailén (21. Juli 1808), in eine feste Stellung am Ebro flie-
hen. Napoleon selbst verhalf ihm zwar durch einen energisch geführten Feldzug zu einem erneuten Einzug in
Madrid (22. Januar 1809), aber die ihm dort zugedachte
Aufgabe erwies sich für ihn politisch wie militärisch als
unlösbar.

Nach den Erfolgen Napoleons über die reguläre spanische Armee und ein englisches Hilfsheer ging der Unab-

hängigkeitskrieg 1809 in die *guerrilla* über. Im »kleinen
Krieg« operierten unter der Autorität der Provinzialjuntas
neben versprengten regulären Soldaten vorwiegend Veteran-
entruppen, Provinzialmilizen (Landsturm) und selbstän-
dige Freischaren (Banden) gegen französische Verbindungs-
linien, Nachschubtransporte, kleinere Kommandoeinheiten
und Feldlager. Für diese Kriegführung brachte das Land
mit seiner Bodengestalt, Bevölkerungsarmut und Wehrtra-
dition Voraussetzungen mit wie kein anderer europäischer
Staat dieser Größe. Die Bilder Goyas vermitteln einen rea-
listischen Eindruck von der Grausamkeit und Gnadenlo-
sigkeit der »spanischen Hölle« (*Desastres de la guerra*).
Zeitweise hatten die Marschälle Napoleons auf dem spanischen Kriegsschauplatz fünf Armeen mit über 300000 Soldaten im Einsatz.

War dieser Krieg ein nationales Unternehmen, ein revolutionäres Ereignis? Die Historiker bezweifeln das heute
eher. Die aktive Beteiligung der Geistlichkeit machte ihn einem Kreuzzug ähnlich. Die Partisanentätigkeit und die
harten Repressalien des französischen Militärs lassen ihn als
Vorläufer moderner totaler Kriege erscheinen. Zugleich war
er ein Waffengang zwischen zwei Großmächten auf spanischem Boden. Seit 1812 wurde das verstärkte Eingreifen
der Engländer unter dem Oberbefehl des Herzogs von
Wellington kriegsentscheidend. Bei Vitoria erfochten die
vereinigten englisch-spanisch-portugiesischen Streitkräfte
am 21. Juni 1813 den Sieg über das von Joseph I. persönlich
geführte französische Heer.

Während das Kriegsgeschehen Ortschaften und weite
Landstriche verwüstete, versuchte der politische Widerstand eine Neuordnung des Staatswesens an Haupt und
Gliedern. Am 25. September 1808 konstituierte sich, unter
der Präsidentschaft des 80jährigen Grafen Floridablanca
und gebildet aus je zwei Deputierten der Provinzialjuntas –
darunter nicht wenige ehemalige Minister –, in Aranjuez
die *Junta suprema central*. Sie übernahm bis zur Schaffung

eines Regentschaftsrates Anfang 1810, mit dem Anspruch
auf Ausübung der Regierungsgewalt, die Koordinierung
der spanischen Kriegsführung und die Organisation einer
Reformpolitik. So beschloß sie auch, im Bestreben, den
Staatszerfall zu verhindern und dem bedrohlich erstarkenden Kantonalismus entgegenzuwirken, die Einberufung einer verfassunggebenden Versammlung (*Cortes*).

In Cádiz, dem letzten Zufluchtsort der Widerstandsre-
gierung von 1810 bis 1814, auf der Isla de León im Schutz
mächtiger Festungsanlagen, traten am 24. September 1810
die allgemeinen und außerordentlichen *Cortes* zusammen.
Ihr erster Akt war die Anerkennung Ferdinands VII. und
die Annullierung seines Thronverzichts. Am Ende ihrer
Verhandlungen stand ein revolutionäres Werk: die berühmte Verfassung vom 18. März 1812 – Grundlage und Richt-
maß des spanischen Liberalismus bis zur Ersten Republik.
Das Modell der französischen Verfassung von 1791, englische und amerikanische Einflüsse, aber auch altspanisches
Verfassungsdenken finden sich in ihren 384 Artikeln eklek-
tisch zusammengefaßt. Die konstitutionelle gemäßigte Erbmonarchie, die die Spanier »beider Hemisphären« umfassen
sollte, beruhte danach auf den Grundprinzipien der Volkssouveränität, Gewaltenteilung und politischen Repräsentation. Zu den wesentlichsten Verfassungsbestimmungen
gehörten die richterliche Unabhängigkeit, die Verantwortlichkeit der Regierung gegenüber dem Parlament, die
Gleichheit vor dem Gesetz sowie die Garantie der Bürger-
rechte, des Eigentums und gleicher Besteuerung. Charakteristische Bestandteile, die in der Folgezeit zu heftigen Differenzen unter den Liberalen führen sollten, waren die
Volksvertretung durch eine Kammer, deren Mitglieder in
allgemeinen, indirekten Wahlen der Vollbürger bestimmt
wurden, das suspensive Veto des Königs, die Einrichtung
eines Grundschulsystems und einer Volksmiliz neben dem
stehenden Heer. Der 12. Artikel, der die katholische Religion als Staatsreligion festlegte und die Ausübung jeder ande-

ren verbot, bekräftigte die traditionelle Einheit der Nation mit dem Katholizismus.

In der Verfassungskodifikation spiegelten sich die Zusammensetzung und die Mehrheitsverhältnisse der Gaditaner Versammlung wider, die alles andere als repräsentativ war. Die 308 Abgeordneten waren von den *Juntas* und den Städten mit traditionellem *Cortes*-Stimmrecht ernannt worden. Wegen der Kriegsverhältnisse mußten jedoch viele Ersatzleute (*suplentes*) die Beratungsarbeit aufnehmen. Sie waren es wohl vor allem, die den liberalen Reformern zur Mehrheit verhalfen. Drei größere Gruppen lassen sich unterscheiden: die »Königstreuen« (*serviles*), die für ein Weiterbestehen der alten Ordnung und ihrer Institutionen kämpften, die von der Aufklärung geprägten Reformer, die eine moderate Modernisierung unter der Autorität des Königs anstrebten, und die Liberalen, die unter dem Einfluß von Revolutionsideen auf eine emanzipatorische, vom Selbstbestimmungsrecht des Volkes getragene Neugestaltung hinauswollten. Eine besondere Gruppe bildeten die 28 Vertreter der spanischen Überseeprovinzen. Ihre »Fraktion«, in der *serviles* und gemäßigte Reformer in der Minderheit waren, machte sich vor dem Hintergrund der beginnenden Unabhängigkeitsbewegungen in Hispanoamerika für politische Gleichberechtigung, gleiche Repräsentation und Handelsfreiheit stark. Soziologisch betrachtet, lag in den *Cortes* das Übergewicht bei der Gruppe der Träger öffentlicher und militärischer Funktionen (117) sowie bei den Angehörigen des Klerus (97). Es handelte sich hierbei im Kern um Männer, die im Reformklima des aufgeklärten Absolutismus Karls III. aufgewachsen waren. Die Hauptmacht der Liberalen stellten die freien Berufe wie Advokaten, Publizisten und Ärzte (76) und die Gruppe des Besitz- und Handelsbürgertums (20), während die Teilnehmer aus der hohen Aristokratie (8) zumeist dem konservativen Lager angehörten.

Dank klarer Mehrheit setzte der reformwillige Teil der *Cortes* seine politischen Vorstellungen nicht nur bei der

Verfassung-, sondern auch bei der Gesetzgebung weitgehend durch. Mit der Aufhebung der Grundherrschaft (*señoríos*), der Abschaffung des Zunftwesens und der Einführung der Gewerbefreiheit, mit der Freigabe des Getreidehandels, mit der Pressefreiheit, der Abschaffung der Inquisition sowie mit zahlreichen Neuregelungen für die Justiz und Administration wurde der Grundstein zur Modernisierung Spaniens gelegt. Doch der Weiterbau unterblieb. Die spanische Revolution meldete sich an, aber trat nicht ein. Die Verfassung von 1812 und die sie begleitenden Reformgesetze hatten nur so lange Bestand, wie der Feind, der sie herausgefordert hatte, existierte. Als Napoleon stürzte, zeigte sich schlagartig die Schwäche des Werks. Es war die Angelegenheit einer kleinen gebildeten Elite und von der gesellschaftlichen Realität Spaniens weit entfernt; die breite Bevölkerung hatte genug mit den Kriegsnöten zu tun und an den »Kopfgeburten« der Gaditaner keinen Anteil gehabt, ja war davon gänzlich unberührt geblieben. Sie setzte ihre Hoffnungen in einer gläubigen, von der Kirche bestärkten Hingabe auf den König, den Ersehnten (*el Deseado*).

In der kritischen Lage nach der Völkerschlacht von Leipzig hatte Napoleon, um sich aus dem spanischen Krieg zu befreien, mit Ferdinand VII. den Friedens- und Freundschaftsvertrag von Valençay geschlossen (11. Dezember 1813), in dem er gegen die Anerkennung des Königs die spanische Neutralität erhielt. Am 24. März 1814 betrat Ferdinand wieder spanischen Boden. Die reale Anwesenheit des Königs führte sofort zu neuen politischen Konstellationen. Das einfache Volk empfing ihn begeistert. Der Adel, der seinen in Cádiz abgeschafften Feudalrechten nachtrauerte, wollte durch Unterstützung des Königs verlorene Positionen wiedergewinnen. Ein Großteil der Armee erklärte sich öffentlich für ihn. Die Kirche war bereit für das Bündnis von Thron und Altar, und die Anhänger des monarchischen Legitimismus sahen ihre Stunde gekommen.

Konservative *Cortes*-Abgeordnete forderten, dem restaurativen Zeitgeist entsprechend, die Wiederherstellung der traditionellen Monarchie (*Manifiesto de los Persas*).

Der König fühlte sich politisch stark genug zur Gegenrevolution. Am 4. Mai 1814 erklärte er die Verfassung von 1812 und die Reformgesetze der *Cortes* für ungültig und wirkungslos. Dieser radikale Kurswechsel bewirkte, daß sich die Gegensätze und Antagonismen in der spanischen Gesellschaft nur noch mehr verschärften. Ferdinand VII., unbeständig, bigott, verschlagen und von seiner engsten Umgebung abhängig, konnte nicht versöhnen. Seine Herrschaft, auf aristokratische Reaktion, Militär und Kirche gestützt, fundamentierte die politische und soziale Spaltung Spaniens.

Seine Regierung begann mit der politischen Verfolgung von *afrancesados* und Liberalen. Die Verbannung derjenigen, die unter Joseph I. höhere Funktionen innegehabt oder erhalten hatten, wurde erst durch die Amnestie von 1818 aufgehoben, doch blieben die Rückkehrer Schikanen aller Art ausgesetzt. Liberale Politiker, in erster Linie die Abgeordneten der *Cortes,* hatten sich vor einem eigens dazu eingerichteten Sondergericht (*Comisión especial de Estado*) zu verantworten und wurden mit Gefängnis und Vermögenskonfiskation bestraft. Viele Betroffene entkamen den Säuberungsmaßnahmen durch Emigration nach Frankreich und England, von wo aus sie, noch bestärkt durch die dort gewonnenen Eindrücke, die Opposition gegen das Regime Ferdinands VII. betrieben. Der Unabhängigkeitskrieg ging über in einen »inneren Krieg« zwischen unverträglichen staats- und gesellschaftspolitischen Konzeptionen. Der fernandinische Neoabsolutismus erwies sich als unfähig, den Aufbau und die Reorganisation des so furchtbar mitgenommenen Landes zu leisten. Häufige Ministerwechsel machten es unmöglich, eine klare politische Linie zu verfolgen. Die Günstlingsherrschaft setzte sich fort, jedoch in der Mutationsform der *Camarilla*, einer Hofpartei von

mediokren Figuren in der unmittelbaren Umgebung des
Königs, die einen nur persönlichen Interessen dienenden
politischen Einfluß ausübten. Der innenpolitischen Schwäche und Inkompetenz entsprach außenpolitisch eine völlige
Ohnmacht. Die auf dem Wiener Kongreß vorgenommene
Neuordnung Europas ging über die spanischen Interessen
einfach hinweg. Weder wurde die Frage der aufständischen
hispanoamerikanischen Kolonien verhandelt, noch fand der
Anspruch Spaniens auf seine Sekundogenitur Parma Berücksichtigung. Als europäische Macht erfuhr Spanien,
trotz des Sieges über die französische Invasionsarmee, eine
demütigende Deklassierung.

Vordringlichste Aufgaben spanischer Politik nach 1814
waren die Bekämpfung der amerikanischen Unabhängigkeitsbewegungen und die Sanierung der katastrophal zer-
rütteten Staatsfinanzen. Die französische Invasion in Spanien und die Entthronung der Bourbonen hatten auch im
spanischen Amerika zur Bildung von *Juntas* geführt, in denen die Emanzipationsbestrebungen bald die Oberhand bekamen. Die rigorose Restaurationspolitik Ferdinands VII.
verstärkte die Ablösungstendenzen noch. Das Mutterland
verfügte jedoch nicht über ausreichende Ressourcen, um
eine beständige militärische Überlegenheit in Amerika aufrechtzuerhalten. Der diplomatische Versuch, die legitimisti-
schen Großmächte Kongreßeuropas für die spanische Sache
zu gewinnen, stieß auf ein allgemeines Desinteresse an der
Wiederherstellung kolonialer Herrschaftsverhältnisse. Die
völkerrechtliche Anerkennung hispanoamerikanischer Staaten durch die USA und England 1822–1824 sowie die Siege
der Südamerikaner bei Carabobo (1821) und Ayacucho
(1824) besiegelten das Ende des spanischen Reichs der *Indias*. Die Konsequenzen für die spanische Ökonomie waren schwerwiegend. Alle, die Renten aus Amerika bezogen,
hatten erhebliche Verluste. Die Gewerbezweige und Branchen der Hochseeschiffahrt und des Überseehandels mußten eine lange Durststrecke der Umstrukturierung überste-

hen. Der Wegfall kolonialer Märkte zog insbesondere die Exportlandschaften Andalusien und Katalonien in Mitleidenschaft. Vor allem aber wurde der Staat selbst getroffen, der nun ohne die jahrhundertelang geübte Praxis, die Einnahmen aus Amerika und den Handelsmonopolen zur Kompensation von Haushaltsdefiziten und Liquididitätsschwierigkeiten zu verwenden, auskommen mußte.

Das gescheiterte Projekt des fachkundigen Finanzministers Martín de Garay war die erste einer Reihe vergeblicher Reformbemühungen im Kampf gegen die enorme, lähmende Schuldenlast des Staates. Die öffentlichen Ausgaben galt es zu beschränken, und das Fiskalwesen sollte durch eine direkte Grundbesitzbesteuerung sowie durch Einbeziehung des Klerus und des öffentlichen Dienstes modernisiert werden. Die Ministerkrise 1818, von den Finanzreformvorschlägen unmittelbar ausgelöst, war wie eine Warnung vor dem Sturm. Unzufriedenheit griff um sich. Die Liberalen überwanden den durch Ferdinands »Staatsstreich« erlittenen Schock und wurden in Geheimclubs, vornehmlich in den Freimaurerlogen, wieder aktiver. Ein weiteres Unruhe- und Protestpotential wuchs im Militär in dem viel zu großen Offizierkorps heran. Die im Unabhängigkeitskrieg aufgestiegenen jungen Truppenführer sahen sich benachteiligt und ohne Karriereperspektive. Die meisten waren 1816 entlassen worden und mußten von einem kärglichen Sold leben, der zudem wegen der Geldnot des Staates nur unregelmäßig ausbezahlt wurde. Die Lohnentwicklung für die Manufaktur- und Landarbeiter ging als Folge der europaweiten Wirtschaftskrise von 1816 zurück und wurde insbesondere auf dem Land noch verschärft durch die schlechten Ernten von 1817 und 1818, welche die Lebensmittelpreise in die Höhe trieben.

Am 1. Januar 1820 gaben der Oberst Rafael del Riego und sein asturisches Regiment mit der Proklamation der Verfassung von 1812 das Signal zur allgemeinen Erhebung gegen das Reaktionssystem Ferdinands VII. Solche vom

Militär ausgehenden Putschversuche hatte es schon mehrere seit 1814 gegeben. Der *pronunciamiento*, der öffentliche, mit einer militärischen Demonstration verbundene Aufruf eines kommandierenden Offiziers zum Sturz der Regierung, wurde zu einem gebräuchlichen Mittel oppositioneller Politik in Spanien. Erklärt werden kann dieses eigenartige Vorgehen nicht nur mit einem hohen Politisierungsgrad des Offizierkorps – Erbe der Unabhängigkeitskriege –, sondern auch mit einer spezifischen Organisation der Gesellschaft, in der lokale Oligarchien und ihre Klientelbildungen das Verhältnis zum zentralistischen Staat steuerten. Diese Klientelsysteme konnten bei Interessenkonkordanzen über den lokalen Rahmen hinaus eine örtliche Revolte zu lawinenartigem Anwachsen bringen. Nicht zufällig war wieder das weltoffene Cádiz, wo sich ein nach Amerika bestimmtes und deshalb meutereianfälliges Expeditionsheer zur Einschiffung bereit machte, Ausgangspunkt des Aufstandes. Andalusien war bald gewonnen. Es folgte Galizien, wo La Coruña das Zentrum der Empörung bildete. Die Erregung griff auf Madrid über. Die ratlose Regierung mußte sich geschlagen geben. Am 9. März 1820 beschwor der König die liberale Verfassung und willigte in die Berufung der *Cortes* ein.

Das »Triennium der Verfassung von 1812« (*Trienio Constitucional*) zwischen 1820 und 1823 war ein Versuch der bürgerlichen Revolution. Schon Karl Marx kam in seiner Abhandlung über das »revolutionäre Spanien« zu diesem Urteil. Tatsächlich erinnern die damaligen Vorgänge in den äußeren Zügen an 1789. In den unteren und kleinbürgerlichen städtischen Schichten fand der Liberalismus diesmal eine breitere soziale Basis. Die Folge war, daß er eine politische Linke erhielt und sich dadurch das liberale Lager spaltete. In den entstehenden Richtungen der Gemäßigten und Radikalen (*exaltados*) deuteten sich schon die späteren Parteiformationen der *moderados* und *progresistas* an. Zunächst blieben die Abgrenzungen zwischen den Gruppen fließend, was freilich nicht verhinderte, daß sie sich heftigst bekriegten. Während die gemäßigten Liberalen den politischen Kompromiß zwischen Verfassung und König suchten, um den Weg einer begrenzten, evolutionären Systemveränderung durch Reformen zu beschreiten, betrachteten die *exaltados* (»Überspannte«) die Konstitution von 1812 als Grundgesetz für eine revolutionäre Umgestaltung von Staat und Gesellschaft.

Die vom König ernannten Minister blieben mehr oder weniger Statisten. Den Ton gaben die *Cortes* an, die, zunächst von den *moderados*, dann von den *exaltados* majorisiert, ein Dekret nach dem anderen, wie nach einem liberalen Programmkatalog, beschlossen. Die Freimaurerlogen und patriotischen Clubs regierten mit. Der Druck der Straße entlud sich in furchtbaren Exzessen gegen Repräsentanten der absolutistischen Restauration, besonders gegen Kircheneinrichtungen und Kleriker. Die hektische, unzusammenhängende Gesetzgebung, die weder den gesellschaftlichen Machtstrukturen noch den wirtschaftlichen Möglichkeiten Rechnung trug, schuf keine Ordnung, sondern verursachte Desorientierung und führte zu chaotischen Zuständen. Als erstes wurden die von Ferdinand VII. aufgehobenen Reformgesetze der *Cortes* von Cádiz wieder in Kraft gesetzt. Eine territoriale Neueinteilung des Landes und eine Stärkung der Gemeindeverwaltung (*Ley de Ayuntamiento*) waren dazu gedacht, Gegengewichte gegen zentralstaatliche Willkür zu schaffen, doch spielten sie letztlich nur dem Klientelismus der lokalen Machthaber in die Hände. Die Armenfürsorge sollte örtlichen Wohltätigkeitsausschüssen obliegen, ein neues Strafgesetzbuch wurde beraten, die Einführung der allgemeinen Schulpflicht sah Primärschulen in jedem Ort mit mindestens 100 Einwohnern vor. Die *mayorazgos*, die in einer Hand unveräußerlich und unteilbar zusammengehaltenen Erbgüter des Adels, wurden abgeschafft. Die Errichtung einer Nationalmiliz, die jeden Staatsbürger zwischen 18 und 45 Jahren erfaßte, wurde

Wirklichkeit und vermehrte die gesellschaftlichen Konflikt-
ebenen nun noch durch die Rivalität von Miliz und Armee.
Die einschneidenden kirchenpolitischen Maßnahmen wie
die Abschaffung des Zehnten und des Immunitätsrechts,
die Verstaatlichung des Vermögens kirchlicher Vereine und
die Aufhebung oder Verminderung der geistlichen Orden
und Klöster hatten den Bruch der Kirche mit dem liberalen
Staat zur Folge und schwächten die Kirche zugleich, weil
damit auch politische Frontstellungen vermehrt in den Klerus getragen wurden.

Im Sommer 1822 erreichte das Triennium den kritischen
Punkt. Die sinkenden Staatseinnahmen versuchte die Regierung durch Geldabwertung und außerordentliche Steu-
erabgaben auszugleichen, was die unteren Bevölkerungsschichten, besonders auf dem Land, in Aufruhrstimmung
versetzte. In einigen Provinzen kam es zu royalistischen
Bauernaufständen, die man als »Gegenrevolution von unten« mit der Revolte der Vendée während der Französischen Revolution vergleichen kann. Politische Bedeutung
erlangte seit Anfang 1821 die von Nordspanien ausgehende
traditionalistische Bewegung der »Apostolischen«, wie sie
sich nach der in Santiago de Compostela gegründeten *Junta
Apostólica* nannte. Aber auch in den Städten, den »Stamm-
orten« der liberalen Revolution, griff eine Desillusionie-
rung um sich. Auf der äußersten Linken entstand die Aktion der *Comuneros*, die sich aus der städtischen Unter-
schicht und dem Kleinbürgertum rekrutierte. In Madrid
kam es zu blutigen Zusammenstößen zwischen königlichen
Garden und Nationalmilizen. Das unkluge, konspirative
Verhalten des Königs steigerte auf der Gegenseite den Radikalismus.

In dieser ausweglosen Situation, die auf einen Bürgerkrieg hinzusteuern schien, erfolgte eine Lösung von außen.
Auf dem Gipfeltreffen der europäischen Großmächte in
Verona am Jahresende 1822 erhielt Frankreich aufgrund der
dort verkündeten antirevolutionären Interventionsdoktrin

das Mandat zum bewaffneten Eingreifen in Spanien. Am 7. April 1823 überschritt das Interventionsheer die spanische Grenze. Anders als eine halbe Generation zuvor löste die französische Expedition keinen Volkskrieg aus. Nichts vermag besser die herrschenden Machtstrukturen Spaniens zu beleuchten als diese kampflose Hinnahme des französischen Truppeneinmarsches durch die Bevölkerung. Die gleichen Kräfte und Gruppen, die im Unabhängigkeitskrieg das Volk zu einem wütenden Widerstand mobilisiert hatten, hielten sich jetzt zugunsten der Beseitigung des liberalen Systems zurück. Regierung und *Cortes*, die sich mit dem König nach Andalusien begeben und zuletzt auch wieder in Cádiz Zuflucht gesucht hatten, gaben Ende September 1823 auf. Inzwischen hatte eine in Madrid eingesetzte Regentschaft bereits die Restauration des Status quo ante der politischen Einrichtungen und Gesetze verfügt. Am 1. Oktober erklärte Ferdinand wie schon 1814 alle Gesetzesakte der »sogenannten konstitutionellen Regierung« für null und nichtig.

Das letzte Jahrzehnt des Neoabsolutismus begann mit einem Rachefeldzug des Königs und der Anhänger seines Reaktionskurses gegen die Liberalen. Von neuem durchlief eine Säuberungswelle mit Todesurteilen, Verbannungen, Gefangensetzungen und Amtsentlassungen Spanien. Von Militärkommissionen und royalistischen »Freiwilligen« organisiert, war sie schlimmer als die gerade einmal zehn Jahre zurückliegende erste Säuberungsaktion und veranlaßte die Kongreßmächte, noch 1824 diplomatisch zugunsten einer teilweisen Amnestie zu intervenieren. Die »unheilvolle Dekade« (*Decada Ominosa*), wie die liberale Geschichtsschreibung die Jahre 1823–1833 nennt, steht bis heute bei den Historikern in schlechtem Ruf. Blickt man auf die Liste der in dieser Zeit hingerichteten namhaften spanischen Liberalen und Patrioten, Parlamentarier und »Frontkämpfer« des Unabhängigkeitskrieges, dann besteht dieses negative Urteil über den Ausgang der Regierung Ferdi-

nands VII. auch nicht ganz zu Unrecht. Zeitweise regierten
Fanatismus und Terror. Doch muß man dabei sehen, daß
Ferdinand und seine Minister von den erzkonservativen,
klerikalen Legitimisten, die sich politisch angesichts der
Kinderlosigkeit des Königs auf dessen ältesten Bruder und
mutmaßlichen Nachfolger, Don Carlos, ausrichteten, sozu-
sagen »rechts überholt« wurden. Die Anhängerschaft des
Absolutismus, die *realistas*, spaltete sich in eine reformab-
solutistische, aufgeklärt-gemäßigte und eine »reine« Richtung (*puros*), deren Kern die Apostolischen bildeten. Seit
etwa 1825 zeigten sich bei der fernandinischen Regierung
Ansätze eines »neuen Kurses«, der eine mittlere Linie
durch modernisierende Reformen der Staatsadministration
und der Wirtschaftsgesellschaft verfolgte. Über die Schaffung eines Innenministeriums wurde nachgedacht und der
Verkauf von Kirchengütern geplant. Motor dieser Politik,
die auch als Reflex auf die Interessen des im Wachsen be-
griffenen bürgerlichen Elements zu verstehen ist, war der
Finanzminister Luis López Ballesteros. Neun Jahre in diesem Amt – eine absolute Ausnahme –, legte er den Grundstein für das moderne spanische Finanzwesen: Unter anderem erreichte er die gesetzliche Verpflichtung zur Aufstellung eines Staatsbudgets. Auf seine Initiative gehen die
Anlegung des Staatsschuldbuches, die Errichtung einer
Schuldentilgungskasse und die Gründung der spanischen
Staatsbank (*Banco de San Fernando*) zurück. Alle diese Reformen, zu der auch die Kodifizierung des Handelsrechts
und die Gründung einer Handelsbörse gehörten, sollten
den Staatsbankrott abwenden und durch Hebung des rui-
nierten Staatskredits dazu beitragen, die Wirtschaft zu bele-
ben und die Einnahmenseite des Staatshaushaltes zu verbessern. Die Finanzkrise hatte weitreichende soziale Konsequenzen. Ohne die Mittel zu ihrem Unterhalt verfielen
Armee und Polizei, so daß sie kaum imstande waren, die
innere Ordnung gegen Bandentätigkeit und Revolten aufrechtzuerhalten. Eine ernste Herausforderung war der Auf-

stand der *agraviados*, der »Beleidigten«, in Katalonien, der, gestützt auf apostolische königliche »Freiwillige«, den ländlichen Klerus und die bäuerliche Bevölkerung, ein Vorläufer der Karlistenkriege war.

In den letzten Jahren Ferdinands VII. überschattete das dynastische Problem der Thronfolge die Politik. 1829 hatte der König seine vierte Ehe mit Maria Christina von Bourbon-Neapel geschlossen, die ihm die Töchter Isabella (1830) und Luisa (1832) gebar. Zur Sicherung des Nachfolgerechts der Ältesten erließ er am 29. März 1830 eine Pragmatische Sanktion, die von Don Carlos als Thronprätendentem nach Salischem Erbrecht jedoch nicht anerkannt wurde. Recht und Rechtsauffassung erwiesen sich auch hier einmal mehr als Gestaltungsmoment politischer Interessen. Am 29. September 1833 starb Ferdinand VII. Die Proklamation Isabellas II. zur Königin am 24. Oktober war der äußere Anlaß zum Bürgerkrieg, der sich in den politisch-gesellschaftlichen Konflikten seit Beginn der Epoche vorbereitet hatte.

Strukturelle Grundlagen und neue Entwicklungen
(1800–1860)

1827	Erste spanische Handwerks- und Industrieausstellung in Madrid.
1831	10. September: Gründung der Madrider Börse.
1836	19. Februar: Erstes Desamortisationsgesetz der Regierung Mendizábal.
	6. Dezember: Einführung der Gewerbefreiheit.
1837	26. August: Aufhebung der Grundherrschaft.
1844	31. Dezember: Gesetz über die Konzessionierung des Eisenbahnbaus und -betriebes.
1848	28. Oktober: Eröffnung der Eisenbahnlinie Barcelona–Mataró.
1851	10. Februar: Eröffnung der Eisenbahnlinie Madrid–Aranjuez.

1855   1. Mai: Desamortisationsgesetz des Finanzministers Madoz.
       Juli: Generalstreik der katalanischen Arbeiter.
       30. Dezember: Währungsreform.
1856   28. Januar: Gründung des *Banco de España*.
1857   Erste ordentliche Volkszählung: 15 464 340 Einwohner.

Die Krise der alten Monarchie, des Ancien Régime, erscheint in Spanien als Krise der traditionellen Agrargesellschaft. In Anknüpfung an die Reformen des aufgeklärten Absolutismus wurde der Staat »von oben«, von einer aufgeklärten Bürokratie und einer liberalen Elite, institutionell bzw. konstitutionell mit dem Ziel der Modernisierung umgebaut. Die Auflösung der ständischen Privilegiengesellschaft und die Gewinnung von Freiheitsräumen für eine konkurrenzökonomische Interessenverfolgung und eine staatsbürgerlich-politische Partizipation wirkten sich am einschneidendsten und folgenreichsten auf die Agrarverfassung aus. Die gesellschaftlichen und wirtschaftlichen Machtverhältnisse wurden allerdings nur wenig angetastet; sie paßten sich weitgehend dem veränderten äußeren Rahmen an. Eine duale Gesellschaftsordnung entstand, in der das Neben- und Ineinander von vorindustriellen, agrarisch geprägten und wachstumsorientierten, handels- und industriekapitalistischen Strukturen zu Systemspannungen führte. Der Übergang zur bürgerlich-liberalen Markt- und Erwerbsgesellschaft blieb in Spanien in der Revolutionsepoche unvollendet. Die Historiker haben dafür die Formel der »blockierten Entwicklung« gefunden, als deren Hauptmerkmale der Mangel an Kapital, ein geringes Bevölkerungswachstum, schwache Energieressourcen und ein niedriges Bildungsniveau der Bevölkerung angesehen werden.

Weil in der Landwirtschaft aufgrund traditioneller Anbaumethoden und einer vorkapitalistischen Einstellung der Grundbesitzer die Kapitalbildung selten war, mit Ausnahme vielleicht des Weinbaus, blieb die spanische Wirtschaft auf ausländisches Kapital und auf staatliche Investitionen angewiesen. Die Stagnation des Agrarsektors stand im Zusammenhang mit den relativ niedrigen demographischen Wachstumsraten. Die Dynamik des Bevölkerungswandels reichte nicht aus, um über die Vermehrung des anbaufähigen Bodens hinaus, wie sie vor allem durch die Desamortisationspolitik der liberalen Regierungen bewirkt wurde, einen intensiven Wandel der Bewirtschaftung anzuregen. Ebenso fand die industrielle Revolution in Spanien keine überschüssige Landbevölkerung als Arbeitskräftereservoir. Auch der Urbanisationsprozeß beschleunigte sich signifikant erst nach der Jahrhundertmitte.

Von 1800 bis 1870 wuchs die spanische Bevölkerung schätzungsweise von ca. 11 Mio. auf über 17 Mio. an, was einer durchschnittlichen jährlichen Zuwachsrate zwischen 0,48 % und 0,51 % entsprach – eine der niedrigsten in Europa und beispielsweise nur rund die Hälfte der Rate für Deutschland. Das stärkste Wachstum war im zweiten Drittel des Jahrhunderts zu verzeichnen, in dem die spanische Bevölkerung von rund 13 Mio. (1834) auf 15464340 (1857) anstieg. Die mittlere Bevölkerungsdichte lag um die Jahrhundertmitte bei rund 30,5 Einwohnern pro km². Was die regionale Verteilung betrifft, so läßt sich aus den verfügbaren Zahlen ab 1834 eine deutliche Verstärkung der schon seit dem Mittelalter zu beobachtenden Nord-Süd-Bewegung und eine Abwanderung aus dem Zentrum in die östlichen Küstenprovinzen ablesen. Andalusien, Extremadura sowie Katalonien, Valencia und Murcia gewannen gegenüber Asturien, Aragón, León und den beiden Kastilien, von Madrid mit seiner von 1834 (ca. 200000) bis 1875 (380000) stetig wachsenden Einwohnerzahl einmal abgesehen.

Das mäßige Bevölkerungswachstum hing im wesentlichen mit einer hohen Sterblichkeitsrate zusammen, die in Europa nur noch von Rußland überboten wurde. Nicht nur während der großen periodischen Epidemien (Cholera, Typhus, Grippe) wie in den Jahren 1833–1835, 1854/1855 und 1865/1866, sondern auch durch Krankheiten wie Tuberkulose, Pocken oder Diphtherie waren gerade unter den jüngeren Jahrgängen auffallend viele Opfer zu verzeichnen. Für diese Mortalität muß wohl insbesondere das Zusammenwirken von Krankheit und schlechter medizinischer Versorgung, ungenügender Aufklärung sowie mangelhafter Ernährung verantwortlich gemacht werden.

Man darf auch hierbei nicht übersehen, daß noch um 1850 ca. 75–80 % der Spanier Analphabeten waren, zweieinhalbmal soviel wie zur gleichen Zeit in Frankreich und England. Es heißt, daß es 1850 gerade einmal einige zwanzigtausend Schüler in den höheren (sekundären) Lehranstalten und 10000–12000 Studenten an den Universitäten gab. Unter Ferdinand VII. war der Primärunterricht noch ganz den geistlichen Orden anvertraut gewesen, was – wie überhaupt der lange dominierende Einfluß der Kirche auf das öffentliche Unterrichtswesen – die Verbreitung naturwissenschaftlicher Kenntnisse in der Volksbildung blockierte. Bei aller Skepsis gegenüber der Vorstellung einer »geschlossenen Welt« der intellektuellen Kultur Spaniens im Spätabsolutismus läßt sich die Rückständigkeit der spanischen Technik- und Naturwissenschaften gegenüber den Standards des zeitgenössischen Fortschritts auf diesen Gebieten kaum in Zweifel ziehen.

Für das Versagen der nationalen Wirtschaft gab es also eine Vielzahl von Gründen. Im Agrarsektor, der rund drei Viertel der Bevölkerung beschäftigte, über zwei Drittel des Volkseinkommens erwirtschaftete und den Löwenanteil des Exportes, vor allem Wein, Spirituosen und Getreide, stellte, bestand noch über die Mitte des Jahrhunderts hinaus die vorindustrielle Subsistenzwirtschaft weiter. Eine nennenswerte Steigerung der Produktivität läßt sich für diese Zeit nicht ausmachen. Nach neueren Berechnungen entsprach der Produktionszuwachs in der Landwirtschaft vielmehr in etwa dem Bevölkerungswachstum. Das heißt, der Agrarbereich war zu keiner Wertschöpfung imstande, so daß weder Investitions- noch Konsumtionskräfte geweckt wurden. Damit aber war eine entscheidende Bedingung für das Entstehen eines stetigen Wirtschaftswachstums in Spanien lange nicht gegeben.

Der steigenden Nahrungsmittelnachfrage bei wachsender Bevölkerung entsprach zunächst eine Vermehrung des Landangebots. Doch dazu war zuvor eine grundlegende Strukturveränderung traditioneller Eigentums-, Besitz- und Nutzungsformen erforderlich. Als eine epochale Modernisierungsleistung hat angesichts dieser gesellschaftspolitischen Herausforderung die Auflösung der Besitzrechte der Toten Hand zu gelten. Auch hierbei hatte aufgeklärt-absolutistische Staatspraxis dem Liberalismus schon vorgearbeitet. Es handelte sich in erster Linie um die Immobilien und Vermögenswerte, die sich im Besitz von Körperschaften, Genossenschaften, Institutionen, Familien oder Stiftungen befanden und dem Geschäfts- und Wirtschaftsverkehr entzogen, also »abgestorben« waren, wie die Güter der Kirche, des Adels (*mayorazgos* und *vínculos*) und der Gemeinden (Gemeinnutzung). Der Desamortisationsprozeß, die Überführung des amortisierten Besitzes in Privateigentum und damit zurück in den Wirtschaftskreislauf, ist als das »große Phänomen des 19. Jahrhunderts« in Spanien bezeichnet worden. Diese Privatisierungspolitik gipfelte, nachdem die ersten liberalen Maßnahmen im Unabhängigkeitskrieg und im Triennium 1820–1823 wegen der jeweils folgenden Restaurationszeit nicht recht zum Zuge kamen, in der Desamortisationsgesetzgebung, die an die Namen der fortschrittsliberalen Finanzminister Juan Álvarez Mendizábal und Pascual Madoz geknüpft ist. Mit der Aufhebung der *mayorazgos* (1836–1841) und der sukzessiven Veräußerung kirchlicher und kommunaler Liegenschaften (seit 1836) verbanden sich sowohl wirtschafts- und finanzpolitische als auch kirchenpolitische Reformziele. Unter anderem hatte

man eine ausgeglichenere Besitzverteilung im Sinn, die eine
Ausweitung der landwirtschaftlichen Nutzfläche möglich
machen sollte; mit den erzielten Einnahmen wiederum
wollte man den erdrückenden Schuldenberg und das chronische Haushaltsdefizit abbauen, und durch die wirtschaftliche Säkularisierung sollte die Kirche in eine Abhängigkeit
vom liberalen Staat getrieben und so in ihrer oppositionellen Haltung geschwächt werden.

Die Desamortisationsgesetze waren jeweils »Befreiungs-
schläge« in akuten Notsituationen der Staatsfinanzen.
Doch einmal ins Leben gerufen, beeinflußten sie weit über
den konkreten Anlaß und Zweck hinaus die soziale und
wirtschaftliche Entwicklung Spaniens nachhaltig. Immerhin ging es um mehr als 10 Mio. Hektar – 20 % der Gesamtfläche Spaniens oder 40 % des anbautauglichen Bodens. Welche Folgewirkungen diese gewaltige Besitzum-
schichtung hatte, ist zumal vor dem Hintergrund der
gleichzeitigen Konjunkturbewegungen in Europa schwer
abzuschätzen. Die Frage ist daher unter den Historikern
sehr umstritten. Die vorherrschende Meinung geht dahin,
daß die Besitzverhältnisse, wie sie bis dahin bestanden hatten, durch die Desamortisation noch mehr konsolidiert
wurden. Je nach den regionalen Verhältnissen konnte sich
also der Großgrundbesitz wie im Südwesten oder auch der
mittlere und kleinbäuerliche Besitz wie in den Provinzen
des Nordens entwickeln. Im ganzen und auf längere Sicht
hin dürfte jedoch der Großgrundbesitz gestärkt worden
sein. Die Schicht mit dem stärksten »Landhunger«, die
Kleinpächter, Zinsbauern und Tagelöhner auf dem Land
(*campesinos*) wie die Handarbeiter, Kleinhändler und abhängigen Handwerker in der Stadt, gehörte eindeutig zu
den gesellschaftlichen Verlierern der Privatisierung. Gelangten sie zu kleinem Grund- oder Hausbesitz, so erwies
sich dieser in den Wirtschaftskrisen der Epoche als wenig
stabil. Die Käufer der angebotenen Grundstücke stammten
in der Regel aus den wohlhabenden Gruppen des Adels

und der bürgerlichen Geschäftsleute, der Grundbesitzer sowie freien Berufe. Doch auch Pächter, namentlich die vermögenden *arrendatarios*, erwarben zum Teil in größerem Umfang das zur Versteigerung kommende Land.

Die wirtschaftliche Umverteilung des Grundeigentums verstärkte die sozialen Veränderungen. Die Landbevölkerung begann sich sozial zu differenzieren, Symptome beginnender Proletarisierung zeigten sich, neue soziale Konflikte brachen auf. Es entstand, bei unveränderter Agrarstruktur, eine neue Oligarchie adlig-bürgerlicher Grundbesitzer. Dieser Vorgang ist als Bündnis zwischen Bourgeoisie und Aristokratie interpretiert worden, indem der grundbesitzende Adel den liberalen Staat akzeptierte, dafür jedoch seine Besitzrechte auch in der auf Eigentum und freier Konkurrenz gegründeten Rechtsverfassung ohne größere materielle Einbußen behalten konnte. Die Abschaffung der *señoríos* und *mayorazgos* ließ das Eigentumsrecht im allgemeinen unberührt. Im Jahr 1854 waren von den 53 größten Grundsteuerzahlern 43 Angehörige des Hochadels. In der höchsten Steuerklasse waren die *títulos* sogar mit über 90 % quasi unter sich. Solch starker wirtschaftlicher Stellung entsprach eine einflußreiche politische Präsenz des Hochadels am königlichen Hof, im Senat und in den lokalen Klientelhierarchien. Er bildete zusammen mit der alten und neuen Grundbesitzerbourgeoisie und dem Handelsbürgertum die herrschende Schicht, die sich mit der Zeit immer mehr homogenisierte.

Das gesellschaftliche Übergewicht einer landbesitzenden Elite hatte Konsequenzen für Tempo, Grad und sektoralen Verlauf der Modernisierung. Die Landwirtschaft blieb, vom komparativen Kostenvorteil des Freihandels profitierend, die Hauptstütze der Volkswirtschaft. Eine stärkere Marktorientierung führte nicht nur zu einer erheblichen Produktionsausweitung bei den handelsgängigen Produkten wie Weizen, Mehl, Hülsenfrüchten, Wein und Branntweinen, sondern auch zu einer zunehmenden Produktspezialisierung wie z. B. im Anbau von Kartoffeln, Mais, Zitrus- und Gartenfrüchten. Im Zeitraum von 1800 bis 1860 stieg die Produktion von Weizen um mehr als 60 %, von Wein gar um 180 %. Die Olivenölproduktion verdoppelte sich. Die ersten Industrieverfahren im Agrarsektor setzten sich bei der Wein- und Mehlproduktion in Jerez und Santander durch. Die Erzeugnisse des Ackerbaus lösten als Hauptausfuhrgüter die Rohwolle ab, die noch bis zum Beginn des Jahrhunderts die englische Industrie versorgt hatte. Unter der liberalen Desamortisationspolitik, vor allem nach den Enteignungen des Gemeindelandes und nach Auflösung der *Mesta*, der mächtigen Schafzüchterkorporation, geriet die spanische Schafzucht – sechs Jahrhunderte ein Stolz des Landes – in eine Krise. In der zweiten Jahrhunderthälfte ging die Wollausfuhr mengenmäßig im Vergleich zum Ancien Régime um ein Drittel zurück.

Zweifellos hing mit dieser landwirtschaftlichen Expansion das verzögerte Einsetzen der industriellen Anlaufperiode zusammen. Die »neue« Gesellschaft des Liberalismus, die sich durch Integration der adligen und bürgerlichen Grundbesitzerschichten gebildet hatte, begünstigte die Verlängerung der bestehenden Agrarstruktur und erschwerte die Fortschritte auf dem Weg zur Industrialisierung. Trotz seiner günstigen kommerziellen Lage und seines Reichtums an Bodenschätzen vermochte Spanien die für die industrielle Revolution notwendige Investitions- und Innovationsdynamik nicht zu entwickeln. Die Folgen der inneren Kriege 1808–1814 und 1834–1840 sowie der Verlust des amerikanischen Kolonialmarktes hatten das Land ökonomisch schätzungsweise um dreißig Jahre zurückgeworfen. Aus dem verfügbaren statistischen Datenmaterial lesen manche spanischen Historiker einen lethargieartigen Zustand der spanischen Wirtschaft dieser Epoche ab. Die Mechanisierung im Gewerbe erfuhr erst kurz vor der Jahrhundertmitte eine merkliche Belebung. Als Indizien für eine beschleunigte industrielle Entwicklung kann der steigende Import von Ma-

schinen, Kohle und Rohbaumwolle in den Jahren 1865–
1875 dienen. Eine Hauptschwäche der spanischen Wirtschaft lag in der Abhängigkeit von ausländischen Ener-
giequellen. Noch während der ersten Jahrhunderthälfte
überwog in der Industrie die Nutzung der traditionellen natürlichen Kraftleistungen von Mensch, Tier, Wasser und
Wind. Die Ausbeutung der Steinkohlevorkommen in Asturien, Córdoba und Palencia war, trotz staatlicher Unterstützung, nicht rentabel genug, um gegen den Transportwider-
stand des unzureichend ausgebauten inländischen Verkehrs-
netzes anzukommen. Die Fracht von Gijón nach Barcelona
sei ungefähr dieselbe wie die von Newcastle nach Indien,
hieß es 1865. Die eigene Kohleförderung deckte nicht einmal zur Hälfte den Bedarf.

Die Probleme der Energie, des Kapitals und Verkehrs
wirkten in fataler Weise zusammen und ließen den schwer-
industriellen Unternehmungen keine Chance. Im Eisen-
bahn- und Dampfschiffboom kurz nach der Jahrhundertmitte konnte sich die im Aufbau begriffene spanische Eisen-
und Stahlindustrie nicht gegen die überlegene ausländische
Konkurrenz behaupten und geriet in eine Krise. Der
Schwerpunkt der Eisenerzeugung verschob sich von Andalusien (Málaga) nach Asturien und in das Baskenland, in
dem gegen Ende des Jahrhunderts neben Katalonien eine
zweite »Industrieinsel inmitten der vorherrschenden Agrarstruktur« (Nadal) entstand.

Katalonien entwickelte sich durch seine Baumwollverar-
beitung seit den dreißiger Jahren zum Zentrum der spanischen Textilindustrie. Von dem erhöhten Arbeitspotential
und dem Kapital, das der Weinbau akkumulierte, konnte
das Fabriksystem profitieren. Unter dem Schutz protektio-
nistischer Maßnahmen verfünffachte sich die Baumwoll-
produktion nach 1835 innerhalb von dreißig Jahren und
ließ nicht nur Nebenbranchen wie eine chemische Industrie
für Farben und Bleichstoffe entstehen, sondern zog durch
ihre Expansion auch andere Textilfabrikationen wie Schaf-

wolle und Leinen mit. Der Import von Rohbaumwolle über den Hafen Barcelona betrug 1869–1873 mit ca. 23 800 Tonnen das Zwanzigfache der Menge von 1814–1818. Die katalanische Baumwollindustrie war, so hat man gesagt, gemessen an der Innovationsquote, dem Konzentrationsprozeß und den Konjunkturzyklen, das »Barometer der wirtschaftlichen Entwicklung Spaniens« (Vilar) im 19. Jahrhundert. Das trifft um so mehr zu, als die gewerbliche Produktion außerhalb der Zentren in den anderen Regionen noch fast ganz auf der Hausindustrie beruhte, wie bei Eisen-, Porzellan- und Tonwaren sowie bei Flechterzeugnissen (Espartogras). Auch überwog die Orientierung auf den lokalen Markt.

Als »Schwellenland« erfüllte Spanien einige Bedingungen für den wirtschaftlichen Aufstieg, andere jedoch nicht. Besonders deutlich zeigte sich dieses Dilemma im zweiten Drittel des 19. Jahrhunderts, als sich Spanien zum wichtigsten Exportland von Erzen, Metallen und Salz in Europa entwickelte. Mit dem prosperierenden Bergbau in Asturien, Vizcaya, Navarra (Eisen), Almadén (Quecksilber), Murcia und Almería (Blei), Huelva (Kupfer und Schwefel) konnte das Hüttenwesen nicht gleichen Schritt halten. Die Industrialisierung wurde ein Opfer der finanziellen Notlage des Staates, der sich in den fünfziger Jahren im Rückgriff auf das alte Kronregal das Eigentumsrecht an den Bodenschätzen reservierte und den Abbau einer Konzessionierung unterwarf. Nach der Revolution von 1868 wurde sogar zum äußersten Mittel gegriffen, zur Veräußerung großer Teile des Montanbesitzes an ausländische Unternehmen. So kamen z. B. die berühmten Kupferminen von Rio Tinto 1873 an ein englisch-deutsches Syndikat.

Es fällt auf, daß die Modernisierungsschübe in dieser Epoche eine ähnliche Verlaufsstruktur haben. Nach erfolgversprechendem Beginn traf die weitere Entwicklung auf Unzulänglichkeiten, Blockaden und Brechungen, die ihre Ursache im fehlenden Gleichgewicht zwischen den Wirt-

Der Ausbau des spanischen Eisenbahnnetzes 1848–1870

schaftssektoren und Wirtschaftsregionen hatten. Die Geschichte des Eisenbahnbaus ist hierfür besonders aufschlußreich. Die erste Konzession zum Bau und Betrieb einer Eisenbahn – 1829 für die Strecke zwischen Jerez und Puerto de Santa María – konnte erst nach der Jahrhundertmitte eingelöst werden. Die erste »spanische« Eisenbahn ging 1837 im kolonialen Kuba, zwischen Havanna und Bejúcal, unter Dampf. Elf Jahre später wurde im Mutterland die Bahnlinie Barcelona – Mataró eröffnet. Die Verspätung trieb das Eisenbahnfieber des Jahrzehnts zwischen 1856 und 1865 bis zur Überhitzung hoch, nachdem die Politik durch das Eisenbahngesetz (1855) und die Reform des Gesellschaftsrechts ein günstiges Klima für Kapitalanlagen und Spekulationen geschaffen hatte. Im Jahr 1857 mit 521 Streckenkilometern noch auf einem unteren Platz, konnte Spanien bis zum Krisenjahr 1866 die Länge seines Schienennetzes verzehnfachen und in der Eisenbahndichte Anschluß an die europäischen Großstaaten finden. Dennoch wirkte der Eisenbahnbau nicht als entscheidender Entwicklungsfaktor. Er entzog anderen industriellen Sektoren das Kapital für Investitionen; auf die Gewinnerwartungen von über zwanzig Aktiengesellschaften zugeschnitten und ohne umfassende Planung hektisch vorangetrieben, bediente er vor allem regionale Exportinteressen und trug wenig dazu bei, das Land verkehrsmäßig zu erschließen und ein innerlich einheitliches Wirtschaftsgebiet zu schaffen.

So erfüllte Spanien zwar in mehreren Wirtschaftssektoren die Bedingung der hohen Wachstumsrate für den wirtschaftlichen Aufstieg, aber das Überschreiten der »Schwelle« scheiterte an ungünstigen sozialen, politischen und institutionellen Rahmenbedingungen. Die bürgerlich-liberale Sozial- und Wirtschaftsordnung überlagerte die bestehende ländliche Sozialordnung, ohne sie wesentlich zu verändern. Die Industrialisierung war ein Teil dieses Überlagerungsprozesses, und ihre sozialen Folgen beeinflußten die Gesellschaftstruktur bis in die sechziger Jahre hinein nur wenig. Das Industrieunternehmertum tat sich schwer gegenüber der vorherrschenden, mit Politik und Großgrundbesitz engstens verbundenen Finanzbourgeoisie. Die Industriearbeiterschaft nahm seit den dreißiger Jahren zwar auffällig zu, verzeichnete aber noch um 1860 nur einen Anteil von etwa 1,5 % der Bevölkerung. Davon entfielen allein auf Katalonien über 40 %, wo auch das Industriebürgertum am stärksten war. Zur gleichen Zeit gab es ca. 2,4 Mio. Landarbeiter, deren Zahl nach 1850 infolge von Konzentrationsprozessen und wachsender kapitalistischer Produktion im Agrarbereich weiter anwuchs. Vor allem in Andalusien und der Extremadura, wo die Monokulturwirtschaft des Weins, Öls und Getreides zu dominieren begann, entstand seit den fünfziger Jahren ein zur Radikalisierung neigendes ländliches Proletariat. Die mittelständische Schicht blieb dünn und ökonomisch schwach. Bis zur Revolution von 1868 verteilte sich die »politische Klasse« auf durchschnittlich höchstens 2 % der Bevölkerung, legt man die Zahl der nach der Steuerleistung bestimmten Wahlberechtigten zugrunde; lediglich 1854 gab es infolge eines niedrigeren Zensus doppelt soviel Wähler.

Der Übergang von der traditionellen Agrargesellschaft und Ständehierarchie zur bürgerlich-liberalen Klassenstruktur zeigte sich weniger im Wandel der politischen Führungsschicht als in den positionellen Veränderungen der Gesellschaftsmächte Kirche und Militär. Die Kirche gehörte eindeutig zu den Verlierern in diesem Prozeß. In der Zeit vom Anfang des Jahrhunderts bis 1867 halbierte sich als Folge der liberalen Säkularisationspolitik die Anzahl der Geistlichen auf knapp 43 000 oder 0,25 % der Bevölkerung. Das kirchliche Personal insgesamt dürfte nach Schätzungen um 1860 ca. 150 000 Menschen umfaßt haben. In den Desamortisationszyklen zwischen 1837 und 1860 verlor die Kirche, vor allem die Orden und Klöster, drei Viertel ihres Besitzes und viele der Haupteinnahmequellen, darunter den Zehnten. Durch ihre Parteinahme für Ferdinand VII., durch das Bündnis von Thron und Altar zog sie sich die Feindschaft der Liberalen zu, deren Antiklerikalismus im Gegenzug militante Züge annahm. Die Kirche wehrte sich, indem sie mit der Führerrolle in dem »heiligen Krieg« gegen den Liberalismus bei der Reaktion und beim einfachen Volk Unterstützung suchte. Die gegenseitigen Verdammungen, Drangsalierungen und Verfolgungen steigerten sich nach den politischen Machtwechseln und in den Bürgerkriegsjahren zu schrecklichen Exzessen, die wie ein Kainszeichen die Gesellschaftskrise Spaniens in dieser Epoche markieren. Besonders die religiösen Orden und Kongregationen hatten zu leiden. Die zahlreichen Klosteraufhebungen von 1837 betrafen fast 24 000 Ordensmitglieder, die,

wenn sie nicht Zuflucht in anderen Klöstern oder im Pfarr-
dienst fanden, zurück in ihre Familien oder ins Exil gehen
mußten.

Trotz des schwer gestörten Staat-Kirche-Verhältnisses
verlor der spanische Episkopat seine politische Autorität
nicht ganz. Auch im liberalen Verfassungsstaat konnten
hohe kirchliche Würdenträger weiterhin wichtige politische
Ämter bekleiden, z. B. im Senat. Auch die kirchliche Dominanz im Erziehungs- und Bildungswesen bestand fast
ungebrochen fort und erleichterte dem Klerus, über seine
Einwirkungsmöglichkeiten durch Seelsorge, Predigt und
Hirtenbriefe hinaus eine entscheidende gesellschaftliche
Bedeutung zu behaupten. Die spanische Kirche konnte ihre
Volkstümlichkeit bewahren. Zudem wurde der Status der
katholischen Religion als Nationalreligion nie angetastet. In
die äußerste Defensive gedrängt, lieferte sich jedoch der
spanische Klerus einer antimodernistischen, starren Orthodoxie aus. Ihre »ultramontane« Anlehnung an Rom (*Neo-
romanismo*) und ihre Nähe zu den Gruppierungen der politischen Rechten hinterließen nicht nur im spanischen Katholizismus, sondern auch in der geistigen Kultur Spaniens
dauernde Spuren. Ein »katholischer Liberalismus« wie in
anderen Ländern Europas hat, von wenigen Ausnahmen
abgesehen, weder in der spanischen Geistlichkeit noch im
Kirchenvolk Fuß fassen können. Die Kraft der Kirche
reichte nicht für eine spirituelle Regeneration.

Spanische Historiker betonen die Funktion der Kirche
als Pflanzschule gesellschaftlicher Führungsgruppen und
vergleichen sie darin mit der Armee. Während diese jedoch
im liberalen Staat einen Teil der staatlichen Gesamtverfas-
sung bildete, mußte sich die Kirche seit dem zweiten Drittel des 19. Jahrhunderts aus dem regalistischen Staatskir-
chentum lösen und zu einem autonomen Status gegenüber
der konstitutionellen Staatsgewalt finden. Das Militär wurde, im Unterschied zur Kirche, zu einem Träger des Modernisierungsprozesses. Die Armee »kann und soll der Er-

neuerer unserer Gesellschaft sein«, hieß es fast programmatisch 1851 in der *Gaceta militar*. Darüber hinaus verstanden sich viele Militärs gegenüber der fernandinischen Reaktion als Sachwalter des liberalen Erbes von 1812. Daß schätzungsweise 15 % der Offiziere Freimaurer waren, verweist auf verbreitete freigeistige Neigungen unter den Militärs. Das Militärsystem löste sich aus der ständischen Sozialstruktur. Die gesellschaftliche Exklusivität, die dem Offizierkorps im Ancien Régime eigen war, stellte sich nicht wieder her. Die hohen Chargen verteilten sich auf den Gardeadel und auf Absolventen der Militärschulen wie auf ehemalige Guerrillakommandeure und Aufsteiger aus dem Unteroffiziersrang, die sich als Truppenführer bewährt hatten. Zum veränderten Sozialprofil kam eine konstante Überdimensionierung des Offizierkorps. In der spanischen Armee, die nach dem Unabhängigkeitskrieg auf die Friedensstärke von ungefähr 100000–110000 Mann gebracht worden war, gab es zwischen 1816 und 1872 durchschnittlich 611 aktive Generäle.

Die politische Präsenz der Armee erreichte in der Epoche der liberalen Regierungen nach dem Tode Ferdinands VII. eine neue Qualität, der *Ejército real* entwickelte sich zum *Ejército nacional*. Die Politisierung des Offizierkorps hatte im Unabhängigkeitskrieg begonnen, als Armee und Guerrilleros im Volkskrieg gegen die französische Fremdherrschaft als Verkörperung des nationalen Willens handelten. Dieses Selbstverständnis steigerte sich noch während des »liberalen Trienniums« und in den Krisen der Monarchie nach 1833. Angesichts der Schwäche der liberalen Monarchie und der bürgerlichen Gesellschaft fiel dem Militär als einziger nationaler und das Vertrauen breiter Schichten besitzenden Ordnungsmacht die staatstragende Funktion zu. Das betraf nicht nur die innere Stabilisierung, sondern gerade auch die Konsolidierung des liberalen Verfassungsstaates. Der militärische Interventionismus, der im *pronunciamiento* seinen spektakulärsten Ausdruck fand, beruhte weder auf einem Militarismus, noch führte er zu autoritären Militärregimen. Es ging dabei nicht um Außerkraftsetzung der Verfassung und Übernahme der Macht, sondern um stützende, korrigierende Eingriffe in das instabil werdende, an öffentlicher Akzeptanz einbüßende politische System. In engem Zusammenhang mit dem Phänomen der *pronunciamientos* ist das Phänomen der »General-Minister« zu sehen, die als Regierungschefs oder Mitglieder ziviler Kabinette im liberalen Verfassungsstaat politische Führungsfunktionen übernahmen. Auch im Senat war der Anteil der Generalität mit rund 30 % höher als der anderer Elitegruppen. Die Geschichte des spanischen Liberalismus ist auch die Geschichte des Wirkens von Staatsmännern wie den Generälen Espartero, Narváez, O'Donnell, Prim oder Serrano. Popularität, Autorität und Patronage machten sie zugleich zu politischen Parteiführern. So stand das Militär auch an der Wiege des spanischen Parteiensystems. Es bot gewissermaßen einen Ersatz für die noch zu schwach ausgebildete bürgerliche Mittelklasse. Bei der Verbindung von Liberalismus und Militärs handelte es sich jedoch um eine Zwangsehe, nicht um ein Neigungsverhältnis, denn die Liberalen gaben entsprechend ihren Bürgergesellschaftsvorstellungen einer Milizorganisation allemal den Vorzug vor dem stehenden Heer. Je mehr sich im letzten Jahrhundertdrittel nach der Revolution von 1868 und der Ersten Republik eine Klassengesellschaft herausbildete, desto heftiger traten auch die Gegensätze zwischen liberal-konstitutionellem Lager und Militär hervor.

Bürgerkrieg und liberale Reformpolitik
(1833–1854)

1833–1868	Isabella II.; bis 1840 Regentschaft der Königinmutter Maria Christina; 1841–1843 Regentschaft des Generals Espartero.
1833–1840	Erster Karlistenkrieg.
1834	10. April: Verkündung des »Königlichen Statuts«.
	22. April: Quadrupelallianz mit Frankreich, Großbritannien und Portugal.
1836	4. Dezember: Friedens- und Kooperationsvertrag mit Mexiko.
1837	18. Juni: Verkündung der progressistischen Verfassung.
1839	31. August: Kapitulation von Vergara.
1840	16. September: Ministerpräsidentschaft Esparteros.
1844	28. März: Bildung der *Guardia Civil*.
	25. April: Friedensvertrag mit Chile.
1844–1854	»Gemäßigte Dekade«: Regierung der *moderados*.
1845	18. Juni: Verkündung der von den *moderados* beschlossenen Verfassung.
1846–1849	Zweite Erhebung der Karlisten unter Führung des Generals Cabrera.
1847	Militärische Intervention in Portugal.
1849	6. April: Gründung der Demokratischen Partei.
1850–1859	Publikation von Modesto Lafuentes *Historia general de España*.
1851	18. März: Unterzeichnung des Konkordats zwischen Spanien und dem Heiligen Stuhl.

In der Geschichtsschreibung wird der 1833 ausbrechende Bürgerkrieg gern als Auseinandersetzung zwischen Tradition und Modernität in Spanien gedeutet. Dabei wird übersehen, daß die beiden Lager, die feindlich aufeinandertrafen, sich jeweils durch Sammlung und Bündnis unterschiedlicher Kräfte formierten. Zu den Fahnen des Don Carlos (Karl V.) stießen monarchische Legitimisten und antiaufklärerische Neoabsolutisten ebenso wie Partikularisten, religiöse Fanatiker und konservative Royalisten, denen die Institutionen und Werte der alten spanischen Monarchie teuer waren. Zu den Trägern des Karlismus gehörten insbesondere die Foralisten, denen es um die Erhaltung der regionalen Gewohnheitsrechte und »Freiheiten« der *fueros* ging, wie vor allem im Baskenland, in Navarra, in Aragón und Katalonien.

Sozialgeschichtlich bietet die karlistische Bewegung keinen leichten Zugang, da sie in ihren Kerngebieten, wo sie zeitweise die völlige Kontrolle über Land und Leute ausübte, mehr oder weniger mit der bestehenden Gesellschaftsstruktur identisch war. Die Notabeln dieser Provinzen bildeten die karlistische Elite. Für Aragón haben Spezialstudien ergeben, daß sich die Karlisten, sozial gesehen, vom Durchschnitt der gesamtspanischen Bevölkerung nicht wesentlich unterschieden, bis auf die immerhin bemerkenswerte Tatsache, daß sich vor allem Bauern, Handwerker und Gewerbetreibende der unteren Mittelschicht als anfällig für den karlistischen Traditionalismus erwiesen. Die Anhängerschaft des Karlismus blieb zudem soziologisch nicht konstant, sondern verschob und veränderte sich in dem Maße, in dem nach 1833 bestimmte gesellschaftliche Gruppen und regionale Verhältnisse vom Kriegsgeschehen und von der Politik der liberalen Regierungen betroffen wurden. So hat man den Karlistenkrieg im Zusammenhang mit der Desamortisationspolitik und ihren Folgen für die ländliche Besitzstruktur als Rebellion der Landbevölkerung deuten wollen, als ein Sichaufbäumen gegen die drohende Proletarisierung, als »Embryo der Revolution«.

Die Parteigänger der Königin Isabella II., *isabelinos* oder *cristinos* nach der als Regentin eingesetzten Königinmutter genannt, entstammten den Gruppierungen des »liberalen« Spektrums in seiner ganzen Breite zwischen aufgeklärtem Absolutismus und Republikanismus. Die zurückkehrenden Emigranten spielten eine wichtige Rolle als Vermittler der politischen Kultur Englands und Frankreichs. Zusammen mit den intellektuellen Einflußgruppen und den Sachwaltern eines einheitsstaatlichen, zentralistischen Ordnungsdenkens, der Beamtenschaft und der Armee, prägten die neuen Oligarchien der adlig-bürgerlichen Grundbesitzer und des Erwerbsbürgertums die isabellinische Gesellschaft. Entscheidend wirkte sich zunächst zugunsten der neuen Regierung aus, daß es ihr in der dynastischen Staatskrise gelang, sich der Loyalität der Generalität zu versichern. Der spanische Episkopat verhielt sich dagegen abwartend-neutral, womit er der Haltung des Papstes folgte, stand aber in seiner Mehrheit der karlistischen Sache nahe.

Militärisch stützte sich Don Carlos auf die schon unter Ferdinand VII. ins Leben gerufenen Verbände der »Königlichen Freiwilligen«, auf Soldtruppen und lokale Milizorganisationen in den karlistischen Hochburgen. Insgesamt konnte der Karlismus damit über 130 000 Mann mobilisieren. Diese Überlegenheit nötigte die Regierung wiederum dazu, ihrerseits 1834 zusätzlich zur regulären Armee Bürgergarden (*milicias urbanas*) in den von ihr kontrollierten südlichen und östlichen Regionen Spaniens aufzustellen. Den Kampfhandlungen ging ein Duell mit Manifesten voraus. Auf Don Carlos' »Manifest von Abrantes« vom 1. Oktober 1833, mit dem er seine Thronrechte geltend machte, antwortete die Regentin am 4. Oktober mit der Zusicherung von Regierungskontinuität und vorsichtiger Öffnung für Reformen. Keine radikale Wende wurde diesmal vorgenommen, sondern der Versuch gemacht, unter dem »Banner der Nation« die einmütige Unterstützung aller Spanier zu gewinnen. Der Ministerpräsident zum Zeitpunkt des Thronwechsels, Francisco Zea Bermúdez, scheiterte jedoch mit seiner aufgeklärten Reformpolitik, mit der er eine Brücke zwischen den liberalen und traditionalistischen Positionen zu schlagen hoffte. So begann die neue Regierung gleich mit einem Ministersturz (Januar 1834). Wie ein Leitmotiv für die Regentschaftszeit hob dabei schon das Intrigenspiel zwischen den Hofparteien und den diplomatischen Vertretern der Großmächte an. Dynastischer Streit und Bürgerkrieg um den spanischen Thron berührten schließlich auch das europäische Gleichgewicht, das auf der west-östlichen Machtbalance zwischen England und Frankreich einerseits und Österreich, Preußen und Rußland andererseits beruhte.

In dieser höchst verwickelten inneren und auswärtigen Situation die isabellinische Sache politisch in Vorteil gebracht zu haben, muß als Leistung des gemäßigt-liberalen Philosophen, Literaten und romantischen Poeten Francisco Martínez de la Rosa betrachtet werden, der einst die *Cortes* von Cádiz präsidiert und im Triennium bereits schon einmal das Amt des Regierungschefs innegehabt hatte. Er wurde zum Architekten des Bündnisses der Regentin mit dem liberalen Lager. Der am 10. April 1834 erlassene *Estatuto Real* sollte konstitutionellen Mindestanforderungen genügen, die gemäßigten liberalen und konservativen Kreise jedoch nicht abschrecken, was bei einer Reaktivierung der Verfassung von 1812 zweifellos der Fall gewesen wäre. Außenpolitisch verbuchte die neue Regierung einen Riesenerfolg mit dem Abschluß der Quadrupelallianz am 22. April 1834 zwischen England, Frankreich, Spanien und Portugal, den »Verfassungsstaaten des Westens als mächtiges Gegengewicht gegen die heilige Allianz des Ostens«, wie der britische Premier Palmerston erklärte. Mit diesem Vertrag, der die Anerkennung der Thronfolge Isabellas II. und der Regentschaftsregierung durch Frankreich und England bestätigte, fand der spanische Liberalismus seine außenpolitische Grundnorm.

Die neue Staatsverfassung sah ein Parlament (*Cortes*) mit zwei Kammern vor, einer Pairskammer (*Estamento de Próceres*), gebildet aus 13 Prälaten, 75 Titeladligen und 60 vom König ernannten Notabeln, und einem Abgeordnetenhaus (*Estamento de Procuradores*), in das durch indirekte, zensuale Wahl 180 »Volksvertreter« auf drei Jahre entsandt wurden. Sie wirkten bei der Gesetzgebung mit und hatten das Recht der Steuerbewilligung und Petition, während dem König das Recht der *Cortes*-Berufung und -Auflösung sowie die Gesetzgebungsinitiative vorbehalten blieb. Der *Estatuto*, der also weder eine vom König gewährte Charte nach Art der französischen von 1814 noch eine durch eine Konstituante gegebene Verfassung war, sollte sowohl dem Konstitutionalismus den Weg bahnen als auch versöhnend im Sinne des inneren Friedens wirken. Die Gewaltdynamik des ausgebrochenen Bürgerkriegs ließ sich dadurch freilich nicht besänftigen.

Der erste Karlistenkrieg (1833–1840) glich mehr einem Krieg gegen ein feindliches Land als der Bekämpfung von Rebellen. Die Karlisten stützten sich auf eine beherrschende Position im Baskenland und in den alten aragonesischen Kronländern. Starke Bastionen gaben auch Altkastilien und die Mancha ab. Die militärischen Operationen der Karlisten begannen als Bandenkrieg in der Tradition der Guerrilla gegen die regulären Truppen der *cristinos*. In den Entscheidungsjahren 1835–1837, als die Karlisten zur Organisation größerer Kampfverbände übergingen, standen sich regelrechte Armeen gegenüber. Es war ein Ringen ohne Pardon, einer »der dunkelsten Flecken« in der europäischen Geschichte des 19. Jahrhunderts (Stern). Die aus dem Unabhängigkeitskrieg bekannten Gewalttätigkeiten, Repressalien und Greueltaten wiederholten sich. Jede Seite hatte ihre »Helden«, die durch Führungsqualität und Fortune den Kriegsverlauf beeinflußten, wie der Baske Tomás Zumalacárregui, der Katalane Ramón Cabrera oder der kastilische Pfarrer Jerónimo Merino bei den Karlisten, wie Baldomero Espartero und Ramón María Narváez als Kommandeure im Regierungsheer.

Die Kriegführung der Regierungsseite wurde durch häufige Ministerwechsel – kein Kriegsminister behielt sein Amt länger als neun Monate – und durch ein hoffnungslos defizitäres Staatsbudget sehr erschwert. Dazu sah sich die oh-

nehin schwache Staatsführung immer wieder Angriffen der
liberalen Ultras ausgesetzt, die aus der Kriegslage Kapital
zugunsten einer Wiedereinführung der Verfassung von
1812 zu schlagen suchten. Mitte 1837 gerieten die *cristinos*
kurzzeitig in die Nähe einer Niederlage. Eine englische
Freiwilligenlegion mußte unterstützend in die Kämpfe eingreifen. In Paris dachte man sogar an eine militärische
Intervention zugunsten der Regentin, wofür aber die britische Politik nicht zu haben war. Der Fehlschlag der karlistischen *Expedición Real*, die im Herbst 1837 die Hauptstadt bedrohte, änderte dann jedoch die Lage und leitete die
Schlußphase des Krieges ein, in der die demoralisierten
Karlisten in die Defensive gedrängt wurden. Streitigkeiten
zwischen den karlistischen Generälen ließen die Streitkräfte
des Don Carlos wieder in regional operierende Banden zerfallen. Am 31. August 1839 wurde zwischen den Ober-
kommandierenden der Armeen im Norden, Espartero und
Rafael Maroto, nach schwierigen Unterhandlungen unter
englischer und französischer Vermittlung das Abkommen
von Vergara geschlossen. Das Baskenland und Navarra er-
kannten Isabella II. als Souverän an und sicherten sich dadurch die Erhaltung ihrer *fueros*. Don Carlos mußte nach
Frankreich emigrieren, behielt aber seinen Rang als königlicher Prinz. Die Reste des karlistischen Bürgerkriegsheeres
hielten sich in Aragón noch bis zum Juli 1840, ihre letzten
Einheiten unter Cabrera konnten sich nach Frankreich zu-
rückziehen.

Der liberale Konstitutionalismus und die ihn vertretenden Gesellschaftsgruppen hatten sich behauptet. Der Preis,
der dafür zu zahlen war, bestand darin, die Abhängigkeit
von den Militärs, die gesiegt hatten, zu akzeptieren. Aber
unter dem Druck der dynastischen und militärischen Herausforderung hatten Königtum und Liberalismus auch
Frieden geschlossen. Diese Verbindung, die sich im Schat-
ten des Bürgerkriegs gefestigt hatte, sollte fortan das politische System der folgenden isabellinischen Epoche bestim-

men. Politische Alternativpositionen konnten sich unter
dieser Voraussetzung herausbilden, Frühstrukturen eines
Parteiensystems entstanden. Von 1835 an standen die neu
antretenden Regierungen unter dem Druck radikaler Bestrebungen der wieder in den Provinzen agierenden *Juntas*.
Die Regierungsprogramme bekamen einen immer stärkeren
liberalen Charakter. Der im Herbst 1835 an die Spitze der
Regierung berufene Finanzminister Álvarez Mendizábal
wurde zur Schlüsselfigur der Modernisierung. Seine Desamortisationsgesetzgebung (19. Februar und 8. März 1836)
verband finanzpolitische mit gesellschaftspolitischen Zielen. Mit den enteigneten »Grundstücken, Mobilien, Renten
und Rechten« von geistlichen Orden und Kongregationen
sollte durch Veräußerung an Private die alles lähmende
Staatsschuld abgetragen, zugleich aber auch eine »Familie«
von Eigentümern in allen sozialen Schichten als Stütze der
liberalen Sache geschaffen werden. Die Durchführung dieser Desamortisation begann, wenn auch langsam, noch
während des Karlistenkrieges, zog sich dann bis Anfang der
fünfziger Jahre hin und wurde 1854 abgebrochen. Mendizábals Programm bedeutete eine Weichenstellung in liberaler Richtung. Mit seiner Politik, die oppositionellen *exaltados* durch Zugeständnisse wie etwa bei der Besetzung
wichtiger Generalkapitäns- und Gouverneursposten für einen Kurs der mittleren Linie und des schrittweisen Vorgehens zu gewinnen, hatte er jedoch keinen Erfolg. Unter anderem nahm er eine Umorganisation der Nationalmiliz in
Angriff, ließ eine Verfassungskommission mit dem Auftrag
einsetzen, Änderungen des *Estatuto Real* und ein neues
Wahlgesetz zu erarbeiten, und initiierte ein öffentliches
Bauprogramm. Außenpolitisch festigte er durch einen
Handelsvertrag die Allianz mit England.

Die Entlassung Mendizábals im Mai 1836 machte die
vollzogene Spaltung des liberalen Lagers in mehrere Partei-
cliquen offenkundig. Die Konkurrenz von Gemäßigt-Liberalen oder Liberalkonservativen (*moderados*) und Fort-

schrittspartei (*progresistas*) mit ihren Klientelen beherrschte
in der Folgezeit Wahlen, Parlamentsbetrieb und politische
Machtkämpfe. Es kam, zumal nach Einführung des Direkt-
wahlsystems im Mai 1836 und nach Inaugurierung der Verfassung von 1837, zu weiteren entweder mehr rechts oder
mehr links stehenden Flügelbildungen. Als zunächst lose
Zusammenschlüsse scharten sich diese Parteigruppierungen
um charismatische Führerpersönlichkeiten oder um bestimmte Zeitungen wie seit Anfang der vierziger Jahre etwa
der *Partido Demócrata* als linke Abspaltung von den *progresistas* und später auch seine radikalen Richtungen der
Republikaner und der sozialistischen Demokraten. Breite
durchorganisierte Parteistrukturen gab es nirgendwo, die
Programmatik orientierte sich eher unspezifisch an allgemeinen Überzeugungen und Idealen.

Die ersten Direktwahlen im Juli 1836, zu denen nur
65 000 Wahlberechtigte zugelassen waren, ergaben ein politisches Patt zwischen den beiden Parteigruppen. Die *moderados* gewannen die Mehrheit in zwei Dritteln der Provinzen, die Progressisten in Madrid und den größeren
Städten des Westens und Südens. In dieser unübersichtli-
chen Situation sah die Fortschrittspartei ihre Chance gekommen, die Macht zu übernehmen. Eine von der Nationalmiliz ausgehende Aufstandsbewegung griff auf die
Hauptstadt über. Im Tumult von La Granja am 12. August
1836 zwang Waffengewalt die Regentin dazu, die Wiedereinsetzung der Verfassung von 1812 zu deklarieren. Regierungschef wurde der gestandene *exaltado* José María Calatrava, Veteran des Unabhängigkeitskrieges, Deputierter der
Cortes von Cádiz und Justizminister im »liberalen Triennium«. Sein Kabinett – es hatte nur etwas über zwei Monate
Zeit – ging geradezu hektisch daran, das Gesetzgebungs-
werk der Jahre 1820–1823 zu erneuern: Gemeindeverfassung,
Nationalmiliz und Pressefreiheit wurden wieder in
ihrer ursprünglichen, prinzipiellen Form hergestellt und
garantiert. Die *mayorazgos*, d. h. das Recht der Unveräu-

ßerlichkeit von Familienstammgütern, wurden abgeschafft, ebenso die Grundherrschaft. Die Desamortisation der Klostergüter erfuhr eine Verschärfung. Die Provinzen erhielten eine größere administrative Selbständigkeit. Ein Verfassungsausschuß des einberufenen Nationalkongresses machte sich an eine zeitgemäße Revision der Verfassung von 1812.

Diese neue Verfassung, wie sie von der Königin Maria Christina am 18. Juni 1837 proklamiert wurde, präsentierte sich als getreues Abbild der bestehenden Gesellschaftsverhältnisse. Zwischen Grundbesitz (23,3 %) und Kirche (9,3 %), Beamten (17,6 %) und Militärs (14,6 %) sowie Handel (10,7 %) und freien Berufen (6,8 %) bestand im Parlament ein Gleichgewicht, das in der Machtbalance von *moderados* und *progresistas* seine parteipolitische Entsprechung hatte. Noch in den konstituierenden *Cortes* im Besitz der Mehrheit, zogen die Progressisten bereits in den Oktoberwahlen von 1837, für welche die Wahlberechtigtenzahl fast vervierfacht worden war, wieder den Kürzeren. Der Sieg der *moderados* zeigte an, wie unbeständig und damit krisenanfällig die politische Konstellation gegen Ende des Bürgerkriegs war. Daran vermochte auch die neue Verfassung nichts zu ändern, die – wie bemerkt worden ist – eine »Hybride« aus französischer Charte constitutionelle von 1830 und belgischer Konstitution von 1831 war (Marichal). Gegenüber der Verfassung von 1812 erhielt die Legislative nun ein Zweikammersystem mit Abgeordnetenkongreß und Senat, wobei die Abgeordneten aufgrund Zensuswahlrechts direkt gewählt, die Mitglieder des Senats teils gewählt, teils vom König ernannt wurden. Die königliche Prärogative wurde durch ein absolutes Veto bei strenger Gewaltenteilung zwischen Nationalversammlung, Senat und Monarch gestärkt. Für die Verfassung von 1837 galt jedoch wie für die anderen Verfassungen Spaniens im 19. Jahrhundert, daß sie kaum eine integrierende und konsensbildende Funktion entfaltete.

Man muß sich bewußt sein, daß lediglich ein sehr kleiner Teil der Bevölkerung, im wesentlichen aus der schmalen, Besitz und Bildung vereinigenden Schicht, wirklich Träger des konstitutionellen Repräsentativsystems und liberalen bürgerlichen Rechtsstaats mit parlamentarischer Regierung war. Die breite Masse der unteren und mittleren Gesellschaftsschichten partizipierte so gut wie überhaupt nicht am politischen Prozeß. Man darf freilich nicht wie die ältere, auf das Staatshandeln gerichtete Geschichtsschreibung den Fehler begehen, daraus bei ihnen auf eine apathische Haltung gegenüber dem Politischen überhaupt zu schließen. Als Betroffene, von den Wahlen ausgeschlossen, äußerten *campesinos*, Kleinhändler, Handwerker und Arbeiter ihren politischen Willen nicht nur auf traditionelle Weise durch Unruhen, Proteste und Revolten. Durch Nationalmiliz und Kommunalverfassung hatte der liberale Staat auch auf lokaler Ebene institutionelle Möglichkeiten geschaffen, um weitere Bevölkerungskreise politisch anzusprechen und zu mobilisieren.

Gegen Ende des Bürgerkriegs, als die karlistische Gefahr gebannt schien, ließen die Bindekräfte unter den Liberalen deutlich nach und die Gegensätze zwischen *moderados* und *progresistas* brachen mit großer Schärfe auf. Regierungs- und Ministerwechsel häuften sich. Die von den *moderados* majorisierten Kabinette und *Cortes* der Jahre 1838/1839 hielten die Reformpolitik an und setzten sogar beim Wahlzensus und in der Frage des Kirchenzehnten einschränkende Korrekturen durch. Prompt gewannen in der Wahl des Sommers 1839 die Progressisten, hatten aber keine Zeit, daraus Nutzen zu ziehen, weil in den bald schon notwendig gewordenen Neuwahlen wieder die *moderados* erfolgreich waren.

Dieses kurzfristige Hin und Her an der Macht versetzte das ganze Land in eine hochgradige Erregung. Der kritische Punkt kam, als sich auch noch auf kommunaler Ebene ein weiterer Konfliktherd auftat. Die zentralstaatliche *mo-*

derados-Mehrheit sah sich einem Übergewicht der Progressisten in den Gemeinderäten (*ayuntamientos*) gegenüber, die im Süden und Osten progressistisch, in Kastilien und im Norden des Landes moderantistisch dominiert waren. Nicht zufällig führte der Streit um eine Änderung des Gemeindegesetzes zum Eklat. In den Wahlen zu Beginn des Jahres 1840 triumphierten erneut die *moderados*. Sie fühlten sich nun stark genug, Hand an eine Machtbasis der Progressisten zu legen, die Gemeindeverfassung. Ein am 5. Juni 1840 angenommenes Gesetz sah vor, die Wählerzahl bei Gemeindewahlen durch Heraufsetzung des erforderlichen Zensus zu vermindern und die Bürgermeister (*alcaldes*) durch die Provinzregierung auswählen zu lassen, die bis dahin deren Wahl durch den Gemeinderat nur bestätigt hatte. Daraufhin schlugen die progressistischen Zeitungsblätter Alarm. Zahlreich protestierten *ayuntamientos*, revolutionäre *Juntas* bildeten sich. In vielen Orten traten die Nationalmilizen unter Waffen.

An der Spitze der immer militanter werdenden Opposition verhandelte Espartero mit der Regentin Maria Christina. Vergeblich. Zwar ernannte sie den populären General zum Vorsitzenden des Ministerrates, aber sie versagte sich seinen progressistischen Forderungen und setzte das neue Gemeindegesetz in Kraft. Das nahmen die Progressisten zum Anlaß, mit Unterstützung der Nationalmiliz und eines Großteils der Armee die Kontrolle über die Verfassungsorgane zu übernehmen. Nach ihrer Abdankung als Regentin am 12. Oktober 1840 suchte Maria Christina Zuflucht in Frankreich. Ein halbes Jahr später übernahm Espartero, legitimiert durch ein Votum der *Cortes*, selbst die Regentschaft, d. h. die exekutive Gewalt. Damit begann die bis 1874 verfolgbare Reihe der Politiker-Militärs. Über den Charakter dieser »Schirmherrschaft der Generäle« ist sich die Forschung nicht einig. Von Militarismus kann wohl keine Rede sein, denn weder Staatsorganisation noch Staatsfinanzen und Lebensformen richteten sich auf militärische Bedürfnisse aus. Es handelte sich auch nicht um Militärdiktaturen, die in diametralem Gegensatz zu den vorangegangenen Zivilregimen standen. Die Besonderheit dieses politischen Aktivwerdens von Militärs war gerade, daß es im Sinne der konstitutionellen Monarchie geschah. Zu Recht sind sie deshalb als »subsidiäre Macht« (Atard) des Verfassungsstaates bezeichnet worden. Durch Rangstellung, Prestige, Autorität und Gefolgschaft gaben diese Generäle der jeweiligen Regierungspartei Halt und gleichen damit eher modernen Parteichefs. Institutionell sind sie als Symptom dafür anzusehen, daß parlamentarisches System und liberaler Verfassungsstaat funktionsfähiger politischer und gesellschaftlicher Strukturen entbehrten.

Der Cäsarismus Esparteros büßte bald seine Grundlagen ein, weil die mit ihm verbundenen Erwartungen eines stabilisierenden Interessenausgleichs und Krisenmanagements enttäuscht wurden. Der Duque de la Victoria, Sohn eines kleinen Fuhrmanns aus der Mancha, genoß als Bezwinger der Karlisten zwar höchstes Ansehen, aber bei ihm überwogen die soldatischen Qualitäten die politischen. Am Ende seines Trienniums stand es um das spanische Staatswesen nicht nur schlimmer als vorher, es waren auch gänzlich neue Konflikte und Frontstellungen entstanden. Der Streit zwischen andalusischen Freihändlern und katalanischen Protektionisten erschwerte Fortschritte in der Wirtschafts- und Handelspolitik. Ein gutgemeintes Entwicklungsprogramm kam in der Konkurrenz zwischen den Kapitalinteressen der Mittelklasse und den Versorgungsinteressen der esparteristischen Klientel nicht zum Zuge. Die Armee, im Jahr 1840 auf 200000 Mann angewachsen, mußte wegen des gewaltigen Haushaltsdefizits knapp gehalten werden, was große Unzufriedenheit im Offizierskorps und in der Truppe hervorrief. Die Progressisten teilten sich, im Besitz der Macht, in eine radikale Partei, die »Reinen« (*puros*), und eine gemäßigte, staatstragende Partei. Am linken Rand des politischen Spektrums erhob sich der Republikanismus, am stärksten in Madrid, Barcelona und Sevilla. Erste Arbeiterunruhen und organisierte Streiks in Madrid und Barcelona verbreiteten Revolutionsfurcht und verunsicherten nicht nur die Industrieunternehmer, sondern auch die zur Wiederherstellung der öffentlichen Ordnung eingesetzte Nationalmiliz. Nach der Beschießung Barcelonas Anfang Dezember 1842 sank die Popularitätskurve Esparteros rapide.

Zu Beginn des Jahres 1843 zeigte sich, daß die *moderados* ihre Oppositionszeit zur inneren Erneuerung genutzt hatten. Das Ergebnis der Wahl am 27. Februar versammelte in den *Cortes* eine explosive Mischung von Fraktionen. Ein Oppositionsblock aus *moderados*, Republikanern und *francisquistas* (Befürworter einer Heirat Isabellas II. mit Francisco de Asís, einem Neffen Ferdinands VII., als Mittel der Versöhnung zwischen *isabelistas* und Karlisten) trat der Mehrheit aus *puros* und *ayacuchos* – so lautete nach der verlorenen Entscheidungsschlacht in Peru der Spottname für die Militärs, die wie Espartero im spanischen Expeditionsheer gegen die amerikanischen Insurgenten gekämpft hatten – gegenüber. Eine Koalition gegen Espartero zeichnete sich ab. Das führte wiederum zu einem verstärkten *juntismo* in den Provinzhauptstädten. Die Verschwörertätigkeit der mit der Königin Maria Christina emigrierten Generäle teilte die Armee in Anhänger und Gegner des Regenten. Am 27. Juni 1843 landeten die Generäle Narváez und Concha mit ihrem Offiziersgefolge in Valencia und begannen mit den ihnen folgenden Armeeeinheiten und unterstützt von den *moderados* den Marsch auf Madrid. Der geschlagene Espartero flüchtete nach England.

Sein Rivale Narváez hielt die Macht in den Händen. Im Unterschied zu Espartero war er, der Zögling der elitären Wallonischen Garde, ein Vertreter autoritären Regierens. Er verfügte zunächst die Demobilisierung der Nationalmiliz und eine völlig neue Zusammensetzung des Senats. Als wichtigste politische Frage war die Großjährigkeit der

13jährigen Königin Isabella II. zu regeln. Die Großjährig-
keitserklärung am 8. November 1843 bildete das Unter-
pfand für das Regierungsbündnis aus *moderados* und gemäßigten Progressisten. Die adlige Majorität im Senat war
schon Vorzeichen der konservativen Wende, die unter der
Führung des Militäroberbefehlshabers und Premierministers Luis González Bravo entschlossen vollzogen wurde.
Die Dekade des *moderantismo* begann, vergleichbar der
Reaktion in Deutschland nach der gescheiterten Revolution
von 1848, unterstützt vom überwiegenden Teil der Bourgeoisie, an der Spitze den katalanischen Industriellen, Madrider Finanzleuten und Großgrundbesitzern Andalusiens
und Kastiliens.

Der neue starke Mann machte »Ordnung« zum »Grund-
prinzip und zur Basis einer Politik des praktischen Nutzens« (Comellas). Dabei verband er autoritäre Führung mit
strategischer Politikplanung. Man hat seinen Regierungsstil
pointiert als »eine Art Aufgeklärten Absolutismus der neu-
en Machtelite« charakterisiert (ebd.). Noch im Jahr 1844
wurde die Aufstellung der Polizeitruppe *Guardia Civil* de-
kretiert, die nach dem Vorbild der französischen Gendar-
merie, militärisch organisiert und dem Innenministerium
unterstellt, vor allem das Banditenunwesen in den Provinzen bekämpfen sollte, aber auch dazu gedacht war, als Gegengewicht gegen die Nationalmiliz politisch unruhige Regionen unter Kontrolle zu halten. Die neue Verfassung von
1845, die praktisch für die nächsten 25 Jahre Bestand haben
sollte, wurde politisch geschickt als »Reform« der Konstitution von 1837 zustande gebracht, so daß der konfliktträchtige Prozeß einer Verfassunggebung wegfiel.

Diese Verfassung war der Versuch, zwischen mon-
archischem Prinzip und parlamentarischer Repräsentation
eine mittlere Linie zu halten. Sie ist »Spaniens originellster
Beitrag zur Geschichte der Verfassungsformen« genannt
worden (Díez del Corral). Die ideologische Grundlage bildete der liberale Doktrinarismus, der von einer Dualität der

souveränen Gewalt in Krone und *Cortes* ausging. Der im Zweikammersystem des Parlaments vorgesehene Senat, dessen Zusammensetzung dem König vorbehalten war, fungierte zwischen den beiden Bestandteilen der Souveränität als »intermediäre Gewalt«. Das bedeutete erweiterte Rechte der monarchischen Exekutive.

Auf dieser konstitutionellen Grundlage wurden in der Folge die Verwaltungsorganisation und das öffentliche Finanzwesen im zentralistischen, interventionsstaatlichen Sinn umgestaltet und vereinheitlicht. Die Steuerreform, ein Werk des Finanzministers Alejandro Mon, ersetzte die alten Kroneinkünfte wie *alcabala*, *millones* und *equivalentes* durch ein modernes System direkter und indirekter Steuern. Die Konjunkturerholung Anfang der vierziger Jahre schuf ein optimistisches Wirtschaftsklima, das wesentlich zur politischen Stabilität der *moderados*-Dekade beitrug. Das jährliche Staatsdefizit konnte auf ein halbwegs erträgliches Maß zurückgeführt und das Anwachsen der Staatsschuld gebremst werden. Namhafte Investitionen für den Bau von Straßen, Brücken und Hafenanlagen wurden möglich. Eisenbahngesellschaften wurden dutzendweise konzessioniert. Die Normalisierung der Beziehungen zu den lateinamerikanischen Staaten, Spaniens ehemaligen Kolonien, wirkte sich günstig auf den Außenhandel aus.

Als zugleich innen- und außenpolitischer Erfolg der *moderados* ist die Wiederaussöhnung mit der Kirche zu betrachten. Die Einstellung der Desamortisationen des Kirchenbesitzes und die gesetzliche Festlegung von Dotationen für den Klerus sowie die Anerkennung Isabellas II. durch Pius IX. ebneten den Weg zur Unterzeichnung eines Konkordats mit dem Heiligen Stuhl (18. März 1851). Umfassend wurde darin die staatskirchenrechtliche Ordnung geregelt und die apostolische römisch-katholische Religion für immer zur einzigen Religion der spanischen Nation erklärt.

Auch das Problem der Heirat Isabellas II. fand eine baldige, wenn auch nicht glückliche Lösung. Die Ehe der

16jährigen Königin mit ihrem um acht Jahre älteren Vetter geriet zu einem Fiasko, weil die junge Frau ihren kränklichen Ehemann ablehnte und nach ein paar Jahren Trost bei wechselnden Liebhabern suchte. Die gleichfalls 1846 geschlossene Ehe zwischen der Schwester Isabellas und einem Sohn des französischen Königs Louis Philippe mißfiel in England, weil damit der politische Einfluß Frankreichs in Madrid ein Übergewicht gewonnen zu haben schien. Die englische Politik reagierte mit einer Annäherung an die antimoderantistische Opposition, die sich dadurch ermutigt fühlte. Die französisch-englische Rivalität wurde wieder zu einer irritierenden Herausforderung der spanischen Außenpolitik.

Die innenpolitische Ruhe und die Reformfortschritte des *moderados*-Regimes vermochten nur kurze Zeit die wachsenden sozialen Spannungen und die weiterbestehenden Differenzen zwischen den Parteigruppierungen und ihren Akteuren zu überdecken. Die europäische Revolutionsbewegung berührte Spanien zwar nur wenig, aber eine ihrer Auswirkungen war, daß die Fraktion der *puritanos*, der Anhänger der Verfassung von 1837, die Führung der *moderados* errang. Auch die Progressisten gewannen seit der Wahl von 1846 wieder Aufschwung. Die Ära Narváez erreichte mit seiner dritten Amtszeit als Ministerpräsident (1847–1851) ihren Höhepunkt. Vor dem Hintergrund der Wirtschaftskrise 1847–1849 und der Revolution zeigten sich die herrschenden *moderados* und die sie tragenden Gesellschaftskräfte bereit, selbst seine Diktatur in Kauf zu nehmen. Sobald jedoch die Revolutionsgefahr vorüber war, brachten ihn Hofintrigen und Korruptionsvorwürfe zu Fall.

Nach seinem Rücktritt wurde der Finanzminister Juan Bravo Murillo mit der Regierungsbildung beauftragt. Der »Advokat«, wie man ihn nannte, war fachkundig und integer, aber eben mehr ein tüchtiger Verwalter als ein populärer Politiker. Als Haupterfolg seiner knapp zweijährigen

Regierung ist eine Senkung der Staatsschulden zu verzeichnen. Sein ehrgeiziger Versuch, zu einer schlankeren, effizienten und vor allem sauberen Verwaltung zu kommen, war trotz mancher positiver Ansätze zum Scheitern verurteilt. Als er schließlich eine Verfassungskorrektur in Angriff nahm, die für den spanischen Konstitutionalismus einen Rückschritt bedeutet hätte, war er der Krise, die er damit auslöste, nicht gewachsen. Es erwies sich, daß er weder im Militär noch in seiner Partei über eine politische »Hausmacht« verfügte. Der Machtverfall und das Auseinanderbrechen der *moderados* in mehrere Faktionen waren nicht mehr aufzuhalten.

Ihre politischen Möglichkeiten hatten sich in modernisierenden Reformen zur ökonomischen, infrastrukturellen und institutionellen Entwicklung erschöpft. Auf den sozialen Wandel, der mit dem Umbau der traditionellen Agrargesellschaft und mit der Industrialisierung einsetzte, auf sozial-ökonomische Ungleichheiten und Abhängigkeiten, auf Klassenbildung und liberaldemokratische Partizipationsansprüche wußten sie keine Antworten. In Wahlfälschungen und Korruptionsskandalen deutete sich das Ende ihrer Vorherrschaft an. Durch eine direkte Aktion von Armeeeinheiten, die sich für die Opposition erklärten, kam die Entscheidung. Der *pronunciamiento* von Vicálvaro am 30. Juni 1854 unter Führung des Generalkapitäns von Aragón, Valencia und Murcia, Leopoldo O'Donnell, gab das Zeichen zum Umsturz.

Von Revolution zu Revolution (1854–1868)

1854–1856   »Progressistisches Biennium«.
1854   28. Juni: Erhebung der Progressisten; Manifest von Manzanares.
            19. Juli: Regierungsübernahme Esparteros.
            17. September: Gründung der Liberalen Union.

1856	15. September: Wiederherstellung der Verfassung von 1845.
1857	9. September: Gesetz über den öffentlichen Unterricht.
1858–1862	Französisch-spanische Militärexpedition in Cochinchina.
1859–1860	Spanisch-marokkanischer Krieg.
1860	26. April: Friedensvertrag von Tetuán.
1861–1862	Intervention in Mexiko (zusammen mit Großbritannien und Frankreich).
1861	Juni/Juli: Landarbeiterunruhen in Andalusien.
1863	25. November: Gesetze zur Provinzialverfassung.
1864	26. Juni: Währungsreform.
1865–1871	Pazifischer Krieg mit Peru, Chile und Ecuador.
1865	10. April: »Nacht von Sankt Daniel« in Madrid (blutige Zusammenstöße zwischen Studenten und der Polizei).
	24.–26. Dezember: Erster spanischer Arbeiterkongreß.
1866	15. August: Zusammenkunft von Ostende: Bündnis zwischen Fortschrittsliberalen und Republikanern gegen Isabella II.
1867–1868	Verschärfung der politischen Spannungen durch eine Subsistenzkrise.
1868	18. September: Militärputsch unter Führung des Generals Prim und des Admirals Topete (»Septemberrevolution«).
	28. September: Sieg der Putschisten in der Schlacht von Alcolea.

Mit der Revolution von 1854 begann keine neue historische Phase. Sie unterbrach nicht den institutionellen, rechtlichen und personellen Zusammenhang mit der voraufgehenden Zeit, sondern glich im Gegenteil nach Form, Trägerschaft und Verlauf den abrupten, oft gewaltsamen Machtwechseln der ersten Jahrhunderthälfte. Das »Dreieck« der politischen Machtstruktur aus Großgrundbesitzern, politischen Militärs sowie unternehmerischer und gebildeter Elite blieb allmächtig. Änderungen der konstitutionellen Organisation dienten vornehmlich der Vergrößerung von Machtchancen. Ein zeitgenössischer Beobachter wie Hermann Baumgarten meinte, daß in Spanien der liberale Staat als Ersatz für die verlorenen Kolonien genommen würde, um ihn in ähnlicher Weise zur Bereicherung, Karriere und zu lukrativen Geschäften auszubeuten. Politik werde als »Entreprise« betrieben. Verfassungsstaat und parlamentarisches System eröffneten den aufsteigenden bürgerlichen Schichten zwar einen gewissen politischen Spielraum, aber dieser blieb im wesentlichen auf das hauptstädtische Zentrum beschränkt.

Im Land, auf der Provinzebene, änderte sich an der sozialen Machtstruktur kaum etwas. Im Zuge der Industrialisierung machte sich jedoch seit den vierziger Jahren als neue gesellschaftliche Kraft immer stärker die Arbeiterbewegung bemerkbar. Ihren Ursprung hatte sie im katalanischen Textilgewerbe. Ideologisch zuerst vom fourieristischen Utopismus beeinflußt, näherte sie sich mit zunehmender Organisierung dem radikaleren klassenkämpferischen Sozialismus. Im Generalstreik der Arbeiter Kataloniens im Frühjahr 1854 manifestierte sich der politische Anspruch, durch Demokratisierung sozial gerechte Verhältnisse zu schaffen.

Die Revolution von 1854 war der Auftakt zu einem zweijährigen progressistischen Zwischenspiel an der Regierung. Das Manifest von Manzanares, das der junge Antonio Cánovas del Castillo entwarf, kündigte ein Programm des »nationalen Willens« an: Einberufung verfassunggebender *Cortes*, Erweiterung des Wahlrechts und der Pressefreiheit, Dezentralisierung der Staatsverwaltung, Reorganisation der Nationalmiliz und Beförderung nach Anciennität und Verdienst. Der aus dem Exil zurückgekehrte populäre Haudegen Espartero übernahm, den Putschgeneral O'Donnell als Kriegsminister zur Seite, zum zweiten Mal die Präsidentschaft – nach Palacio Atard eine »politische Ehe«, die in einer Scheidung enden mußte.

Die *Cortes*, gewählt von über 5 % der Bevölkerung – der
höchsten Zahl Wahlberechtigter in der Zeit Isabellas II. –,
hatten mit 104 Grundbesitzern, 73 Anwälten, 13 Publizisten, 30 Beamten, 7 Kaufleuten, 4 Unternehmern, 15 Ärz-
ten und Apothekern einen entschieden bürgerlichen Charakter. Auch in ihrer politischen Zusammensetzung unterschieden sich diese *Cortes* von den Parlamentsvertretungen
der ersten Jahrhunderthälfte. Denn zum ersten Mal saßen
in ihnen neben *progresistas* (70) und *moderados* (45) auch
Abgeordnete der 1849 gegründeten Demokratischen Partei
(30) und der Liberalen Union (100), die unter Führung
O'Donnells als Zusammenschluß von fortschrittlichen *moderados* und gemäßigten Progressisten eine neue Partei der
Mitte bildete.

Daß unter diesen Umständen die Regierung nicht lange
durchhalten würde, war zu erwarten. Es zeigte sich wieder
die bekannte Schwäche progressistischer Mehrheiten. Sie
wollten den Fortschritt allein durch Gesetzgebung durchsetzen, ohne den realen gesellschaftlichen Machtverhältnis-
sen Rechnung zu tragen. Erfolg hatte die Regierung des
Bienio Progresista mit einem Desamortisationsgesetz (1855)
und einer Eisenbahnreform, weil dadurch die Interessen der
herrschenden, wohlhabenden Schichten bedient wurden.
Der Eisenbahnbau erhielt durch die gesetzliche Regelung
der Konzessionierung, Kapitalbeschaffung und Betreibung
eine umfassende Förderung (*Ley general de ferrocarriles*,
Juni 1855). Die Fortsetzung der Desamortisationspolitik
verband sich mit dem Namen des Finanzministers Madoz.
Sie erstreckte sich nicht nur auf Kirchengüter, sondern auch
auf den Besitz der spanischen Ritterorden und auf ländliche
Gemeingüter sowie amortisierte Güter anderer juristischer
Personen. Eine gewaltige Besitzumverteilung wurde dadurch in Gang gesetzt. Ihr Höhepunkt fiel in die sechziger
Jahre, so daß ihre gravierenden sozialen Auswirkungen –
vor allem im ländlichen Bereich, der diesmal am stärksten
betroffen war – wie die Differenzierung der agrargesell-

schaftlichen Grundgruppen und die Proletarisierung ländlicher Unterschichten erst im Vorfeld der Revolution von 1868 virulent wurden. Aber auch schon zu Beginn gab es Unruhen auf dem Land, wo sich der Gegensatz zwischen arm und reich mit der Mißernte von 1856 und der anschließenden Nahrungsmittelkrise verschärfte. Die Kirche, die in der *Ley Madoz* eine eklatante Verletzung des Konkordats sah, ging zum Widerstand über.

Es zeigte sich, daß für die fortschrittsliberale »Idealpolitik« keine wirklich tragfähige soziale Basis vorhanden war. Mit dem Projekt eines neuen Grundgesetzes, das die Souveränität der Nation, eine aus Wahlen hervorgehende Repräsentation, Geschworenengerichte, Pressefreiheit, Direktwahl des Gemeindevorstands und die Nationalmiliz garantieren sollte, provozierte das progressistische Regime 1856 sein jähes Ende. Der Parteienstreit in den *Cortes* und die Rivalitätskämpfe zwischen den Ministern erreichten den Siedepunkt, als das Staatswesen besonnene politische Führung am dringendsten brauchte. Arbeiterstreiks in Katalonien, Aragón und Asturien, Volkstumulte in Valladolid, Burgos und Palencia, politische Umtriebe der Nationalmilizen – die Regierung war nicht mehr zu halten. In der »Hofballkrise« am 10. Oktober 1856, auf dem Fest anläßlich ihres 26. Geburtstages, erzwang Königin Isabella II. den Rücktritt des progressistischen Kabinetts. Mit der Regierungsbildung wurde – erneut – der wegen seiner Austerität und konservativen Gesinnung geschätzte General Narváez beauftragt. Er wußte nichts Besseres, als zum Verfassungsstatus von 1845 zurückzukehren. Doch dieser Versuch einer Neuauflage des moderantistischen Regimes mißlang. Trotz ihrer überwältigenden Mehrheit im Kongreß brachten die zersplitterten und zerstrittenen *moderados* in den zwei Jahren, in denen sie die Macht hatten, wenig zustande. Zudem hatte die Königin offenbar Geschmack am Hineinregieren gefunden. Historische Bedeutung erlangte die Universitätsreform von Claudio Moyano, die das Studienwesen der Universitäten, Hochschulen und Lehrerbildungsanstalten ordnete. Sie sollte bis ins 20. Jahrhundert hinein für die Akademiker- und Lehrerausbildung maßgebend bleiben. Eine Ausnahme! Denn sonst war es oft so, daß die rational konzipierten liberalen Gesetzesmaßnahmen auf dem Papier blieben, weil die häufigen Machtwechsel in der Regierung und die lokalen Machtlagen eine Umsetzung und politische Kontrolle verhinderten.

Resigniert gab Narváez bereits nach einem Jahr auf. Auch die folgenden Regierungen vermochten sich nur kurze Zeit im Amt zu halten. Nun schlug die Stunde der Pragmatiker. In einem *semipronunciamiento* verbündete sich der amtierende Ministerpräsident José Posada Herrera mit O'Donnell an der Spitze der Liberalen Union, der Professor der Politischen Ökonomie mit dem politischen Militär. Gestützt auf das Prätorianertum O'Donnells und auf eine geschickte Wahlregie bestimmte die neue Partei mit einem eklektischen Programm aus fortschritts- und konservativliberalen Elementen und mit einer Politik der Praxis und des Prestiges das Jahrfünft bis 1863. Kritiker warfen ihr vor, »sie habe keine Traditionen, keine Geschichte und keine Prinzipien«. Ihre Hauptfunktion war die Machterhaltung, und so wurde sie zur Partei der Aufsteiger und Profiteure. Nicht zufällig entwickelte sie sich zur stärksten politischen Kraft in der Periode ökonomischer Expansion um 1860, als das spanische Kapital vom »Goldfieber« des Weinhandels und der Eisenbahnspekulation ergriffen wurde.

O'Donnells Herrschaft besaß Ähnlichkeiten mit dem Bonapartismus in Frankreich. Außenpolitische Unternehmungen dienten zur Ablenkung der Militärs von der Politik und beschäftigten Presse und Publikum. Dem Parlamentarismus wurden durch Manipulationen mit dem Zensus, Beeinflussung der Wahlen, Diffamierung der Opposition und Verkürzung der Sitzungszeiten der *Cortes* Fesseln angelegt. Die eigene Klientel wurde mittels Zuwendungen materieller Vorteile und Vergabe von Posten versorgt und bis in oppositionelle Kreise hinein erweitert. Auch eine Annäherung an die Kirche erfolgte durch die Garantie einer staatlichen Ausgleichsleistung für die verkauften und noch zu verkaufenden säkularisierten Kirchengüter (1859). Außerdem wurde das Verbot des Jesuitenordens aufgehoben.

Der Wiedereintritt Spaniens in den Kreis der imperialistischen europäischen Mächte zeugte von einer Festigkeit des staatlichen und wirtschaftlichen Lebens, wie sie die Spanier in diesem Jahrhundert noch nicht erlebt hatten. 1858 beteiligte sich Spanien an der französischen Cochinchinaexpedition. 1859 brach im Streit über die Verletzung der Grenzen Ceutas und Melillas der Krieg mit Marokko aus, der unter dem Oberbefehl O'Donnells mit dem Sieg-Frieden von Tetuán 1860 beendet werden konnte. 1861/1862 intervenierte Spanien zusammen mit Frankreich und England in Mexiko, um die Republik zur Erfüllung ihrer Zahlungsverpflichtungen zu zwingen. Zur gleichen Zeit wurde Santo Domingo annektiert. Auch der »Pazifische Krieg« gegen Peru und Chile (1865–1871) um Handels- und Schiffahrtsrechte gehört zu den nationalen Kraftentfaltungen Spaniens, in denen sich der Romantizismus der herrschenden Mittelklasse (Jover) wie auch der Fortschritt bei der Anpassung an europäische Entwicklungen äußerte.

Gegen 1863 zeigte das System O'Donnells Abnutzungserscheinungen. Das Ansehen des »Herzogs von Tetuán« war nach der blutigen Niederschlagung des Bauernaufstandes von Loja im Sommer 1861 stetig gesunken. Der Mangel an politischer Substanz, das Fehlen eigenständiger politischer Ideen und Visionen hatten die Liberale Union keinen inneren Zusammenhalt finden lassen. Als schwächster Punkt aber erwies sich die Abhängigkeit von der Krone. Als Anfang 1863 unter den Spitzen der Regierung Zwistigkeiten über Verfassungsergänzungen und Haushaltsprobleme auftraten, hielt es die Königin für nötig einzugreifen.

Ihr Taktieren und Schwanken zwischen den verschiedenen Positionen schwächte jedoch die Regierung noch mehr. Dadurch erfuhren wiederum die Cortes eine Aufwertung, so daß sich auch die Opposition wieder politische Chancen ausrechnen durfte. Die progressistische und demokratische Presse verschärfte ihre Kritik an der Regierung. Mit seinem Rücktritt kam O'Donnell einer Entlassung zuvor (2. März 1863).

Die Parteiensituation – eine entmachtete, an Auszehrung leidende Liberale Union in der Mitte, flankiert von den konservativliberalen *moderados* und der Fortschrittspartei der *Progresistas*, deren Reihen sich durch Rückwanderer aus der Liberalen Union wieder füllten, und an den Rändern die Demokraten bzw. Republikaner und Karlisten mit ihrer ausgeprägten Organisation und Programmatik – führte zu einer »Fraktionierung des politischen Konsenses« (Kossok). Die von Progressisten und Demokraten boykottierten Wahlen waren nur noch eine Farce, Regierung auf Regierung folgte im Jahresrhythmus, die Ressortminister wechselten ständig, die *Cortes* erschöpften sich in fruchtlosen Debatten, politische Arbeit war kaum noch möglich, Ratlosigkeit breitete sich aus. Die Gesetzesentwürfe, die zur Amnestie, zum Wahl- und Presserecht vorgelegt wurden, trugen bloß noch Ventilcharakter. Im Mai 1864 tauchten die ersten Forderungen nach Abdankung der Königin auf. Ab 1865 steuerte Spanien auf prärevolutionäre Zustände zu. Die Berufung der »starken Männer« Narváez (1864 und 1865) und auch wieder O'Donnell (1865) an die Regierungsspitze bewirkte nichts mehr. Auch die Armee konnte dadurch nicht mehr ruhig gehalten werden.

Zu Jahresbeginn 1866 setzte der progressistische General Juan Prim y Prats mit seinem *pronunciamiento* von Villarejo ein Signal: »Die Revolution ist der einzige Ausweg der Nation und die Grundpflicht jedes Mannes von Ehre.« Zunächst gescheitert und verbannt, wurde er zum Kopf einer verzweigten, einflußreichen Verschwörergruppe, die von

Portugal, Belgien und England aus den Sturz der bourbonischen Dynastie betrieb. Im Pakt von Ostende am 15. August 1866 fanden sich rund fünfzig Vertreter der Progressisten und Demokraten, darunter namhafte Militärs, unter der Devise »Nieder mit dem Bestehenden« zusammen. Auf der Regierungsseite suchten Narváez und nach seinem Tod im April 1868 González Bravo durch diktatorische Maßnahmen das aus dem Ruder laufende Staatswesen auf Kurs zu bringen. Mit ihren Verzweiflungsakten, u. a. mit der Auflösung der *Cortes*, der Vertreibung der Präsidenten beider Kammern, dem Verbot der oppositionellen Parteien und der Verbannung ihrer Chefs fungierten sie aber nur noch als Konkursverwalter der isabellinischen Epoche.

Zur politischen Ohnmacht kam die wirtschaftliche Depression, die Spanien in der Weltwirtschaftskrise von 1866/1867 traf. Der Bankenkrach in London zog das spanische Börsen-, Banken- und Kreditwesen heftig in Mitleidenschaft. Die Finanzkrise ging in eine Agrarkrise über, die durch Mißernten verursacht wurde. Spanien erlebte eine seiner letzten schweren Subsistenzkrisen mit Teuerung, Hunger und Hungertyphus. Noch war die spanische Volkswirtschaft nicht in der Lage, die gleichmäßige Versorgung der Bevölkerung und die Preisbewegung zu kontrollieren, d. h. für den Ausgleich von Wert und Bedarf zu sorgen. Unruhen und Tumulte unter der ländlichen und städtischen Bevölkerung in vielen Regionen des Landes waren die Folge. Immer mehr Menschen hungerten auch nach Veränderung.

Die Revolution ging von Cádiz aus, wo – eine Parallele zu der fast ein halbes Jahrhundert zurückliegenden Revolte Riegos – die Flotte aufgetakelt wurde, die nach Kuba Verstärkungen zur Bekämpfung der dortigen, von den USA unterstützten Aufstandsbewegung bringen sollte. Der Kommandant Admiral Juan Bautista Topete wurde für den Umsturzplan gewonnen. Generalstabsmäßige Vorbereitungen gingen diesmal dem *pronunciamiento* voraus. Als es so-

weit war, versammelte sich die Kerngruppe der Verschwö-
rer, überwiegend aus der Verbannung oder dem Exil kommend, auf dem Flaggschiff »Zaragoza«. Am 18. September
1868 schlug man los. Das Manifest »Spanien zur Ehre«
(*España con honra*) rief zur Befreiung von Unmoral und
Spekulationsgeist auf: »Wir erstreben eine provisorische
Regierung, die alle politischen Kräfte des Landes repräsen-
tieren und die Ordnung sicherstellen soll, bis das allgemeine Stimmrecht die Grundlagen unserer sozialen und
politischen Erneuerung geschaffen hat.« Die militärische
Erhebung fand sofort Unterstützung in der Bevölkerung.
Revolutionäre *Juntas* begannen sich zu bilden, die die Souveränität der Nation und die Absetzung der Bourbonen-
dynastie proklamierten. In Sevilla und anderen Städten
schlossen sich die Arbeiter dem Aufstand an, hier und da
griffen die *campesinos* zu den Waffen. Bald war Andalusien
gewonnen. Bereits das erste Treffen zwischen Aufständischen und Regierungstruppen an der Guadalquivir-Brücke
bei Alcolea am 28. September brachte die Entscheidung.
Zwei Tage später gab Isabella II. auf. Aus ihrer Sommer-
residenz San Sebastián floh sie mit ihrem Hofstaat nach
Frankreich.

»Demokratische Monarchie« und Erste Republik
(1868–1874)

1868–1874	»Revolutionssexennium«.
1868	Oktober: Entthronung Isabellas II. und provisorische Regierung des Generals Serrano.
1868–1878	Aufstand und Krieg in Kuba.
1869	6. Juni: Verkündung der neuen Verfassung.
	12. Juli: Einführung eines freihändlerischen Zolltarifs.
1870	18.–25. Juni: Erster Regionalkongreß der spanischen Sektion der Internationalen.

	25. Juni: Abdankung Isabellas II. zugunsten ihres Sohnes Alfons.
	Juli: Thronkandidatur und Verzicht des Prinzen Leopold von Hohenzollern-Sigmaringen.
	16. November: Proklamation des Prinzen Amadeus von Savoyen zum König durch die *Cortes*.
1871	2. Januar: Ankunft Amadeus' I. in Madrid.
1872	21. April: Erhebung der Karlisten (zweiter Karlistenkrieg).
	Oktober: Umsturzversuche der Republikaner.
1873	11. Februar: Abdankung Amadeus' I.; Ausrufung der Republik.
	22. März: Abschaffung der Sklaverei auf Puerto Rico.
	1. Juni: Eröffnung der verfassunggebenden *Cortes*.
	Juli/August: Bewegung des Kantonalismus.
	25. Juli: Erste Arbeitsgesetze.
1874	4. Januar: Putsch des Generalkapitäns von Madrid, General Manuel Pavía y Lacy.

Über die Septemberrevolution von 1868, die Glorreiche (*Gloriosa*), wie sie auch genannt wird, diskutieren Historiker gern und kontrovers. Gescheiterte soziale Revolution oder bloß Staatsstreich? War sie die verspätete spanische Achtundvierziger Revolution, oder weist sie gar voraus auf die Ereignisse zwischen 1931 und 1939? Zwischen diesen Extrempositionen kommen alle möglichen Deutungen vor. Dieses Interesse läßt darauf schließen, daß sich die Vorgänge zwischen 1868 und 1874 in weit komplizierteren Zusammenhängen abspielten als die gewaltsam erzwungenen Wechsel der Regierung oder der Verfassung seit dem Ausgangsjahr 1808.

Die *Septembrina* leitete sicherlich keinen gesamtgesellschaftlichen Umbruch ein, aber die von ihr ausgehenden revolutionären Tendenzen zur Änderung der Regierungsform und zur Umwälzung der Gesellschaftsverfassung sind doch schwerlich zu verkennen. Bei den Verschwörern handelte es sich trotz des überwältigenden Anteils der Militärs um keine Staatsstreichclique, sondern um die Kerngruppe des Dreiparteienbündnisses von Progressisten, Unionsliberalen und monarchistischen Demokraten (*cimbrios*), das der Revolution ihr politisches und auch soziales Fundament gab. Mit der Vertreibung der angestammten Bourbonendynastie, mit der Verfassung von 1869, insbesondere mit deren demokratischen Bestandteilen wie dem allgemeinen Stimmrecht und der Versammlungsfreiheit wurde eine politische Revolution durchgesetzt. Breitere Bevölkerungsschichten als jemals zuvor wurden in das politische Geschehen einbezogen. Öffnung und Pluralisierung aber bedeuteten unter den gegebenen strukturellen Bedingungen Radikalisierung. Die Abkehr vom zentralistischen Staat der liberalen Mittelklasse, wie sie die erstarkenden radikalen Bewegungen des Föderalismus und Kantonalismus in der republikanischen Phase der Revolution vornahmen, findet hierin zum Teil ihre Erklärung.

Der liberalen Oligarchie, die bis dahin die Politik gemacht hatte, traten mit den republikanischen, sozialistischen und anarchistischen Organisationen und Ideologien neue Gesellschaftskräfte entgegen. Im Übergang von der demokratischen Wahlmonarchie Amadeus' I. (1870–1873) zur Ersten Republik schienen sogar eine Führung der Revolution durch die kleinbürgerlich-sozialistischen Schichten und damit eine auch gesellschaftliche Veränderung möglich zu werden. Allerdings erfolgte kein Zusammengehen mit der proletarischen Land- und Industriearbeiterschaft, so daß die Massenbasis für eine revolutionäre Umgestaltung nicht zustande kam. Es waren die lokalen *Juntas*, die während des gesamten Zeitraums zusammen mit freien Milizen als Elemente revolutionärer Unruhe aktiv blieben und das Regierungsbündnis permanent herausforderten. Die revolutionäre Qualität des *Sexenio* begegnet also dem Betrachter seiner Geschichte auf Schritt und Tritt.

Die provisorische Regierung, die am 8. Oktober 1868 unter dem Vorsitz des Siegers von Alcolea und Chefs der

Unionistischen Partei, General Francisco Serrano, zusammentrat, einigte sich zunächst auf die Monarchie als Staatsform, auf den Wahlmodus für die verfassunggebenden *Cortes* und auf eine Regentschaftsregierung bis zur Wahl eines neuen Königs. 381 Abgeordnete nahmen Mitte Februar 1869 die Verfassungsberatungen auf, 236 der »nationalen Koalition«, wie sich das Regierungsbündnis nannte, 85 Republikaner und 20 Karlisten, gewählt aufgrund allgemeinen Stimmrechts aller über 25jährigen Bürger, fast eines Viertels der Bevölkerung Spaniens und damit einer neunmal größeren Zahl als bei der »vorrevolutionären« Wahl von 1865. Am 1. Juni 1869 war das Werk getan. Die Spanier konnten im Hinblick auf die Grundrechtsartikel und die gewaltenteilenden Prinzipien, die darin enthalten waren, den Anspruch erheben, sich die liberalste Konstitution im damaligen Europa gegeben zu haben. »Pate« hatten die Verfassungen der USA und Belgiens gestanden, aber als »Eltern« haben die spanischen Entwürfe von 1812 und 1856 zu gelten. Die in der Vergangenheit am heftigsten umstrittenen Verfassungsfragen waren nun im liberalen Sinn entschieden worden: die Beschränkung der königlichen Rechte, das Zweikammersystem mit einem gewählten Senat, die Gemeindeselbstverwaltung (mit ein paar Einschränkungen), die Unabhängigkeit und Immunität der Richter; selbst die Freiheit der Religionsausübung wurde praktisch garantiert. Für die Nationalmiliz kam das Ende.

Mit der Erklärung der »Monarchie zur Regierungsform der spanischen Nation« (Artikel 33) rückte die Thronfrage neben anderen Problemen, die sich aus der Notwendigkeit gesetzgeberischer und administrativer Ausgestaltung der Verfassungsordnung ergaben, in das Zentrum der spanischen Politik. Der dynastische Neuanfang, den die Mehrheit der Revolutionsführer wollte, gestaltete sich jedoch unerwartet schwierig. Sogar in einen internationalen Konflikt drohte Spanien hineingezogen zu werden, als die »Hohenzollernkandidatur«, die Verhandlungen also mit dem katholischen Haus Hohenzollern-Sigmaringen, einer Nebenlinie des preußischen Königshauses, den äußeren Anlaß zum Ausbruch des Deutsch-Französischen Krieges abgab. Im Oktober 1870 wurde man schließlich mit dem italienischen Königshaus Savoyen handelseinig, dessen zweiter Prinz Amadeus am 16. November 1870 von den *Cortes* mit 55 % der Stimmen zum spanischen König gewählt wurde.

Bis zum Jahresende 1870 übte Serrano die Regentschaft aus. Das Amt des Regierungschefs, zusammen mit dem Kriegsressort, übernahm Prim, der »Hauptmacher« der Septemberrevolution und Parteivorsitzender der Progressisten. Noch bevor aber Amadeus I. in Madrid eintraf, wurde der General, der die entscheidende Integrationsfigur der Regierungskoalition war, durch Attentäter ermordet (27. Dezember 1870). Armee und progressistische Partei blieben bis zur Ausrufung der Republik 1873 die Ordnungsfaktoren des politischen Systems – in einem Staat, dessen instabile, verwickelte innere Situation zeitweise in eine vollkommene Anarchie abzuleiten drohte. Im Baskenland, in Navarra, Aragón und Katalonien lebte mit seiner Vision einer traditionalistischen christlichen Monarchie wieder der Karlismus auf. Sein Erfolg in den Wahlen von 1871 führte zu örtlichen Erhebungen, die im Sommer 1872 in den zweiten Karlistenkrieg übergingen. Auch die Republikaner, die sich vielfach im fließenden Übergang zu linksradikalen und föderalistischen Gruppierungen organisierten, bekämpften von Anfang an die »demokratische Monarchie«. In der Föderalistisch-Republikanischen Partei (*Partido Republicano Federal*) hatten sich die Föderalisten seit 1868 eine feste politische Organisation gegeben und damit die Streitigkeiten mit den Unitariern gleichsam institutionalisiert. Die Widerstands- und Gewaltbereitschaft insbesondere der Landarbeiterschaft Andalusiens und Neukastiliens, der städtischen Industriearbeiterschaft in Katalonien und dem Baskenland wie auch des Madrider Handwerks war die typische Reaktion auf den Industrialisierungsprozeß und die Liberalisie-

rung des Eigentumsrechts, wie sie in Gesellschaften mit
einem Nebeneinander von traditionalistischen »feudalen«,
bürgerlich-kapitalistischen und proletarischen Elementen
zu beobachten ist.

Auf den lokalen *Juntas* aufbauend, breitete sich die Pak-
tistenbewegung aus, die eine Gesellschaftsordnung der
freien Assoziation anstrebte und für den Anarchismus den
Boden bereitete. Während sich unter der besitzlosen Landbevölkerung Andalusiens ein militanter Sozialrevolutionis-
mus entwickelte, entstand vor allem in der katalanischen
Arbeiterschaft eine der stärksten Bastionen der antiautori-
tären Ersten Internationale. Ihre erste spanische Sektion
gründete Giuseppe Fanelli im Auftrag Michail Bakunins
1868 in Madrid, und ihr erster Regionalkongreß mit fast
hundert Delegierten fand in Barcelona statt (18.–25. Juni
1870). Wo wie in Spanien die liberalen Parteien sich im
Bund mit der konstitutionellen Monarchie gegenüber
Reaktion und Revolution vermittelnd und unentschlossen verhielten, boten sich den Anarchisten Chancen zur
Aktion.

Um das Maß an Problemen für die Regierung vollzu-
machen, kam zu all diesen Widerständen noch ein kolonialer Konflikt, der um die Abschaffung der Sklaverei und der
sondergesetzlichen Stellung Kubas und Puerto Ricos ausgetragen wurde. Die Septemberrevolution rief auch in den
Überseebesitzungen Aufstände hervor, die sich in Kuba sogar zum offenen Bürgerkrieg ausweiteten. Unter diesen
Umständen bestand die liberalbürgerliche Verfassung nur
auf dem Papier, weshalb auch manche Historiker ironisch
von einer »Papierrevolution« sprechen. Die Ordnung von
Staat und Gesellschaft verfiel in erschreckendem Maße.
Neben den zahlreichen Unruhen und Erhebungen machte
das zunehmende Banditenunwesen der Regierung zu schaffen. Der junge Wahlkönig Amadeus I., politisch unerfahren
und fremd in seinem Reich, tat sein Bestes, schlug sich auch
durchaus tapfer, vermochte aber der von ihm verlangten

Aufgabe, *moderador* und *inspector* der Verfassungsorgane zu sein, nicht gerecht zu werden. So spiegelt sich in der kurzen Geschichte seines Königtums mit ihren drei *Cortes*-Neuwahlen, sieben Regierungsbildungen und mehr als hundert Ministerwechseln auch nicht persönliches Scheitern, sondern die Unfertigkeit des spanischen Gemeinwesens auf dem langen Weg zur Modernität.

Ab Sommer 1871 begann die »nationale Koalition« zu zerfallen. Das Regierungsprogramm des Radikalprogressisten Manuel Ruiz Zorrilla, das die Einführung von Schwurgerichten und ein neues Heeresgesetz vorsah sowie das Staat-Kirche-Verhältnis durch Zivilehe und bürgerliche Standesbuchführung auf eine völlig neue Grundlage stellen wollte, legte die politischen Bruchlinien zwischen Progressisten, Unionsliberalen und monarchistischen Demokraten bloß. Persönliche Machtkämpfe kamen hinzu. Nachdem der Versuch des Königs, das Revolutionsbündnis durch die Berufung des Admirals José Malcampo an die Spitze eines »Vermittlungsministeriums« noch einmal zu kitten, gescheitert war, gab es kein Halten mehr. Das Karussell der Ministerpräsidentenwechsel drehte sich immer schneller. Auch die letzten Kabinette unter Topete, Serrano und zum Schluß wieder Ruiz Zorrilla (ab Juni 1872) konnten den monarchischen Konsens auf den in der Septemberrevolution vereinbarten Grundsätzen nicht mehr herstellen. Ein Attentat auf das Königspaar am 18. Juli 1872 zeigte den Ernst der Lage an. Ein Krieg aller gegen alle schien loszubrechen. Ab Herbst 1872 suchte Amadeus I. nur noch nach einer Gelegenheit, um sich mit Würde aus der Affäre zu ziehen. Der Augenblick kam im Zusammenhang mit einer eher nebensächlichen Angelegenheit zu Jahresbeginn 1873. Es ging um das wegen Insubordination aufgelöste Artillerieoffizierskorps. Der König unterzeichnete, treu gegenüber der Verfassung, die er beschworen hatte, das vom Ministerium beschlossene entsprechende Dekret und setzte sich damit in Gegensatz zu einem großen Teil der progressistischen Militärs. Seine Unterschrift besiegelte das Ende der Parteienkoalition von 1868, auf der sein Königtum beruhte. Am 11. Februar 1873 verzichtete Amadeus I. für sich und seine Nachkommenschaft auf die Krone Spaniens. Die Möglichkeiten monarchischer Regierungsform waren damit für Spanien vorerst ausgeschöpft.

Das Drama der Revolution setzte sich noch am selben Tag fort in der Erklärung Spaniens zur Republik durch die Nationalversammlung, zu der sich in einem illegalen Akt Kongreß und Senat der *Cortes* vereinigt hatten. Die Initiative dazu entsprang einer Verabredung zwischen einigen führenden Demokraten und Republikanern, die sich dann die politischen Spitzenämter teilten. Nach dem Urteil mancher Historiker verdankte die Republik damit ihre Existenz einer auf Verrat gegründeten Intrige. Doch immerhin war es auch der erste Regimewechsel dieser Epoche, der ohne jeden Gewaltakt vor sich ging. Emilio Castelar y Ripoll, der erste republikanische Außenminister, fand in der Leichtigkeit, mit der sich alles vollzog, etwas Naturgesetzliches: »Mit Ferdinand VII. starb die alte Monarchie, mit der Flucht Isabellas II. die parlamentarische, mit der Abdankung Amadeus' von Savoyen die demokratische – die Monarchie starb an sich selbst. Begrüßen wir die Republik wie die Sonne, die aus eigener Kraft am spanischen Himmel aufsteigt.«

Der intellektuelle Mittelstand, dem das Geschick der Republik nun anvertraut war, stand unter dem Einfluß der Natur- und Geschichtsphilosophie des *Krausismo*, einer Weltsicht und Lebensauffassung, die auf das Wirken des Philosophieprofessors Julián Sanz del Rio zurückgeht, eines Schülers des deutschen Philosophen Karl Christian Krause. Aus dessen pantheistischer Kosmologie und Idee der Humanität erwuchs im Prozeß seiner Rezeption in Spanien ein idealistisches Politikverständnis, das in der Geschichte schon das Ziel angelegt und die Menschheit auf dem Weg zur vollkommenen Harmonie wähnte. In der

Republik erlangte der *Krausismo*, nicht zuletzt aufgrund
seiner Affinitäten zum Freimaurerdenken und zum utopi-
schen Sozialismus, fast die Bedeutung einer Staatsphiloso-
phie. Praktische Wege zur Lösung der politischen Probleme des Landes ließen sich daraus freilich nicht ableiten.

Die Erste Republik sollte sich in die spanische Geschichte als eine ebenso ephemere Erscheinung einreihen wie die
demokratische Monarchie Amadeus' I. Ihre »Stützpunkte«
in der Gesellschaft, die politischen Intellektuellen vom
Schlage eines Castelar, Francisco Pi y Margall und Nicolás
Salmerón, das linksliberale Bürgertum mit opportunisti-
scher Ausrichtung und ein Großteil der internationalisti-
schen Arbeiterschaft, fügten sich nicht zu einem tragenden
Fundament zusammen. Die Republik starb jedoch nicht an
sich selbst, sondern scheiterte im Zweifrontenkrieg gegen
Kantonalisten und Karlisten, gegen die Rebellion von links
und die Konspiration von rechts an der Instabilität des politischen Systems und an der unauflösbaren Widersprüch-
lichkeit der Gesellschaftsverhältnisse. Die Politik der republikanischen Regierungen blieb in gutgemeinten Ansätzen
stecken und reduzierte sich am Ende auf hilflose Bemühungen, die Finanzen zu sanieren und den inneren Frieden
wiederherzustellen. Das Regierungsbündnis zwischen Ra-
dikaldemokraten und föderalistischen Republikanern, das
zunächst unter der Präsidentschaft von Estanislao Figueras
antrat, garantierte keine sicheren Mehrheiten. Schon in
den ersten Wahlen gab nicht einmal die Hälfte der Wahlberechtigten ihre Stimme ab. Apathie hatte die Wählerschaft
ergriffen. Die Regierungsexekutive blieb schwach. Die
Staatsfinanzen waren ruiniert und die Ressorts praktisch
bewegungslos, Staatskredit war nicht mehr vorhanden.

Die beiden nächsten Regierungen unter Pi y Margall versuchten es mit einem Programm »der Ordnung und des
Fortschritts«, bekamen es aber mit dem nun in volle Aktion tretenden Kantonalismus zu tun. Im Juli 1873 erklärten
sich Städte und Bezirke zwischen Cádiz, Salamanca und

Valencia reihenweise, wenngleich mit sehr unterschiedlichen politischen Zielen zu autonomen Kantonen. Die Zentralgewalt wurde zur Farce. Die Regierung reagierte mit dem Entwurf einer den USA abgeschauten bundesstaatlichen, laizistischen Verfassung für siebzehn Einzelstaaten. Die Vorlage wurde drei Tage diskutiert und dann ein Opfer des ausbrechenden Kantonalkrieges und der Auflösung der *Cortes* im Herbst des Jahres. Mit seinem Rücktritt machte Salmerón (Juli – September 1873) dem konservativeren Castelar Platz, der von den *Cortes* mit außerordentlichen Vollmachten zur Bekämpfung der zentrifugalen Kräfte versehen wurde. Bei drei Bürgerkriegen, dem kantonalen, karlistischen und kolonialen, war die Lage des Landes so ernst wie nie zuvor. Eine erhebliche Verstärkung der Armee, eine Zwangsanleihe zur Beschaffung der erforderlichen Mittel und gesetzliche Regelungen zur Entspannung des völlig heruntergekommenen Staat-Kirche-Verhältnisses sollten Abhilfe schaffen.

Zu Beginn der *Cortes*-Sessionen 1874 konnte Castelar auch tatsächlich auf Erfolge in den Bereichen der staatlichen Ordnung und inneren Sicherheit verweisen. Auch in der wirtschaftlichen Entwicklung gab es Lichtblicke. Der Bergbau verzeichnete dank ausländischer Investitionen 1873 ein Rekordjahr, und der Export erzielte mit der Schubkraft des Freihandels zum ersten Mal seit der Septemberrevolution einen Überschuß. Ein negatives Bild boten die Landwirtschaft und der Industriesektor, die unter den Auswirkungen der inneren Kriege litten. Die schweren Angriffe seiner politischen Gegner, die ihm wegen seines autoritären Regierungsprogramms Verrat an den demokratischen Prinzipien vorwarfen, zwangen Castelar nach einer verlorenen Vertrauensabstimmung zum Rücktritt.

Die Ereignisse überschlugen sich am 4. Januar 1874. Mitten in die Bildung der Nachfolgeregierung platzte die Nachricht vom Putsch des Generalkapitäns von Madrid, General Manuel Pavía y Lacy. Unmittelbar darauf drang ein Infanteriehauptmann mit einem Dutzend Soldaten und dem Ruf »Alles hinaus! Jetzt ist Schluß!« in den Sitzungssaal des Parlaments ein. Mit der spanischen Bundesrepublik war es zu Ende. Pavía – wie zu vermuten ist, im Einvernehmen mit einem Teil der Abgeordneten – proklamierte eine Regierung der nationalen Front, die nur die Karlisten und Föderalisten ausschloß. Die Republik durchlief noch eine kurze Phase des »MacMahonismus« mit General Serrano, der – ähnlich wie Marschall MacMahon in der dritten französischen Republik – an die Spitze der Exekutive trat. Das Staatswesen sollte konsolidiert werden. Tatsächlich schlug sein Regime, ohne sich dies freilich zum politischen Ziel gesetzt zu haben, die Brücke zur Restauration.

Literaturhinweise

Quellen

Actas de las Cortes de Cádiz. Hrsg. von Enrique Tierno Galván. 2 Bde. Madrid 1964.

Actas del Consejo de Ministros. Bd. 1–8: Fernando VII (1824/25–1833). Bd. 9: Isabel II (1833–1839). Bd. 10: Isabel II (1843/44), (1854/55). Primera república española (1873/74). Madrid 1989–96.

Alguacil Prieto, María Luisa: El Diario de Sesiones del Congreso de los Diputados (1810–1977). Madrid 1996.

Bases documentales de la España contemporánea 1808–1874. Hrsg. von María Carmen García-Nieto, Javier María Donezar und Luis López Puerta. Bd. 1–3. Madrid 1971.

Becker, Josef (Hrsg.): Bismarcks spanische »Diversion« 1870 und der preußisch-deutsche Reichsgründungskrieg. Quellen zur Vor- und Nachgeschichte der Hohenzollern-Kandidatur für den Thron in Madrid 1866–1932. Paderborn 2000–2003.

Documentos del reinado de Fernando VII. Bd. 1–7. Pamplona 1965–71.

Gil Novales, Alberto: Textos exaltados del Trienio liberal. Madrid 1979.

Memorias del reinado de Isabel II. 3 Bde. Madrid 1964 ([1]1843–73).

Darstellungen

Abellán, José Luis: Historia crítica del pensamiento español. Bd. 4: Liberalismo y romanticismo (1808–1874). Madrid 1984.

Artola, Miguel: La burguesía revolucionaria (1808–1874). Madrid 1987. ([1]1973.)

– Partidos y programas políticos, 1808–1936. 2 Bde. Madrid 1974–75.

– Los afrancesados. Madrid [2]1989.

– (Hrsg.): Las Cortes de Cádiz. Madrid 1991.

Aymes, Jean René: La guerra de la independencia en España 1808–1814. Madrid 1974.

Baumgarten, Hermann: Geschichte Spaniens vom Ausbruch der

französischen Revolution bis auf unsere Tage. 3 Bde. Leipzig 1865–71.

Callahan, William J.: Church, Politics, and Society in Spain, 1750–1874. Cambridge (Mass.) 1984.

Carr, Raymond: Spain, 1808–1939. Oxford ²1983.

Cepeda Gómez, José: El ejército en la política española, 1787–1843. Conspiraciones y pronunciamientos en los comienzos de la España liberal. Zaragoza 1990.

Christiansen, Eric: The Origins of Military Power in Spain, 1800–1854. London 1967.

Clemente, Josep Carles: Historia general del carlismo. Madrid 1992.

Colomer Viadel, Antonio: Los liberales y el orígen de la monarquía parlamentaria en España. Valencia ²1993.

Comellas, José Luis: Los moderados en el poder 1844–1854. Madrid 1970.

Cuenca Toribio, José Manual: Estudios sobre el catolicismo español contemporáneo. Córdoba 1991.

Dufour, Gerard: La Guerra de la Independencia. Madrid 1989.

Durán de la Rua, Nelson: La Unión Liberal y la modernización de la España isabelina 1854–1968: una convivencia frustada. Madrid 1979.

Elorza, Antonio: La modernización política en España: ensayos de historia del pensamiento político. Madrid 1990.

Esdaile, Charles J.: Spain in the Liberal Age. From Constitution to Civil War, 1808–1939. Oxford 2000.

– The Peninsular War. A New History. New York 2003.

– Fighting Napoleon: guerrillas, bandits and adventurers in Spain, 1808–1814. New Haven 2004.

Espada Burgos, Manuel: Baldomero Espartero, un candidato al trono de España. Ciudad Real 1984.

Ferrando Badía, Juan: Historia político-parlamentaria de la República de 1873. Madrid 1973.

Fontana, Josep: La quiebra de la monarquía absoluta, 1814–1820. Barcelona 1971.

– La crisis del Antiguo Régimen 1808–1833. Barcelona ²1979.

– Cambio económico y actitudes políticas en la España del siglo XIX. Barcelona ⁴1981.

Garrabou, Joan: Prim. Barcelona 1985.

Jover Zamora, José María [u. a.]: La era isabelina y el sexenio democrático (1834–1874). Madrid 1981. (Historia de España. Begr. von Ramón Menéndez Pidal. 34.)

– Política, diplomacia y humanismo popular. Estudios sobre la vida española en el siglo XIX. Madrid 1976.

Hennessy, Charles Alister Michael: The Federal Republic in Spain. Pi y Margall and the Federal Republican Movement, 1868–1874. Oxford ²1980.

García Sanz, Angel / Garrabou, Ramón: Historia agraria de la España contemporánea. 2 Bde. Barcelona 1985.

Holt, Edgar: The Carlist Wars in Spain. London 1967.

Kiernan, Victor Gordon: The Revolution of 1854 in Spanish History. Oxford 1966.

Lacomba, Juan Antonio: La I República: El trasfondo de una revolución fallida. Madrid 1973.

Llorca, Carmen: Isabel II of Spain. Madrid ³1984.

Lorca Siero, Antonio: Revolución y Estado democrático, 1868. Oviedo 1992.

Maiski, Ivan M.: Neuere Geschichte Spaniens 1808–1917. Berlin 1961.

Marichal, Carlos: La revolución liberal y los primeros partidos políticos en España 1834–1844. Madrid 1980.

Mercader Riba, Juan: José Bonaparte, Rey de España (1808–1813). 2 Bde. Madrid 1981–83.

Millán, Jesús: Liberale Revolution und sozialer Wandel im Spanien des 19. Jahrhunderts. Ein Literaturbericht. In: Neue Politische Literatur 40 (1995) S. 381–401.

Morán Ortí, Manuel: Poder y gobierno en las Cortes de Cádiz (1810–1813). Pamplona 1986.

Nohlen, Dieter: Spanischer Parlamentarismus im 19. Jahrhundert. Meisenheim 1969.

Núñez Rivero, Cayetano: Historia constitucional de España. Madrid 1997.

Oliet Palá, Alberto: El conflicto social y la legitimación de la monarquía ante la revolución de 1868. Madrid 1989.

Pabón y Suárez de Urbina, Jesús: Narváez y su época. Madrid 1983.

Palacio Atard, Vicente: La España del siglo XIX, 1808–1898. Madrid ²1981.

Pascual, Pedro: Partidos políticos y constituciones de España. Madrid 1986.

Peña González, José: Historia política del constitucionalismo español. Madrid 1995.

Poch Noguer, José: El General Prim. Madrid 1986.

Sánchez-Albornoz, Nicolás (Hrsg.): The Economic Modernization of Spain, 1830–1930. New York 1987.

Seco Serrano, Carlos: Militarismo y civilismo en la España contemporánea. Madrid 1984.

Sevilla Andrés, Diego: Historia política de España (1800–1967). Madrid 1968.

Suárez, Federico: La crisis política del antiguo régimen en España (1808–1840). Madrid 1988.

Tortella Casares, Gabriel [u. a.]: Revolución burguesa, oligarquía y constitucionalismo (1834–1932). Barcelona 1981. (Historia de España. Hrsg. Manuel Tuñón de Lara. 8.)

Vilar, Juan Bautista: El despegue de la revolución industrial española (1827–1869). Madrid 1990.

Wohlfeil, Rainer: Spanien und die deutsche Erhebung 1808–1814. Wiesbaden 1965.

Vom Ende der Ersten zum Scheitern der Zweiten Republik

(1874–1939)

Von Hedwig Herold-Schmidt

Epochenüberblick

In den Jahren zwischen 1874 und 1939 durchlief Spanien einen sich beschleunigenden Modernisierungsprozeß, wobei die sozioökonomische Entwicklung von großen regionalen Unterschieden zwischen agrarisch geprägten und sich industrialisierenden Zonen bestimmt wurde. Die Gegensätze nahmen solche Ausmaße an, daß man zu Beginn des 20. Jahrhunderts von der Existenz »zweier Spanien« (*las dos Españas*) zu sprechen begann. Diese beiden wirtschaftlich und sozial außerordentlich unterschiedlichen Zonen traten sich schließlich als Antagonisten im Bürgerkrieg (1936–1939) gegenüber. Das noch 1875 fast völlig vom Agrarsektor geprägte Land erfuhr vor allem an seiner Peripherie eine beschleunigte, aber ungleichgewichtige und im europäischen Vergleich späte Industrialisierung. Eine von traditionellen Werten bestimmte Gesellschaftsstruktur geriet zunehmend in Gegensatz zu Modernitätspolen, besonders in den durch die Binnenwanderung erheblich angewachsenen Städten. Konflktträchtig war dabei vor allem die traditionell einflußreiche Rolle der katholischen Kirche; erst die Republik sollte eine konsequente Trennung von Kirche und Staat in Angriff nehmen. Als neuer Akteur kam die Arbeiterbewegung hinzu, die von Anbeginn in einen sozialistischen und einen anarchistischen Flügel gespalten war. Nach den zahlreichen Bürgerkriegen des zweiten Drittels des 19. Jahrhunderts, den gescheiterten Experimenten des »revolutionären Sexenniums« (1868–1874) und der Wiedereinsetzung der Bourbonendynastie (1874) gelang es dem politischen System der Restaurationszeit, zunächst innenpolitisch eine Beruhigung zu erreichen. Auf der Basis der Verfassung von 1876, die jedoch ständig mißachtet wurde durch systematische Wahlfälschung und personalistische Klientelbeziehungen (*caciquismo*), wechselten sich die beiden großen Parteien der Konservativen und Liberalen regelmäßig in der Regierung ab, wodurch sich der Rückgriff auf gewaltsame Methoden des Machtwechsels erübrigte. Trotzdem blieb der Einfluß der Militärs auf die Politik groß, vor allem in der Regierungszeit Alfons XIII. (1902–1931), als sich die Streitkräfte zur Durchsetzung ihrer Interessen korporativ organisierten. In der Zeit des Hochimperialismus entwickelte sich nach dem Verlust der letzten überseeischen Besitzungen (Kuba, Philippinen) im Krieg von 1898 gegen die USA insbesondere die Marokkofrage zu einer Angelegenheit des nationalen Prestiges. Es stellte sich spätestens seit 1905 immer drängender die Frage nach dem Primat der zivilen Gewalt gegenüber der militärischen. Der Liberalismus des 19. Jahrhunderts in seinen verschiedenen Facetten wurde auf der Rechten zunehmend von korporativistisch-autoritärem Gedankengut und auf der Linken von den revolutionären Ideologien des Anarchismus und des Sozialismus herausgefordert. Zentralistische Verwaltungsstruktur, Ungleichzeitigkeiten in der sozioökonomischen Entwicklung, die nur in Ansätzen erfolgreiche »bürgerliche Revolution« und damit verbunden die Defizite des *nation-building* in Spanien erklären den Aufstieg des politischen Nationalismus bzw. Regionalismus in den peripheren Landesteilen, zuerst in Katalonien, danach im Baskenland und Galizien. Ab der zweiten Dekade des 20. Jahrhunderts geriet die Konstruktion des Restaurationssystems durch die Einmischung der Militärs, das Anwachsen neuer politischer Kräfte (Republikanismus, Sozialismus, Anarchismus, Reformismus, Katalanismus) sowie durch die mangelnde Reformfähigkeit der traditionellen Parteien und deren Fragmentierung in personalistische Faktionen immer stärker in die Krise. Diese Selbstlähmung der politischen Klasse und ihr klägliches Scheitern vor den sozioökonomischen Herausforderungen von Kriegs- und Nachkriegszeit machen die Hoffnungen verständlich, die weite Kreise der Bevölkerung 1923 in die Diktatur des Generals Miguel Primo de Rivera setzten. Dieser suchte mit einer Art regenerationistisch-paternalistischer »Entwicklungsdiktatur« (Monarchie, Religion und Vaterland) unter Rekurs auf militärisch-autoritäre Hierarchieprinzipien, ein korporativistisches Gesellschaftsbild und Staatsdirigismus im Wirtschafts- und Sozialbereich den dringendsten Problemen beizukommen. Doch seine Modernisierungspolitik griff nur in Ansätzen, so daß sich gegen Ende der 1920er Jahre eine gesellschaftliche Gruppe nach der anderen von ihm abwandte. Während die Rechte immer stärker eine autoritäre Monarchie propagierte, setzte die Mehrzahl der Spanier zunächst ihre Hoffnungen auf eine demokratische Republik. Die ab 1931 in Angriff genommene Reformpolitik auf dem Feld der Agrarverhältnisse, der Kirchenfrage, der Militärpolitik und des katalanischen Regionalismus führte allerdings vor dem Hintergrund der Auswirkungen der Weltwirtschaftskrise und dem internationalen Aufstieg faschistisch-totalitärer Systeme zu einer extremen Polarisierung des Landes. Zwei unversöhnliche Blöcke standen sich schließlich im Bürgerkrieg gegenüber. Der Sieg Francisco Francos leitete eine über drei Jahrzehnte währende Diktatur ein.

Regierung Alfons' XII. und Regentschaft Maria Christinas (1874–1902)

1874–1885	Alfons XII.
1874	29. Dezember: *Pronunciamiento* von General Martínez Campos; Restauration der Bourbonen; Regentschaft Cánovas del Castillos.
1876	20.–23. Januar: *Cortes*-Wahlen.
	März: Ende des zweiten Karlistenkrieges.
	2. Juli: Inkrafttreten einer neuen Verfassung.
1878	Rückkehr zum Zensuswahlrecht.
	11. Februar: Friede von Zanjón.
1879	2. Mai: Gründung der Sozialistischen Partei (PSOE).
1880	23. März: Gründung der Liberal-Fusionistischen Partei.
1882–1883	*La Mano Negra*; republikanische *pronunciamientos*.
1885–1902	Regentschaft Maria Christinas für ihren Sohn Alfons XIII.
1885	Choleraepidemie.
	November: Pakt von El Pardo.
1887	12. Juli: Vereinsgesetz.
1888	Weltausstellung in Barcelona.
1889	Bürgerliches Gesetzbuch (*Código Civil*).
1890	Wiedereinführung des allgemeinen Männerwahlrechts.
1892	Anarchistische Bewegungen in Andalusien.
1895–1898	Zweiter kubanischer Unabhängigkeitskrieg.
1896–1898	Philippinischer Unabhängigkeitskrieg.
1897	8. August: Ermordung Cánovas del Castillos.
1898	Spanisch-US-amerikanischer Krieg.
	10. Dezember: Friede von Paris.
1900	Steuerreform.

Restauration der Bourbonenmonarchie

Wie so oft in der neueren spanischen Geschichte war es ein *pronunciamiento*, welches die Restauration der Bourbonen-dynastie einleitete. Isabel II. hatte 1870 zugunsten ihres Sohnes Alfons abgedankt. Im revolutionären Sexennium zwischen 1868 und 1874 mit seiner starken politischen Mobilisierung in Teilen der Bevölkerung hatten sich alle während dieser Jahre begonnenen politischen Projekte angesichts schmaler Trägerschichten und überwiegend noch traditionellen Strukturen in Wirtschaft und Gesellschaft nicht realisieren lassen. 1874 war das Land erschöpft, es wuchs das Bedürfnis nach Ruhe und Ordnung. Der Republikanismus war in sich gegenseitig befehdende Fraktionen zerfallen, so daß das Projekt einer Kompromißlösung, einer Rückkehr zur Monarchie, an Boden gewinnen konnte.

Dies zustande gebracht zu haben, ist vor allem das Verdienst von Antonio Cánovas del Castillo. Der frühere *progresista*, Minister und Mitstreiter in der *Unión Liberal*, hatte seit 1873 die alfonsinische Sache betrieben, wobei er die traditionell enge Bindung der Dynastie an die *moderados* zu lösen und ein Bündnis aller liberalen, monarchischen und gegenrevolutionären Kräfte als Basis für einen Neubeginn zu schmieden suchte. Im Manifest von Sandhurst (1. Dezember 1874) diktierte Cánovas Alfons XII. die Grundsätze seines Regimes in die Feder: konstitutionelle Erbmonarchie, Befriedung und Einheit des Landes, gesetzmäßige Ordnung und politische Freiheiten, Einreihung unter die Staaten des modernen Europa.

Cánovas Gedankengut war einerseits vom französischen Doktrinarismus, andererseits vom britischen Regierungsmodell mit seinem Zweiparteiensystem geprägt. Seine Vorstellungen zielten darauf ab, zwei Parteien zu schaffen, die sich in der Regierung auf legalem Wege abwechseln, so daß sich der Ruf nach dem Militär erübrigen würde. Am 29. Dezember 1874 proklamierte der den *moderados* nahe-

stehende General Arsenio Martínez Campos in Sagunto
Alfons XII. zum König, Cánovas übernahm die Regierung.
Ihm gelang es, den politischen Schwerpunkt zur Mitte zu
verlagern und Brücken zu einem Teil der Männer von 1868
zu schlagen. Während der 18 Monate dauernden Regentschaft (*Ministerio-Regencia*) wurden die Verfassung erarbeitet und entscheidende politische Weichenstellungen vorgenommen.

In den ersten fünf Monaten, von der Historiographie üblicherweise als »Diktatur Cánovas'« bezeichnet, ging man
rigoros gegen diejenigen politischen Kräfte vor, die sich
nicht einbinden ließen. Im Februar 1875 dekretierte der
rechtsliberale Minister Manuel de Orovio, daß sich Lehre
und Unterricht nach dem katholischen Dogma und den
Grundsätzen des monarchischen Systems zu richten hätten.
Zahlreiche Professoren verloren ihre Lehrstühle. Als Reaktion darauf entstand 1876 die *Institución Libre de Enseña-
za*, eine Art freier Universität. Sie sollte unter der Führung
von Francisco Giner de los Ríos, einem Madrider Rechts-
und Philosophieprofessor und Schüler des Krause-Adepten
Julián Sanz del Río, maßgeblichen Einfluß auf das geistig-
politische Leben der Restaurationszeit gewinnen. Der erneute Schulterschluß mit der katholischen Kirche lag nicht
nur in ideologisch-traditionalistischen Erwägungen begründet. Von enormer Bedeutung war vielmehr das Bestreben, die enge Verbindung von Kirche und Karlismus zu lösen. Dazu erhielt die Kirche zum einen ein weitgehendes
Monopol im Erziehungswesen. Zum anderen wurden der
staatliche Unterhalt von Kultus und Klerus festgeschrieben,
konfiszierte Kirchengüter zurückgegeben und die korporative Vertretung im Senat zugestanden.

Den Verfassungsgebungsprozeß leitete eine von Cánovas
initiierte Versammlung (20. Mai 1875) von über 500 monar-
chistisch gesonnenen ehemaligen Parlamentariern ein. In
ihrer Mehrheit waren dies *moderados* bzw. Konservative,
die insbesondere den Adel und das Großbürgertum reprä-

sentierten. Im Umkreis dieser Versammlung entstand die Liberalkonservative Partei von Cánovas. Unter dem Vorsitz des Juristen Manuel Alonso Martínez nahm eine Kommission die Erarbeitung eines Verfassungsvorentwurfes in Angriff. Die Linksliberalen beteiligten sich mehrheitlich nicht an den Beratungen, da sie für die erneute Inkraftsetzung der Konstitution von 1869 eintraten. Allerdings begannen zwei ihrer wichtigsten Führer, Práxedes Mateo Sagasta und Francisco Serrano, eine langsame Annäherung an die Partei Cánovas. Im Januar 1876 fanden die ersten *Cortes*-Wahlen statt. Fast das gesamte republikanische Spektrum boykottierte den Urnengang. Die allgemeinen und direkten Wahlen wurden vom Innenminister Francisco Romero Robledo »organisiert«: er sollte für diese Fähigkeiten später traurige Berühmtheit erlangen. Von 391 Abgeordneten zählten 331 zu den Anhängern der Regierung.

1876 gelang auch unter Aufbietung aller militärischen und diplomatischen Mittel die Befriedung der karlistischen Regionen im Norden der Halbinsel (Proklamation von Somorrostro, März 1876), eine notwendige Voraussetzung für das Überleben des neuen Regimes. Es handelte sich dabei um einen Staat im Staate, der das Baskenland, Navarra und weite Teile Kataloniens umfaßte. Widerstand gegen den Agrarkapitalismus, Antiliberalismus und traditionelle Religiosität verwoben sich hier auf unzertrennliche Weise mit dem dynastischen Problem. Im Gefolge der Niederlage verloren die baskischen Provinzen ihre Sonderrechte (*fueros*), mit Ausnahme eines besonderen Besteuerungsarrangements, des sogenannten *concierto económico*. Die Wirtschaftsexpansion im Baskenland führte im folgenden dazu, daß die Verteidigung der traditionellen Privilegien (Foralismus) immer mehr dem Nationalismus bzw. Regionalismus Platz machte. Die Bedeutung des Karlismus als politischer Kraft nach 1876 beruhte daher weniger auf dynastischen oder autonomistisch-regionalen Aspekten. Sie war vielmehr vor allem Ausdruck der Weigerung des rechten Flügels des

Katholizismus, den Siegeszug des liberalen Bürgertums zu akzeptieren. Aus dem Karlismus ging 1888 die Integristische Partei unter Cándido Nocedal hervor.

Die Verfassung von 1876

Die Verfassung von 1876 sollte diejenige mit der längsten Gültigkeitsdauer in der Geschichte Spaniens werden (bis 1931). Eines der schwierigsten Probleme während der Debatten hatte die Religionsfrage gebildet. Gegenüber den Extrempositionen der »Katholischen Einheit« (*Unidad Católica*, 1845) und der Religionsfreiheit (1869) einigte man sich schließlich auf den Katholizismus als Staatsreligion, wobei jedoch dem einzelnen Glaubensfreiheit garantiert wurde. Die maßgeblich von Cánovas konzipierte Konstitution zielte auf politische Stabilität ab, ohne den sozioökonomischen Status quo anzutasten. Sie stellte einen Kompromiß zwischen der doktrinären Verfassung der *moderados* von 1845 und der auf dem Prinzip der Volkssouveränität basierenden Konstitution von 1869 dar. Sie war als Integrationsinstrument angelegt, das sowohl den isabellinischen *moderados* und *unionistas* als auch der aus den *progresistas* hervorgegangenen Konstitutionellen Partei (*constitucionales*) unter Sagasta und später sogar Teilen des republikanischen Spektrums die Akzeptanz der neuen politischen Ordnung ermöglichen sollte. Es handelte sich um eine paktierte Verfassung, die auf dem Prinzip der geteilten Souveränität zwischen König und *Cortes* beruhte. Insgesamt zeichnete sie sich durch eine erhebliche Flexibilität aus. Zum einen konnte sie durch einfache Gesetze geändert werden, zum anderen wurden viele Artikel sehr offen formuliert und ihre inhaltliche Ausgestaltung späterer Gesetzgebung überlassen. Dies eröffnete Spielräume für eine Parlamentarisierung bzw. Demokratisierung des Systems.

Die Krone nahm unter den Verfassungsorganen eine herausragende Rolle ein. Die Souveränität lag sowohl beim König als auch beim Parlament. In diesem Sinne griff die Verfassung die königlichen Prärogativen früherer Konstitutionen auf. Die Aufgaben des Monarchen sollten jedoch durch verantwortliche Minister ausgeführt werden, wobei der Begriff »Verantwortlichkeit« nicht näher definiert wurde. Was deren Bestellung anbetraf, so folgte die Krone weitgehend den Vorschlägen desjenigen, der mit der Bildung der Regierung betraut wurde. Hinsichtlich der Ernennung und der Auswahl der Regierungschefs jedoch hatte die Kompetenz des Königs nicht nur formalen, sondern auch substantiellen Charakter. In der Praxis enthielten sich Alfons XII. (1875–1885) und die Regentin Maria Christina in der Regel der Einmischungen in die Tagespolitik. Dies gilt allerdings nicht für ihren Sohn Alfons XIII. (1902–1931).

Bei der Ausgestaltung der *Cortes* griff man auf das seit 1834 existierende Zweikammersystem aus Senat (*Senado*) und Unterhaus (*Congreso de los Diputados*) zurück. Beide Häuser verfügten über gleiche Kompetenzen, lediglich die Haushaltsvorlagen wurden zuerst in der Abgeordnetenkammer beraten. Der Kompromißcharakter der Konstitution läßt sich insbesondere am Rekrutierungsmodus der Senatoren ablesen. Ein Teil dieser Parlamentarier gehörte dem Oberhaus kraft Geburts- oder Amtsrecht an, ein anderer Teil wurde auf Lebenszeit ernannt, und eine dritte Gruppe bestellten die größten Steuerzahler auf Provinzebene sowie die *corporaciones del Estado*, wie z. B. Universitäten oder Akademien, durch Wahl. Die Abgeordneten des Unterhauses wurden auf fünf Jahre gewählt. Infolge der politischen Instabilität erlebte jedoch kein Parlament der Restaurationszeit eine volle Legislaturperiode. Die Kammern wurden insgesamt zwanzigmal aufgelöst, woraus sich eine durchschnittliche Dauer von gut zwei Jahren ergibt. Über das Wahlrecht schwieg sich die Verfassung aus. Nachdem das erste Parlament 1876 entsprechend dem aus der Revolutionszeit überkommenen, allgemeinen Männerwahlrecht bestellt worden war, kehrte die konservative Regierung 1878 zum Zensuswahlrecht zurück, demzufolge ca. 850 000 Spanier zur Urne gehen durften. 1890 wurde das allgemeine Männerwahlrecht wieder eingeführt, wodurch sich die Zahl der Wahlberechtigten auf 4,5–5 Mio. erhöhte.

Die Konservativen an der Macht (1876–1881)

Mit dem Inkrafttreten der Verfassung im Sommer 1876 war allerdings das Restaurationssystem keineswegs vollständig ausgebildet. Es dauerte vielmehr ein Jahrfünft ununterbrochener Herrschaft der Konservativen, bis seine Grundlagen, insbesondere die Sammlung der (links)liberalen Gruppierungen in einer Partei und deren Akzeptanz des Regimes, tragfähig waren und ein erster Regierungswechsel zu den Liberalen erfolgen konnte.

Im Inneren wurden zahlreiche Verfügungen des »revolutionären Sexenniums« zurückgenommen. Anderes behielt man im Sinne einer Versöhnungsstrategie bei, der ebenfalls eine bald verkündete umfassende Amnestie dienen sollte. Die rigorose Beschränkung der Meinungsfreiheit (Pressegesetz 1879), der Versammlungsfreiheit (1880) und die nicht existente Vereinigungsfreiheit (erst ab 1887), die Vorgaben für Schulen und Universitäten sowie die strikte Unterscheidung zwischen legalen und illegalen Parteien (bis 1881) bestimmten politisches Klima und Aktionsspielräume. Kommunal- und Provinzialverwaltung wurden im strikt zentralistischen Sinne reorganisiert. Seit 1880 stand den Liberalkonservativen von Cánovas mit der Liberal-Fusionistischen Partei Sagastas der erwünschte Gegenpart gegenüber. Die republikanische Opposition war sich nur in ihrem Mißtrauen gegenüber Cánovas einig. Ihre Orientierungen reichten von den Putschplänen eines Ruiz Zorrilla bis zu den Konspirationen Serranos, der eine Ablösung des Systems auf legalem Wege anstrebte.

Nicht gelöst werden konnte zunächst das Problem der kubanischen Erhebung. Auf dieser Karibikinsel, die von den Unabhängigkeitsbewegungen zu Beginn des 19. Jahrhunderts nicht erfaßt worden war, hatten sich seit 1820 die sozialen und interethnischen Konflikte kontinuierlich verschärft. Reform oder völlige Unabhängigkeit stellten die beiden Optionen dar, wobei das erstgenannte Konzept auf die Kooperation mit Spanien unter Aufrechterhaltung der Sklaverei für die Produktion von Zucker, Kaffee und Tabak setzte. Die Postulate der Revolution von 1868 ermunterten die Unabhängigkeitsbewegung, wobei der zunehmende Einfluß der USA eine ausschlaggebende Rolle spielte. Um 1860 gingen bereits zwei Drittel der kubanischen Exporte in die Vereinigten Staaten und nur noch 10 % nach Spanien, wohingegen 30 % der Importe aus dem Mutterland kamen. Die durch den Kolonialstatus bedingten Handelsbeschränkungen erregten immer stärker den Unmut der angelsächsischen Länder. Es kam zur Erhebung (1868) und zur Erarbeitung eines Verfassungsentwurfes, der die kompensationslose Befreiung der Sklaven vorsah (1869). Zehn Jahre kriegerischer Auseinandersetzungen waren die Folge, in die die USA mit Militärhilfe massiv eingriffen. Am 10. Februar 1878 kam gegen Gewährung begrenzter politischer und administrativer Kompetenzen der Frieden von Zanjón zustande. Er sah die Freilassung aller aufständischen Sklaven sowie die gleichen politisch-administrativen Rechte und Institutionen vor, wie sie zuvor Puerto Rico zugestanden worden waren: Meinungs- und Vereinigungsfreiheit, Kommunal- und Provinzialwahlen, Beschränkung der Kompetenzen der Generalkapitäne. Diese Vorgaben wurden in der Folgezeit allerdings nur sehr begrenzt umgesetzt. Die Emanzipation der Sklaven erfolgte erst in den 1880er Jahren.

Das liberale Regime und seine Konsolidierung in den achtziger Jahren

Zwischen 1881 und 1883 und erneut zwischen 1885 und 1890 trugen die Liberalen Regierungsverantwortung. Viele zentrale Forderungen der Septemberrevolution konnten in dieser Zeit in Gesetzesform gegossen werden. Belastet war die Regierungsarbeit durch die schwache innere Kohäsion in der Liberalen Partei. 1881 wurden zunächst die Beschränkungen der Presse- und Meinungsfreiheit aufgehoben, und es kam zu einer faktischen Tolerierung der Organisationen der Republikaner und der Arbeiterbewegung (Pressegesetz 1883). Zudem konnte die Regierung Akzeptanz in universitären und intellektuellen Kreisen gewinnen, von denen ein Großteil der *Institución Libre de Enseñanza* verbunden war. Nach dem Scheitern der kurzlebigen Regierung Posada Herrera, die ein zügigeres Reformtempo einschlagen wollte, kehrte jedoch 1884 Cánovas an die Macht zurück.

Die neuen politischen Spielregeln waren aber noch kaum gefestigt, als Alfons XII. im Cholerajahr 1885 an Tuberkulose ohne männliche Nachkommen starb. Die politisch unerfahrene zweite Frau des Königs, Maria Christina, übernahm für den erwarteten Thronfolger – sie war schwanger – die Regentschaft. Doch republikanische Putschversuche, die Opposition der Karlisten sowie zunehmende soziale Unruhen und anarchistische Agitation ließen die neue Ordnung gefährdet erscheinen. Diese schwierige Situation führte zum Pakt von El Pardo (November 1885), der für die definitive Festlegung des regelmäßigen Alternierens beider dynastischer Parteien an der Macht stand. Cánovas räumte den Regierungssessel erneut für die Liberalen. Während der kommenden fünf Jahre gelang es Sagasta, die wichtigsten liberalen Postulate des Sexenniums auf normativer Ebene umzusetzen. So wurden das Vereinsgesetz verabschiedet (1887), das allgemeine Männerwahlrecht wiedereingeführt

(1890) und Geschworenengerichte etabliert. Bemühungen zur Rationalisierung und Modernisierung des Staatswesens, der Verwaltung und des Justizapparats kamen ergänzend hinzu. Besondere Beachtung verdient das Bürgerliche Gesetzbuch (*Código Civil*) von 1889, das eine Rechts- und Sozialordnung festschrieb, deren oberster Grundsatz in der individualistischen Konzeption des Privateigentums bestand.

Die politische Realität der Restaurationszeit

Wenn auch der Verfassungstext und die bis etwa 1890 erlassenen Gesetze die grundlegenden bürgerlichen Freiheiten garantierten, sah die Verfassungsrealität doch gänzlich anders aus. Die Regierung ging nicht aus dem gewählten Parlament hervor, sondern wurde vom Monarchen ernannt. Ein Regierungswechsel erfolgte jeweils dann, wenn sich die machthabende Partei erschöpft hatte, wenn ihr Handeln durch innerparteiliche Fragmentierungen gefährdet schien oder wenn einschneidende politische Ereignisse einen Wechsel angeraten erscheinen ließen. Letzteres war etwa beim frühen Tod Alfons' XII. 1885 der Fall, desgleichen anläßlich der Niederlage im Kuba-Krieg 1898. Der Ablauf war stets derselbe: Der neu eingesetzte Premier erhielt von der Krone das Auflösungsdekret für die *Cortes*. Bei den folgenden Neuwahlen schuf sich die Regierungspartei durch umfassende Ausnutzung ihres Einflusses auf die Verwaltungsbehörden ein ihr genehmes Parlament, wobei der systemtreuen Opposition jeweils ein gewisses Kontingent an Sitzen überlassen wurde. Die im Innenministerium ausgehandelte Liste der sogenannten »offiziellen Kandidaten« (*encasillado*) – gleichgültig, ob sie der Regierungspartei oder der systemtreuen Opposition angehörten – konnte sich der Unterstützung des administrativen Apparats sicher sein. Diese Praxis nebst dem ungeschriebenen Grundsatz, daß die Führer der Liberalen bzw. Konservativen niemals zweimal in Folge das Auflösungsdekret erhielten (*turno pacífico*), stellte sicher, daß keine der großen Parteien längere Zeit von der Macht – und ihren Bereicherungs- und Einflußmöglichkeiten – ausgeschlossen blieb. Dadurch erübrigte sich der Rekurs auf gewaltsame Formen des Machtwechsels. Das Funktionieren des *turno* war an einige Voraussetzungen geknüpft. Erstens mußte ein möglichst breites politisches Spektrum zur Akzeptanz des Systems bereit sein. Ein Großteil der politischen Kräfte hatte sich zu diesem Zweck in zwei großen Parteien zu organisieren. Zweitens war eine weitgehende Übereinstimmung dieser beiden Parteien hinsichtlich ihrer politischen und sozioökonomischen Grundüberzeugungen vonnöten. Das dritte Erfordernis bestand in der systematischen Wahlfälschung, da mit solchen Schwankungen der öffentlichen Meinung nicht gerechnet werden konnte.

Die ersten beiden Voraussetzungen waren bereits innerhalb kurzer Zeit weitgehend erfüllt. Cánovas war es schon bald gelungen, das rechte Spektrum, außer Traditionalisten und Karlisten, in seiner Liberalkonservativen Partei zu versammeln. Etwas länger dauerte es bei den (links)liberalen Kräften unter Sagasta. Nach der Durchsetzung des allgemeinen Männerwahlrechts konnte mit den Republikanern Emilio Castelars auch ein Teil des republikanischen Spektrums für die Liberalen gewonnen werden. Ab den frühen achtziger Jahren funktionierte der *turno pacífico* relativ reibungslos. Abspaltungen kamen auf beiden Seiten vor, sie waren jedoch zeitlich begrenzt. Keine Teilhabe an der Macht erlangten am rechten Rand die Karlisten und Traditionalisten sowie am linken Rand die Republikaner. Die 1879 gegründete Sozialistische Partei (PSOE) spielte im 19. Jahrhundert nur eine marginale Rolle; ihren ersten Parlamentssitz errang sie 1910. Noch länger dauerte die parteiliche Formierung des politischen Katholizismus: erst 1922 entstand der *Partido Social Popular.*

Profilierte sich in den ersten 15 Jahren die Partei Sagastas in ideologischer Hinsicht noch durch eine stringentere Propagierung traditioneller liberaler Inhalte, so verwischten sich ab etwa 1890 diese Unterschiede zwischen den großen Parteien immer mehr. Beide erstrebten die Aufrechterhaltung des sozioökonomischen Status quo, beide waren mit den Eliten aus agrarischem Großgrundbesitz, Unternehmen, Handel und Finanzen durch Verwandtschaftsbeziehungen, Geschäftsverbindungen und Klientelstrukturen eng verwoben. Beide stellten keine modernen Massenparteien, sondern Notabelnparteien auf der Basis personalistischer Gefolgschaftsverhältnisse dar.

Fragt man nach den Methoden der Wahlbeeinflussung und -fälschung, so trifft man immer wieder auf klientelistische Strukturen und Netzwerke, auf Patronage und Korruption. Spanien kannte traditionell solche Klientelstrukturen. Eine wesentliche Bedingung für die Persistenz dieser Sozialbeziehungen bildete die sozioökonomische Rückständigkeit des Landes. Dank dieser Stagnation blieb die herausragende Machtstellung der lokalen Notabeln unberührt, ja diese waren sogar in der Lage, ihre Position im Zuge des Übergangs vom Ancien Régime zur liberalen Staatsordnung auszubauen. Im 19. Jahrhundert bürgerte sich für einen solchen Patron die Bezeichnung Kazike (*cacique*) ein. Diese klientelistischen Praktiken galten gleichermaßen für die Parteien, für politische Institutionen, wie die *Cortes*, sowie für den Verwaltungs- und Justizapparat. Entgegen dem Geist der Verfassung und der Ideologie des Liberalismus implizierte dies die Ungleichheit vor dem Gesetz, da die Patronage zugunsten der eigenen Gefolgsleute eingesetzt wurde. Anstatt sich von weltanschaulich programmatischen Zielsetzungen leiten zu lassen, spielte auch bei der politischen Willensbildung und Parteinahme die persönliche Gefolgschaft, die familiär-soziale Beziehung, die entscheidende Rolle. *Caciquismo*, der zeitgenössische Begriff dafür, wurde zum Synonym für die politische Realität der Restaurationszeit schlechthin, zum Synonym für das Auseinanderfallen von normativ-institutionellen Vorgaben und deren Umsetzung in der sozialen Praxis.

Politische und ökonomische Dominanz auf lokaler oder Provinzebene mit Rückversicherung bei der Bürokratie und den Parteiführern in Madrid bildete die Grundlage für die Stellung der Kaziken. Von essentieller Bedeutung war dabei die Vermittlerposition gegenüber dem Zentralstaat, dessen Bürokratie zwar immer stärker auf die Städte und Gemeinden zugriff, dem es jedoch ohne Vermittlung der örtlichen Eliten in weiten Teilen des Landes noch nicht gelang, seine fiskalischen und militärischen Forderungen durchzusetzen. Somit fungierten die *caciques* als Transmissionsriemen zwischen rückständigen sozioökonomischen Strukturen und den liberal-konstitutionellen Vorgaben der Verfassung. Die Notwendigkeit der Zentralregierung, vor dem Hintergrund einer weitgehend unpolitischen, ruralen, analphabeten Wählerschaft bestimmte Wahlergebnisse erzielen zu müssen, räumte den lokalen Notabeln eine Schlüsselstellung ein. Ihre Kooperation war für die Stabilität des Regimes unverzichtbar. Joaquín Costa, der bekannte Systemkritiker, hat zur Jahrhundertwende das Restaurationsregime mit den Begriffen *oligarquía y caciquismo* beschrieben und die wichtigsten politischen Akteure benannt. Eine oligarchische, politische Elite an der Spitze der Parteien in Madrid paktierte mit den tonangebenden Personen auf lokaler und Provinzebene zur Steuerung der Wahlergebnisse wie der Politik insgesamt. Als Gegenleistung für die Wählerstimmen ihrer Klientel erhielten die *caciques* materielle und immaterielle Vergünstigungen (*favores*). Dadurch wurden sie in die Lage versetzt, vor allem mittels Manipulation der Administration und des Justizwesens, sich Vorteile zu verschaffen und ihrerseits *favores* zu verteilen. Damit wiederum konnten sie ihren Einfluß und ihr Prestige stärken. Allerdings mußte sich der Kazike, der in der Regel gleichzeitig als lokaler Parteichef fungierte, den

Erfordernissen des *turno* anpassen und seine Klientel entsprechend lenken.

Von der Forschung wird der *caciquismo* heute in erster Linie als eine notwendige Institution während des Modernisierungsprozesses bewertet. Demzufolge betrachtet man die sozioökonomische und kulturelle Rückständigkeit eher als Vorbedingung denn als Folge des *caciquismo*. Im Gegensatz dazu sahen die zeitgenössischen Kritiker darin vorwiegend eine Fehlentwicklung des liberal-konstitutionellen Systems. Mitunter wurden sogar dessen Mängel und Fehlfunktionen mit dem Parlamentarismus schlechthin gleichgesetzt, eine Haltung, die der autoritär-korporativ orientierten Parlamentarismuskritik Munition lieferte.

Die Rekrutierungsmechanismen der politischen Mandatsträger erklären sich jedoch nicht allein durch klientelistische Praktiken. Essentiell für das Paktsystem war auch der administrativ-institutionelle Rahmen. Im traditionell regional geprägten Spanien wurden die Zentralisierungs- und Vereinheitlichungsbestrebungen des aufgeklärten Absolutismus im 19. Jahrhundert von den Liberalen fortgeführt und ausgebaut. Die niedrige Bezahlung der Beamten und die Unsicherheit ihrer Stellen bildeten einen weiteren Faktor zur Förderung der strukturellen Korruption. Die administrative Struktur hatte die in Madrid getroffenen Entscheidungen hinsichtlich des zu erzielenden Wahlergebnisses auf lokaler Ebene durchzusetzen. Der Zivilgouverneur versuchte in der Regel, das vom Innenministerium vorgegebene Wahlresultat durch Kompromisse mit den tonangebenden lokalen Notabeln ohne größere Reibereien zu erzielen. Traten hierbei Schwierigkeiten auf, konnte er auf ein umfangreiches Arsenal von Disziplinierungsmaßnahmen wie die Absetzung von Bürgermeistern oder die Entsendung besonderer Regierungsdelegierter zurückgreifen.

Der *encasillado* diente also in erster Linie dazu, den Wahlkampf durch vorab getroffene Absprachen zu vermeiden. Ließ sich dieses Ziel nicht erreichen und drohte das

Scheitern des »offiziellen« Kandidaten, so gab es eine ganze Reihe von Möglichkeiten der Beeinflussung am Wahltag selbst, die die Zeitgenossen mit dem Sammelbegriff *pucherazo* belegten. Dazu gehörten die Manipulation der Wählerlisten, Bestechungen, Stimmenkauf, Zerstörung von Wahlurnen oder Mehrfachabstimmungen. 1918 fanden sich nach Tusell in einem Bezirk in Almería mit 124 Wahlberechtigten 9015 Ja-Stimmen für den »offiziellen« Kandidaten. Der Stimmenkauf hingegen stellte eine relativ späte Erscheinung dar, die vor allem von nicht offiziell protegierten Bewerbern angewendet wurde. Die Einführung des allgemeinen Männerwahlrechts 1890 verschlimmerte nach Meinung mancher Historiker die Lage noch. Die »Organisation« der Wahlen gestaltete sich schwieriger und komplexer; es wurde für die Kandidaten zunehmend teurer, einen Sitz zu erringen. Einige sehen im allgemeinen Wahlrecht sogar einen die Demokratisierung des Systems hemmenden Faktor, da dadurch die Machtposition der Kaziken gestärkt wurde.

Innere Spannungen und Kolonialkrieg (1890–1902)

In den neunziger Jahren herrschten durch das allgemeine Männerwahlrecht und das Vereinsgesetz von 1887 wesentlich veränderte Rahmenbedingungen. Die nun immer häufigeren Regierungswechsel spiegelten eine Reihe neuer bzw. verschärfter Probleme wider, wie z. B. die Unruhe im Agrarsektor sowie den Terrorismus und Anarchismus, welche ihre Schwerpunkte in Katalonien und Andalusien hatten. Hinzu kamen die Probleme der Außenwirtschaft vor dem Hintergrund der internationalen Hochschutzzollpolitik, der heraufziehende Regionalismus sowie die Frage der überseeischen Besitzungen, die im Desaster von 1898 endete. Bei den Konservativen standen sich zwei Richtungen gegenüber. Romero Robledo stand für die althergebrachte, von Wahlfälschung und *caciquismo* geprägte politische Kultur, wohingegen eine zweite Strömung, verkörpert durch den Intellektuellen Francisco Silvela, einen moderneren Konservativismus propagierte. Nach der Ermordung von Cánovas 1897 durch einen italienischen Anarchisten übernahm Silvela die Führung der Partei. Unter ihm konnte sich in der Folgezeit eine gewisse Sensibilität für soziale Probleme durchsetzen, die in der Liberalen Partei noch einige Zeit auf sich warten ließ. Zu den sich verstärkenden Fragmentierungstendenzen in der Liberalen Partei trug neben der Reformblockade die Tatsache bei, daß die republikanischen Kräfte in städtischen Kreisen Wahlerfolge verzeichnen konnten, die die etablierten Parteien aufschreckten. Am rechten Rand verließ Antonio Maura, zusammen mit seinem Schwiegervater Germán Gamazo, Symbolfigur der kastilischen Weizenproduzenten, die Liberale Partei, am linken Rand erwog José Canalejas eine Zusammenarbeit mit den Republikanern. Nicht zuletzt war es für die Regierung Sagasta äußerst belastend, daß man sie für das Desaster von 1898 verantwortlich machte.

Der Entwurf eines Autonomiestatuts für Kuba und die Philippinen war nicht mehrheitsfähig gewesen. Widerstände kamen vor allem von konservativen Militärs und Politikern, die es ablehnten, angesichts der fieberhaften internationalen Kolonialexpansion gegenläufige Schritte einzuleiten. Am 24. Februar 1895 gab José Martí mit dem *Grito de Baire* das Fanal zur Erhebung. Die Aufständischen erhielten massive Unterstützung von den USA, deren wirtschaftliche und geostrategische Interessen immer stärker in den Vordergrund rückten. 1892 gingen bereits 82 % der kubanischen Exporte in die Vereinigten Staaten und seit den 1880er Jahren war es zu umfangreichen Investitionen in die kubanische Zuckerproduktion gekommen. Bereits im Mai 1895 wurde eine Verfassung verkündet und ein provisorischer Präsident für die kubanische Republik bestimmt. 1896 erhob sich auch die philippinische Unabhängigkeits-

bewegung. Am 18. April 1898 erklärten die Vereinigten
Staaten den Krieg, nachdem es in Havanna zu einer Explosion auf dem US-Schiff »Maine« gekommen war, die Spanien angelastet wurde. In gut drei Monaten verlor das Land
Besitzungen, die es 400 Jahre lang sein eigen genannt hatte.
Entscheidend waren die beiden Seeschlachten von Cavite
auf den Philippinen und von Santiago de Cuba. Im Vertrag
von Paris (10. Dezember 1898) mußte Spanien den USA die
Souveränität über die Philippinen, Puerto Rico und Guam
überlassen, während Kuba formal unabhängig wurde. Die
kubanische Verfassung von 1901 beinhaltete das sogenannte
Platt-Amendment, das die politische und militärische Abhängigkeit der Zuckerinsel von der aufstrebenden Weltmacht USA bedeutete.

Die Ereignisse von 1898 lösten in Spanien eine tiefe Be-
wußtseinskrise aus. Politischer und intellektueller Pessimismus griff um sich, Strömungen, die der sogenannte Regenerationismus aufnahm; in der Literatur war dieser mit der
»Generation von 1898« verbunden. In dem ambivalenten
und unpräzisen Begriff des »Regenerationismus« manifestierte sich sowohl die Unzufriedenheit des mittleren
Bürgertums mit der politischen Realität des Restaurationssystems als auch eine utopisch-reformistische Geistesströmung, die in engem Zusammenhang mit den sozioökonomischen Problemen des Landes stand. Hinzu kam, daß die
neue Politikergeneration der Jahrhundertwende (Maura,
Silvela, Canalejas, Moret) begrenzt »regenerationistische«
Themen aufnahm. Verschiedene Autoren haben auf die Wi-
dersprüchlichkeit des Regenerationismus hingewiesen. In
der Benennung des Problems bestand weitgehend Einigkeit.
Zentral war der Gedanke, daß die liberale Freiheitsrhetorik
vom Angehen der nationalen Probleme abzulösen sei; eine
tiefgreifende Europäisierung und Modernisierung aller Lebensbereiche galt als das Gebot der Stunde. Jedoch weiger-
ten sich die »Regenerationisten im engeren Sinne«, die Reform des politischen Systems durch aktive Mitarbeit in den

politischen Institutionen mitzutragen. Die wichtigste, äußerst vielschichtige Symbolfigur des Regenerationismus war
Joaquín Costa. Seine Werke zum »Agrarkollektivismus in
Spanien« (1898), die von ihm organisierte Umfrage des Madrider Athenäums zum Thema »Oligarchie und Caciquismo« (1901/1902) und seine Aktivitäten für die *Liga Nacional de Productores* markieren verschiedene Aspekte seines
Werks. Während die achtziger Jahre von den Strömungen
des krausistisch gefärbten Positivismus und Idealismus geprägt worden waren, verschob sich der Akzent mit zunehmender Nähe der Jahrhundertwende zum (Sozial-)Darwi-
nismus. Genie, Rasse, Macht wurden zu neuen Schlüsselbe-
griffen, die Ungleichheit der Menschen und der Kampf als
Selektionsmechanismus zu leitenden Ideen, die ebenfalls die
Regenerationismen beeinflußten.

Lange Zeit überwog auch in der Historiographie die Bewertung von 1898 als nationaler Katastrophe. Neuerdings
neigt man dazu, hierin vor allem die Perspektive der Eliten
zu sehen, eine Rechtfertigungsideologie der herrschenden
Oligarchie. So hat es beispielsweise weder eine Wirtschaftskrise noch einen dauerhaften politischen Bruch gegeben.
Offensichtlich war die geistig-ideologische Krise. Die politische Aneignung regenerationistischen Gedankenguts hatte zunächst ihren Schwerpunkt bei den Konservativen,
wenn auch Maura und Silvela völlig in das oligarchische
System integriert waren. Im Kabinett Silvela waren 1899
sowohl ein Repräsentant des katalanischen Regionalismus
vertreten als auch der eine aktive Sozialpolitik propagieren-
de Eduardo Dato sowie Raimundo Fernández Villaverde,
dem eine begrenzte Finanz- und Steuerreform gelang. Der
Reformimpetus stieß allerdings schnell an seine Grenzen.
Bei den Wahlen von 1901 registrierte man 70 % Enthaltungen. In dieser Situation bestieg Alfons XIII. am 17. Mai
1902 im Alter von 16 Jahren den Thron.

Persistenz traditioneller Strukturen und neue Entwicklungen in Wirtschaft und Gesellschaft (1875–1930)

1881	Gründung der *Federación de Trabajadores de la Región Española* (FTRE).
1887	Gründung der *Lliga de Catalunya*.
1888	Gründung der *Unión General de Trabajadores* (UGT).
1891	Übergang zur Schutzzollpolitik.
1892	*Bases de Manresa* in Katalonien.
1895	Gründung des baskischen *Partido Nacionalista Vasco* (PNV).
1900	Einführung der Arbeiterunfallversicherung.
1901	Gründung der *Lliga Regionalista* in Katalonien.
1910	*Ley del Candado* zur Begrenzung kirchlicher Orden. Gründung der *Confederación Nacional del Trabajo* (CNT).
1914–1925	*Mancomunitat de Catalunya*.
1919	Einführung des 8-Stunden-Tages, der Arbeiterrenten- und Arbeitslosenversicherung.
1924	Gründung des Nationalen Wirtschaftsrates.
1927	*Federación Anarquista Ibérica* (FAI).
1930	Sozialistische Landarbeitergewerkschaft (FNTT).

Wirtschaftliche Entwicklung

Wie alle anderen europäischen Staaten verzeichnete auch Spanien im 19. Jahrhundert einen anhaltenden Bevölkerungsanstieg. Zwischen 1797 und 1900 vermehrte sich die Einwohnerzahl von etwa 11 Mio. auf 18,5 Mio., um 1930 schließlich 23,5 Mio. zu erreichen. Zu Beginn des 20. Jahrhunderts setzte die demographische Transition merkbar ein, wobei zunächst die Mortalitätsrate merklich und dann mit geringer zeitlicher Verzögerung die Geburtenziffer in mäßigem Umfang sank. Wies das Land zwischen 1800 und 1899 eine der niedrigsten Zuwachsraten in Europa auf, so gab es in den ersten drei Dekaden des 20. Jahrhunderts Geburtenüberschüsse.

Insbesondere fällt die im internationalen Vergleich sehr hohe Sterblichkeitsziffer auf. Die Lebenserwartung zum Zeitpunkt der Geburt betrug um 1900 lediglich 35 Jahre, während in England 48,5, in Schweden 54,5 und im Deutschen Reich 46,6 Jahre erreicht wurden. Die Ursache für das anhaltend hohe Mortalitätsniveau lag jedoch nicht in der Katastrophensterblichkeit der Bevölkerung. Die Zeit der großen Gelbfieber- und Choleraepidemien – 1885 suchte die Cholera das Land zum letzten Mal heim – war vorbei. Auch Kriege und Subsistenzkrisen trugen nur marginale Schuld an dieser Entwicklung. Es war vielmehr vor allem die »normale« Sterblichkeit aufgrund von Krankheiten wie Tuberkulose, Bronchitis, Pneumonien, Pocken, Malaria, Masern, Diphtherie, Fleck- und Bauchtyphus sowie bakterielle Durchfallerkrankungen. Sie verursachten um 1905 knapp 60 % aller Todesfälle. Die chronische Unterernährung vieler Spanier, die Defizite in der sanitären Infrastruktur und Städtehygiene sowie der Stand der medizinischen Versorgung sind hierbei als wichtigste Faktoren zu benennen. Dementsprechend war auch das Sinken der Sterblichkeitsziffer im ersten Drittel des 20. Jahrhunderts maßgeblich durch den Rückgang der Infektionskrankheiten bedingt. Die Geburtenrate ging ab den 1860er Jahren bei ausgeprägten regionalen Unterschieden langsam zurück (1900 33,8 ‰, 1930 28,2 ‰), wobei auch hier Katalonien eine Vorreiterrolle spielte und die Provinzen des Zentrums stets die höchsten Werte aufwiesen.

Die regionale Bevölkerungsentwicklung, Ergebnis des Zusammenspiels von natürlicher Wachstumsrate und Wanderungsbewegungen, gestaltete sich außerordentlich vielfältig. Lediglich Katalonien erfuhr im 19. Jahrhundert eine wirkliche Modernisierung seiner demographischen Strukturen. Im größten Teil der übrigen Regionen beruhte das differentielle Wachstum in erster Linie auf Wanderungsbewegungen. Ab den 1860er Jahren begann die Emigration, insbesondere aus den von Kleinbauerntum und Realteilung geprägten Nordprovinzen, zuzunehmen. Zwischen 1900 und 1930 verließen etwa 2,5 Mio. Spanier ihr Land, die meisten mit dem Ziel Argentinien oder Brasilien. Von erheblicher Bedeutung war weiterhin die kurzfristige, saisonale Auswanderung, vor allem nach Frankreich und Algerien. Das auffallendste Merkmal der regionalen Entwicklungen stellt der kontinuierliche Bevölkerungsabfluß aus den Binnenprovinzen – mit Ausnahme der Region Madrid – dar.

Ab etwa 1860 setzte der moderne Verstädterungsprozeß in Spanien ein. Die Einwohnerzahl Barcelonas stieg zwischen 1860 und 1900 von 190000 auf 500000 an (+ 163 %), Madrid wuchs von 298000 auf 540000 Einwohner (+ 81 %). Die spektakulärste Entwicklung zeigte aber Bilbao, dessen Bevölkerung im gleichen Zeitraum von 18000 auf 84000, also um 366 %, zunahm. Trotzdem wurde der Verstädterungsprozeß nicht in erster Linie von der Industrialisierung induziert. Er ist vielmehr – insbesondere im 19. Jahrhundert – vorwiegend auf den Push-Effekt einer rückständigen Landwirtschaft zurückzuführen.

Die tiefgreifendste wirtschaftliche Modernisierung erlebten zwischen 1875 und 1930 Katalonien mit der Metropole Barcelona und das Baskenland mit der schnell wachsenden Stadt Bilbao, wo sich eine differenzierte Industriestruktur herausbildete. Eine Konzentration von Industriebetrieben zeichnete ebenfalls die an der Ostküste gelegene Region Valencia aus. Zu den wirtschaftlichen Zentren zählte außerdem die Bergbauregion Asturien mit der Stadt Oviedo, die sich neben dem Baskenland ab 1900 zu einem weiteren Standort der Eisenindustrie entwickelte. Besondere Erwähnung verdient die Hauptstadt Madrid, die als Sitz von Ministerien, Behörden und Dienstleistungseinrichtungen einen bedeutenden wirtschaftlichen Aufschwung erlebte. Auch wenn sich in den meisten Städten des übrigen Spanien, wie z. B. in Valladolid, Zaragoza oder Sevilla, kleinere Gewerbe- bzw. Industriebetriebe ansiedelten, so bestimmte doch in den diese Orte umgebenden Regionen nach wie vor die Landwirtschaft das Bild. Diese bildete bis weit ins 20. Jahrhundert den größten und wichtigsten Sektor der spanischen Wirtschaft. 1877 waren knapp zwei Drittel und 1920 noch 57 % der aktiven Bevölkerung im Agrarbereich beschäftigt, der um die Jahrhundertwende über die Hälfte des Nationaleinkommens erwirtschaftete. 1930 waren es immerhin noch ca. 45 %. 1890 arbeiteten lediglich 14,6 % der Erwerbstätigen in der Industrie und 18,7 % im Dienstleistungssektor, Prozentsätze, die sich bis zum Ende der Diktatur Primo de Riveras auf 26,5 bzw. 27,9 % erhöhten. Über die Hälfte des sekundären Sektors bildeten allerdings noch um 1900 die Bauwirtschaft und die Textilherstellung, über ein Viertel des Dienstleistungssektors machten häusliche Dienste aus.

Hinsichtlich der Besitzstrukturen und Betriebsgrößen in der Landwirtschaft läßt sich ein ausgeprägtes Nord-Süd-Gefälle feststellen. Im Norden, in Galizien, im kantabrischen Gebirge, im Baskenland und in Aragón, herrschten Kleinbesitzer bzw. -pächter vor. Dagegen dominierte im Zentrum Spaniens der Mittelbesitz. Insgesamt ist gegen Ende des 19. Jahrhunderts ein Abrücken von verschiedenartigen, teils langfristigen Pachtverhältnissen zu beobachten. Im Süden, in Teilen Neukastiliens und im agrarisch bestimmten Andalusien sowie in der Extremadura bestand die jahrhundertealte Konzentration von Grund und Boden in den Händen weniger Latifundisten weiter fort.

Ein Großteil der Forschung hebt die Rückständigkeit des Agrarsektors hervor. Die Produktion stieg zwar an, die Produktivität nahm aber nur langsam zu. Als Ursachen werden neben der Hypothek ungünstiger geographischer und klimatischer Bedingungen die Besitzstrukturen und wirtschaftspolitische Fehlentscheidungen benannt. Der Primärsektor stützte sich in erster Linie auf die drei Hauptprodukte der mediterranen Landwirtschaft, auf Weizen, Wein und Olivenöl. Jedoch beobachtet man vor allem in der Mittelmeerregion eine bemerkenswerte Diversifizierung und Intensivierung des Anbaus und eine Umorientierung auf die Produktion von Südfrüchten, Gemüse und Trockenobst, die vorzugsweise für den Export bestimmt waren. Die gesamteuropäische Agrarkrise mit ihrem Verfall der Getreidepreise seit den 1870er Jahren erreichte die Iberische Halbinsel mit gewisser Verzögerung. Dem Sinken der Weizen- und Ölpreise ab den frühen achtziger Jahren folgte die Krise des Weinbaus, als die Reblaus auf Spanien übergriff. Während diese Depression in vielen europäischen Ländern einen erheblichen Modernisierungsschub auslöste, wurde dieser Prozeß in Spanien nur ansatzweise wirksam. Dennoch darf nicht übersehen werden, daß vor allem seit den 1920er Jahren Wachstum und Modernisierung beachtliche Fortschritte machten.

Angesichts des Übergewichts der Landwirtschaft ist es nicht verwunderlich, daß gerade sie immer wieder im Zentrum der Reformbemühungen stand. Speziell die unausgeglichenen Besitzverhältnisse und die geringe landwirtschaftliche Produktivität wurden als Probleme ausgemacht. Die sozialen Folgen der Agrarproblematik manifestierten sich einerseits in einer bis zum Ausbruch des Ersten Weltkriegs anschwellenden Emigrationswelle, andererseits in wachsender sozialer Unruhe auf dem Land, die in einigen Regionen zeitweise revolutionäre Bewegungen entstehen ließ. Der Ruf nach einer Landreform sollte bis in die Zweite Republik nicht mehr verstummen. Die Krise versuchte man ab Mitte der neunziger Jahre durch den Protektionismus zu bewältigen. Die dadurch bedingten relativ hohen Agrarpreise kamen nicht nur den Großgrundbesitzern zugute, sondern ermöglichten auch unrentablen Minifundien das Überleben. Zudem zehrten die hohen Lebensmittelpreise einen Großteil der meist niedrigen Einkommen auf, was sich negativ auf die Binnennachfrage und die Investitionstätigkeit auswirkte. Die Krisenerscheinungen steuerten im und nach dem Ersten Weltkrieg einem ersten Höhepunkt entgegen. Bei steigenden Gewinnen der Großproduzenten und sinkenden Reallöhnen spitzte sich vor allem in Latifundiengebieten im Winter 1917/1918 die Lage zu. So spricht man für Andalusien zwischen 1918 und 1920 mit seinen Agrarunruhen vom »bolschewistischen Triennium«.

Im Gegensatz zur Landwirtschaft zählte der Bergbau zu den dynamischen Sektoren; er war stark exportorientiert und von ausländischem Kapital abhängig. Die asturischen Kohlevorkommen konnten allerdings mit der billigeren und besseren walisischen Importkohle nicht konkurrieren. Neben Quecksilber, Kupfer und Blei aus Andalusien und Zink aus Santander wurde vor allem das auf dem Weltmarkt, besonders in England, stark nachgefragte phosphorarme baskische Eisenerz ausgeführt. 1901 gingen 90 % in den Export, davon allein 60 % nach England.

Die Diskussion um die Industrialisierung wird seit den siebziger Jahren von der These Nadals über das »Scheitern der industriellen Revolution in Spanien« bestimmt. Dieser macht dafür in erster Linie die Strukturdefizite einer vormodernen Landwirtschaft verantwortlich: Das nur mäßige Bevölkerungswachstum, die niedrige Inlandsnachfrage, die geringe Kapitalbildung und Investitionsneigung, die Bindung einer großen Zahl von Arbeitskräften und ein hoher Prozentsatz an Analphabeten (1877 72 % und noch 1910 59 % der Bevölkerung) sind als Indikatoren zu nennen. In den letzten Jahren kreisen dagegen die Überlegungen verstärkt um die Frage, ob sich ein spezifisch mediterranes Muster der Industrialisierung ausmachen läßt. Nach einer intensiven Wachstumsphase ab den 1830/1840er Jahren sanken die Zuwachsraten ab 1861 wieder. Im weiteren Verlauf ging das Wachstum zwischen 1875 und 1904 schneller vonstatten als zwischen 1904 und 1923; von 1914 bis 1922 erlebte das Land beinahe eine Stagnation der Produktion. Dies bekräftigt die These, daß der Erste Weltkrieg das Wirtschaftswachstum nicht im ganzen, sondern nur einzelne Sektoren und Unternehmen begünstigte. Bedingt durch die spanische Neutralität und die wirtschaftlichen Probleme der kriegführenden Staaten konnten einzelne Branchen schwindelerregende Gewinne erzielen. Eine Modernisierung der Industriestrukturen unterblieb jedoch weitgehend.

Die Industriestruktur wandelte sich nur langsam. So spielte in der Restaurationszeit noch immer der Textilsektor eine wichtige Rolle. Die bis ins 18. Jahrhundert zurückreichende katalanische Baumwollindustrie erlebte durch den Verlust der karibischen Besitzungen 1898 einen erheblichen Einbruch, da sie 60 % ihres Exports dorthin verkauft hatte. Die Suche nach neuen Absatzmärkten im Inland machte sie, zusammen mit den kastilischen Weizenproduzenten und der baskischen Eisenindustrie, zu glühenden Verfechtern einer Hochschutzzollpolitik. Die baskische Eisenproduktion profitierte von der Verfügbarkeit qualitativ guter Rohstoffe und der Investition der Ausfuhrerlöse. Ab den 1880er Jahren ist ein zunehmender Konzentrationsprozeß festzustellen (*Altos Hornos de Vizcaya*, 1902). Die Eisenbranche wuchs jedoch infolge des bescheidenen Inlandsabsatzes nur langsam und war insbesondere wegen hoher Energiekosten international nicht konkurrenzfähig.

Der Außenhandel stellte ein wichtiges Standbein der spanischen Wirtschaft dar. Seine Hauptausfuhrgüter, Agrarprodukte und Erze, gingen zu einem Großteil nach Großbritannien und Frankreich. Die Zuwachsraten sanken nach der Jahrhundertwende, da die Nachfrage nach Erzen nachließ. Die neuen Agrarprodukte konnten zwar den Rückgang kompensieren, das Außenhandelsvolumen aber nicht steigern. Insgesamt führte Spanien weitaus mehr Rohstoffe und landwirtschaftliche Erzeugnisse als Halbfertigwaren und Industriegüter aus. Nachdem die meisten europäischen

Länder in den 1880er Jahren zur Schutzzollpolitik übergegangen waren, folgte Spanien im Jahre 1891. Das Ergebnis war ein integraler Schutzzoll, dessen vorrangiges Ziel darin bestand, alle wichtigen Interessengruppen zu begünstigen. Die Absicht, den Entwicklungsrückstand zukunftsweisender Branchen aufzuholen und deren Konkurrenzfähigkeit auf dem internationalen Markt zu verbessern, spielte hingegen nur eine marginale Rolle. Der Zugang der Agrarexporteure zu ausländischen Märkten wurde durch das Instrument bilateraler Handelsverträge gesichert. Der Erste Weltkrieg brachte erstmals einen Handelsbilanzüberschuß mit sich, doch bereits 1920 kehrten die Defizite zurück, da eine grundlegende Umstrukturierung der Wirtschaft unterblieben war.

Als Hypothek für die wirtschaftliche Modernisierung wirkte sich das defizitäre Transportsystem aus. Dazu trugen zum einen geographische Gegebenheiten, die Gebirgigkeit weiter Teile der Halbinsel und der Mangel an schiffbaren Flüssen, zum anderen der Zustand des Straßen- und Eisenbahnnetzes bei. Das Schienennetz war zwar seit dem Eisenbahnboom ab den 1860er Jahren durch öffentliche Förderung beträchtlich ausgeweitet worden (1868 ca. 5000 km), ab der Jahrhundertwende wuchs es aber nur noch langsam (1913 11983 km). Vergünstigungen für ausländische Investitionen führten dazu, daß Ende des 19. Jahrhunderts die französischen Rothschilds und Pereires etwa 80 % der spanischen Eisenbahnen kontrollierten. Wirtschaftliche Notwendigkeiten spielten bei der Streckenplanung nur eine zweitrangige Rolle.

Das Bankwesen erlebte vor allem seit der Jahrhundertwende eine starke Expansion. Während die Bedeutung vor allem auf die Region orientierter katalanischer Häuser abnahm, spielten die Banken des Baskenlands und Asturiens eine immer wichtigere Rolle. Bei den Staatsfinanzen setzte das chronische Haushaltsdefizit die Rahmenbedingungen, welches in erster Linie durch ein unflexibles Steuersystem bedingt war und die Ausgabenbeschränkung zum Mittel der Wahl werden ließ. Staatlich unterstützte Infrastruktur-förderungsmaßnahmen nahmen erst ab dem letzten Jahrzehnt der Restaurationszeit langsam zu. Das Steuersystem basierte vor allem auf indirekten Abgaben und bevorzugte den ländlichen Grundbesitz gegenüber Industrie und Gewerbe; die Einführung einer progressiven Einkommensteuer gelang nicht. Schätzungsweise die Hälfte des versteuerbaren Vermögens entging dem Fiskus durch Betrug und eine defizitäre Steuerverwaltung.

Am Vorabend der Diktatur Primo de Riveras erreichte die Nachkriegskrise jedoch keineswegs ihren Höhepunkt, vielmehr gab es bereits Anzeichen einer Erholung. Entscheidend für die Unterstützung des Putsches durch breite Wirtschaftskreise waren die tiefen Spannungen im Wirtschaftssystem, die der intensive Wachstumsprozeß der Kriegsjahre hatte zutage treten lassen. Die Lage der Landbevölkerung verschlechterte sich, Arbeiterunruhen in den Städten und Terrorismus verschärften die Lage. Auch hatte der Krieg neue einflußreiche Gruppen in der Wirtschaft entstehen lassen, die nun soziale und politische Teilhabe beanspruchten.

Protektionismus und die Förderung der nationalen Produktion sowie ein umfassendes Arbeitsbeschaffungsprogramm dominierten die Wirtschaftspolitik des Diktators. Zur Markt- und Preisregulation wurden in fast allen Wirtschaftszweigen Gremien geschaffen, die im »Nationalen Wirtschaftsrat« (1924) zusammengeschlossen waren (ab 1928: Nationales Wirtschaftsministerium). Im einzelnen konzentrierten sich die staatlichen Förderungsmaßnahmen auf die Eisenbahnen, auf Schiffahrtsgesellschaften und den Straßenbau. Als neues Instrument kam die Gewährung von Monopolen hinzu; das Telefonmonopol etwa vergab man an die amerikanische ITT. Dabei wurden häufig ausländische Konzerne und dem Regime nahestehende Wirtschaftsmagnaten, wie etwa Juan March, bevorzugt. Weniger vor-

teilhaft für diese Kreise war die Verstaatlichung des Erdöl-
sektors 1927. Die Konzession wurde einem Konsortium
spanischer Banken erteilt und Import, Verarbeitung und
Vertrieb der neu gegründeten CAMPSA übertragen. Teilweise erfolgreich waren die Bemühungen um eine verstärkte Nutzung der Wasserkraft für Landwirtschaft, Stromge-
winnung und Transport. Hierzu schuf der Entwicklungs-
minister Conde de Guadalhorce 1926 wasserwirtschaftliche
Genossenschaften unter staatlicher Aufsicht (*Confederacio-
nes Regionales Hidráulicas*). Doch nur die *Confederación*
des Ebrotals setzte dieses ehrgeizige Projekt in Teilen um.

Insgesamt hatte die Diktatur über 5 Mrd. Peseten für Infrastrukturförderung im weitesten Sinne vorgesehen. Die
Finanzierung dieser Politik stieß schon bald an ihre Grenzen. Die von José Calvo Sotelo geplante Steuerreform
scheiterte am Widerstand von Handel, Industrie und Landbesitz. Trotz einer gesteigerten Wirtschaftätigkeit nahm
das Schuldenvolumen stetig zu. Inflationäre Tendenzen
machten sich jedoch nicht bei den Binnenmarktpreisen,
sondern bei der internationalen Bewertung der Pesete bemerkbar. Der Kursverfall und die umstrittenen Konsolidie-
rungsbemühungen Calvo Sotelos lösten schließlich 1930
den Rücktritt des Finanzministers aus.

Bei genauerer Betrachtung relativieren sich die wirtschaftspolitischen Leistungen und Innovationen, die zur
Legitimation des Regimes groß herausgestellt wurden.
Trotz unterschiedlicher Gewichtung durch die Forschung
neigt man heute dazu, von einer »begrenzten Modernisierung« zu sprechen. Die einheimische Wirtschaft profitierte
zwar von der Abschottung des Binnenmarkts, die Struktur-
probleme wurden jedoch keiner Lösung nähergebracht, vor
allem nicht die so konfliktträchtige Agrarfrage. Allerdings
konnten sich die Unternehmer infolge einer erhöhten Produktivität über steigende Gewinne freuen. Der Diktator
profitierte zunächst vom allgemeinen Wirtschaftsboom
der 1920er Jahre, 1929 kam allerdings der Absturz. Primo

hinterließ eine erhebliche Staatsverschuldung und eine schwache Pesete, und damit eine beträchtliche Hypothek für die Zweite Republik.

Wandlungen der Sozialstruktur

Die Sozialstruktur war von krassen Unterschieden gekennzeichnet. Die ungleiche Besitzverteilung in der Landwirtschaft entwickelte sich zum zentralen Problem der sogenannten Agrarfrage. Die Latifundienregionen litten unter der extensiven Bewirtschaftung der Güter, dem weitverbreiteten Absentismus der Besitzer und einem ständig wachsenden, meist nur saisonal beschäftigten Agrarproletariat. Noch 1930 waren etwa zwei Drittel der bäuerlichen Bevölkerung des Südens landlose Tagelöhner (*jornaleros*) – an der kantabrischen Küste betrug ihr Anteil nur 17 %. In Regionen mit ausgeprägter Monokultur fanden sie nur 130–150 Tage im Jahr Arbeit. Nicht viel besser erging es den Bauern der Minifundien- und Realteilungsgebiete, die nur unter großen Mühen ihren Lebensunterhalt verdienen konnten. Verschuldung, Wucher und drohender Besitzverlust gehörte bei ihnen zum täglichen Brot.

Die Industriearbeiterschaft war quantitativ klein – 1877 arbeiteten 11 % und 1914 erst 18,5 % im sekundären Sektor –, ungleichmäßig im Land verteilt und hochgradig fragmentiert. Löhne und Arbeitsbedingungen zeigten je nach Branche, Ort und Qualifikation eine erhebliche Bandbreite. Viele Arbeiter waren in den anwachsenden Städten erbärmlichen Lebens- und Arbeitsbedingungen ausgesetzt.

An der Spitze der gesellschaftlichen Pyramide hatte sich im 19. Jahrhundert eine neue Elite ausgebildet, die in den einzelnen Regionen unterschiedlich stark aus altem Adel und neuer bürgerlicher Oberschicht zusammengewachsen war. Eine extensive Nobilitierungspraxis der Krone förderte diesen Prozeß. Zu den traditionellen Eliten vorwiegend aus dem Landbesitz kamen allerdings immer mehr Vertreter neuer Wirtschaftszweige und Unternehmen, die ihre Interessen im politischen und sozioökonomischen Rahmen des Restaurationssystems nicht angemessen vertreten sahen. Dies traf besonders auf das katalanische Bürgertum zu.

Die heterogene Gruppe der sogenannten Mittelschichten (*clases medias*) setzte sich aus gehobenem Bürgertum, aber auch aus niederen Verwaltungsbeamten, Geschäftsinhabern, Angehörigen der freien Berufe und gutsituierten Handwerkern zusammen. Insbesondere die große Zahl schlecht besoldeter Staatsdiener hatte häufig mehrere Anstellungen, um einen »angemessenen« Lebensstil finanzieren zu können (*pluriempleo*). Die nach wie vor ungebrochene, traditionelle Hochschätzung der gelehrten Berufe, die im 19. Jahrhundert einen beschleunigten Professionalisierungsprozeß erlebten, brachte ein Überangebot an Juristen, Medizinern und Apothekern hervor. Als Gegenreaktion gegen diese »Überfüllung« kam es ab dem ausgehenden 19. Jahrhundert verstärkt zu korporativistischen Tendenzen. Die neuen akademischen Berufe, etwa der des Ingenieurs, erfreuten sich dagegen weit geringerer Beliebtheit.

Arbeiterbewegung und Sozialgesetzgebung

Entsprechend der langsamen und regional ungleichgewichtigen Industrialisierung gestaltete sich die Ausbildung der organisierten Arbeiterbewegung nur zögernd. Diese wurde zudem durch die frühe Spaltung in einen sozialistischen und einen anarchistischen Flügel geschwächt, wobei die Sozialisten ihre Anhängerschaft vor allem in den Industrieregionen Asturiens und des Baskenlands sowie in Madrid fanden. Die anarchistische Bewegung hatte ihre Hochburg, neben den agraranarchistischen Strömungen in den Latifundiengebieten Andalusiens, im katalanischen Industrierevier um Barcelona. Als weiteren hemmenden Faktor hat man neuerdings das ausgesprochene Ideologiedefizit des spanischen Sozialismus hervorgehoben. Der individualistische Liberalismus der Restaurationszeit prägte das Verhalten der Unternehmerseite. Die Arbeitnehmer-Arbeitgeber-Beziehungen waren generell von starker Polarisierung und Militanz gekennzeichnet, was die Häufigkeit und der Verlauf von Streiks anschaulich belegt.

Die Ursprünge des Anarchismus und der anarchistischen Arbeiterbewegung gehen wesentlich auf die Reise des Bakunin-Anhängers Guiseppe Fanelli nach Spanien im Revolutionsjahr 1868 zurück. 1870 traf sich der 1. Spanische Arbeiterkongreß, wobei die Gewerkschaft der katalanischen Textilarbeiter (*Tres Clases de Vapor*, 1869) eine Führungsrolle übernahm. 1872 entstand eine erste marxistische Gruppe, die sich als *Nueva Federación Madrileña* abgespaltet hatte. Von 1874 bis 1881 war die Internationale verboten, da sie mit den kantonalistischen Aufständen in Zusammenhang gebracht worden war. Aus der Madrider Druckervereinigung (*Asociación del Arte de Imprimir*) entstand 1879 die Sozialistische Partei. Die politische Linie bestimmte lange Jahre hindurch Pablo Iglesias, ihr langjähriger Vorsitzender und erster *Cortes*-Abgeordneter (1910). Mit ihm gewann das Gedankengut des französischen Marxisten Jules Guesde wesentlichen Einfluß auf den spanischen Sozialismus.

1888 kam es zur Gründung der Gewerkschaft UGT (*Unión General de Trabajadores*). Ihre Mitgliederzahl nahm zunächst langsam zu; 1910 waren 40000 erreicht, 1921 gut 240000 – um nach Ausrufung der Zweiten Republik auf 958000 anzuschwellen. Während der Diktatur Primo de Riveras entschloß sich die Gewerkschaft unter Francisco Largo Caballero zur Zusammenarbeit mit dem Diktator in gemischten Komitees (*comités partitarios*). Programmatisch bildete die Verbesserung der Arbeitsbedingungen das wichtigste statuarische Ziel. Ab 1920 forderte man die sukzessive Sozialisierung der Produktionsmittel. Der Streik war für die UGT – im Gegensatz zur anarchistisch beeinflußten Gewerkschaftsbewegung – im allgemeinen nur die Ultima ratio. Nach Ausrufung der Republik änderten sich Charakter, Mitgliederzusammensetzung und Ausrichtung spürbar, da nun eine große Zahl landloser *jornaleros* in die bislang von gut ausgebildeten Facharbeitern geprägte Gewerkschaft strömte (sozialistische Landarbeitergewerkschaft FNTT, 1930).

Die anarchistische Richtung sah sich nach einem anfänglichen schnellen Anstieg der Mitgliederzahlen (1882 ca. 58000) durch interne Auseinandersetzungen zwischen Anarchokollektivisten nach Bakunin (Schwerpunkt Katalonien) und Anarchokommunisten nach Kropotkin (Schwerpunkt Andalusien) geschwächt. Ab den späten 1880er Jahren erschütterte eine Reihe anarchistischer »direkter Aktionen« das Land. Die zweitwichtigste spanische Gewerkschaft CNT (*Confederación Nacional del Trabajo*) entstand erst 1910. Sie entwickelte sich aus der *Solidaridad Obrera* in Katalonien und ist im Kontext des Aufschwungs des revolutionären Syndikalismus zu sehen, wie er auch in Italien, Frankreich und Großbritannien anzutreffen war. Dem Nahziel einer Verbesserung der Arbeitsbedingungen stand das Fernziel einer sozialen Revolution gegenüber. Hierfür galt der Generalstreik als das revolutionäre Instrument par excellence. Von 1911 bis 1915 verboten, prägte die CNT nach dem Krieg die Arbeitskonflikte in der Industrieregion Barcelona (Canadiense-Streik, 1919). Attentate, Verhängung des Kriegsrechts und Gegengewalt von Staats- und Unternehmerseite ließen die katalanische Metropole bis 1923 in einem Strudel der Gewalt versinken.

Die Mitgliederzahl der CNT stieg von ca. 26000 im Jahr 1911 auf über 700000 im Jahr 1919; davon kamen 61 % aus Katalonien, 19 % aus der Levante und 13 % aus Andalusien, insgesamt vor allem Textilarbeiter und *campesinos*. Während der Diktatur im Untergrund gelang 1930/1931 eine schnelle Reorganisation. Nunmehr wandte man sich von der starken Zentralisierung ab. Verschiedene Unionspläne mit der UGT scheiterten, und innerhalb der Gewerkschaft verschärften sich die Spannungen zwischen moderateren Anarchosyndikalisten, wie etwa Salvador Seguí und Angel Pestaña, und puristisch-militanten Anarchisten, vor allem Buenaventura Durruti. 1923 fiel Seguí einem Attentat zum Opfer, nachdem zwei Jahre zuvor Ministerpräsident Dato von Anarchisten ermordet worden war. Während der Diktatur bestand dieser interne Widerspruch weiter fort, wobei sich die »Hardliner« 1927 in der *Federación Anarquista Ibérica* (FAI) organisierten und die Reinhaltung der Lehre Bakunins auf ihre Fahnen schrieben. Nach 1931 gelang es der FAI, maßgeblichen Einfluß auf die CNT zu gewinnen.

Die Forschung hat sich eingehend mit der Frage befaßt, wieso der Anarchismus gerade in Andalusien und in Katalonien eine solch große Resonanz erzielen konnte. Sicherlich lag dies zu einem großen Teil daran, daß es eben bakuninistisches – und nicht marxistisches – Gedankengut gewesen war, mit dem man dort zuerst in Kontakt kam. Darüber hinaus hat man auf die Verwurzelung des republikanischen Föderalismus in Katalonien und die Tradition des kommunitären Kollektivismus in Andalusien hingewiesen, woraus sich Affinitäten zur anarchistischen Ideologie, ihrem Gesellschaftsideal (autoritätsfreie Gesellschaft, Kollektivierung des Besitzes) und ihren bevorzugten Handlungsformen (direkte Aktion, keine Teilhabe an der Macht) ergeben konnten.

Die Kirche kam hinsichtlich der sozialen Frage über den traditionellen Wohltätigkeitsansatz kaum hinaus, wobei hervorzuheben ist, daß sich in der Restaurationszeit Orden wie Laienorganisationen zunehmend in diesem Bereich engagierten. Zwar rief die Enzyklika *Rerum Novarum* (1891), in der Leo XIII. ein kirchliches Tätigwerden gegen die Ungerechtigkeiten des Kapitalismus anmahnte, viel Interesse hervor; die praktischen Folgen waren aber bescheiden. Die katholische Gewerkschaftsbewegung fand vor allem dort Resonanz, wo die Religiosität weiterhin hoch und die Kirche fest in das lokale Leben integriert war, d. h. besonders im Nordteil der Halbinsel. 1917 entstand die CNCA, ein Zusammenschluß katholischer Gewerkschaften, in denen sich vor allem Kleinbesitzer und Pächter organisierten.

Was den Staatsinterventionismus im Sozialbereich anbelangt, war es die konservative Regierung unter Silvela und seinem Innenminister Dato, die die ersten Arbeiterschutzgesetze auf den Weg brachte (Arbeiterunfallversicherung, 1900). Erst in der Regierungszeit des vom britischen *New Liberalism* beeinflußten José Canalejas (1910–1912) konnte sich das liberale Lager bezüglich der sozialen Frage zum Staatsinterventionismus durchringen. Die Hauptaufgabe des 1908 errichteten Nationalen Versicherungsinstituts bestand in der subsidiären Förderung freiwilliger Versicherungen. 1919 erfolgte zusammen mit der Einführung des Acht-Stunden-Tages die Etablierung der Arbeiterrenten- und Arbeitslosenversicherung. Erst 1942 wurde die Arbeiterkrankenversicherung für einen kleinen Teil der Bevölkerung und mit bescheidenen Leistungen verpflichtend eingeführt.

Der Korporativismus der Armee

Die Armee stellte im 19. Jahrhundert das wichtigste Instrument sozialer Mobilität dar, viel stärker, als dies etwa in anderen europäischen Ländern der Fall war. Die zahlreichen Kriege und Bürgerkriege hatten eine enorme Aufblähung des Offizierskorps mit sich gebracht. Ende des 19. Jahrhunderts zählte man ca. 13 000 Offiziere, wobei auf einen Offizier neun Soldaten kamen. Im Deutschen Reich betrug dieses Verhältnis 1:24.

Während der Restaurationszeit kam es durch die zunehmende Institutionalisierung militärischer Karrieren zu immer stärkeren Abschlußtendenzen. Als nach 1900 eine zunehmend komplexere Gesellschaft, vor allem der katalanische Nationalismus und die Arbeiterbewegung, die Vorstellungen der Armee vom »echten Spanien« und der ihm eigenen Sozialordnung bedrohten, gingen immer mehr Militärs dazu über, die Armee als Verkörperung der Nation zu sehen; das Mißtrauen gegenüber den zivilen Politikern wuchs. Ab 1916 schloß sich ein Teil der Offiziere in den *Juntas de Defensa* zur Durchsetzung berufsständischer Interessen zusammen. Auch beim Septemberputsch 1923 spielten militärische Interessen eine wesentliche Rolle.

Insgesamt waren die Streitkräfte an Kopf und Gliedern reformbedürftig. Obwohl sie einen maßgeblichen Teil des Staatshaushaltes verschlangen, war ihre Schlagkraft, ihre Ausbildung und ihre Ausrüstung desolat, wie die verlorenen Kriege der Jahrhundertwende eindrucksvoll unterstrichen. Zentrale Bedeutung erlangte die Frage, ob Beförderungen strikt nach dem Dienstalter erfolgen sollten oder auch durch »Verdienste im Krieg« (*méritos de guerra*) erlangt werden könnten. Hier entstand ein scharfer Gegensatz zwischen den in Marokko eingesetzten *africanistas* und ihren Waffenbrüdern in den Kasernen der Halbinsel. Die Aufblähung der oberen Ränge versperrte vielen den ersehnten Aufstieg, und bei den Unterschichten rief die Tatsache, daß sich die Bessergestellten vom Militärdienst freikaufen oder einen Ersatzmann stellen konnten (bis 1912), immer mehr Erbitterung hervor. Auch nach 1912 ließ sich die Dienstzeit durch Geldleistungen beträchtlich verkürzen.

Religion und Kirche

Der Katholizismus wird üblicherweise als wesentlicher Bestandteil der traditionellen spanischen Identität betrachtet. Allerdings war zu Beginn des 20. Jahrhunderts Spanien keineswegs mehr ein durchgängig katholisches Land. Ende der 1920er Jahre gingen etwa in Huelva lediglich 20 % der Frauen und 6 % der Männer zu Ostern in die Messe. Vor allem die Unfähigkeit der Kirche, auf die Herausforderungen von Urbanisierung und Industrialisierung Antworten zu finden, trug zur Entfremdung bei. Der Klerus propagierte ein grobgezeichnetes Gesellschaftsbild mit einem gottgewollten Gegensatz zwischen arm und reich, bezeichnete noch 1929 in Schulbüchern den Liberalismus als Sünde und machte den Verlust des Glaubens und der Moral für die soziale Frage verantwortlich. Nach der Beilegung des Karlistenkrieges hatte sich gegen Ende der 1880er Jahre die Mehrheit der Geistlichkeit mit dem neuen Regime arrangiert. Belohnt wurde sie dafür mit der korporativen Vertretung im Senat sowie einer kirchenfreundlichen Gesetzgebung im Bildungssektor – hier engagierten sich vor allem die Orden – und im Vereinswesen.

Nach einem deutlichen Einbruch im zweiten Jahrhundertdrittel, verursacht durch die Desamortisationsgesetzgebung, setzte ab 1875 bei der Ordensgeistlichkeit eine steile Aufwärtsentwicklung ein. In der ersten Dekade des 20. Jahrhunderts stieg die Zahl der Ordenskleriker erneut an, bedingt durch Rückkehrer aus den verlorenen Kolonien und den Zuzug französischer Mönche und Nonnen, die vor der restriktiven Gesetzgebung der Dritten Republik flohen. Der Versuch der liberalen Regierung Canalejas (1910–1912), diese Entwicklung einzudämmen (*Ley del Candado*), löste eine schwere innenpolitische Krise aus.

Neben dem nur ansatzweise erfolgreichen Bemühen der Liberalen um eine säkularisierte Gesellschaft kam es immer wieder zu antiklerikalen Aktivitäten und mitunter gewalt-

tätigen Ausschreitungen. Träger waren vor allem die republikanischen Gruppen, die Anarchisten und Sozialisten.
Der folgenreichste dieser Ausbrüche vor der Zweiten Republik ereignete sich 1909 in Barcelona. Ein Generalstreik
gegen die Einschiffung von Truppen nach Marokko entwickelte sich zu einem spontanen Gewaltausbruch, in dessen Gefolge 21 Kirchen und 31 Konvente niedergebrannt
wurden (*Semana Trágica*). Eine neue Qualität erreichte das
Verhältnis von Staat und Kirche in der Zweiten Republik.
Die Kirche sollte aus dem öffentlichen Leben weitestge-
hend verbannt, Religion zur reinen Privatsache werden.

Auf seiten der Gläubigen lassen sich andererseits neue,
zunehmend individualistische Formen der Religiosität feststellen. Nach dem Niedergang der Bruderschaften seit der
Mitte des 19. Jahrhunderts kam es zu einem Aufschwung
des Devotionalismus, wobei sich vor allem Marienkulte
und die Herz-Jesu-Verehrung rasch verbreiteten.

Das »Erwachen« der Regionen

Im Verlaufe des 20. Jahrhunderts entwickelte sich der Nationalismus bzw. Regionalismus zunächst in Katalonien
und später im Baskenland immer mehr zu einem Spreng-
satz für den spanischen Staat. Er trat in jenen peripheren
Landesteilen am frühesten und am intensivsten auf, die
Schauplatz einer beschleunigten sozioökonomischen Modernisierung geworden waren. Dieser Prozeß hängt wesentlich mit der enormen Verspätung des bürgerlichen Na-
tionalstaats in Spanien zusammen. Als wichtige Integra-
tionshemmnisse wurden das Erziehungswesen, die Armee
und die zentralistische staatliche Bürokratie benannt. Das
desolate öffentliche Schulwesen spiegelt sich in den hohen
Analphabetenzahlen wider; wer es sich leisten konnte,
schickte seine Kinder auf private kirchliche Schulen, und

diese förderten in keiner Weise die Bindung an den liberalen Staat. Auch das Militär versagte als Integrationsinstrument. Die allgemeine Wehrpflicht – 1837 eingeführt – wurde nicht umgesetzt, und statt eines Nationalheers hatte das Land vielmehr ein »Klassenheer« (Mees). Nicht zuletzt ließ die Realität des politischen Systems den Nationalstaat für die Mehrzahl der Spanier bedeutungslos werden; dieser trat für sie nur in drei Zusammenhängen in Erscheinung: Militärdienst, Steuern und Wahlen.

Das »Erwachen« der kleineren europäischen Nationen hat man in drei Phasen eingeteilt. Zunächst befaßten sich einzelne Gelehrte und Intellektuelle mit dem »nationalen« Erbe, danach versuchte eine Gruppe von »Patrioten« dieses weiterzuverbreiten, bevor im letzten Stadium der Nationalismus zu einer Massenbewegung wurde (Hroch), eine Chronologie, die vor allem für Katalonien zutrifft. Als Hintergrund für das Aufblühen des Regionalismus sind weiterhin die starken partikularen Traditionen dieser Landesteile seit dem Mittelalter zu bedenken.

Zunächst meldete sich das katalanische Eigenbewußtsein zu Wort und erlangte nach einer kulturell-sprachlichen *Renaixença* seit den 1840er Jahren in den beiden letzten Dekaden des 19. Jahrhunderts eine zunehmend politische Dimension. Aus dem republikanischen Föderalismus der Revolution von 1868 kam der erste bedeutende Vertreter des politischen Katalanismus, Valentí Almirall. 1887 setzte mit der *Lliga de Catalunya* und dem Aufstieg Enric Prat de la Ribas ein radikaler Richtungswechsel im Sinne einer Abkehr von den föderal-demokratischen Autonomiebestrebungen und einer Zurückdrängung des (Klein-)Bürgertums zugunsten der Industrie- und Handelsbourgeoisie als Trägerschicht ein. Dieser entwarf 1892 das erste Grundsatzprogramm des politischen Katalanismus: die *Bases de Manresa*. Sie verfochten keinen Separatismus, sondern ein föderales Konzept zur Integration in den spanischen Staat, in sozialer Hinsicht waren sie konservativ.

Die *Lliga Regionalista* (1901) blieb bis zum Bürgerkrieg die maßgebliche politische Kraft in Katalonien; die dynastischen Parteien in der Region schrumpften schon bald zur Bedeutungslosigkeit. Als bürgerlich-konservative Partei akzeptierte sie die Monarchie und die Einheit des Landes, forderte aber grundlegende Verfassungsreformen im Sinne einer weitgehenden politischen und kulturellen Autonomie. Zentrales Anliegen bildeten jedoch immer die wirtschaftlichen Interessen Kataloniens, besonders die Schutzzollpolitik. Wichtigster Gegenspieler der *Lliga* wurde die demagogisch-populistische und zentralstaatlich orientierte Radikal-Republikanische Partei von Alejandro Lerroux, der vor allem im städtischen Kleinbürgertum, bei Arbeitern und Unterschichten Resonanz fand. Die *Lliga* unter ihrem Vorsitzenden Francesc Cambó suchte in der Summe wenig erfolgreich die Verständigung mit Madrid. 1906/1907 kam es kurzfristig zu einem Wahlbündnis aller nationalistischen Kräfte (*Solidaridad Catalana*). 1914 schließlich ermöglichte das Dekret über die Errichtung der *Mancomunitat de Catalunya* den Zusammenschluß der katalanischen Provinzen zur gemeinsamen Ausübung ihrer Aufgaben. Eine Kompetenzenausweitung war damit zwar nicht verbunden, doch entwickelte ihr erster Präsident, Prat de la Riba, eine sehr aktive Amtsführung.

In der Krise von 1917 war die *Lliga* unter denjenigen, die vehement eine Verfassungsreform einforderten. Mit den weltpolitischen Veränderungen nach dem Ende des Ersten Weltkriegs, insbesondere seit der Verkündung der Grundsätze Wilsons, schöpfte der Katalanismus neue Hoffnung. Über verschiedene Entwürfe für ein Autonomiestatut konnte keine Einigkeit erzielt werden (1918), nicht zuletzt wegen der schwankenden und widersprüchlichen Haltung der *Lliga*. Einerseits forderte sie Autonomie, andererseits akzeptierte sie als Pressure-group der katalanischen Unternehmer die konservative Politik und unterstützte die harte Repressionspolitik gegen soziale Unruhen und

Streiks. Die katalanische Linke wollte ihrerseits das marode Restaurationsregime nicht durch Zustimmung zu einer unbefriedigenden Teillösung stärken. Die mit der konservativen Politik der *Lliga* unzufriedenen Mittelschichten versammelten sich in verschiedenen republikanischen Gruppierungen, von denen insbesondere die *Acció Català* (1922) große Teile der Bevölkerung hinter sich bringen konnte und damit den Grundstein für den Sieg des Republikanismus in Katalonien 1931 legte. Die Interessen der Großbourgoisie bestimmten ebenfalls nachdrücklich die enthusiastische Haltung der *Lliga* zum Putsch von 1923. Nach anfänglichen Autonomieversprechungen ging der Diktator unter dem Druck Alfons' XIII. und der Armee zu einer prononciert antiregionalistischen Politik über. 1925 wurde die *Mancomunitat* aufgelöst.

Der baskische Nationalismus betrat erst später die politische Bühne. Er unterschied sich wesentlich vom katalanischen. Karlistische Tradition und der Verlust der *fueros* sorgten vor allem im städtischen Kleinbürgertum und unter der bäuerlichen Bevölkerung für Verbitterung. Es entstand eine breite, intensiv im Kulturbereich engagierte Protestbewegung. Ihrem Anwachsen kam die Tradition oraler Literatur zugute, die von Barden von Dorffest zu Dorffest verbreitet wurde. Eine literarische Tradition mußte allerdings erst künstlich geschaffen werden, denn das Baskische war bis dahin vor allem eine gesprochene und überwiegend in ländlichen Gebieten verwendete Sprache. Erst die Verbindung dieser Kulturbewegung und des Foralismus mit den Folgen der sozioökonomischen Umwälzungen nach 1880 ließ einen politischen Nationalismus entstehen, der die völlige Unabhängigkeit auf seine Fahnen schrieb.

Die zentrale Figur des erwachenden baskischen Nationalismus war Sabino Arana Goiri, der seit dem Ende der 1880er Jahre die Bewegung organisierte. Insbesondere das Kleinbürgertum Bilbaos, durch den radikalen sozioökonomischen Wandel und die Zuwanderung nichtbaskischer

Migranten verunsichert, fand hier eine kulturelle und politische Heimat. Arana, Sohn einer wohlhabenden karlistischen Unternehmerfamilie, kam in den frühen 1880er Jahren in Barcelona mit den Entwicklungen in Katalonien in Kontakt. 1892 veröffentlichte er seine politischen Schriften unter dem Titel *Bizkaya por su independencia*. Darin verknüpfte er unter dem Schlagwort »Gott und alte Gesetze« eklektizistisch Elemente des Traditionalismus, etwa den übersteigerten Katholizismus und die Agrarromantik, mit der Verdammung »nicht-baskischer« Erscheinungen wie des Industriekapitalismus bzw. der liberal-säkularisierten Gesellschaft. Die dem Sozialkatholizismus entstammende Idee der Sozialharmonie stand der rassistischen Ablehnung der zugewanderten Arbeiter gegenüber. Auf der Basis einer sehr eigenwilligen Geschichtsinterpretation forderte Sabino Arana Goiri die Rückkehr zu den Zeiten vor der Abschaffung der *fueros*.

Der politische baskische Nationalismus war anfangs vor allem ein Phänomen der Provinz Vizcaya. 1894/1895 entstand unter dem Deckmantel eines Kulturzentrums die erste nationalistische Organisation, die Keimzelle des *Partido Nacionalista Vasco* (PNV). Kurz danach setzten Repressionsmaßnahmen der Regierung ein, die wiederum den Zustrom zur nationalistischen Bewegung beförderten. Entscheidend war, daß sich nun Teile des Besitz- und Bildungsbürgertums anschlossen, die liberal inspiriertes Gedankengut einbrachten. Lediglich die Zuwanderer und die Großbourgeoisie blieben dauerhaft fern. Neben dem organisatorischen Ausbau der Partei entstand 1913 eine nationalistische Gewerkschaft (ELA), die nach der UGT zur zweitstärksten Kraft in der Region wurde. Ab der Jahrhundertwende milderte sich der radikale Separatismus der Anfangszeit, und es kam zur Kooperation mit rechtskatholischen Gruppen. Ein Jahr vor seinem Tod formulierte Arana 1902 – allerdings recht vage – das Ziel einer umfassenden Autonomie unter größtmöglicher Berücksichtigung des baskischen Charakters und der Erfordernisse der modernen Zeit. Insgesamt war der baskische Nationalismus intransigenter als der katalanische: Eine Lösung wie etwa die *Mancomunitat* war daher nicht konsensfähig. Interne Differenzen und Abspaltungen beeinträchtigten zwischen 1910 und dem Putsch Primos das politische Gewicht des PNV. Nach einer weitgehenden Ausgrenzung in den Jahren der Diktatur nahmen die baskischen Nationalisten während der Zweiten Republik zunächst nicht am Bündnis von Republikanern, Sozialisten und Katalanisten teil, da sich die Differenzen in der Autonomie- und Religionsfrage als zu groß erwiesen hatten. Diese Situation änderte sich erst kurz vor Ausbruch des Bürgerkriegs, als sich der PNV nach links öffnete. Andere regionalistische Bewegungen, etwa die in Galizien oder im Valencianer Land, erlangten vor der Republik keine nennenswerte Bedeutung und bewegten sich vorwiegend auf dem Feld des Kulturnationalismus.

Kultur und Geistesleben

Der Literaturgeschichtler E. R. Curtius datierte 1949 die Entstehung nennenswerter spanischer Kulturleistungen in das beginnende 20. Jahrhundert und begründete dies u. a. mit den Werken José Ortega y Gassets, Miguel de Unamunos und Pablo Picassos. Als Hintergrund für diese Entwicklung ist der Impuls der geistigen Erneuerung der »Generation von 1898« ebenso hervorzuheben wie die beträchtlichen Modernisierungsfortschritte. Allerdings ist der Beginn dieses Aufbruchs bereits in die letzten Dekaden des 19. Jahrhunderts zu verlegen, als das europäische Kulturparadigma des Positivismus in die Krise geriet. Zum veränderten Zeitgeist trugen literarische und ästhetische Strömungen ebenso bei wie die politischen und sozialen Rahmenbedingungen. Kritischer Pessimismus, die Beschäftigung mit dem »Spanienproblem« sowie die Rezeption neuer Kunstrichtungen

(Impressionismus, Expressionismus, Symbolismus) brachten ein kulturelles Spektrum von großer Vielfalt hervor. Internationale Erfolge in der Malerei (Sorolla, Zuloaga) gingen einher mit einer großen Wertschätzung der Lyrik (z. B. Juan Ramón Jiménez, Rubén Dario). Der politische Partikularismus hatte dabei auch sein kulturelles Pendant, wobei sich vor allem die katalanische Entwicklung durch große Vitalität auszeichnete. Dort wandte sich zunächst der *Modernisme* (1890–1910) als europaoffene Kunstrichtung, die neben Architektur (Gaudí), Plastik, Malerei (Ramón Casas) und Literatur auch Gebrauchsgegenständen ihren Stempel aufdrückte, gegen die provinzorientierten Züge der *Renaixença*. Zwischen 1905/1906 und 1920 manifestierte sich der *Noucentisme* als Gegenbewegung zum Modernismus, der Leitkultur des konservativen Katalanismus der Wohlhabenden (Eugeni d'Ors, Josep Carner, Pere Coromines). Das Baskenland als weiterer Modernisierungspol brachte Maler wie Regoyos und Zuloaga sowie Autoren wie Pio Baroja, Ramiro de Maeztu und Miguel de Unamuno hervor.

Die »Generation von 1898« war nicht in erster Linie politisch, sondern eher ethisch-moralisch motiviert. Über die Funktion als moralisches Gewissen der Nation hinaus ging dagegen die »Generation von 1914« (Ortega y Gasset, Ramón Gómez de la Serna, Manuel Azaña, Américo Castro): Intellektuelle übernahmen nun explizit eine Leitfunktion in Politik und öffentlichem Leben. Europäisierung und Wissenschaft wurden zu zentralen Begriffen.

Fragt man nach der Breitenwirkung dieser Kultur, so nahm trotz immer noch vergleichsweise hoher Analphabetenrate das Lesepublikum beträchtlich zu. 1879 gab es etwa 544 periodische Publikationen, 1927 waren es dagegen bereits 2210. Die Volkskultur war dagegen stark lokal und katholisch geprägt. Die Kirche strukturierte mit ihrem Brauchtum und Festen das Leben von Individuen und Gemeinschaften. Als wichtigste Manifestationen der Volkskultur dürfen Stierkampf und Operette (*zarzuela*) gelten. Die *canción* (ab 1900) und der *cuplé* (ab 1910) stellten die authentische »Volksmusik« dar, nicht die ambitionierten Werke von Albéniz, de Falla oder Granados. Der Flamenco wurde vor 1920 in Intellektuellenzirkeln als Musikform nicht geschätzt und brachte es, von einigen Zentren in Andalusien abgesehen, auch in der Volkskultur zu keiner weiteren Verbreitung.

Die Diktatur verfügte über kein eigenständiges kulturelles Projekt. Primos Intellektuellenfeindlichkeit war notorisch. Die Volkskultur erfuhr durch das Radio, das Kino und die zunehmende Popularität des Sports, vor allem des Fußballs, eine Bereicherung. Einige Intellektuelle unterstützten das Regime: Eugeni d'Ors, Azorín, Wenceslao Fernández Flórez. In der Literatur profilierte sich die »Generation von 1927«, zu der Autoren wie Federico García Lorca, Rafael Alberti, Pedro Salinas oder Jorge Guillén zählen. Kubismus und Surrealismus in Malerei und Skulptur, die surrealistischen Filme von Luis Buñuel, neue Formen in der Architektur waren Entwicklungen, die die zwanziger Jahre auszeichneten. Die in Frankreich lebenden Künstler Pablo Picasso, Joan Miró und Juan Gris oder die Werke Ortega y Gassets (*Die Rebellion der Massen*, 1930) wurden weit über Spanien hinaus bekannt.

Die Entwicklungen der zwanziger Jahre trugen nicht zuletzt dazu bei, das geistige Umfeld zu schaffen, das die Republik ermöglichte. Viele Intellektuelle gingen mit großem Enthusiasmus daran, bei der Verwirklichung des Reformprogramms mitzuwirken. Männer wie Manuel Azaña oder Fernando de los Ríos hatten hohe politische Ämter inne, 64 Professoren und Lehrer sowie 47 Schriftsteller und Journalisten waren in den verfassunggebenden *Cortes* (1931–1933) vertreten. Die bildungspolitische Offensive der Republik verdient besondere Beachtung. Insgesamt waren die Jahre der Republik eine Zeit der Politisierung der Intellektuellen, auf seiten der Linken wie der Rechten, eine Entwicklung, die sich während des Bürgerkriegs fortsetzte.

Erosion und Auflösung des Restaurationssystems
(1902–1923)

1902	17. Mai: Thronbesteigung Alfons' XIII.
1903	5. Januar: Tod Sagastas.
1906	Algeciras-Konferenz über Marokko.
	11. Februar: Gründung der *Solidaridad Catalana*.
	20. März: *Ley de Jurisdicciones*.
1907	8. August: Wahlrechtsnovelle.
1909	24.–31. Juli: »Tragische Woche« in Barcelona.
	November: *Conjunción Republicano-Socialista*.
1912	Gründung der Reformistischen Partei.
1913	Abspaltung der Mauristen von der Konservativen Partei.
1917	Juntabewegung in der Armee.
	19. Juli: Parlamentarierversammlung von Barcelona.
	13. August: Generalstreik.
1918–1920	»Bolschewistisches Triennium« in Andalusien.
1918	22. März: *Gobierno Nacional* unter Maura.
1919–1923	Anarchistische Attentate in Barcelona, Gegenterror der Regierung.
1921	8. März: Ermordung Datos.
	21. Juli: »Desaster« von Annual.

Strukturelle Wandlungen des politischen Systems

Im Jahre 1902 hatte der 16jährige Alfons XIII. den Thron bestiegen. In den dynastischen Parteien setzte nach dem Tod von Cánovas (1897) und Sagasta (1903) ein zunehmender Aufsplitterungsprozeß in personalistische Faktionen ein. Die sozioökonomischen Transformationsprozesse führten zu einer langsamen Ausdehnung »städtischen«, d. h. nicht in erster Linie klientelistisch geprägten Wahlverhaltens. Die Kompetitivität nahm zu, und die neuen sozialen und regionalistischen Bewegungen drängten – wenn auch mit spärlichem Erfolg – auf Repräsentation und Partizipation. Die republikanischen Kräfte gewannen vor allem im städtischen Umfeld an Rückhalt. Ab der Jahrhundertwende zerbrach das System des *turno* in Katalonien, wo die regionalistische *Lliga* und die Republikanisch-Radikale Partei von Lerroux fortan die dominierenden politischen Kräfte stellten. Die Sozialisten, die sich zögernd dem Reformismus zuwandten, waren ab 1900 zunehmend in den Gemeinderäten, ab 1910 auch in den *Cortes* vertreten. Im Parlament kam es für einige Jahre zu einer Zusammenarbeit mit verschiedenen republikanischen Gruppierungen (*Conjunción Republicano-Socialista*, 1909). Mit der Gründung des *Partido Reformista* unter Melquíades Álvarez betrat schließlich 1912 eine Partei die politische Bühne, die die evolutionäre Parlamentarisierung des konstitutionell-liberalen Systems anstrebte.

Unter dem Eindruck der tiefgehenden Krise nach 1898 findet man bei den Konservativen und bei den Liberalen Bestrebungen, die »alte Politik« (*la vieja política*) zu reformieren. Die Konservativen wollten dem *caciquismo* durch die Stärkung der Kompetenzen der Kommunen entgegentreten. Dabei schrieben sie der Mobilisierung der politisch weitgehend apathischen Mittelschichten (*masa neutra*) eine Schlüsselrolle zu. Die Wahlrechtsnovelle von 1907 legte in ihrem Artikel 29 fest, daß dort keine Wahlen abgehalten werden mußten, wo nur ein Kandidat aufgestellt worden war. Diese Bestimmung, mit der Regierungschef Antonio Maura eine Wahlfarce vermeiden wollte, verkehrte sich jedoch in ihr Gegenteil: Sie führte dazu, daß nunmehr im Vorfeld um so mehr paktiert und manipuliert wurde. 1923 zogen 146 Abgeordnete per Artikel 29 in das Unterhaus ein. Mauras Sturz 1909 und die Abspaltung der Mauristen von der Konservativen Partei 1913 brachten die begrenzten Reformansätze zum Erliegen. Im liberalen Lager beendete die Ermordung des Premiers Canalejas 1912 nach nur knapp zweijähriger Regierungszeit hoffnungsvolle Reformansätze.

Angesichts der Fragmentierung der großen Parteien wuchs die Machtposition der Krone bedeutend an. Dies galt um so mehr, als Alfons XIII. immer energischer nach einem persönlichen Regiment strebte. Über den König nahm der Einfluß der Armee stetig zu. Trotz der sich verstärkenden Parteienzersplitterung gelang eine vorübergehende Wiederbelebung des *turno*, aber die wachsende Instabilität manifestierte sich in immer häufigeren Regierungswechseln. Im letzten Jahrfünft vor dem Putsch Primo de Riveras (1923) offenbarte eine schnelle Abfolge unterschiedlich zusammengesetzter Koalitionsregierungen die strukturellen Defizite von Regime und Parteiensystem. Zwar vertreten viele Studien die Auffassung, die politische Kultur, der Grad der Mobilisierung der Wählerschaft, habe sich nicht grundsätzlich gewandelt, trotzdem lassen sich hinsichtlich des *caciquismo* Veränderungen ausmachen. So verschob sich die Machtverteilung zwischen Zentralgewalt und lokalen Gewalten zugunsten der Patrone. Letztere bildeten schlagkräftige »Maschinen« und neue Organisationsstrukturen aus. Sie unterhöhlten auf lokaler Ebene die Macht des Zentralstaats immer mehr. Diese Stärkung der lokalen Gewalten zeigte sich in der kontinuierlichen Verminderung der Regierungsmehrheiten.

Die Erben von Sagasta und Cánovas an der Macht (1902–1907)

Nach dem Frieden von Paris (1898) trat der Konservative Silvela 1899 mit einem dezidiert regenerationistischen Programm die Regierung an, Ziele, die allerdings nicht realisiert werden konnten. Der Finanz- und Steuerreform Fernández Villaverdes gelang es, nach den Turbulenzen der vorausgegangenen Kriegsjahre einen vorübergehenden Budgetausgleich zu erreichen, allerdings keine grundlegende Reform des Besteuerungsmodus. Die beginnende Arbeiterschutzgesetzgebung Datos stieß vornehmlich bei den katalanischen Unternehmern auf Widerstand. Die letzte Regierung des greisen Sagasta (1901/1902) hatte sich somit vor allem mit der sozialen Frage im Industriezentrum Barcelona auseinanderzusetzen, wo der Einfluß der anarchistisch geprägten Gewerkschaften und die intransigente Haltung der Arbeitgeber 1902 zum Generalstreik führten. Der linke Flügel um Canalejas setzte sich schließlich von der Partei ab. In den zentralen politischen Fragen – Kirche, Katalanismus, soziale Frage – war innerparteilich keine Einigkeit zu erzielen.

Der Katalanismus in Verbindung mit den korporativen Interessen der Militärs entwickelte sich 1905/1906 zur Herausforderung für die Regierung. Eine armeekritische Karikatur in einem satirischen katalanischen Magazin (*Cu-Cut*) löste einen Entrüstungssturm mit gewalttätigen Aktionen unter den Streitkräften aus. Diese erzwangen schließlich ein Gesetz, das »Delikte gegen das Vaterland und die Armee« der Militärgerichtsbarkeit unterstellte (*Ley de Jurisdicciones*, 1906). Damit wurde ein zentrales Dogma des Liberalismus aufgegeben, nämlich die Gleichheit vor dem Gesetz. Als Reaktion darauf vereinten sich in Katalonien alle politischen Kräfte mit Ausnahme der Lerrouxisten zum Wahlbündnis der *Solidaridad Catalana*.

Der Reformimpetus von Maura und Canalejas (1907–1912)

In den Jahren zwischen 1907 und 1912 suchte der politische Regenerationismus sowohl von rechts in der Person Mauras und seiner »Revolution von oben« als auch linksliberaler Ausprägung, verkörpert durch Canalejas, das Restaurationssystem zu reformieren. Während jedoch Maura die

Umsetzung der liberalen Verfassungs- und Gesetzesvorgaben in den Mittelpunkt stellte, hinterfragte Canalejas die Doktrinen des traditionellen Liberalismus und plädierte für einen aktiven Staat im Wirtschafts- und Sozialleben.

Zuerst sollte Maura die Gelegenheit bekommen, sein Programm in Angriff zu nehmen. Die von ihm durchgeführten Wahlen von 1907 brachten in Katalonien einen überwältigenden Sieg der *Solidaridad Catalana*. Diese forderte neben der Abschaffung der *Ley de Jurisdicciones* die Einrichtung regionaler Institutionen und eine Stärkung kommunaler Kompetenzen. Von Mauras wichtigsten Reformprojekten fanden das Flottenbaugesetz und die Wahlrechtsnovelle die Zustimmung der *Cortes*, nicht aber das Herzstück seiner Pläne, die Gemeindereformvorlage. Als sein Hauptanliegen betrachtete er die Emanzipation des politischen Lebens auf lokaler Ebene von den Einmischungen der Zentralgewalt und des *caciquismo*. Dazu plante er eine enge Verzahnung von munizipaler und provinzialer Ebene und erweiterte sein Projekt um die regionale Perspektive, um im Konzept der *mancomunidades*, des Zusammenschlusses von Provinzen, den Katalanen entgegenzukommen. Eine Verständigung kam aber letztlich wegen divergierender Ansichten innerhalb der *Solidaridad Catalana* nicht zustande. Korporative Repräsentation sowie bestimmte Wahl- und Verwaltungsvorgaben waren Punkte, die von den verschiedenen Oppositionsgruppierungen gleichermaßen abgelehnt wurden. Diese schlossen sich zum Linksblock (*Bloque de Izquierdas*) zusammen und bekämpften die als reaktionär und ultramontan gebrandmarkte Politik des Premiers. Sein Rückhalt in der Öffentlichkeit hatte bereits abgenommen, als die Ereignisse der »Tragischen Woche« (1909) seinen Sturz verursachten.

Seit Mitte des 19. Jahrhunderts sorgten Übergriffe der Berberstämme auf die spanischen Besitzungen in Ceuta und Melilla für Beunruhigung, auch deshalb, weil spanische Konsortien zunehmend an der Ausbeutung der Bodenschätze des Rif beteiligt waren. Die Lage verschärfte sich in den letzten beiden Dekaden des 19. Jahrhunderts, als die Interventionsbestrebungen Frankreichs, Englands und Deutschlands zusammen mit den Übergriffen der Rif-Kabylen wiederholt bewaffnete Scharmützel hervorriefen. Jahrelange internationale Spannungen endeten 1912 mit der Schaffung eines spanischen Protektorats in Nordmarokko. Die militärische Inbesitznahme führte zu verlustreichen Kämpfen, deren Opfer nur ein Teil der spanischen Öffentlichkeit zu akzeptieren gewillt war.

Um den Rif-Kabylen Paroli bieten zu können, wurden 1909 Reservisten aus dem sozialen Pulverfaß Barcelona einberufen. Ihre Einschiffung lieferte das Fanal für die »Tragische Woche«. Der seit 1898 vor allem in den Unterschichten wachsende Antikolonialismus führte in Barcelona zu einem blutigen Gewaltausbruch. Sozialisten und Anarchisten riefen zum Generalstreik gegen den Marokkokrieg auf. Binnen kurzer Zeit brach eine scheinbar spontane und ungelenkte, vielschichtige revolutionäre Gewaltwelle los, die sich insbesondere gegen Kirchen und Klöster richtete. Maura reagierte hart. Es wurden 17 Todesurteile gefällt, von denen fünf vollstreckt wurden. Eines davon – die Hinrichtung Francisco Ferrer Guardias – wurde Maura zum Verhängnis. Ferrer war Leiter der sogenannten *Escuela Moderna*, die anarchistisches Gedankengut verbreitete. Der Prozeß und die Exekution lösten Proteste im In- und Ausland aus; Ferrer wurde dadurch zum Märtyrer im Kampf des Rationalismus und der Meinungsfreiheit gegen den obskuren spanischen Klerikalismus. Nach seinem Rücktritt verweigerte Maura kategorisch die Zusammenarbeit mit den Liberalen: Sie hätten durch ihre Öffnungsstrategie nach links die Eignung zur Regierungspartei verloren. Damit war der Konsens, auf dem das System des *turno* beruht hatte, zerbrochen.

Canalejas sah sich in seiner zweijährigen Regierungszeit mit mehreren strukturellen Problemen konfrontiert. Zum einen bemühte er sich um eine Revitalisierung des *turno*, zum anderen beschäftigten ihn die seit der Jahrhundertwende schwelenden Krisen: die Religionsfrage, das Kolonialproblem, die soziale Frage und der Katalanismus. Die Aufarbeitung der Ereignisse von 1909 berührte unvermeidlicherweise die Frage nach dem Verhältnis von ziviler und militärischer Gewalt. Die verabschiedeten Militärreformgesetze (1911/1912) sahen die allgemeine Wehrpflicht vor und untersagten den weitverbreiteten Freikauf vom Dienst. Zu den sozialpolitischen Maßnahmen zählte neben dem aktiven Engagement bei Arbeitskonflikten die Abschaffung der weithin verhaßten *consumos*, indirekten Steuern auf die Güter des täglichen Bedarfs, die insbesondere die Unterschichten belasteten.

Krise der großen Parteien und Erster Weltkrieg

Nach dem Tod von Canalejas (1912) gehörte der *turno* endgültig der Vergangenheit an. Die Berufung des liberalen Conde de Romanones zum Premier stieß auf den Widerstand einer anderen liberalen Faktion, der Anhänger García Prietos. Romanones näherte sich in der Folgezeit der republikanischen Linken an, von der ein gemäßigter Sektor eine reformbereite Monarchie zu akzeptieren gewillt war. Gleichzeitig entstand die *Liga de Educación Política*, die gesellschaftliche Manifestation dieser neuen Geisteshaltung in der sogenannten Generation von 1914. Ortega y Gasset formulierte deren Reformziele in seiner bekannten Rede über »die alte und die neue Politik« (*vieja y nueva política*).

Im Herbst 1913 übernahm der Konservative Eduardo Dato die Regierung. Maura zog sich vorübergehend aus der Politik zurück, während sich gleichzeitig die mauristische Bewegung formierte, in der autoritär-korporativistisches Gedankengut immer mehr Raum gewann. Noch vor der

Wahl der neuen *Cortes* (1914) setzte Dato das Dekret über die *Mancomunitat de Catalunya* in Kraft. Als der Erste Weltkrieg ausbrach, optierte der Premier in Anbetracht der marokkanischen Interessen und in realistischer Einschätzung der spanischen Position für die Neutralität. Zunächst erhielt er dafür weitestgehende Zustimmung. Mit zunehmender Dauer der Auseinandersetzung spaltete sich die Nation jedoch in zwei Lager, die sich heftig bekämpften: Germanophile und Anhänger der Alliierten. Seit dem Sommer 1916, nach dem Kriegseintritt Italiens und Portugals auf seiten der Alliierten, drängten England und Frankreich Spanien, die Position der Neutralität aufzugeben. Die Situation verschärfte sich nach dem Eingreifen der USA und dem Übergang der Deutschen zum U-Boot-Krieg, der die spanische Schiffahrt erheblich behinderte.

Im November 1915 trat Dato zurück und machte erneut Romanones Platz. Die zentrale Figur des Kabinetts sollte Santiago Alba werden. Er schickte sich an, ein ambitioniertes Finanzreform- sowie Wirtschafts- und Infrastrukturförderungsprogramm auf den Weg zu bringen und die sich verschärfenden sozialen Probleme anzugehen. Dabei scheiterte er allerdings vor allem an den katalanischen Unternehmern, die die geplante Besteuerung der außerordentlichen Kriegsgewinne kompromißlos ablehnten. Eine breit angelegte Kampagne der von den Reformplänen betroffenen Wirtschaftskreise trug zu deren Scheitern entscheidend bei.

Die dreifache Krise von 1917 und ihre Folgen

1917 trafen drei Krisen aufeinander, deren Folgen das Land bis zum Putsch Primo de Riveras nicht bewältigen konnte. Die erste davon betraf das Militär, das sich zur Durchsetzung materieller und beruflicher Interessen korporativ organisierte. Der zweite Krisenherd lag im katalanischen Nationalismus. Das dritte Problem hing mit der Verschlechterung der sozioökonomischen Lage der Arbeiterschaft zusammen, die zu einem explosionsartigen Anwachsen der Gewerkschaftsbewegung, zu gewalttätigen Zusammenstößen und schließlich zur Ausrufung des Generalstreiks führte. Zeitweise sah es so aus, als ob Katalanismus, Armee und Arbeiterbewegung ihre Kräfte bündeln könnten, um eine grundlegende Reform des Systems einzuleiten. Mit einer Verfassungsreform wollte man den Supremat der *Cortes* durchsetzen sowie das Repräsentativprinzip stärken, insbesondere durch eine Demokratisierung der Senatorenwahl. Ein Teil der Forschung interpretiert die Ereignisse vom Sommer 1917 als letzte Gelegenheit des Regimes, sich zu reformieren und damit sein Überleben zu sichern. Skeptischere Meinungen verweisen jedoch auf die divergierende Interessenlage der drei Protagonisten.

Die Unzufriedenheit mit den inneren Zuständen in der Armee gärte bereits seit 1909. Damals hatte man die 1899 abgeschafften Beförderungen aufgrund von Verdiensten im Feld wieder eingeführt. Hinzu kam der Unmut der mittleren und unteren Ränge über ihren Sold, der mit der Inflation der Weltkriegsjahre nicht Schritt halten konnte. Unzufriedenheit mit den ausbleibenden militärischen Erfolgen in Marokko und Kritik an der linksorientierten Regierung paarten sich 1917 mit dem Unmut über Mauscheleien bei Beförderungen und den schlechten Zustand der Armee. Weite Teile der Streitkräfte, insbesondere der mittleren Ebene, hatten zur Durchsetzung ihrer Interessen seit 1916 sogenannte *Juntas de Defensa* gebildet. Obwohl die *Juntas* vorgeblich keine politischen Absichten verfolgten, griffen sie doch das liberal-konstitutionelle Regime scharf an. Auseinandersetzungen über die Reformpläne von Kriegsminister Luque führten im Mai 1917 zum Befehl, alle *Juntas de Defensa* aufzulösen. Im Manifest der *Juntas* vom Juni 1917 bekräftigten diese dagegen ihre Forderungen und erreichten es, als Vertreter der Heeresinteressen anerkannt zu werden. Die Machtbalance verschob sich dadurch deutlich von der zivilen Gewalt zur militärischen.

Auch die katalanische Frage war mittlerweile zu einem Pulverfaß geworden. Zunehmend radikalere Autonomieforderungen gingen mit einem gewachsenen Selbstbewußtsein des katalanischen Wirtschaftsbürgertums einher, das von der Kriegskonjunktur profitiert hatte und mehr politische Mitspracherechte sowie günstigere wirtschaftliche Rahmenbedingungen einklagte. Katalonien betrachtete es als seine historische Mission, Spanien durch eine Verfassungsreform zu modernisieren. Nachdem Dato die Einberufung der *Cortes* abgelehnt hatte, trafen Parlamentarier der Katalanisten, Reformisten, Republikaner und Sozialisten am 19. Juli 1917 zu einer Parlamentarierversammlung in Barcelona zusammen. Die traditionellen Parteien verweigerten sich dem Aufruf Francesc Cambós, und die Versammlung wurde noch am selben Tag aufgelöst.

Insbesondere die Verteuerung der Grundnahrungsmittel und die sich öffnende Schere zwischen Preisen und Löhnen führten zur Mobilisierung der Unterschichten. UGT und CNT näherten sich einander an, während gleichzeitig die Sozialisten Kontakte zu Republikanern und Reformisten knüpften. Daraufhin kam es im August zur Ausrufung des Generalstreiks, der die Bestellung einer provisorischen Regierung sowie die Einberufung verfassunggebender *Cortes* erzwingen sollte. Die vagen politischen Ziele schienen vor dem Hintergrund der russischen Ereignisse und der Erfolge der Alliierten auf Republik und Revolution hinauszulaufen. Hauptschauplätze des Streiks waren Katalonien, Madrid, Asturien und das Baskenland. Schlechte Vorbereitung und Organisation, das Ausbleiben der erhofften Unterstützung der *Juntas de Defensa* sowie die frühe Festnahme des Streikkomitees erleichterten die militärische Niederschlagung. Auch bemühte sich die *Lliga* sehr, nicht mit den revolutionären Ereignissen in Zusammenhang gebracht zu werden; wenig später ließen sich die Katalanisten sogar in eine Koalitionsregierung einbinden.

Der diesmal von Madrid aus nicht gesteuerte Urnengang (1918) brachte nicht die erhofften Ergebnisse und auch keine klaren Mehrheiten. Der ausbleibende Druck des Innenministeriums hatte den Einfluß der lokalen Kaziken vergrößert. Erstmals zogen sechs Sozialisten in die *Cortes* ein, darunter vier Mitglieder des Streikkomitees von 1917. Kriegsminister La Cierva gelang es, die *junteros* um sich zu scharen und den König dazu zu bewegen, eine begrenzte Militärreform per Dekret in Kraft zu setzen. Eine Modernisierung der Streitkräfte kam auf diese Weise nicht zustande. Die Reform zielte vielmehr vorrangig darauf ab, die Militärs in den Kasernen zu halten. Bald folgte eine weitere Mehrparteienkoalition, diesmal als »Nationale Regierung« unter Maura, in der alle Faktionen des konservativen und liberalen Spektrums sowie Cambó für die *Lliga* vertreten waren. Das neue Kabinett sah sich großen Erwartungen der Öffentlichkeit und einem erheblichen Vertrauensvorschuß gegenüber. Zunächst stand die parlamentarische Aufarbeitung der Ereignisse von 1917 auf der Tagesordnung. Das Unterhaus versuchte, seine Arbeit durch eine neue Geschäftsordnung effizienter zu gestalten, und in der Verwaltung wurden die Grundlagen für eine Professionalisierung der Beamten geschaffen. Cambó entfaltete im Entwicklungsministerium eine rege Aktivität (Infrastrukturförderung, Öffentliche Arbeiten), Alba im Bildungsministerium. Auseinandersetzungen um die Wirtschafts- und Autonomiepolitik Cambós und die Bildungsreformpläne Albas führten wenige Tage vor dem Ende des Krieges das Ende des *Gobierno Nacional* herbei.

Die Probleme der Nachkriegszeit

Angesichts der veränderten internationalen Rahmenbedingungen und der Demokratisierungsaufrufe Wilsons galt es auch für Spanien, einen Platz in der Nachkriegsordnung zu finden. In der katalanischen Frage kam es zu keiner parlamentarischen Einigung, und die Linke unter Macià gewann immer mehr Anhänger.

Mit dem Kriegsende machte sich die Verschärfung der wirtschaftlichen Lage und der sozialen Spannungen sowohl auf dem Land als auch in den Städten bemerkbar. Der Anstieg der Arbeitslosigkeit nach dem Kriegsboom führte zu maximalistischen Forderungen bei den Gewerkschaften, die durch die harte Haltung der Arbeitgeberverbände verstärkt wurden. Zum alles beherrschenden Problem entwickelte sich während der nächsten Jahre die explosive politisch-soziale Lage in Barcelona. Dort sahen sich die Katalanisten und der revolutionäre Syndikalismus mit der Armee als Ordnungskraft konfrontiert. Die Mitgliederzahl der CNT war allein in Katalonien 1918 von etwa 73 000 auf 345 000 hochgeschnellt. Im selben Jahr wurde Salvador Seguí zum Generalsekretär gewählt, Angel Pestaña führte die anarchosyndikalistische *Solidaridad Obrera*. Gleichzeitig gewannen nach 1917 die Befürworter der »direkten Aktion« an Boden, was zu zahlreichen Attentaten führte. Eine Streikwelle der CNT gipfelte im Arbeitskampf bei der Elektrizitätsgesellschaft *La Canadiense*, der über einen Monat fast das gesamte Leben in der Stadt lahmlegte. Bei den Bemühungen um eine Beilegung des Arbeitskampfes kam es zum Konflikt zwischen der harten Linie des Generalkapitäns Milans del Bosch und der Regierung, die eine Verhandlungslösung favorisierte.

Trotz massiver Einflußnahme erbrachten die von der neuen Regierung Maura im Ausnahmezustand abgehaltenen Wahlen 1919 nicht die erwünschte Regierungsmehrheit. Weitere konservative Kabinette versuchten zunächst vergeblich, in Barcelona die Konfrontation zwischen Anarchisten und Arbeitgebern zu entschärfen, welche umfassende Aussperrungen angeordnet hatten. In der katalanischen Hauptstadt kam es nun zusätzlich zu gewalttätigen Auseinandersetzungen zwischen anarchistischen und karlistisch inspirierten, arbeitgeberfreundlichen »Freien Gewerkschaften«. Nachdem Dato anfangs der Linken entgegengekommen war (Schaffung eines Arbeitsministeriums), gab er später den Forderungen der *Lliga* nach. Er berief im Herbst 1920 General Severiano Martínez Anido zum Provinzgouverneur, der die CNT mit einer harten Ordnungspolitik und staatsterroristischen Methoden zerstören wollte. Ihre Führer wurden verhaftet, verbannt und nicht selten »auf der Flucht erschossen«. Am 8. März 1921 fiel Dato selbst einem anarchistischen Attentat zum Opfer, zwei Jahre später traf es Salvador Seguí. Insgesamt kam es zwischen 1919 und 1923 zu Hunderten von politisch motivierten Attentaten.

Immer stärker sollte nun die Unzufriedenheit der Militärs mit den konstitutionellen Regierungen die Politik bestimmen. Zur konfliktträchtigen Lage in Barcelona traten Mißerfolge in Marokko hinzu. Im Juli 1921 kulminierte die Krise. Eine begrenzte Operation in der Nähe Melillas endete in einer völligen Niederlage und einem Massaker an den spanischen Truppen durch die Rif-Kabylen unter ihrem Führer Abd-el-Krim. Dieses »Desaster« von Annual und die Bemühungen, das verlorene Terrain zurückzugewinnen sowie die Verantwortlichen für diese nationale Demütigung ausfindig zu machen, führten zu einer neuen Vielparteienkoalition unter Maura. Zunächst beauftragte die Regierung eine Kommission unter General Picasso, die militärischen Verantwortlichkeiten zu untersuchen. In den *Cortes* jedoch kam sehr schnell die Frage der politischen Verantwortlichkeiten zur Sprache. Offensichtlich wurde im Verlauf der Debatten die Ineffizienz und Korruption unter den afrikanischen Truppen. Insbesondere der Sozialist Indalecio Prieto nutzte die Gelegenheit, das monarchische System und mit ihm den König scharf anzugreifen.

In das Kabinett der »liberalen Konzentration« (Frühjahr 1923) unter Manuel García Prieto traten erstmals die Reformisten ein. Diese zogen sich allerdings bald wegen der Auseinandersetzung über den Artikel 11 der Verfassung, die Konfessionalität des Staates, zurück. Die katholische Kirche entfachte eine heftige Kampagne gegen die laizistischen Pläne der Regierung. Zentrale Punkte ihres Programms – die Einführung des Verhältniswahlrechts und die Senatsreform – konnten nicht realisiert werden. In Barcelona setzte man gegen den Widerstand der Armee einen zivilen Provinzgouverneur ein, wobei die Reibereien zwischen diesem und dem örtlichen Generalkapitän, Miguel Primo de Rivera, ständig zunahmen. Die *Lliga* präsentierte sich immer stärker als die »Ordnungsmacht« und dies um so mehr, als ihr im linken Spektrum seit Sommer 1922 durch die *Acció Català* eine ernstzunehmende Konkurrenz erwachsen war.

In der Marokko-Frage wandten sich die Kolonialtruppen gegen Verhandlungen mit den Einheimischen und protestierten gegen die Einrichtung eines zivilen Protektorats. Es war erneut die Frage der Verantwortlichkeiten für Annual, die das Faß zum Überlaufen brachte. Im Juli 1923 setzte das Unterhaus eine Kommission ein, die den Bericht General Picassos prüfen und dem Parlament nach der Sommerpause berichten sollte. Von einer öffentlichen Diskussion befürchteten interessierte Kreise Schaden für das Ansehen von Militär und Krone sowie eine Verstärkung der gegen die Armee gerichteten Volksstimmung, die sich zuvor schon in Rebellionen und Befehlsverweigerungen gezeigt hatte. Dem kam Primo de Rivera mit seinem Putsch zuvor und versetzte dem Restaurationsregime den Todesstoß.

Obwohl einiges dafür spricht, daß das Restaurationssystem schon vorher seine Reform- und Evolutionsfähigkeit verloren hatte, äußern dennoch jüngst erschienene Studien die Ansicht, daß die Diktatur möglicherweise erste Ansätze zu einer Transformation des Parteiensystems abrupt beendet habe. In diesem Kontext wird der wachsende Einfluß des Parlaments hervorgehoben.

Die Diktatur Primo de Riveras (1923–1930)

1923	13. September: Putsch Primo de Riveras in Barcelona.
1923–1925	Militärdirektorium.
1924	4. März: Munizipalstatut.
	April: Gründung der *Unión Patriótica*.
1925–1930	Zivildirektorium.
1925	12. März: Provinzialstatut.
	Sieg über Abd-el-Krim in Marokko.
1926	*Asamblea Nacional Consultiva*.
	Gründung der *Alianza Republicana*.
	24. Juni: Republikanischer Umsturzversuch (*Sanjuanada*).
1929	5. Juli: Verfassungsentwurf.
	Weltausstellung in Barcelona.
1930	28./30. Januar: Rücktritt Primo de Riveras; Regierung Berenguer.
	17. August: Pakt von San Sebastián.
1931	18. Februar: Regierung Aznar.
	12. April: Kommunalwahlen.
	14. April: Ausrufung der Republik; Exil Alfons' XIII.

Der Staatsstreich vom 13. September 1923

In der Nacht vom 12. auf den 13. September besetzte Primo de Rivera Barcelona und erklärte den Ausnahmezustand. In einem Manifest an Armee und Bevölkerung proklamierte er ein Militärdirektorium in Madrid und benannte die anstehenden politischen und sozioökonomischen Probleme, ein vage gehaltener Themenkatalog, der allen etwas versprach. Alfons XIII. ernannte am 15. September Primo de Rivera zum Vorsitzenden des Militärdirektoriums, ein entscheidendes Signal für die noch zögernden Teile der Streitkräfte. Die Mehrheit der Öffentlichkeit reagierte anfangs abwartend-passiv und zeigte später kritische oder begeisterte Zustimmung. CNT und Kommunisten riefen vergeblich zum Generalstreik auf. Schon bald deutete sich eine Zusammenarbeit von Teilen der Sozialistischen Partei (Francisco Largo Caballero, Julián Besteiro) in arbeitsrechtlichen und sozialpolitischen Fragen an, während andere wie etwa Indalecio Prieto eine solche Kooperation strikt ablehnten. Die Republikaner und die liberale Linke verweigerten die Zusammenarbeit, leisteten aber keinen nennenswerten Widerstand. Begeisterte Zustimmung legten besonders die katalanische Wirtschaft sowie die Arbeitgebervereinigungen an den Tag. Angesichts der Unbestimmtheit des Manifests des Diktators und der Enttäuschung über die »alte Politik« waren die Erwartungen enorm. Nicht weniger intensiv sollten schon bald die Frustrationen sein.

Zunächst verhängte Primo den Ausnahmezustand und regierte als Vorsitzender des Militärdirektoriums mit Hilfe von Dekreten. Der Auflösung der *Cortes* folgte die der Stadt- und Gemeinderäte, welche durch *Juntas de Asociados*, Versammlungen der wichtigsten Steuerzahler, ersetzt wurden. Zur Wiederherstellung der öffentlichen Ordnung, insbesondere in Barcelona, wurde dieser besonders sensible Bereich den Generälen Severiano Martínez Anido und Arlegui übertragen, überdies der *Somatén*, eine Art zivile Miliz in Katalonien, auf ganz Spanien ausgedehnt. Zur baldigen Beruhigung der sozialen Lage trugen neben repressiv-ordnungspolitischen Maßnahmen insbesondere die kooperative Haltung der Sozialisten und der UGT bei.

Die Jahre des Militärdirektoriums (1923–1925)

Primo installierte eine personalistisch-populistische Militärdiktatur, die auf einem ausgeprägten Sendungsbewußtsein, das den direkten Kontakt zum Volk suchte, und einer grobgeschnitzten Ideologie mit Betonung der »traditionellen Werte« Spaniens fußte. Ihre Machtstrukturen und die sie tragenden Personenkreise wiesen tiefgreifende Unterschiede gegenüber der Zeit vor 1923 auf. So wurde auf die nur sehr geringe Kontinuität politischer Eliten hingewiesen. Ein großer Teil des neuen Verwaltungspersonals kam von den im Restaurationsregime marginalisierten politischen Kräften des rechten Spektrums sowie aus Kreisen des politischen und sozialen Katholizismus. Diese Veränderungen bedeuteten jedoch keinesfalls das Ende von Patronagebeziehungen. Vor allem auf lokaler Ebene bestand der Einfluß der alten Kaziken weiter fort, doch bildeten sie nun nicht mehr den Dreh- und Angelpunkt des politischen Systems. Auch entstanden schon bald neue Klientelnetze, die auf die Gegebenheiten der Diktatur ausgerichtet waren.

Drei Problemkreise waren es vor allem, die die Diktatur zu lösen angetreten war: Marokko, die Gewaltwelle in Barcelona und der katalanische Separatismus. Der Kolonialfrage kam insofern zentrale Bedeutung für den Staatsstreich zu, als sich die liberale Regierung im Sommer 1923 entschlossen hatte, die von Mißerfolgen gekennzeichnete militärische Inbesitznahme zugunsten einer friedlichen Einigung und zivilen Kolonisation aufzugeben. Durch den Putsch wurde nun der *expediente Picasso* dem Zugriff des Parlaments entzogen. Es gab einige Anklagen mit milden Strafen und wenig später eine Amnestie. Die politische Verantwortlichkeit schob man in einem geschickten Schachzug den Liberalen Alba und García Prieto zu, eine Anschuldigung, die zu einer generellen Anklage des politischen Systems ausgeweitet wurde. Im Spätsommer 1925 kam es zu einer erfolgreichen französisch-spanischen Aktion gegen Abd-el-Krim (Landung in der Bucht von Alhucemas am 8. September). Mit dessen Auslieferung an die Franzosen im Frühjahr 1926 war die Marokkofrage vorerst entschärft, nicht jedoch die Spannungen innerhalb der Armee beseitigt. Nun fühlten sich die *junteros* gegenüber den öffentlich belobigten *africanistas*, z. B. Franco, Sanjurjo, Millán Astray, Queipo de Llano, zurückgesetzt.

Die Eindämmung der Terrorwelle in Barcelona gelang durch polizeiliche und militärische Repression. Erleichtert wurde dies durch eine wirtschaftliche Erholung, die bereits vor dem Putsch eingesetzt hatte. Die krisengeschüttelte anarchosyndikalistische CNT, die jede Kooperation mit dem Diktator ablehnte, und die Kommunisten (PCE) sahen sich einer kompromißlosen Verfolgung ausgesetzt. Gegenüber den Sozialisten und der UGT verfolgte Primo eine Doppelstrategie. In der Nachfolgeorganisation des Instituts für Sozialreform, dem *Consejo Superior de Trabajo*, akzeptierte die UGT die Vertretung der Arbeitnehmerschaft. Im Juli 1924 ließ sich Francisco Largo Caballero ferner für die UGT in den Staatsrat berufen. Diese Haltung führte innerhalb der PSOE zu einer Zerreißprobe, die das Ausscheiden Indalecio Prietos aus der Parteispitze im Dezember 1924 zur Folge hatte. In der Tat ging die Zahl der Arbeitskonflikte rapide zurück und trug wesentlich zur Akzeptanz des Regimes in der Öffentlichkeit bei.

Der katalanischen Rechten hatte Primo eine weitgehende Autonomie zugesagt und sich dadurch ihre Unterstützung gesichert. Daher ging er zunächst nur gegen die radikale nationalistische Linke vor, von der ein Großteil ins Exil oder in den Untergrund gedrängt wurde, wo man Kontakt mit Kommunisten und Anarchisten aufnahm. Doch schon bald wurden die Verhaftungen auch auf Mitglieder der *Lliga* ausgeweitet, die *Mancomunitat* zuerst umbesetzt (1924) und dann aufgelöst (1925). Auf Druck von Armee und König waren bereits 1923 die katalanische Flagge (*senyera*) und der Volkstanz *sardana* sowie der offizielle Gebrauch

der Regionalsprache verboten worden. Für eine breitere
Öffentlichkeit kam ein weiterer Schlag 1925 mit dem Pre-
digtverbot in katalanischer Sprache. Bei den tonangebenden
Wirtschaftskräften Kataloniens führten erst die Steuerre-
formpläne José Calvo Sotelos und seine Währungsstabili-
sierungspolitik zu zunehmender Distanzierung.

Primo de Rivera war expressis verbis angetreten, die
»Übel der alten Politik«, Korruption, Günstlingswirtschaft
und schlechte Verwaltung, auszumerzen. Dem sollte eine
Reform der Kommunal- und Provinzverwaltung dienen,
die José Calvo Sotelo sogleich nach dem Putsch in Angriff
nahm. 1924 wurde das Munizipalstatut mit teilweise korporativen Organisationsprinzipien erlassen; ein Jahr später
folgte das Provinzialstatut. Die im Munizipalstatut vorgesehenen Wahlen wurden nie abgehalten, jedoch erfuhren
die Selbstverwaltungsrechte der Gemeinden eine beträchtliche Stärkung.

Die Jahre des Zivildirektoriums (1926–1930)

Im Dezember 1925 ersetzte der Diktator das Militärdirektorium durch ein aus zivilen Technokraten zusammenge-
setztes Leitungsgremium. Die Ressorts Inneres (Martínez
Anido), Krieg und Marine blieben weiterhin mit Militärs
besetzt. Die personellen Veränderungen vor allem im Fi-
nanz- (Calvo Sotelo) und Arbeitsministerium (Eduardo
Aunós) machten sich durch einen zunehmenden Interventionismus im Produktionsprozeß, in den Arbeitgeber-Ar-
beitnehmer-Beziehungen sowie in der Infrastrukturförderung (Bewässerung, Straßenbau) und im Bildungswesen bemerkbar. In der Arbeitswelt wurde der Korporativismus als
ideologische Basis des Regimes am deutlichsten spürbar.
Insgesamt aber rangierte unter den Zielsetzungen die soziale Ruhe vor den wirtschaftlichen Plänen und Projekten.
1926 wurde die *Organización Corporativa Nacional* ge-

schaffen, ein hierarchisches Netz paritätischer Ausschüsse auf verschiedenen Ebenen, die die Arbeitsbeziehungen einvernehmlich regeln sollten. In diesen Gremien gewann die UGT praktisch das Monopol für die Vertretung der Arbeitnehmer, wodurch es ihr möglich wurde, in den traditionellen Hochburgen der Anarchisten Fuß zu fassen. Die Einrichtung der Komitees rief teilweise erbitterten Widerstand der Unternehmer hervor.

Anfangs sah Primo de Rivera seine Herrschaft lediglich als »regenerationistische« Übergangslösung an. Neben den »großen gemeinsamen Werten« gab es kein ideologisch fundiertes Politikprojekt, abgesehen von der Aufrechterhaltung einer konservativen Sozialstruktur, den korporativen Interessen der Streitkräfte und der zentralen Rolle der Kirche in der Gesellschaft. Die angestrebte Mobilisierung der Massen durch eine Art Einheitspartei, die *Unión Patriótica Castellana*, gelang nicht, und damit scheiterte auch der Versuch, auf der Grundlage einer »Bewegung« ein ziviles autoritäres System zu etablieren. Dem Versuch des Aufbaus eines »Neuen Staates« diente ferner die Einberufung einer Art Scheinparlament (*Asamblea Nacional Consultiva*), das im Herbst 1926 von einem Plebiszit abgesegnet wurde. Seine Hauptaufgabe bestand in der Erarbeitung eines Verfassungsentwurfes, der auf der organischen Repräsentation der Nation basierte, jedoch bei seiner Veröffentlichung im Sommer 1929 sofort auf breite Ablehnung stieß.

Die Jahre 1925 und 1926 sind als die beste Zeit der Diktatur bezeichnet worden. Danach begann sukzessive ihr Rückhalt zu schwinden. Ab Ende 1928 zerbrach zunächst der Sozialpakt zwischen Arbeitgebern, UGT und Diktatur. Die Unternehmer wandten sich gegen den ausgeprägten Staatsinterventionismus und die arbeitnehmerfreundliche Sozialpolitik sowie gegen die Finanzpolitik Calvo Sotelos. Die katholischen Gewerkschaften störte die Bevorzugung der UGT; mit ihnen distanzierte sich auch ein Großteil des politischen und sozialen Katholizismus. Die Kirche nahm

Primo außerdem seine Förderung des staatlichen Schulsystems übel. Die Katalanisten waren tief enttäuscht. Die Unterstützung des Königs schwand seit Ende 1926, als sich die Hoffnungen auf einen politischen Ausweg aus der Diktatur verflüchtigten. Neben dem König brach bald auch ein weiterer Pfeiler des Regimes weg: die Armee. Dort hatten die Militärreformen Primos, seine Bevorzugung der *africanistas* und die Mißachtung »traditioneller Rechte« der verschiedenen Korps, insbesondere der aristokratisch geprägten Artillerie, eine erhebliche Politisierung mit sich gebracht.

Auch die oppositionellen Kräfte begannen sich zu formieren. Ehemals »dynastische« Politiker mobilisierte das Verfassungsprojekt mit der Aussicht auf einen autoritär-korporativen »Neuen Staat«. 1926 schlossen sich verschiedene republikanische Gruppen zur Republikanischen Allianz (*Alianza Republicana*) unter Manuel Azaña zusammen. Eine erste Konspiration (*Sanjuanada*, 1926) scheiterte an der ideologischen Heterogenität der Beteiligten – von Romanones, Melquíades Álvarez bis zu anarchosyndikalistischen Führern mit Ausnahme der Sozialisten. Viele Intellektuelle, die großes Ansehen in der Öffentlichkeit genossen, bezogen im Exil oder im Land selbst gegen die Diktatur Stellung, wie etwa der Schriftsteller Miguel de Unamuno, der Arzt und Historiker Gregorio Marañón, der Philosoph Ortega y Gasset und die Dichtergeneration von 1927. Das repressive Vorgehen bei Arbeitskonflikten leitete bei den Sozialisten ab 1927 einen langsamen Umdenkprozeß ein: Im August 1929 sprach sich die Partei für Republik und Demokratie aus. Gleichzeitig begann im Untergrund die Reorganisation der anarchosyndikalistischen Gewerkschaftsbewegung. Als politisch-theoretische Organisation entstand 1927 die *Federación Anarquista Ibérica* (FAI), die die Reinhaltung der Ideen Bakunins auf ihre Fahnen schrieb. In dieser Atmosphäre der Abnutzung des Regimes kam es im Januar 1929 zu einem Umsturzversuch, an dem sowohl renommierte Politiker aus der Zeit vor 1923 (Sánchez Guerra, Alba, Villanueva) als auch Republikaner (u. a. Lerroux) und Vertreter der CNT beteiligt waren. Ihr Ziel war die Absetzung des Königs und die Einberufung verfassunggebender *Cortes*, ihre Methode der *pronunciamiento*, der allerdings kläglich scheiterte.

Die Mobilisierung der Öffentlichkeit gelang im folgenden der Studentenbewegung. Ein regelrechter Studentenboom hatte in den zwanziger Jahren den exklusiven Charakter der Universitäten grundlegend verändert. Dadurch verschärfte sich der Konflikt zwischen traditionellen und »modernen« Werten und Orientierungen. Die Suspendierung eines Professors, der über Geburtenkontrolle referiert hatte, und die Absicht der Regierung, den Kollegien der Jesuiten das Recht zur Verleihung akademischer Titel zu gewähren, dienten dem 1927 gegründeten Studentenbund (FUE) im Jahr darauf als Fanal. Eine Protestwelle überschwemmte das Land, und bald agierte die Studentenbewegung offen für die Republik.

Entscheidend für den Sturz des Diktators sollte neben der umstrittenen Finanz- und Währungspolitik die Armee werden. Bereits Ende 1929 hatte der König Primo vergeblich den Rückzug nahegelegt, im Januar des Folgejahres überstürzten sich dann die Ereignisse. Zum Rücktritt Calvo Sotelos kamen ein neuer Streik in den Universitäten und Planungen für einen *pronunciamiento*. Diesem kam Primo zuvor, indem er die wichtigsten Militärbefehlshaber um ein Vertrauensvotum ersuchte. Da das Ergebnis durchweg negativ ausfiel, trat er am 30. Januar 1930 zurück. Er starb bald darauf im französischen Exil.

Mittlerweile ist sich die Historiographie weitgehend darüber einig, daß die Diktatur weder ein erfolgreiches nationalistisches Regenerationsexperiment noch ein faschistisches Regime war. Es handelte sich vielmehr um eine konservativ-autoritäre Herrschaft, auf kürzere oder längere Zeit (Ben-Ami) angelegt, die in einigen Bereichen eine partielle Modernisierung in Gang setzte und damit die Basis für die Mobilisierung der Massen in der Zweiten Republik legte. In einzelnen Aspekten kann sie als Vorläufer des Franco-Regimes gelten. Auch auf gewisse Ähnlichkeiten zum italienischen Faschismus wurde hingewiesen, wenngleich das Fehlen einer Ideologie, die ausgebliebene Massenmobilisierung und die untergeordnete Rolle der Partei deutliche Unterschiede markieren. So ist die Diktatur unter die autoritären Regime der Zwischenkriegszeit einzureihen, die in Ländern mit verspäteter sozioökonomischer Modernisierung entstanden.

Der Weg zur Zweiten Republik

Alfons XIII. ernannte nun General Dámaso Berenguer zum Regierungschef, der eine Rückkehr zur verfassungsmäßigen Ordnung vor 1923 und damit die Rettung der Monarchie in die Wege leiten sollte. Doch die Rahmenbedingungen hatten sich in den Jahren der Diktatur entscheidend verändert. Die alten Parteien existierten nicht mehr. Eine Wiederkehr der »alten Politik« wünschte niemand, sieht man von den ultrakonservativen Monarchisten ab. Angesichts der persönlichen Verwicklung Alfons XIII. in die Diktatur setzten sich immer weitere Kreise vom König ab und freundeten sich mit einer republikanischen Lösung an. Die Gewerkschaften erhielten starken Zulauf. Viele Intellektuelle fanden sich in der Gruppierung *Al servicio de la República* zusammen. Ortega y Gasset rief zur Zerstörung der Monarchie auf (*Delenda est monarchia*). Im August 1930 schlossen sich republikanische und regionalistische Gruppen im Pakt von San Sebastián zusammen und bildeten ein »revolutionäres Komitee«. Dieses sollte den Regimewechsel einerseits durch eine Kampagne zur Einberufung verfassunggebender *Cortes*, andererseits mittels eines von zivilen Kräften unterstützten *pronunciamiento* bewerkstelligen. Katalonien, Galizien und dem Baskenland wurde die Autonomie versprochen und Kontakt zu dissidenten Kreisen in der Armee und zur Arbeiterbewegung aufgenommen. Erst im Oktober entschlossen sich PSOE und UGT, im November die CNT, den Umsturz – geplant für den 15. Dezember – durch einen Generalstreik zu unterstützen. Der Aufheizung der Lage durch eine Welle von Streiks und Studentendemonstrationen suchte Berenguer durch die Ankündigung von Wahlen für den 1. März 1931 entgegenzuwirken, die jedoch fast alle politischen Kräfte ablehnten. Der *pronunciamiento* scheiterte: Das vorzeitige Losschlagen einiger Militärs in Jaca führte zur Festnahme von Teilen des »revolutionären Komitees«. Verschärfend kamen ökonomische Krisensignale hinzu. Auf den südspanischen Latifundien waren bis zu einem Drittel der aktiven Bevölkerung ohne Beschäftigung. Auch der Außenhandel brach ein. In dieser Situation versuchten Romanones und Cambó einen Ausweg zu finden. Um die klientelistischen Netzwerke wieder aufzubauen, setzte man zunächst Kommunalwahlen an (12. April 1931); *Cortes*-Wahlen sollten folgen. Der Versuch José Sánchez Guerras, eine reformorientierte »nationale Regierung« unter Einschluß von Mitgliedern des »revolutionären Komitees« zu bilden, schlug fehl. Im neuen Kabinett des Admirals Aznar (18. Februar) war der Conde de Romanones die tonangebende Figur. Halbherzige Initiativen, eine monarchistische Partei zu etablieren, mißlangen jedoch, während auf der Oppositionsseite nur die 1921 gegründete Kommunistische Partei dem Bündnis von Republikanern und Sozialisten fernblieb. Der Wahlkampf wurde auf beiden Seiten mit den Mitteln der modernen Wählerbeeinflussung geführt, ein Zeichen dafür, wie sehr die politische Mobilisierung zugenommen hatte.

Die Ergebnisse ließen an Deutlichkeit nicht zu wünschen übrig; sie sollten die Weichen für die politische Zukunft des Landes stellen. In fast allen größeren Städten, darunter in 41 von 50 Provinzhauptstädten, trug die Opposition den

Sieg davon. Auf dem Land, wo die traditionellen Manipulationsmethoden vielfach weiterlebten, konnten sich mehrheitlich die Monarchisten durchsetzen. In vielen Städten gingen die Massen daraufhin auf die Straße und forderten die Republik. Lediglich einige Ultrakonservative widersetzten sich dem vom Revolutionskomitee ultimativ geforderten Rückzug des Königs. Auch der Chef der *Guardia Civil*, General Sanjurjo, bot dem »revolutionären Komitee« seine Zusammenarbeit an. Im Laufe des 14. April wurde in Barcelona die Republik proklamiert. Es folgten Valencia, Sevilla, Zaragoza und andere Städte. In den Kasernen blieb es ruhig. In dieser Situation verhandelte Romanones mit der provisorischen Regierung den gewaltfreien Rückzug des Königs ins Exil.

Die Friedensjahre der Zweiten Republik
(1931–1936)

1931 28. Juni: Wahlen zu den *Cortes Constituyentes*.
1. Juli: Einführung des 8-Stunden-Tages für Landarbeiter.
9. Dezember: Verabschiedung der Verfassung; Alcalá Zamora Präsident.
1932 Januar: Auflösung des Jesuitenordens, Einführung von Zivilehe und Ehescheidung.
10. August: Putschversuch General Sanjurjos.
9. September: Autonomiestatut für Katalonien; Agrarreformgesetz.
1933 10.–11. Januar: Erhebung und Massaker von Casas Viejas.
28. Februar: Gründung der Parteienkoalition CEDA.
2. Juni: Gesetz über kirchliche Orden.
29. Oktober: Gründung der *Falange*.
19. November: Wahlerfolg der Rechtskoalition CEDA.
1934 13. Februar: Zusammenschluß von *Falange* und JONS.
4. Oktober: Eintritt der CEDA in die Regierung.
Oktober: Aufstände in Asturien und Katalonien, Generalstreik.

1935   1. August: Zweites Agrarreformgesetz.
1936   15. Januar: Volksfrontkoalition.
       16. Februar: Sieg der Volksfront bei den *Cortes*-Wahlen.
       22. Februar: Amnestiegesetz.
       15. März: Verbot der *Falange*; Verhaftung José Antonio Primo de Riveras.
       März: Landbesetzungen in der Extremadura, Streikwelle.
       7. April: Amtsenthebung Alcalá Zamoras.
       13. Juli: Ermordung Calvo Sotelos.

Wichtige politische Etappen der Republik
(1931–1936)

Am Abend des 14. April 1931 wehte über Madrid die republikanische Flagge, begleitet von Jubelkundgebungen auf den Straßen der Hauptstadt. Der Enthusiasmus spiegelte die übergroßen Hoffnungen auf Veränderungen wider, die weite Kreise auf sozioökonomischem und politischem Gebiet erwarteten. Dabei konnte das internationale Umfeld für das erste ernsthafte Demokratieexperiment Spaniens nicht ungünstiger sein. In vielen Staaten Europas hatten sich autoritäre bzw. faschistische Regime etabliert, die Folgen der Weltwirtschaftskrise führten vielerorts zu dramatischen sozialen Erschütterungen. Für Spanien, das infolge seines ökonomischen Entwicklungsstandes und seiner geringen Weltmarktintegration vom Zusammenbruch der Weltwirtschaft zwar weniger stark betroffen war als andere Länder, bedeutete dies dennoch, daß der ohnehin geringe Spielraum zur Finanzierung von Reformen immer enger wurde. So wuchs schon bald der Unmut auf beiden Seiten: Während die Rechte um die Bewahrung von Privilegien focht, sah die Linke ihre Hoffnungen enttäuscht.

Am 15. April schrieb die provisorische Regierung Wahlen für verfassunggebende *Cortes* im Juni aus. Ihre Zusammensetzung reflektierte deutlich die Heterogenität der siegreichen Koalition von San Sebastián. Der Urnengang brachte einen Sieg der Linkskräfte; die Sozialisten erhielten 116 von 470 Sitzen; weitere linksrepublikanische Gruppierungen gewannen 180 Mandate. Unter den Mitte-Rechts-Republikanern wurden die Radikalen von Lerroux mit 90 Abgeordneten die zweitstärkste Partei, wohingegen der (antirepublikanischen) Rechten ihre Zersplitterung zum Verhängnis wurde (45 Vertreter). Während ein Teil der autoritär-faschistisch inspirierten neuen Rechten, die Karlisten und einige einflußreiche Monarchisten das neue Regime kategorisch ablehnten, erklärten andere die Staatsform für zweitrangig gegenüber einer konservativen wirtschafts- und sozialpolitischen Ausrichtung der neuen Machthaber und akzeptierten zunächst die demokratischen Spielregeln.

Die Regierung nahm zielstrebig – zuerst durch Dekrete, anschließend im Rahmen des Parlaments – ein ambitioniertes Reformprogramm in Angriff, um die dringendsten Probleme des Landes anzugehen. An erster Stelle stand die Erarbeitung einer neuen Verfassung. Die Trennung von Kirche und Staat, das Problem der regionalen Autonomien, die Militärreform, die Agrarfrage und ein Ausbau der Sozialgesetzgebung bildeten weitere Themen, die ebenfalls ganz oben auf der Tagesordnung standen.

Die sozialistisch-republikanische Koalition bekam bereits während der Verfassungsdebatten im zweiten Halbjahr 1931 tiefe Risse. Nach dem Rücktritt der Minister Niceto Alcalá Zamora und Miguel Maura wegen der Kirchenfrage übernahm Manuel Azaña den Kabinettsvorsitz. Die am 9. Dezember 1931 verabschiedete Verfassung sah eine »durch und durch demokratische, laizistische und potentiell dezentralisierte Republik« vor (Jackson), in der das gesamte Erziehungswesen der Kontrolle des Staates unterstellt und Enteignungen gegen Entschädigung möglich sein sollten.

Alcalá Zamora wurde erster Präsident der Republik, und Azaña blieb Premier bis September 1933. Für seinen wichtigsten Koalitionspartner, die Sozialisten, hatte eine tiefgreifende Agrarreform höchste Priorität. Konsequent angegangen wurde aber zunächst die Trennung von Kirche und Staat, die der Regierung Azaña den Vorwurf des Antiklerikalismus eintrug und ihren Widersachern auf der Rechten die Munition dafür lieferte, auch andere mißliebige Projekte wie das katalanische Autonomiestatut und die Landreform zu torpedieren. Die Obstruktionstaktik konnte erst nach dem gescheiterten Putschversuch des Generals Sanjurjo (August 1932) gebrochen werden. Das Agrarreformgesetz führte zur offenen Kriegserklärung der Rechten, die sich unter Gil Robles zum Parteienbündnis der *Confederación Española de Derechas Autónomas* (CEDA) zusammenschlossen. Bei den Sozialisten hatte die enttäuschende Umsetzung der Reform eine sukzessive Radikalisierung zur Folge, wobei sich insbesondere Largo Caballero – auch unter dem Eindruck der nationalsozialistischen Machtergreifung – zum Propagandisten der Revolution, zum »spanischen Lenin«, wandelte. Im Januar 1933 plante die CNT eine revolutionäre Erhebung, deren blutige Unterdrückung im andalusischen Casas Viejas die Regierung unter Druck geraten ließ. Nach zwei kurzlebigen Regierungen unter Lerroux und Martínez Barrio wurden für den 19. November Neuwahlen ausgeschrieben.

Die politische Landschaft hatte sich seit 1931 gründlich verändert. War damals die Linke geeint und die Rechte zersplittert, so stellte sich die Situation nun völlig anders dar. Nach dem Scheitern ihrer Obstruktionsbemühungen während der Verfassungsdebatten lancierte die CEDA eine flammende Öffentlichkeitskampagne für eine Verfassungsrevision, insbesondere in der Kirchen- und der Agrarfrage sowie für »die Verteidigung der Prinzipien der christlichen Zivilisation«, welche Gil Robles mit der bestehenden Wirtschafts- und Sozialordnung gleichsetzte. Sympathie für die faschistischen Regime Europas und ein glühender Antikommunismus kamen hinzu. In Zusammenarbeit mit den alfonsinischen Monarchisten und den Karlisten gelang der CEDA nach einem in Anlehnung an das Vorbild der Nationalsozialisten geführten Wahlkampf ein überwältigender Sieg. Sie erlangte 115 Sitze, die Radikalen 104, während sich die PSOE mit 58 begnügen mußte: Die republikanische Linke sank zu einer unbedeutenden Gruppe herab. Durch das stabile Mehrheiten fördernde Wahlgesetz wurde aus einer relativ kleinen Stimmendifferenz (ca. 3,38 Mio. gegenüber etwa 3 Mio.) eine deutliche Mehrheit an Sitzen. Von Bedeutung war ferner die Tatsache, daß die Anarchisten – im Gegensatz zu 1931 – nun enttäuscht von den Urnen fernblieben.

Da die CEDA allein über keine Regierungsmehrheit verfügte, unterstützte sie ein Kabinett der Radikalen unter Lerroux, mit der Maßgabe, die Reforminitiativen zurückzunehmen. Die Umsetzung der Kirchen- und Agrargesetze wurde weitgehend eingestellt und jeder Streik als subversive Bedrohung der öffentlichen Ordnung betrachtet. Diesen Ereignissen verdanken die Jahre der Mitte-Rechts-Regierung die Bezeichnung *Bienio Negro*. Die geplante Amnestie für den Putschgeneral Sanjurjo führte im April 1934 zum Sturz der Regierung. Auf einen Streik der sozialistischen Landarbeitergewerkschaft FNTT (*Federación Nacional de Trabajadores de la Tierra*) im Juni reagierte der Staat mit voller Härte. Nach einer neuerlichen Regierungskrise traten im Oktober drei Minister der CEDA in das Kabinett ein. Dies war der Auslöser für die Erhebung der Linken gegen die »faschistische Gefahr«. Sie scheiterte im gesamten Land mit der Ausnahme Asturiens, wo der Radikalismus der Minenarbeiter eine tiefgreifende Sozialrevolution in Gang setzte. Dort war es – vor dem Hintergrund einer prolongierten Krise im Bergbau – zu einer Annäherung der in Anarchosyndikalisten, Sozialisten und Kommunisten gespalteten Arbeiterbewegung gekommen (*Alianza Obrera*, März 1934). Die Bergarbeiter lieferten sich mit der *Guardia Civil* blutige Gefechte. Erst nach zwei Wochen konnten sie

von der Afrikaarmee und den Fremdenlegionären unter
dem Befehl von Francisco Franco niedergerungen werden.
Auf kommunaler Ebene ergriffen revolutionäre Komitees
unterschiedlicher Zusammensetzung die Macht. Diese stellten Milizen auf und übernahmen Polizei und öffentliche
Verwaltung in den Gemeinden. Die Repression folgte auf
dem Fuß: 30 000 Arbeiter wurden verhaftet, es kam zu
Morden, Folter und anderen Greueltaten. Nach den Ereignissen in Asturien nahm die Polarisierung insgesamt
drastisch zu.

Als im März 1935 Lerroux der Umwandlung der Todesurteile, die gegen die Führer der asturischen Revolution er-
gangen waren, zustimmte, kündigte ihm Gil Robles die Zusammenarbeit auf. In das neue Kabinett traten fünf CEDA-
Minister ein, Gil Robles selbst übernahm das Kriegsressort.
Eine weitere Regierungskrise brachte den früheren Liberalen Chapaprieta an die Spitze eines kurzlebigen Koalitions-
kabinetts, dem Korruptionsskandale von Ministern der Radikalen zum Verhängnis wurden. In dieser Situation blieben dem Präsidenten der Republik nur zwei Alternativen:
entweder Betrauung von Gil Robles mit der Regierungsbildung oder Neuwahlen. Alcalá Zamora entschied sich für
die zweite Option, während Gil Robles bei der Armee die
Aussichten für einen Putsch sondierte. Doch die Zeit dafür
war noch nicht reif.

Das Verhältnis von Staat und Kirche

Die neue republikanische Regierung strebte erstmals in der
spanischen Geschichte eine effektive Trennung von Staat
und Kirche an. Noch im Mai 1931 war es in Madrid zu einem antiklerikalen Ausbruch gekommen. Diesem wird in
der Literatur große Bedeutung für die Distanzierung der
Kirche von der Republik zugeschrieben, zumal der hohe
Klerus zunächst abwartend zur Beachtung der neuen Ord-

nung aufgerufen hatte. Verschärfend hinzu kamen die ersten Dekrete der Regierung Azaña: Zum einen wurde die Pflicht zur religiösen Erziehung aufgehoben, zum anderen von allen Grundschullehrern eine Universitätsausbildung verlangt, die die meisten lehrenden Nonnen in kirchlichen Schulen nicht vorweisen konnten. Artikel 3 der Verfassung stellte erstmals in der Geschichte des Landes fest, daß Spanien keine Staatsreligion habe. Artikel 26, der erst nach heftigen Auseinandersetzungen verabschiedet werden konnte und den Rücktritt Mauras und Alcalá Zamoras sowie den Rückzug baskischer und rechter Abgeordneter auslöste, beschränkte den Handlungsspielraum der Kirche, vor allem der Orden. Er beendete die staatliche Alimentierung der Kirche und strich ihre Steuerprivilegien, erließ strenge Vorgaben für das Vermögen der Orden und untersagte ihnen Tätigkeiten im Bildungswesen sowie in Industrie und Handel. Im Januar 1932 wurde der Jesuitenorden aufgelöst, seine zahlreichen Bildungseinrichtungen wurden geschlossen. Heftige Kontroversen löste das Ordensgesetz aus, das nach langer Obstruktion durch die Rechte im Juni 1933 in Kraft trat und die kirchliche Lehrtätigkeit ab Anfang 1934 völlig untersagte. Scheidung, Zivilehe und die Entfernung religiöser Symbole von öffentlichen Gebäuden betrachtete die Rechte als Frontalangriff der Republik auf Vaterland, Kirche und Familie. Die Mitte-Rechts-Regierung tat ab November 1933 alles, um diese Vorgaben zu umgehen, so daß sich kaum reale Veränderungen ergaben. Einen tiefen Einschnitt brachte allerdings der Sieg der Volksfrontkoalition 1936.

Die katalanische und baskische Frage

Trotz ihrer Unterschiedlichkeit riefen der baskische und der katalanische Nationalismus gleichermaßen die Gegnerschaft der Rechten hervor, die zentralistisch, autonomiefeindlich und kastilienorientiert war. Als besonderer Gegner von Autonomieregelungen erwies sich das Offizierskorps, von dem nur ein kleiner Teil aus jenen Landesteilen stammte.

Der katalanische Nationalismus war während der Diktatur nach links gerückt, und 1931 trat man gegen ein Autonomieversprechen dem Pakt von San Sebastián bei. Im Februar desselben Jahres schlossen sich verschiedene Gruppierungen zur *Esquerra Republicana* zusammen, die die Kommunalwahlen mit 36 % der Stimmen für sich entscheiden konnte. Am 14. April riefen sowohl Companys als auch Macià beinahe gleichzeitig die Republik aus. Macià übernahm den Vorsitz der provisorischen Regionalregierung (*Generalitat*). Abgesandte von Gemeinderäten entwarfen im folgenden ein Autonomiestatut, das durch ein Plebiszit (2. August) mit großer Mehrheit bestätigt und danach den *Cortes* als Gesetzentwurf zugeleitet wurde. Das Autonomiestatut übertrug der Regionalregierung die Kommunalverwaltung und -finanzen, die Kompetenzen für öffentliche Arbeiten, öffentliche Ordnung und Infrastruktur. Das Katalanische wurde als Amtssprache anerkannt. Madrid behielt sich die Oberaufsicht über das Schulwesen vor; Spanisch als Unterrichtssprache blieb verpflichtend.

Bei den ersten Regionalwahlen im November 1932 siegte die *Esquerra.* Sie blieb auch nach dem Erfolg der Rechten auf Landesebene 1933 an der Macht, was zu erheblichen Problemen führte. Wichtigster Konfliktpunkt war zunächst die Verabschiedung eines eigenen Agrarreformgesetzes im April 1934, zu einem Zeitpunkt, an dem die Reform auf Landesebene faktisch zum Stillstand gekommen war. Auf Betreiben der Landbesitzer erklärte Madrid das Gesetz jedoch für verfassungswidrig, eine Entscheidung, der sich Companys, der Nachfolger Maciàs, widersetzte. Nach dem Eintritt der CEDA in die Zentralregierung rief Companys den »katalanischen Staat in einer föderalen spanischen Republik« aus und forderte die spanische Linke auf, eine provisorische Regierung in Barcelona zu etablieren. Die Ini-

tiative brach nach nur wenigen Stunden zusammen. Angesichts der gleichzeitigen Oktoberereignisse in Asturien
(1934) kam die Stunde der Rache. Das Autonomiestatut
wurde für unbestimmte Zeit außer Kraft gesetzt und das
Pachtgesetz annulliert; beide erlangten erst nach dem Sieg
der Linken bei den Volksfrontwahlen wieder ihre Gültig-
keit. Bei diesen Wahlen 1936 standen sich auch in Katalonien zwei Blöcke gegenüber. Die *Lliga* führte den *Front
d'Ordre* an; der *Front d'Esquerra* vereinigte die Linkskräfte. Die CNT beteiligte sich nicht.

Das Baskenland mußte auf sein Autonomiestatut vier
Jahre länger als Katalonien warten. Es trat erst nach Ausbruch des Bürgerkrieges im Oktober 1936 in Kraft. Das lag
vor allem an den sehr unterschiedlichen Auffassungen in
der Region darüber, wie eine solche Regelung beschaffen
sein sollte. Sowohl die monarchistische als auch die karlistische Rechte wandte sich gegen die Autonomie, während
die Linkskräfte nur eine in ihre Reformvorstellungen einge-
bettete Lösung zu unterstützen bereit waren. Am Pakt von
San Sebastián hatte sich der PNV unter José Antonio de
Aguirre nicht beteiligt. Nach dem Ausbruch des Bürgerkriegs stellte sich das Baskenland allerdings auf die Seite
der Republik, da nun die Autonomiefrage schwerer wog als
der Kampf gegen die laizistische Gesetzgebung.

Die Militärreformen Azañas

Unmittelbar nach Ausrufung der Republik nahm Premier-
und Kriegsminister Azaña eine umfassende Militärreform
in Angriff. Sein Ziel war eine effiziente und demokratische
Armee nach französischem Vorbild, die der zivilen Gewalt
unterstellt war, sich Eingriffen in die Politik enthielt und in
der das Offizierskorps nicht mehr wie bisher eine geschlossene Kaste bildete.

Der obligatorische Treueeid auf die Republik wurde begleitet von einer Amnestie für die am Dezemberaufstand von 1930 Beteiligten. Ferner nahm man einige Umbesetzungen in Führungspositionen vor, aber keine Säuberungen, was von Teilen der Linken beklagt wurde. Eines der dorngisten Probleme bestand in der Reduzierung des aufgeblähten Offizierskorps. Ein im April 1931 erlassenes Dekret ermöglichte Offizieren den Abschied bei vollem Sold innerhalb einer bestimmten Frist. Die Zahl der Offiziere verminderte sich durch diese Maßnahme um etwa 40 % auf ca. 13 000.

In den weiteren Umkreis der Reformen gehörte auch die Schließung der Allgemeinen Militärakademie in Zaragoza (1931), die unter der Leitung General Francos stand. Auf der Basis eines Gesetzes von 1918 ordnete Azaña ferner die Überprüfung von Beförderungen an, die seitdem für Verdienste im Krieg ausgesprochen worden waren. Bis 1933 wurden 148 anerkannt, aber 365 zurückgenommen. Unter den Verlierern befanden sich u. a. die Generäle Goded und Franco. Der Stärkung der zivilen Gewalt diente die Aufhebung der *Ley de Jurisdicciones,* wobei die Zuständigkeit der Militärgerichte eine starke Einschränkung erfuhr. Außerdem wurde das Amt des Generalkapitäns abgeschafft, der als oberster Militärbefehlshaber in den acht Militärregionen des Landes über den Zivilbehörden gestanden hatte.

Die Mitte-Rechts-Regierungen ab 1933 blockierten die Durchführung der Militärreformen fast vollständig. Kriegsminister Gil Robles besetzte nach den Ereignissen von 1934 zahlreiche Schlüsselpositionen mit antirepublikanischen Offizieren: Mola erhielt den Oberbefehl in Marokko, und Franco wurde Chef des Generalstabs. Auf diese Weise bereitete er die Armee für die spätere Erhebung vor. Nach dem Sieg der Volksfront 1936 wurden, wie schon 1931, erneut nur einige Umbesetzungen vorgenommen, ein Vorgehen, das sich schon bald rächen sollte.

Bereits von Anfang an war das Verhältnis Azañas zum Militär äußerst gespannt gewesen. Seine teils ungeschickte

Rhetorik heizte die Stimmung an. 1933 wurde die *Unión Militar Español* (UME) gegründet, ein Zusammenschluß von Offizieren der niederen und mittleren Ränge, die Kontakt mit antirepublikanischen Kräften der Rechten aufnahm. Es war jedoch nicht die UME, sondern Mola, Sanjurjo, Goded und schließlich Franco, die die Initiative ergriffen. Bereits seit 1934 hatten sich Konspirationen gehäuft, auf die insbesondere Gil Robles gedrängt hatte.

Die Agrarfrage

Die ländliche Oligarchie sollte sich zum Hauptgegner der Republik entwickeln. Ihr Wohlstand in den Latifundiengebieten beruhte vor allem darauf, daß sich ein Überangebot von Tagelöhnern zu Hungerlöhnen, teils nur saisonal beschäftigt, auf ihren Flächen zu arbeiten gezwungen sah. Vor dem Hintergrund fallender Agrarpreise und -exporte schrumpften nun ihre Gewinne. Erste Maßnahmen der sozialistischen Minister Largo Caballero und Fernando de los Ríos, die die schlimmsten Auswüchse bis zur Verabschiedung einer weitreichenden Agrarreform abmildern sollten, bestanden in Lohnerhöhungen und einer Einfrierung der Pachtsummen sowie im Verbot, Pächter zu vertreiben. Die bereits unter Primo de Rivera eingeführten Schiedsgerichte wurden nun als *jurados mixtos* auf die Landwirtschaft ausgeweitet. Um dem gravierenden Problem der ländlichen Arbeitslosigkeit zu Leibe zu rücken, wurde das Gesetz über die Gemeindegrenzen verabschiedet und die obligatorische Bestellung von Nutzflächen angeordnet. Daraus ergab sich zum einen, daß die Arbeitgeber künftig nicht mehr mit von weit her geholten Arbeitskräften die Löhne drükken und Streiks brechen konnten, wenn es in der Gemeinde genug Arbeitslose gab. Zum anderen wurde die Enteignung brachliegenden Landes angekündigt. Diese Maßnahmen lösten einen vehementen Proteststurm der Landbesitzer aus. Auf der Linken engagierte sich die UGT zunehmend im Agrarsektor, wodurch sich ihre bislang fast ausschließlich aus gut ausgebildeten Industriearbeitern bestehende Klientel grundlegend veränderte. Tausende landlose und ungelernte Tagelöhner strömten ab 1931 in die sozialistische Landarbeitergewerkschaft FNTT. Die CNT wurde im ländlichen Raum auf Platz zwei verwiesen.

Obwohl die Agrarfrage ganz oben auf der Tagesordnung stand, dauerte es lange, bis das entsprechende Gesetz zustande kam. Nach mehreren Entwürfen wurde schließlich im September 1932 ein Gesetz von sehr begrenzter Reichweite verabschiedet. Es litt an verschiedenen Mängeln. Die Vorgaben waren sehr komplex, die Durchführungsprozeduren langwierig und der Finanzbedarf groß. Als Ausgangsbasis erstellte das Institut für Agrarreform ein Inventar enteignungsgeeigneten Landes, das im Süden etwa die Hälfte der Ländereien umfaßte. In 90 % der betroffenen Flächen war eine Entschädigung zu zahlen, wodurch die Reform sehr teuer zu werden drohte. Die Begrenztheit des Vorhabens wurde dadurch weiter verstärkt, daß es nicht konsequent umgesetzt wurde. Dem ohnehin schwerfälligen Institut für Agrarreform mangelte es an finanziellen Mitteln und an rückhaltloser Unterstützung der Regierung. Bis Ende 1933 war lediglich etwa 4400 Personen eine Gesamtfläche von gut 24 000 Hektar zugeteilt worden, wohingegen die ursprünglichen Planungen von mindestens 60 000 angesiedelten Familien pro Jahr ausgegangen waren. Die Landbesitzer leisteten vehementen Widerstand. Eine CEDA-Kampagne ab Herbst 1932 rief dazu auf, das Land nicht zu bestellen. Die Regierung erließ daraufhin ein Dekret, das diese Flächen landlosen Tagelöhnern für zwei Jahre zur Verfügung stellte. Die Antwort hierauf waren Aussperrungen und verschärfte Repressionsmaßnahmen. Während die FNTT ihre Mitglieder in den ersten beiden Republikjahren jedoch ruhig zu halten suchte, setzten die

Anarchisten von Anfang an auf Streiks und revolutionäre Erhebungen.

1935 schließlich setzte die Mitte-Rechts-Regierung die »Reform der Reform« durch: Das Gemeindegrenzengesetz wurde zurückgenommen, die Inventarisierung enteignungsgeeigneter Güter gestoppt und die Entschädigungssummen erhöht. Die Arbeitsbedingungen auf dem Land verschlechterten sich erneut, was zur Radikalisierung unter den Arbeitern führte. Bereits im Juni 1934 hatte diese Entwicklung zur Ausrufung eines Generalstreiks geführt. Die Repression folgte auf dem Fuß, wodurch die gewerkschaftlichen Organisationsstrukturen im Süden schweren Schaden nahmen. Nach dem Wahlsieg der Volksfront überstürzten sich die Ereignisse, ohne daß die Regierung die Initiative dazu ergriffen hätte. Ab März 1936 breitete sich eine Welle von Landbesetzungen aus. Besonders angespannt war die Lage in der Extremadura, wo die örtliche FNTT die generalstabsmäßig geplante Besetzung von ca. 3000 Gütern durch 60000 Personen guthieß, eine Aktion, die die Regierung drei Tage später legalisierte. Ernteausfälle führten darüber hinaus zu einer großen Zahl von Streiks. In dieser Situation trat die Regierung die Flucht nach vorn an: Von März bis zum Ausbruch des Bürgerkriegs siedelte man gut 110000 Landarbeiter bzw. Bauern auf etwa einer halben Mio. Hektar Land an. Zudem wurden nun Arbeitslose den einzelnen Gütern von den Behörden zugeteilt (*alojamiento*). Viele Landbesitzer verließen daraufhin ihre Güter.

Wirtschaft und Finanzen

Drei Faktoren bedingten den finanziellen Handlungsspielraum der Republik und schränkten ihn gleichzeitig erheblich ein: zum einen die Erbschaft Primo de Riveras (schwache Pesete, Schuldenlast), zum anderen finanzielle Lasten durch hohe Erwartungen an die Republik und zum dritten die Auswirkungen der Weltwirtschaftskrise.

Von letzterer sah sich vor allem der Außenhandel betroffen. Die Furcht vor einem wirtschaftspolitischen Richtungswechsel schlug sich in einer erhöhten Kapitalflucht und sinkender Investitionsneigung nieder. Die Unternehmensgewinne verringerten sich durch gesunkene Exporterlöse im Bergbau und in der Landwirtschaft. Durch die Reformen der Republik stiegen die Arbeitskosten, während gleichzeitig in einzelnen Bereichen die Produktivität abnahm. Was die Wirtschaftspolitik in den Jahren vor dem Bürgerkrieg anbetrifft, so hebt die Forschung die Kontinuitätslinien hervor: deflationistische Geldpolitik und restriktives Haushaltsgebaren ebenso wie Protektionismus, Staatsinterventionismus und korporative Strukturen auf dem Feld der Arbeitsbeziehungen.

Im Laufe der Jahre bis zum Ausbruch des Bürgerkriegs stieg die Auslandsverschuldung, und die Arbeitslosigkeit verdoppelte sich zwischen 1931 und 1936 auf über 800000, wenngleich damit nicht so besorgniserregende Ausmaße erreicht wurden, wie dies in anderen europäischen Ländern der Fall war. Insgesamt konnten wegen der Kürze der Zeit die wirtschaftspolitischen Bemühungen der Republik – erschwert durch die politischen und sozialen Krisen dieser Jahre – nur begrenzte Wirkung zeigen. Ein Blick auf die Entwicklung der Einkommen, der Lebenshaltungskosten und der Produktivität zeigt allerdings eine bemerkenswerte Stabilität in vielen Sektoren. Einen gewaltigen Schritt zurück in jeder Hinsicht brachte der kommende Bürgerkrieg und seine Folgen.

Die Volksfront und der Weg in den Bürgerkrieg

Die asturischen Ereignisse hatten der Linken die Notwendigkeit der Zusammenarbeit überdeutlich vor Augen geführt, wobei die Volksfrontkoalition ihr Entstehen insbesondere der Initiative Prietos und Azañas verdankte. Letzterer war bereits vor Oktober 1934 für eine Wiederannäherung an die Sozialisten eingetreten; das Volksfront-Konzept hingegen wurde vor allem von der Komintern propagiert. Konservative Republikaner wandten sich jedoch strikt dagegen, die Koalition auf die Sozialisten oder gar die Kommunisten auszuweiten, Largo Caballero wiederum war nur dann bereit, dem Beitritt der Sozialisten zuzustimmen, wenn diese Option auch für alle anderen beitrittswilligen Arbeiterparteien oder Gewerkschaften offen sei, insbesondere für die Kommunisten. Da jedoch die Republikaner eine direkte Beteiligung der Kommunisten verwarfen, trat Largo am 16. Dezember 1935 vom Parteivorsitz zurück und bildete eine Art Parallelkomitee, bestehend aus der UGT, der Sozialistischen Jugend, dem PCE und dem *Partido Sindicalista*.

Das am 16. Januar 1936 vorgestellte Programm des Volksfrontkomitees trug die Handschrift der Republikaner. Es sah eine umfassende Amnestie vor, ebenso die Verteidigung der Verfassung, eine Landreform, Wirtschaftsförderungsmaßnahmen, den Ausbau öffentlicher Arbeiten, eine Steuer- und Finanzreform, Sozialgesetze, eine Bildungsreform und die Stabilisierung der Löhne in der Landwirtschaft. Forderungen der Sozialisten, wie die Verstaatlichung von Landgütern und Banken, die Kontrolle der Industrie durch die Arbeiter und die Schaffung einer Arbeitslosenversicherung, schloß das Manifest ausdrücklich aus.

In Katalonien trat nicht die Volksfront an, sondern ein eigenes Linksbündnis: der *Frent d'Esquerra*. Infolge der Verweigerung der CNT war das Gewicht der Arbeiter gegenüber den Mittelklassen allerdings geringer als in den übrigen Teilen des Landes; ihre Programmatik weniger stark reformorientiert. Im Wahlkampf mäßigte Largo Caballero seine revolutionäre Rhetorik, und Azaña versicherte, daß der Wähler eine republikanische Regierung, und keine sozialistische oder kommunistische, einsetzen werde. Die apokalyptisch anmutende Rhetorik der Rechten, der Nationalen Front aus Monarchisten, Konservativen, Rechtsrepublikanern und *Falange,* setzte einen Sieg der Volksfront mit der Revolution gleich. Ebenso wie die Linke machte sie ausgiebigen Gebrauch vom neuen Massenmedium Radio und überschwemmte das Land mit gedruckter Propaganda.

Der Sieg der Volksfront am 16. Februar war denkbar knapp. Über die genauen Zahlen ist sich die Historiographie bis heute nicht einig, doch werden die Zahlen von Tusell (4,65 Mio. für die Linke, 4,5 Mio. für die Rechte und ca. 0,5 Mio. für die Mitte) inzwischen weitgehend akzeptiert. Das Wahlgesetz verschaffte der Volksfront eine breite Mehrheit an Sitzen, nämlich 257. Die Rechte erhielt 139 und die Mitte 57. Die Regierung unter Azaña nahm eine schnelle Umsetzung des vereinbarten Reformprogrammes in Angriff; bereits am 22. Februar wurden die politischen Gefangenen entlassen. Wenige Tage später fror man im Süden die Pachtsummen in der Landwirtschaft ein und verbot die Vertreibung der Pächter. Die geplante Beschleunigung der Landreform wurde von den Ereignissen noch überholt, denn im Süden begann eine Welle von Landbesetzungen. Anfang Mai löste Azaña Alcalá Zamora nach einem Amtsenthebungsverfahren an der Spitze des Staates ab. Ab März 1936 überrollte eine Welle von politischer Gewalt das Land. Zwischen Februar und Juli gab es über 250 politisch motivierte Morde. Die CEDA beschritt nun immer offener den Weg der militärischen Konspiration. Dabei setzte ein kontinuierlicher Zerfallsprozeß ein, denn ein Großteil der rechten Jugend folgte der *Falange Española.* Diese war 1933 unter der Führung von José Antonio Primo de Rivera, dem Sohn des Diktators, entstanden und hatte sich ein Jahr später mit einer anderen faschistischen Organisation, der nationalsyndikalistisch orientierten Gruppe *Juntas de Ofensiva Nacional Sindicalista* (JONS) der Hitlerbewunderer Ramiro Ledesma Ramos und Onésimo Redondo zusammengeschlossen. Auch hatte José Antonio Primo de Rivera Kontakte zu alfonsinischen Monarchisten der *Renovación Española*. Die antikapitalistische Stoßrichtung der *Falange* verlor damit gegenüber der nationalistischen, katholischen und antimarxistischen zunehmend an Gewicht. Allerdings scheiterte ihr Beitritt zur Wahlkoalition der Rechten. Im März 1936 wurde ihre Führungsriege nach einem Attentat verhaftet und die Partei verboten.

Die Vorbereitungen für den Militärputsch begannen bereits unmittelbar nach den Volksfrontwahlen. Die Generäle Sanjurjo, Goded und Mola sowie später Franco zählten zu den wichtigsten Konspirateuren, von denen einige deshalb an entlegene Dienststellen versetzt worden waren, etwa Franco auf die Kanarischen Inseln. Als Auslöser diente dann der Mord an Calvo Sotelo am 13. Juli, der seinerseits die Rache für einen falangistischen Mord an einem republikanischen Offizier war. Er führte zur gewaltsamen Konfrontation des spanischen Volkes, das sich in den beiden Blöcken der Volksfront und der Nationalen Front gegenüberstand.

Die strukturellen Ursachen des Bürgerkriegs reichten sehr viel weiter zurück. Nicht das »Scheitern der Republik« hat diesen herbeigeführt. Man hat zwar mit Recht darauf hingewiesen, daß irrtümlich der Kirchen- und Militärpolitik der Vorrang vor strukturellen Problemen gegeben worden sei. Diese Politik habe die Basis der Linken entfremdet und die Rechte zum Widerstand aufgestachelt. Die eigentliche Ursache des Krieges bildete ein gescheiterter Militärputsch, der die Reformpolitik der Republik blockieren sollte. Es handelte sich also vielmehr um die Furcht vor dem Erfolg der Republik. Trotz ihrer Heterogenität und ideologischen Unterschiede war sich die Linkskoalition in der

Vorstellung von einem demokratischen, zivilen, laizistischen, föderalen und sozial gerechteren Spanien einig. Dieses Projekt war aber genau das Gegenteil von dem, was die tonangebenden Kreise aus Landbesitz, Kirche und Armee erstrebten. So kann man davon ausgehen, daß selbst eine geschicktere Politikgestaltung die Feindschaft der alten Eliten nicht hätte verhindern können. Mangelnde Elitenkooperation war nach Ansicht von J. Linz ausschlaggebender als das Modernisierungsdefizit, von essentieller Bedeutung sei allerdings auch die Schwäche der politischen Führung gewesen. Shubert und Esenwein interpretieren die Ereignisse der Republik als den Überlebenskampf der alten Eliten, die nach ihrer politischen Hegemonialstellung nun auch ihre sozioökonomische und kulturelle Vorherrschaft bedroht sahen und vor dem Krieg als Mittel der Innenpolitik nicht zurückschreckten.

Der Bürgerkrieg (1936–1939)

1936   17./18. Juli: *Pronunciamiento.*

      19. Juli: Republikanische Regierung Giral.

      21. Juli: Komitee der Antifaschistischen Milizen in Barcelona.

      24. Juli: Nationaler Verteidigungsrat in Burgos.

      25. Juli: Beginn der deutsch-italienischen Unterstützung der Aufständischen.

      14. August: Besetzung und Massaker in Badajoz.

      19. August: Ermordung Federico García Lorcas.

      4. September: Regierung Largo Caballero.

      26. September: Eintritt der Anarchosyndikalisten in die Regionalregierung Kataloniens.

      30. September: Verordnung zur Militarisierung der Milizverbände.

      1. Oktober: Erklärung Francos zum Oberbefehlshaber sowie zum Staats- und Regierungschef.

1. Oktober: Baskisches Autonomiestatut.
Oktober/November: Schlacht um Madrid.
4. November: Eintritt der Anarchosyndikalisten in die Regierung Largo Caballero.
6. November: Verlegung des Regierungssitzes nach Valencia.
1937 Februar: Jarama-Schlacht.
8. Februar: Franquistische Besetzung Málagas.
März: Schlacht von Guadalajara.
19. April: Vereinigung von *Falange* und Karlisten zur *FET y de las JONS*.
26. April: Zerstörung Guernicas durch die Legion Condor.
3.–6. Mai: Anarchistischer Aufstand in Barcelona.
17. Mai: Regierung Negrín.
3. Juni: Tod Molas bei Flugzeugabsturz.
16. Juni: Verstaatlichung der Kriegsindustrie der republikanischen Zone.
19. Juni: Besetzung Bilbaos, Fall des Baskenlandes.
1. Juli: Gemeinsamer Hirtenbrief des spanischen Episkopats.
Juli: Schlacht von Brunete.
10. August: Auflösung des Rats von Aragón.
21. Oktober: Ende der franquistischen Eroberung des Nordens.
31. Oktober: Verlegung des Regierungssitzes nach Barcelona.
Dezember – Februar 1938: Teruel-Offensive.
1938 9. März: Grundgesetz der Arbeit (*Fuero del Trabajo*).
April: Rücktritt Prietos als Verteidigungsminister.
14. April: Franco-Truppen erreichen Mittelmeer bei Vinaroz.
30. April: »13 Punkte« der Regierung Negrín.
5. Juli: Nichteinmischungskomitee stimmt Abzug aller Freiwilligen zu.
25. Juli – 16. November: Ebro-Schlacht.
September/Oktober: Abzug der Internationalen Brigaden.
30. September: Münchner Abkommen.
23. Dezember: Beginn der Katalonien-Offensive.
1939 26. Januar: Franquistische Besetzung Barcelonas.
1. Februar: Oberst Casado nimmt geheime Kontakte zu Franco auf.
9. Februar: Gesetz über politische Verantwortlichkeiten.
Februar/März: Anerkennung Francos durch England und Frankreich.

5. März: Nationalrat für Verteidigung (Oberst Casado).
27. März: Beitritt Francos zum Anti-Komintern-Pakt.
28. März: Francos Truppen in Madrid.
31. März: Kriegsende.

Die Erhebung begann nach monatelangen Planungen am 17. Juli in Marokko, am nächsten Tag hatte sie die Halbinsel erreicht. Doch die Hoffnung auf einen schnellen Erfolg im Stil der traditionellen *pronunciamientos* erfüllte sich nicht. Ein dreijähriger, blutiger und grausamer Bürgerkrieg sollte das Land für lange Zeit in zwei unversöhnliche Lager spalten.

Die Aufständischen siegten rasch in Westandalusien und Altkastilien, in Galizien, Navarra sowie in Oviedo, Zaragoza und Mallorca, wohingegen sich Katalonien und Valencia sowie Ostandalusien und weite Teile Neukastiliens, das Baskenland und Asturien auf die Seite der Republik stellten. Somit stand das fortschrittlich-urbanisierte republikanische Spanien mit den großen Städten und den Industrialisierungszentren des Nordens und der Mittelmeerküste sowie der Hauptstadt den mehrheitlich agrarisch geprägten, rückständigen Landesteilen der Rebellen gegenüber. Das militärische Kräfteverhältnis war zu Beginn einigermaßen ausgewogen. Es begünstigte einerseits die Aufständischen, denen mit der Afrikaarmee und der Fremdenlegion gut ausgebildete Truppen zur Verfügung standen, andererseits hatte die Republik den logistischen Vorteil, daß sich in ihrer Zone die Industrie konzentrierte und zudem Marine und Luftwaffe zum Großteil in ihren Händen waren.

Üblicherweise teilt man den Bürgerkrieg in vier Phasen ein. In der ersten Phase bis Frühjahr 1937 gelang es den Putschgenerälen, sich etwa eines Drittels des Landes zu bemächtigen, nachdem sie die afrikanischen Streitkräfte mit deutschen und italienischen Flugzeugen auf die Halbinsel übergesetzt hatten. Im Süden eroberten sie einen Großteil Andalusiens und die Extremadura. Vorrangiges Ziel war es, eine Verbindung zwischen den beiden aufständischen Zonen im Norden unter Mola und im Süden unter Queipo de Llano und Franco zu schaffen. Verschiedene Versuche (Herbst 1936, Frühjahr 1937 Jarama-Schlacht mit 40000 Toten), die Hauptstadt zu erobern, mißlangen. Im September 1936 hatte Franco zunächst der Entsetzung des Alcázars von Toledo Priorität vor der Eroberung Madrids eingeräumt, so daß sich die Hauptstadt durch Freiwilligenverbände, sowjetische Hilfe, die Internationalen Brigaden und vor allem den Durchhaltewillen der Einwohnerschaft bis März 1939 halten konnte. Der republikanische Staat brach praktisch bereits in den ersten Kriegstagen zusammen, und die Militärorganisation löste sich auf. Deshalb setzte die stark von Milizverbänden abhängige Republik zunächst auf eine Defensivstrategie. Franco antwortete auf den verbissenen Widerstand in der Hauptstadt mit Bombardements und dem Einsatz italienischer und deutscher Kampfflugzeuge, die sich mit russischen Maschinen Luftkämpfe lieferten. Die Regierung setzte sich im November 1936 nach Valencia ab.

Die gescheiterte Einnahme Madrids lenkte das Augenmerk Francos in einer zweiten Etappe (Frühjahr 1937 – Frühjahr 1938) nach Norden, um an die Schwerindustriezentren des Landes zu gelangen. Der Weltöffentlichkeit bis heute im Gedächtnis blieb dabei die Zerstörung Guernicas, der heiligen Stadt der Basken, durch Hitlers Legion Condor (26. April 1937). Im Juni 1937 fiel Bilbao und wenige Monate später Asturien. Die Schlacht von Brunete forderte 42000 Todesopfer, davon 25000 Republikaner. Die Teruel-Offensive der Republik brachte nur vorübergehend Entlastung, und Franco wandte sich nun Aragón zu. Der Konflikt wurde in dieser zweiten Phase zum Zermürbungskrieg, in dem die Aufständischen durch regelmäßige deutsch-italienische Hilfslieferungen und die Mobilisierung des gesam-

Spanischer Bürgerkrieg Juli 1936

ten Staates für militärische Belange über die bessere Ausgangsposition verfügten. Eine wichtige Rolle spielte der See- und der Luftkrieg, mit ausländischer Unterstützung auf beiden Seiten. Der Fall des Baskenlands war aber nicht zuletzt durch die internen Spannungen in der Region und durch die Unfähigkeit der Republik, ein schlagkräftiges »Volksheer« aufzubauen, bedingt. Insbesondere die Anarchisten wollten ihre ideologischen Grundsätze auch im Kampf beibehalten und widersetzten sich militärischen Hierarchien sowie einer zentralen Koordination der Kampfverbände, auf die die übrigen Mitglieder der Volksfrontkoalition, vor allem die Kommunisten, drängten.

In der dritten Phase, ab Mitte April 1937, gelang es Franco, in der Provinz Castellón zum Mittelmeer durchzu-

Spanischer Bürgerkrieg Juli 1938

stoßen und die republikanische Zone in zwei Teile zu spalten. Die blutige Ebroschlacht (Juli 1938) stellte den letzten bedeutenden Sieg der Republik dar, sie konnte daraus aber keine Vorteile ziehen. Ende des Jahres begann der Sturm auf Katalonien. Die Republik setzte nun alles auf die Karte Zeitgewinn (*resistir es vencer*), denn von der erhöhten Kriegsgefahr in Europa erhoffte sie eine Wendung zu ihren Gunsten. Diese Hoffnung machte das Münchner Abkommen abrupt zunichte.

Der Krieg entschied sich schließlich zwischen Dezember 1938 und März 1939. Katalonien fiel im Januar nach kurzen Kämpfen. Mit der Einnahme Madrids Ende März war der Bürgerkrieg offiziell beendet. Kurz vorher hatte sich in der Hauptstadt eine Militärjunta unter Oberst Casado gebildet, die gegen den Widerstand Präsident Negríns einen Verhandlungsfrieden erreichen wollte, ein Ansinnen, auf das Franco nicht einging.

Die Aufständischen hatten ihr militärisches Potential schon bei Kriegsbeginn durch zusätzliche Rekrutierungen und die Freiwilligenverbände der *Falange* und der Karlisten (*Requetés*) vergrößern können. Es gelang auch, diese dem militärischen Oberbefehl zu unterstellen (Ende 1936). Im Gegensatz zur professionellen, disziplinierten Truppe der Rebellen beruhte die Verteidigung der Republik in der ersten Phase vor allem auf Milizen; erst ab Mitte 1937 mit deren Eingliederung in die Kommandostruktur kann man vom langsamen Aufbau eines Volksheeres sprechen. Aber auch dieses litt während des gesamten Krieges an mangelnder Effizienz, Koordination und Disziplin. Eine professionelle Ausbildung der teils nach gewerkschaftlicher oder politischer Affiliation zusammengestellten, teils gemischten Einheiten war oft nicht vorhanden. Nur sehr langsam gelang eine Koordination der Milizeinheiten und eine Zentralisierung der Befehlsstränge (Dekret über die Eingliederung der Milizen in die regulären Streitkräfte, 26. Oktober 1936). Die Arbeiter- und Soldatenkomitees wurden durch Kriegskommissare ersetzt, die mit zunehmendem Einfluß der Kommunisten auch zur Überwachung der politischen Zuverlässigkeit dienten.

Den Besiegten drohten in beiden Zonen oft gnadenlose Repressionen. Ca. 50000 Tote legt man heute dem republikanischen Terror zur Last, dem franquistischen, die Nachkriegszeit eingerechnet, ca. 150000. Die Aufständischen führten in den eingenommenen Orten von Anfang an Massenverhaftungen und -exekutionen durch, wie es beispielsweise Arthur Koestler in *Ein spanisches Testament* anläßlich der Eroberung Málagas erschütternd geschildert hat. In der ersten Woche nach der Einnahme der Stadt wurden etwa 4000 Menschen ermordet. Der massive Terror traf Milizen und Zivilbevölkerung gleichermaßen. Traurige Berühmtheit erlangte das Massaker von Badajoz mit geschätzten 2000–4000 Toten. Queipo de Llano operierte bei der Eroberung der anarchistisch-sozialistischen Hochburgen Andalusiens mit blankem Terror. Auch in den republiktreuen Gebieten richteten »Säuberungen« ein Blutbad an. Die extreme Polarisierung der Vorkriegszeit kam in den ersten Wochen des Krieges zur Eruption. Die Gewalt wandte sich vor allem gegen das rechte Lager sowie den Klerus. Danach gab es weitere Verurteilungen und Exekutionen durch sogenannte Volksgerichte oder bewaffnete Banden, die nur langsam unter Kontrolle gebracht werden konnten. Am blutigsten entlud sich der seit langem aufgestaute Haß gegen die Kirche, die als reaktionäre Institution und als Mitinitiatorin des Aufstandes betrachtet wurde. Neben der Zerstörung von unzähligen Kirchen und Klöstern verloren über 6800 Geistliche in antiklerikalen Exzessen ihr Leben, die meisten von Juli bis September 1936. Allerdings gab es auch beträchtliche Unterschiede zwischen beiden Lagern: Während der »nationale« Terror gezielt als Mittel der Politik angewendet wurde und den ganzen Krieg über dauerte, liegt der Höhepunkt gewaltsamer Ausschreitungen in der republikanischen Zone in den ersten chaotischen Kriegswochen, wobei man sich von verschiedenen Seiten um Eindämmung bemühte.

Die Haltung des Auslands:
Intervention oder Nichtintervention

Der Bürgerkrieg begann zwar als innerspanischer Konflikt – die früher vertretenen Thesen einer deutsch-italienischen bzw. sowjetrussischen Verschwörung sind inzwischen obsolet geworden –, doch wurden sein Verlauf und Ausgang wesentlich durch andere Länder bestimmt. Der Umfang der Hilfe für beide Kriegsparteien wird bis heute kontrovers diskutiert. Während ein Großteil der Forschung von einem nur mäßigen Vorsprung der Franquisten ausgeht und anderen Faktoren für die republikanische Niederlage größeres Gewicht beimißt, hat neuerdings Howson dies – nach kritischer Bewertung der bekannten Zahlen und unter Verweis auf die Qualität der Hilfsgüter – zu relativieren versucht.

Ohne die Transportkapazität der deutschen und italienischen Flugzeuge wäre der *pronunciamiento* bereits in seinen Anfängen gescheitert. Danach griff eine Lufteinheit, die spätere Legion Condor, in fast alle größeren Kämpfe ein. Der Umfang der deutschen Hilfe – die Entscheidung dafür fiel am 25./26. Juli 1936 am Rande der Wagnerfestspiele in Bayreuth – wird auf 215 Mio. Dollar geschätzt, der der italienischen auf 354 Mio. Dollar. Insgesamt kämpften fast 80 000 Italiener auf der Seite der Rebellen, darunter 29 000 faschistische Schwarzhemden. Die sowjetrussische Hilfe für die Republik hingegen setzte erst ab Oktober 1936 ein. Sie war für das lange Überleben der Republik von zentraler Bedeutung. Bezahlt wurden die Hilfslieferungen mit den spanischen Goldreserven, die die Volksfrontregierung nach Moskau in Sicherheit gebracht hatte. Weiterhin waren russische Piloten, Techniker und Geheimdienstoffiziere auf der Iberischen Halbinsel tätig. Allerdings hat Stalin die Notlage der Republik weidlich ausgenutzt und sich seine Hilfe mit einem sehr hohen Preis bezahlen lassen.

Hinsichtlich der Beweggründe Hitlers wird insbesondere seine antibolschewistische und außenpolitisch-geostrategische Motivation hervorgehoben. Ferner fürchtete er ein Übergreifen des Konflikts auf Frankreich, wo gleichfalls 1936 eine Volksfrontkoalition an die Macht gekommen war. Später kamen die Instrumentalisierung des Bürgerkriegs als militärisches Experimentierfeld sowie ökonomische Erwägungen (Verbreiterung der deutschen Rohstoffbasis) hinzu. In der Tat entwickelten sich rege Handelsbeziehungen, die monopolartig und für das Deutsche Reich sehr vorteilhaft über die Gesellschaften HISMA und ROWAK abgewickelt wurden.

Etwas anders gelagert waren die Gründe für das italienische Eingreifen. Neben geostrategischen Gründen im Rahmen der Mittelmeerpolitik spielten Prestigeaspekte für eine Stabilisierung des faschistischen Staates im Inneren eine wichtige Rolle. Daher schickte Mussolini zunächst viele Schwarzhemden in das Nachbarland. Nach einem Geheimvertrag mit Franco im November 1936 folgte der massive Einsatz regulärer Infanterieeinheiten.

Auch das autoritäre Salazar-Regime in Portugal leistete den Aufständischen unentbehrlichen Beistand. Es ermöglichte die Eroberung der Extremadura, stellte logistische Hilfe und Kredite zur Verfügung und vertrat die Aufständischen auf diplomatischem Parkett, etwa im Völkerbund.

Die Hoffnung der Republik auf Unterstützung durch die demokratischen Länder, insbesondere durch England und Frankreich, erfüllte sich nicht. Diese entschieden sich schon bald – zusammen mit den neoisolationistischen USA – für die sogenannte Nichteinmischungsstrategie, die in der Praxis jedoch eine massive Begünstigung der Rebellen bedeutete. Großbritannien, durch den Ersten Weltkrieg geschwächt, betrachtete den Spanischen Bürgerkrieg als Quelle einer möglichen Destabilisierung im Mittelmeerraum, die es zu verhindern galt. Aus dieser Konstellation einer relativen Schwäche erklärt sich die britische Appeasementpolitik. Man bemühte sich mit allen Mitteln, den Konflikt auf die Halbinsel zu begrenzen. Neuere Untersuchungen haben dagegen ideologisch-antirussische und ökonomische Beweggründe stärker in den Vordergrund gerückt.

Großbritannien war maßgeblich an der Ausgestaltung des multilateralen Nichteinmischungspaktes seit August 1936 beteiligt. Dieser sollte – nicht zuletzt auf Betreiben Frankreichs – die massive deutsch-italienische Militärhilfe beenden helfen. Insgesamt erfüllte diese Konstruktion, der 27 Länder, auch Deutschland und Italien, beitraten und die ein Nichteinmischungskomitee in London schuf, die in sie gesetzten Erwartungen in keiner Weise. Die Kompetenzen

des Komitees waren sehr beschränkt, die von Sowjetruß-
land betriebene Ausgestaltung zu einer wirklichen Kon-
trollinstanz gelang nicht.

Frankreich, die zweite Bastion der Nichteinmischungs-
politik, befand sich 1936 in einer politischen und sozioökonomischen Krisensituation, die seinen Handlungsspielraum
einschränkte. Die Volksfrontkoalition des Sozialisten Léon
Blum schwankte wiederholt zwischen Neutralität und Hilfe für die Republik. Die französischen Interessen in Afrika
spielten dabei ebenso eine Rolle wie die bedeutenden Investitionen in Spanien und die republikfeindliche Haltung eines Teils der französischen Öffentlichkeit. Nach einer ersten Hilfszusage setzte sich Anfang August endgültig die
Nichteinmischungsstrategie durch. Was nun in der Praxis
folgte, war eine paradoxe Mischung von Hilfe und Hilfs-
verweigerung. Während das Außenministerium jede Unterstützung zu verhindern suchte, organisierten Blum und das
Innenministerium die Weiterleitung russischen Kriegsmate-
rials durch französisches Territorium. Auch wurde die Aufstellung der Internationalen Brigaden auf französischem
Gebiet toleriert. Wie in England spaltete auch in Frankreich die Spanienpolitik die Öffentlichkeit. Während jenseits des Ärmelkanals sehr viele Intellektuelle und *Labour*
für die Republik Partei nahmen, kam es in Frankreich über
die Frage der Spanienhilfe zur Spaltung der Sozialisten. Seit
Anfang 1939 ergoß sich zudem ein Strom von Flüchtlingen
(über 0,5 Mio.) aus Katalonien nach Südfrankreich, die
zum Großteil unter erbärmlichen Bedingungen in Lagern in-
terniert wurden. Diese Einrichtungen bestanden bis 1945,
wobei immer wieder Deportationen nach Spanien oder in
deutsche Konzentrationslager erfolgten.

Die erfolglosen Versuche Moskaus, das Nichtinterventi-
onskomitee zu einem antifaschistischen Bündnis auszubau-
en, endeten in einer Isolation Rußlands, die in engem Kontext zur Hilfe für die Republik steht. Über die genauen Mo-
tive Stalins und seine Spanienpolitik gibt es auch heute noch

Kontroversen. Zentral war dabei sicher das Ziel, den »Aufbau des Sozialismus in einem Lande« vor »Störungen« von außen zu schützen. Dazu setzte er zunächst auf ein Bündnis mit den Westmächten. Zweitens sollte die Volksfronttaktik der Komintern die sowjetischen Interessen in den einzelnen Ländern fördern. Die Sozialrevolution in Spanien bedrohte jedoch die Volksfrontstrategie, weshalb sich der PCE unter der Ägide der Komintern scharf gegen die sozialrevolutionären Umwälzungen wandte. Verschiedentlich wurde Stalin auch der Vorwurf gemacht, er sei nicht wirklich an einem Sieg der Republik interessiert gewesen, sondern habe lediglich versucht, den Konflikt in die Länge zu ziehen. Auch die Beweggründe für die fast völlige Einstellung der sowjetischen Hilfe 1938 sind noch nicht hinreichend geklärt. Dies betrifft besonders auch die Unterstützung der Internationalen Brigaden, die auf seiten der Republik kämpften. Diese entstanden im Herbst 1936, wobei vor allem die französischen Kommunisten die Organisation und Rekrutierung übernahmen. Neuere Schätzungen gehen von mindestens 35 000 Brigadisten aus. An der Spitze standen die Franzosen (ca. 10 000), gefolgt von Italienern, Deutschen und Polen. 80 % von ihnen waren Arbeiter, 60–70 % Kommunisten. Unter ihnen gab es überdurchschnittlich viele Intellektuelle, vor allem Schriftsteller, die zahlreiche Zeugnisse über den Krieg hinterlassen haben. 10 000 von ihnen fielen, über 7600 wurden verwundet. Im Herbst 1938 wurden die Brigaden auf Beschluß der republikanischen Regierung hin aufgelöst, etwa 2000 kämpften trotzdem weiter. Das französische Vichy-Regime übergab später viele von ihnen der Gestapo.

Insgesamt kam die ausländische Hilfe weitaus mehr den Aufständischen als den Republikanern zugute. Die Haltung der westlichen Demokratien trieb die Republik in die Arme der Sowjetunion und ermöglichte schließlich den Sieg Francos.

Die Grundlegung des »Neuen Staates«

In der nationalistischen Zone übernahm die Koordination zunächst ein mehrköpfiges Gremium, die *Junta de Defensa Nacional* mit Sitz in Burgos, der u. a. Mola, Franco und Queipo de Llano angehörten. Nachdem der als Führer vorgesehene Sanjurjo bereits in den ersten Kriegstagen bei einem Flugzeugabsturz ums Leben kam, wurde am 1. Oktober 1936 Francisco Franco zum Oberbefehlshaber, Regierungschef und Staatsoberhaupt bestimmt. Der militärischen Eroberung folgten das Verbot von Parteien und Gewerkschaften, die blutige Unterdrückung jeglichen Widerstandes und die Rückgabe enteigneten Landes. Schon bald wurde der Krieg als »nationale Erhebung« für die heiligen Interessen des wahren Spanien propagandistisch begleitet und Franco als Retter des Vaterlandes dargestellt. So setzte sich sehr schnell die Interpretation des Krieges als Kreuzzug durch. In diesem Sinne wurde die bewaffnete Auseinandersetzung in einem Hirtenbrief an die Bischöfe der Welt (Juli 1937) als manichäischer Kampf zwischen Gut und Böse theologisch gerechtfertigt. Der Nationalkatholizismus des neuen Regimes verschmolz Nation und Religion unter Rückgriff auf die »glorreichen« Epochen spanischer Geschichte untrennbar miteinander. Der Klerus erlangte seine dominante Rolle im Bildungssektor und im öffentlichen Leben wieder. Koedukation, Zivilehe, Scheidung und Abtreibung wurden sofort abgeschafft. Neuere Untersuchungen haben jedoch die starren Begriffspaare »Franquismus und Katholizismus« und »Republik und Antiklerikalismus« einer differenzierten Betrachtung weichen lassen.

Eine wichtige Rolle bei der Schaffung des »Neuen Staates« sollte die *Falange* bekommen, wobei der Schwager Francos, Ramón Serrano Suñér, in der ersten Zeit großen Einfluß ausübte. Das Gedankengut der *Falange* bestand aus faschistisch-totalitären Elementen, die mit genuin spanischen Ideen gekoppelt waren, wie etwa dem Anspruch auf eine Hegemonialstellung in der hispanischen Welt. Vertikale staatliche Zwangssyndikate, eine grundlegende Agrarreform, die Verstaatlichung wichtiger Betriebe und Einrichtungen sowie eine Militarisierung des täglichen Lebens gehörten zu den zentralen Punkten ihres Credos. In der Republik nur eine Splittergruppe, erhielt sie durch die Polarisierung nach dem Wahlerfolg der Volksfront starken Zulauf. Nach der Erhebung rekrutierte sie viele Freiwillige und übernahm im zivilen Bereich zahlreiche Aufgaben. Schon bald kontrollierte sie monopolartig Presse und Propaganda in der nationalistischen Zone. Falangistische Ziele unterstützte Franco aber nur, insoweit sie in sein Konzept paßten. In einer Schwächephase der Partei – José Antonio Primo de Rivera war im November 1936 hingerichtet worden und sein Nachfolger Manuel Hedilla eine nur schwache Führerfigur – schloß Franco im April 1937 Karlisten, rechte Monarchisten und Republikaner unter die *Falange* zu einer Einheitspartei, der *FET y de las JONS*, unter seiner Führung zusammen. Der Faschismus in Spanien hatte also im Gegensatz zu Deutschland oder Italien nicht als Massenpartei die Macht ergriffen. Die Armee verfügte stets über die stärkere Position. Den ideologisch stärksten Einfluß übte die *Falange* im folgenden auf die Arbeits- und Sozialorganisation des »Neuen Staates« aus. Die vertikale Syndikatsorganisation wurde allerdings im wesentlichen erst nach dem Sieg 1939 realisiert. Die Tatsache, daß sich Franco auf eine heterogene Interessenkoalition stützte, zeigt sich auch daran, daß der Franquismus abgesehen von einigen Grundüberzeugungen (Kirche, Vaterland, Ordnung) keine einheitliche und verbindliche Ideologie entwickelte. Vielmehr brachte es der *Generalísimo* fertig, den verschiedenen Strömungen gegenüber eine Schiedsrichterrolle einzunehmen.

Es versteht sich von selbst, daß die Reformen der Republik sofort rückgängig gemacht wurden, allen voran die Agrarreform. Die Industrieproduktion wurde zentraler Regulierung unterstellt. Seit dem Erlaß des Grundgesetzes der Arbeit (*Fuero del Trabajo*, März 1938), das die Arbeitsbeziehungen regelte, nahm der systematische Staatsinterventionismus kontinuierlich zu. In der Landwirtschaft hatten die von der *Falange* geforderten Veränderungen gegenüber den traditionellen agrarischen Interessen keine Chance. Die Bürgerkriegszonen wurden schon früh auch finanz- und währungspolitisch getrennt. 1937 wurden in der nationalistischen Zone neue Geldscheine ausgegeben. Die republikanische Pesete verfiel dagegen stetig in ihrem Wert. Ferner setzte Franco auf Devisen- und Außenhandelskontrolle zur Kursstabilisierung, während die Republik den Banknotenumlauf erhöhte und die Goldreserven für die Kriegsfinanzierung aufgezehrt wurden.

Politik in der republikanischen Zone

Die Unfähigkeit der republikanischen Regierung angesichts der Erhebung führte rasch zu völliger Diskreditierung und zunehmender Auflösung der staatlichen Ordnung. Während es Franco schnell gelang, die Kräfte zu konzentrieren und das gesamte öffentliche Leben den militärischen Erfordernissen zu unterwerfen, ist in der republikanischen Zone ein fortgesetzter Zersplitterungsprozeß zu beobachten. Zur Niederlage im Krieg trug somit nicht zuletzt die Zerstrittenheit und das tiefe Mißtrauen unter den republiktreuen Kräften bei.

Viele Linkssozialisten der von internen Spannungen zerrissenen PSOE schlossen sich der sozialrevolutionären Bewegung an. Die 1921 gegründete Kommunistische Partei (PCE) war vor dem Bürgerkrieg eine unbedeutende Splittergruppe gewesen. Sie stand völlig unter der Direktive der Komintern und ausländischer Agenten. Nach Übergang zur Volksfrontstrategie propagierte sie eine demokratische

Republik, mit der Begründung, das Land sei für eine Revolution noch nicht reif. Diese Antirevolutionsstrategie traf sich mit dem Gedankengut vieler Republikaner und des Prieto-Flügels, ließ die Kommunisten allerdings in Gegensatz zum Caballero-Flügel und zu den Anarchisten geraten. Den Bürgerkrieg sah der PCE als national-revolutionären Befreiungskrieg an. Für ihn handelte es sich bei den Vorgängen in der republikanischen Zone keineswegs um eine Sozialrevolution, sondern um »eine Republik neuen Typs«, die Kirche und Adel enteigne, die Großbetriebe verstaatliche und das Volk bewaffne. Eine nennenswerte Massenbasis gewann die Partei erst ab Frühjahr 1936, als sich die sozialistische und die kommunistische Jugend zu den *Juventudes Socialistas Unificadas* (JSU) unter Santiago Carrillo vereinigten. Um in Katalonien das Feld nicht den Anarchisten zu überlassen, betrieb der PCE den Zusammenschluß von Sozialisten und Kommunisten zum *Partit Socialist Unificat de Catalunya* (PSUC), die sie von Anfang an dominierte. Auf nationaler Ebene kam eine Vereinigung dagegen nicht zustande.

Schließlich existierte eine kleine dissidente marxistische und antistalinistische Gruppe, der *Partido Obrero de Unificación Marxista* (POUM), unter seinen intellektuell sehr einflußreichen Führern Joaquín Maurín und Andreu Nin. Seine Hochburg war Katalonien. Vom PCE als Trotzkisten gebrandmarkt, wurden sie von diesem brutal bekämpft.

Die Anarchisten und Anarchosyndikalisten der CNT-FAI wiederum sahen zu Beginn des Bürgerkriegs die Stunde für die Revolution, für die Einführung des libertären Kommunismus, gekommen und nutzten dazu das politische Vakuum. Bestärkt von einem ausgeprägten Sendungsbewußtsein, verfochten sie die Einheit von Krieg und Sozialrevolution. Dabei kennzeichneten den spanischen Anarchismus seit den 1870er Jahren erhebliche interne Differenzen. Während die »Puristen« die völlige Ablehnung von Staat und Politik propagierten, vertraten die Reformisten unter ihnen gemäßigtere Positionen. Sie waren es auch, die sich in der Folgezeit durchsetzten und für die Mitarbeit in den republikanischen Einrichtungen verantwortlich zeichneten. Die Einsicht in die Bedürfnisse des Krieges hatte in weiten Teilen der anarchistischen Bewegung zur begrenzten Akzeptanz von Zentralisierung, Hierarchisierung und Bürokratisierung geführt, wobei man jedoch das Endziel einer herrschaftsfreien Gesellschaft weiter im Auge behielt.

Für die politische Entwicklung in der republikanischen Zone wurden bereits in den ersten Kriegstagen die Weichen gestellt. Spontan entstandene Komitees übernahmen die Verteidigung und füllten das Machtvakuum, das durch die Auflösung der staatlichen Institutionen entstanden war. So erfuhren die politischen und sozioökonomischen Verhältnisse auf lokaler und regionaler Ebene eine tiefgreifende Umwälzung. Eine ungeplante und vielgestaltige Kollektivierungswelle erfaßte Stadt und Land, ein vor allem von Anarchisten, Linkssozialisten und den Marxisten des POUM vorangetriebener Prozeß. Bereits nach wenigen Monaten begannen allerdings die Einbindung und Zurückdrängung der revolutionären Kräfte, insbesondere durch die Kommunisten und Republikaner.

Nach der kurzlebigen Regierung Giral (19. Juli) erhoffte man sich von Largo Caballero und dessen Koalition aus Republikanern, Sozialisten und Kommunisten sowie baskischen Regionalisten (ab September 1936), der im November auch Vertreter der Anarchisten beitraten, eine effektivere Verteidigung. In Katalonien war es zunächst zu einer Art dualen Spitze aus dem Zentralkomitee der antifaschistischen Milizen und der Regionalregierung der *Generalitat* gekommen. Im Herbst 1936 traten anarchistische Vertreter in die katalanische Regionalregierung ein, im Gegenzug erfolgte die Auflösung des Zentralkomitees. Auch der anarchistisch dominierte Verteidigungsrat in Aragón verlor durch das Wiedererstarken staatlicher Institutionen schnell an Einfluß und wurde aufgelöst (10. August 1937). Die zunehmende Dominanz der Kommunisten, die auch vor gewaltsamer Ausschaltung politisch Andersdenkender nicht zurückschreckten, läßt sich vor allem an den Barceloneser Mai-Ereignissen deutlich erkennen (3.–6. Mai 1937). Ihr erstes Opfer war der POUM, den man zunächst aus der *Generalitat* ausschloß und dann sogar der Kollaboration beschuldigte. Es kam zu mehrtägigen Straßenkämpfen, in denen sich Kräfte des in die Defensive gedrängten POUM sowie der CNT einerseits und des PSUC und der UGT andererseits gegenüberstanden, die etwa 500 Tote forderten. Die Weigerung Largo Caballeros, den POUM mit stalinistischen Methoden auszuschalten, trug zu seinem Rücktritt zugunsten des Rechtssozialisten Juan Negrín bei (Mai 1937), unter dessen Regierung die Kommunisten die Politik weitgehend bestimmten. Von einigen Autoren als »Werkzeug der Kommunisten« verunglimpft, sieht man sein Agieren heute differenzierter.

Durch die Erhebung wurde eine spontane Kollektivierungsbewegung ausgelöst, die das kapitalistische Wirtschaftssystem in seinen Grundfesten erschütterte und das soziale und wirtschaftliche Umfeld in Stadt und Land in kürzester Zeit dramatisch veränderte. Ausgehend von den Landbesetzungen seit dem Frühjahr 1936 breitete sich dieser Prozeß schnell in Landwirtschaft, Industrie und Dienstleistungsunternehmungen aus.

Die Anarchisten waren der Überzeugung, daß es zur Erreichung des Endziels, der herrschaftsfreien Gesellschaft, keiner Zwischenstufen bedurfte, wie dies die Kommunisten verfochten. Ein auf freien ländlichen Kommunen basierender, Autarkie anstrebender wirtschaftlicher Kommunalismus blieb bis zum Ende des Krieges ihre Leitvorstellung; eine »illusionäre Gegenwelt [...] freier und autonomer Industrie- und Agrarassoziationen [...] ohne Staat, Privateigentum, Autoritätsprinzip und Klassen« (Bernecker). Zwar forderten auch die Kommunisten Enteignungen, sie wollten jedoch die zu bildenden Agrargenossenschaften strikter zentraler Leitung unterstellen. Die spontan entstandenen Kollektive wurden unter kommunistischer Ägide sogar militärisch bekämpft.

Die Kollektivierungen umfaßten mit Ausnahme des Baskenlands die gesamte republikanische Zone. Zwischen 0,75 und 3 Millionen Menschen auf dem Land und gut eine Million Industriearbeiter waren betroffen, vor allem in den Hochburgen der Anarchisten und Linkssozialisten. Zahlreiche Fabrik- und Landbesitzer, aber auch qualifizierte Fachleute waren geflohen. Die Wirtschaft befand sich am Rande des Zusammenbruchs und mußte gleichzeitig auf Kriegsbetrieb umgestellt werden. Im Laufe der Zeit gelang es der Regierung allerdings, ihren Einfluß auf die Wirtschaftsplanung und -lenkung kontinuierlich zu erweitern.

In der Industrie konzentrierten sich die Kollektivierungen auf Katalonien und besonders auf Barcelona. Nach einer anfänglichen Phase revolutionären Enthusiasmus dominierten auch hier Kompromißlösungen. Neben Fabriken waren in der katalanischen Metropole fast alle städtischen Dienstleistungen, Hotels und Warenhäuser kollektiviert worden. Der Grad der Kontrolle durch die Arbeiter in den einzelnen Betrieben gestaltete sich sehr unterschiedlich. Das Spektrum reichte von der Firma eines Privatmannes unter Gewerkschaftsaufsicht bis zur völligen Übernahme durch die Arbeiterschaft. Kriegswichtige Betriebe wurden sukzessive nationalisiert. Während die Kommunisten auf die Verstaatlichung der Grundindustrien, Einrichtung von Genossenschaften, Kommunalisierung städtischer Dienste und privatwirtschaftliche Führung von Klein- und Mittelbetrieben setzten – sowie auf eine zentralisierte und militarisierte Kriegswirtschaft –, verfocht die CNT die Vorstellung einer von Syndikaten sozialisierten Wirtschaft bei umfassender Kollektivierung mit den Gewerkschaften als Nutznießer der Produktionsmittel. Weitgehend durchsetzen konnte sich in Katalonien unter den Bedingungen des

Krieges das zuerst skizzierte Konzept. Wichtiger Meilenstein hierfür war das Kollektivierungsdekret vom Oktober 1936. Insgesamt gelang es der *Generalitat* in beachtlichem Maße, den anarchistischen Revolutionsimpetus in kontrollierte Bahnen zu lenken.

Was die Landwirtschaft anbelangt, so zählte man im Winter 1937 bereits über 1500 Agrarkollektive. Ein Drittel davon lag in Aragón, wo 70 % der Bevölkerung erfaßt wurden. Bis August 1938 waren 2213 Kollektive legalisiert worden. Im Agrarsektor entstanden Kollektive entweder durch Enteignungen oder durch Zusammenlegung kleiner Parzellen. Ihre Form variierte je nach Art der vorherrschenden Nutzungsformen und Besitzstrukturen sowie den dominierenden politischen Kräften. Neben der UGT und CNT, die in vielen Grundsatzfragen übereinstimmten, beteiligten sich entgegen der offiziellen Parteilinie auch einige kommunistische Gewerkschaften. Zahlreiche Konflikte entbrannten mit selbständigen Bauern, in Katalonien vor allem mit dem Winzerverband, der *Unió de Rabassaires*.

Im Agrarsektor wird die Kopplung von wirtschaftlichen Veränderungen mit sozial-strukturellen und sozialethischen Beweggründen besonders deutlich. Die Umverteilung politischer und ökonomischer Macht sowie gemeinschaftliche Bewirtschaftungsformen sollten eine neue klassenlose Gesellschaft entstehen lassen. Widerstände der Republikaner, Rechtssozialisten und Kommunisten führten dazu, daß die Kollektivierung auf die Latifundien und – auf freiwilliger Basis – auf den Kleinbesitz begrenzt wurde. Die bestehenden Einrichtungen sahen sich vor allem seit dem Amtsantritt des kommunistischen Agrarministers Uribe unter zunehmendem Druck. Er versuchte mit einer eigenen Enteignungs- und Umverteilungspolitik dem sozialrevolutionären Potential der Agrarfrage entgegenzusteuern. In diesem Sinne enteignete das vom PCE dominierte Institut für Agrarreform bis Mitte 1937 fast 4 Mio. Hektar Land.

Das Leben in den Kollektiven unterschied sich grundsätzlich von dem der bürgerlichen Gesellschaft. Doch auch hier gab es ein breites Spektrum. Einem Komitee wurde in der Regel die Oberaufsicht über alle Aspekte des gemeinschaftlichen Lebens übertragen. Religionsausübung wurde untersagt und – teilweise – das Geld abgeschafft. Lebensmittel und notwendige Güter waren entweder frei erhältlich oder wurden nach einem Gutscheinsystem verteilt. Auf Löhne verzichtete man entweder ganz oder restrukturierte das Lohnsystem nach ideologischen Prinzipien. Unter diesen Bedingungen gestaltete sich wirtschaftliches Leben, das über die lokale Ebene hinausging, außerordentlich schwierig, zumal Bemühungen um eine Koordination der Kollektive nicht über erste Ansätze hinaus gelangten.

Die Frage nach den Folgen und Erfolgen des Kollektivierungsprozesses ist wegen fehlender Quellen sowie der häufigen Kurzlebigkeit unter den Bedingungen des Krieges kaum zu beantworten. Allerdings verengt eine rein ökonomische Betrachtung die Perspektive. Für die betroffene Landbevölkerung änderte sich in der Tat vieles. Wie nie zuvor versuchte die Kollektivierungsbewegung, die materielle und geistige Verarmung eines Großteils der spanischen Bevölkerung zu verbessern. Charakteristisch war ein starkes Solidaritätsgefühl: Gesundheits- und sozialfürsorgerische Maßnahmen und Alphabetisierungskampagnen standen auf der Tagesordnung, die Errichtung einer Schule war vielerorts die erste Aktivität. In der Industrie brachte die Selbstverwaltung durch die Arbeiter ebenfalls zuvor nie gekannte Veränderungen für die Beschäftigten.

Wie tief die sozialen Veränderungen gingen, zeigt sich besonders an der Stellung der Frauen. Auf der Basis der rechtlichen Errungenschaften der Republik (Scheidung, Abtreibung, Gleichheit vor dem Gesetz, Wahlrecht) versuchte man ein neues Miteinander der Geschlechter zu erreichen. In der Praxis jedoch standen offensichtlichen Fortschritten vor allem auf dem Land tiefverwurzelte Traditionen (Katholizismus, *machismo*) gegenüber, die eine grundlegende Transformation des Geschlechterverhältnisses in dieser kurzen Zeit unter den Bedingungen des Krieges verhinderten. Bezeichnenderweise erhielten sogar in anarchistischen Kollektiven Frauen niedrigere Löhne als Männer.

Hervorzuheben ist nicht zuletzt die Tatsache, daß die Republik ihre bildungspolitische Offensive auch während des Krieges fortzusetzen versuchte. Zahlreiche Schulen wurden neu eröffnet und Bildungsprogramme für Erwachsene geschaffen. Einen bedeutenden Stellenwert hatte die Verbreitung von Bildung im Militär, wo »Kulturmilizen« zur Demokratisierung der Kultur beitragen sollten. Im Laufe der Zeit wurde das Kulturleben der Republik allerdings immer stärker kommunistisch geprägt. Sichtbarster Ausdruck des Kampfes der Ideologien waren neben der Presse insbesondere Plakate, der Film und das Theater.

Der Bürgerkrieg verursachte eine Spaltung des Landes, die bis in die jüngste Vergangenheit anhielt. Durch das Gesetz über die Verantwortlichkeiten (1939) waren zahlreiche Parteigänger der Republik, je nach dem Grad ihres Engagements, von Hinrichtung, Gefängnis oder Arbeitslosigkeit bedroht. Kaum eine Familie hatte nicht unter den Folgen des Krieges zu leiden. Eine halbe Million Spanier ging ins Exil, die wirtschaftliche Entwicklung wurde um Jahrzehnte zurückgeworfen. In einem autoritätshörigen, klerikalen und intellektuellenfeindlichen Klima wandte sich das Land wieder für Jahre von Europa ab.

Literaturhinweise

Albes, Jens: Worte wie Waffen. Die deutsche Propaganda in Spanien während des Ersten Weltkrieges. Essen 1996.

Alpert, Michael: A New International History of the Spanish Civil War. London 1994.

Álvarez Junco, José / Shubert, Adrian (Hrsg.): Spanish History since 1808. London 2000.

Balcells, Albert: Historia contemporánea de Cataluña. Madrid 1983.

– El nacionalismo catalán. Madrid 1991.

Balfour, Sebastian: The End of the Spanish Empire 1898–1923. Oxford 1997.

– Deadly Embrace. Morocco and the Road to the Spanish Civil War. Oxford 2002.

– / Preston, Paul (Hrsg.): Spain and the Great Powers in the twentieth century. London 1999.

Baumeister, Martin: Arme »campesinos«. Überleben und Widerstand in der Extremadura 1880–1923. Berlin 1994.

Ben-Ami, Shlomo: The Origins of the Second Republic in Spain. Oxford [u. a.] 1978.

– Fascism from above. Oxford 1983.

Bernecker, Walther L.: Anarchismus und Bürgerkrieg. Zur Geschichte der sozialen Revolution in Spanien 1936–1939. Hamburg 1978.

– Kollektivismus und Freiheit. Quellen zur sozialen Revolution im Spanischen Bürgerkrieg 1936–1939. München 1980.

– (Hrsg.): Der Spanische Bürgerkrieg. Materialien und Quellen. 2., erw. Aufl. Frankfurt a. M. 1986.

– Krieg in Spanien 1936–1939. Darmstadt 1991.

– Arbeiterbewegung und Sozialkonflikte im Spanien des 19. und 20. Jahrhunderts. Frankfurt a. M. 1993.

Blinkhorn, Martin (Hrsg.): Spain in Conflict. Democracy and Its Enemies 1931–1939. London 1986.

Bolloten, Burnett: The Spanish Civil War: Revolution and Counterrevolution. New York [u. a.] 1991.

Broué, Pierre / Témime, Émile: Revolution und Krieg in Spanien. Geschichte des spanischen Bürgerkrieges. 2 Bde. Frankfurt a. M. 1968.

Cabrera, Mercedes (Hrsg.): Con luz y taquígrafos. El Parlamento en la Restauración (1913–1923). Madrid 1998.

Carasa, Pedro (Hrsg.): Élites castellanas de la Restauración. Una aproximación al poder político en Castilla. 2 Bde. Valladolid 1997.

Ellwood, Sheelagh: Spanish Fascism in the Franco Era. Falange Española de las JONS 1936–1976. Basingstoke [u. a.] 1987.

Esenwein, George: Anarchist Ideology and the Working-Class Movement in Spain 1868–1898. Berkeley 1989.

– / Shubert, Adrian: Spain at War. The Spanish Civil War in Context 1931–1939. London 1995.

Fusi, Juan Pablo: Un siglo de España. La cultura. Madrid 1999.

García Schmidt, Armando: Die Politik der Gabe: Handlungsmuster und Legitimationsstrategien der politischen Elite der frühen spanischen Restaurationszeit (1876–1902). Saarbrücken 2000.

Garrabou, Ramón / Sanz, Jesús (Hrsg.): Historia agraria de la España contemporánea. Expansión y crisis (1850–1900). Barcelona 1985.

Gómez-Navarro, José Luis: El régimen de Primo de Rivera. Madrid 1991.

González Cuevas, Pedro Carlos: Acción Española: teología política y nacionalismo autoritario en España 1913–1936. Madrid 1999.

Graham, Helen: The Spanish Republic at War, 1936–1939. Cambridge 2002.

– / Jo Labanyi (Hrsg.): Spanish Cultural Studies. An Introduction. The Struggle for Modernity. Oxford 1995.

Harrison, Joseph (Hrsg.): Spain's 1898 Crisis: Regenerationism, Modernism, Postcolonialism. Manchester [u. a.] 2000.

Heiberg, Marianne: The Making of the Basque Nation. Cambridge 1989.

Herold-Schmidt, Hedwig: Gesundheit und Parlamentarismus in Spanien. Die Politik der Cortes und die öffentliche Gesundheitsfürsorge in der Restaurationszeit (1876–1923). Husum 1999.

Heywood, Paul: Marxism and the Failure of Organised Socialism in Spain, 1879–1936. Cambridge 1990.

Howson, Gerald: Arms for Spain. The Untold Story of the Spanish Civil War. Cambridge 1998.

Juliá, Santos (Hrsg.): Víctimas de la Guerra Civil. Madrid 1999.

Klinge, Tilman Tobias: Katholizismus und konservative Politik in Spanien bis zum Bürgerkrieg (1812–1936). Hildesheim 1998.

Laín Entralgo, Pedro / Seco Serrano, Carlos (Hrsg.): España en 1898. Las claves del desastre. Barcelona 1998.

Lannon, Frances / Preston, Paul (Hrsg.): Elites and Powers in Twentieth Century Spain. Oxford 1990.

Lario, Angeles: El Rey, piloto sin brújula. La Corona y el sistema político de la Restauración (1875–1902). Madrid 1999.

Malefakis, Edward: Agrarian Reform and Peasant Revolution in Spain: Origins of the Civil War. New Haven 1970.

Martínez Cuadrado, Miguel: Elecciones y partidos políticos en España (1868–1931). Madrid 1969.

Mees, Ludger: Nacionalismo vasco, movimiento obrero y cuestión social (1903–1923). Bilbao 1992.

Moreno Luzón, Javier: Romanones. Caciquismo y política liberal. Madrid 1998.

– (Hrsg.): Alfonso XIII: un político en el trono. Madrid 2003.

Nagel, Klaus Jürgen: Arbeiterschaft und nationale Frage in Katalonien zwischen 1898 und 1923. Saarbrücken [u. a.] 1991.

Nash, Mary (Hrsg.): Mujer, familia y trabajo en España, 1875–1936. Barcelona 1983.

– Defying Male Civilization. Women in the Spanish Civil War. Denver 1995.

Nohlen, Dieter: Spanischer Parlamentarismus im 19. Jahrhundert. Régimen parlamentario und parlamentarische Regierung. Meisenheim 1969.

Palafox Gamir, Jordi: Atraso económico y democracia. La Segunda República y la economía española 1892–1936. Barcelona 1991.

Payne, Stanley: Spain's First Democracy: the Second Republic, 1931–1936. Madison 1993.

Preston, Paul: The Coming of the Spanish Civil War: Reform, Reaction, and Revolution in the Second Republic. London 1973.

– The Republic Besieged. Civil War in Spain, 1936–1939. Edinburgh 1996.

Rial, James: Revolution from Above. The Primo de Rivera Dictatorship in Spain, 1923–1930. London 1986.

Romero Salvadó, Francisco: Twentieth Century Spain, 1898–1998. New York [u. a.] 1999.

Sánchez Ron, José Manuel: Ciencia y sociedad en España: de la Ilustración a la Guerra Civil. Madrid 1988.

Sanz Fernández, Jesús [u. a.]: Historia agraria de la España contemporánea. El fin de la agricultura tradicional. 1900–1960. Barcelona 1986.

Shubert, Adrian: A Social History of Modern Spain. London 1990.

Suárez Cortina, Manuel (Hrsg.): La Restauración entre el liberalismo y la democracia. Madrid 1997.

Thomas, Hugh: Der spanische Bürgerkrieg. Berlin 1962.

Tortella, Gabriel: The Development of Modern Spain: an Economic History of the Nineteenth and Twentieth Century. Cambridge (Mass.) 2000.

Townson, Nigel (Hrsg.): El republicanismo en España (1830–1977). Madrid 1994.

Tuñón de Lara, Manuel [u. a.]: Der Spanische Bürgerkrieg. Eine Bestandsaufnahme. Frankfurt a. M. 1987.

Tusell, Javier: Oligarquía y caciquismo en Andalucía (1890–1923). Barcelona 1976.

Uhl, Michael: Mythos Spanien: das Erbe der Internationalen Brigaden in der DDR. Bonn 2004.

Villacorta Baños, Francisco: Profesionales y burócratas. Estado y poder corporativo en la España del siglo XX, 1890–1923. Madrid 1989.

Viñas, Angel: Franco, Hitler y el estallido de la Guerra Civil: antecedentes y consecuencias. Madrid 2001.

Whealey, Robert A.: Hitler and Spain. The Nazi Role in the Spanish Civil War 1936–1939. Lexington 1989.

Zur Mühlen, Patrick von: Spanien war ihre Hoffnung. Die deutsche Linke im Spanischen Bürgerkrieg 1936–1939. Bonn 1983.

Diktatur und Demokratie (1939–2000)

Von Peer Schmidt

Epochenüberblick

Wirtschaftlich zerstört und politisch-gesellschaftlich gespalten blickte Spanien 1939 auf ein Trümmerfeld und ca.
300 000 Gefallene. Etwa die gleiche Zahl von Menschen
hatte das Land verlassen. Obwohl Italien und Deutschland
sich massiv in den Bürgerkrieg eingeschaltet und entscheidend zum Erfolg der Aufständischen beigetragen hatten,
dankte Franco ihnen dieses Engagement nicht mit dem
Kriegseintritt auf ihrer Seite. Trotz der Neutralität war Spanien jedoch wegen seiner ideologischen Nähe zu den Achsenmächten außenpolitisch isoliert. Nach 1945 blieb es vom
Marshallplan wegen seiner autoritär-diktatorischen Strukturen ausgeschlossen. Erst mit der Verschärfung des Kalten
Krieges gelangte Spanien, das den USA geostrategisch
wichtige Militärbasen zur Verfügung stellen konnte, in den
Genuß wirtschaftlicher Unterstützung.

Mit dem Ende des Bürgerkrieges begann im April 1939
in Spanien eine der ausgedehntesten Regierungsperioden
unter einem Herrscher in der Geschichte des Landes. Auch
im europäischen Maßstab sollte Francos Diktatur eine der
längsten in der Geschichte des Kontinents werden. Die unter dem Generalissimus erreichte politische Zentralisierung
sucht in der spanischen Vergangenheit ihresgleichen. Daß
diese Einheit, die auf den Pesetenmünzen jener Zeit mit
dem Konterfei des Diktators und dem Spruch »Einig, groß
und frei« versinnbildlicht wurde, bloße Fassade war, dies
machten der kulturelle und politische Widerstand der Kata-

lanen und der zunehmend bewaffnete Kampf der baskischen ETA seit 1970 deutlich.

Über allem lag ein schwer erträglicher Personenkult um die Person des Generalissimus Francisco Franco. Als im Jahre 1939 die Siegesparade abgehalten wurde, standen auf dem Triumphbogen die Worte »Franco, Franco, Franco« und »Victor«. War es sonst den Monarchen vorbehalten, öffentliche Einrichtungen mit ihrem Namen zu versehen, so verfügte der aus kleinbürgerlichen Verhältnissen stammende General wie selbstverständlich, daß die großen Avenidas seinen Namen trugen. Mit derselben Selbstherrlichkeit ließ der Diktator auch seine Heimatstadt El Ferrol in El Ferrol del Caudillo umtaufen.

Francos politische Weltanschauung ist schwer zu bestimmen. Schon die Frage, ob man ihn wirklich als Monarchisten bezeichnen kann, entzweit die Forschung. Unzweifelhaft sah er sich in einer Reihe mit dem spanischen Nationalhelden El Cid, den Katholischen Königen und den großen Habsburgern Karl V. und Philipp II. Unermüdlich verbreiteten seine Propagandisten dieses Bild nach dem Ende des Bürgerkrieges. Bestenfalls läßt sich Francos politische Position negativ beschreiben: seine Grundeinstellung war zutiefst antiliberal und antiparlamentarisch.

Die Zeit zwischen 1939 und 1959 umfaßt die erste von drei Phasen des franquistischen Spanien. Wegen der blauen Hemden der Falangisten oft als »blaue Phase« bezeichnet, war sie geprägt von anhaltenden Repressionen, einer autoritären politischen Struktur und großem sozioökonomischem Elend. Nach zwanzig Jahren weitgehend autarker Wirtschaftspolitik vollzog das Regime einen Schwenk: die zweite Phase, jene der »Technokraten« (1957/1959–1969), setzte ein. Gleichzeitig öffnete sich das Land dem aufkommenden Massentourismus, der sich in den 1960er Jahren entwickelte. Die Jahre zwischen 1969 und 1975 markieren die letzte Phase des Regimes, das mit der Ermordung des Franco-Intimus General Luis Carrero Blanco durch die

ETA im Jahre 1973 seinen Todesstoß erhielt. In diesem Zeitraum wurden die Richtungskämpfe innerhalb der franquistischen Elite immer offensichtlicher.

Es ist bezeichnend, daß dieses politisch starre Regime, das erst gegen Ende der Herrschaft des »*Caudillo* (Heerführer) von Gottes Gnaden« – wie sich Franco nennen ließ – eine langsame Öffnung erlebte, den Tod des Diktators nicht überlebte. Wider Willen hatte es sich sein eigenes Ende bereitet. Mit dem Tode Francos am 20. November 1975 verschwanden in – aus heutiger Sicht – erstaunlich schneller, wenn auch nicht reibungsloser Weise die alten Institutionen und Strukturen. Wie wenig aufgeregt die politische Transition erfolgte, wird erst im Vergleich mit den später folgenden Regimewechseln in Lateinamerika sowie in Ostmitteleuropa und Osteuropa seit 1989 deutlich. Dieser geglückte Transitionsprozeß von 1975 bis 1982 gibt noch viele Fragen auf. So wird erst künftig genauer zu ergründen sein, seit wann und in welcher Weise sich das Franco-Regime zu überleben begann, seit wann der Bruch innerhalb der franquistischen Eliten vollzogen war und ab wann der Übergang zur Demokratie zu datieren ist.

Mit der unter Franco eingeleiteten Industrialisierungspolitik, der Erschließung des Landes für den Massentourismus und der Migration spanischer Gastarbeiter ins übrige Westeuropa begann das Land, sich in den sechziger Jahren Einflüssen von außen zu öffnen. Diese »Permissivität«, die Francos Spanien von den totalitären Systemen des Ostblocks unterschied, bereitete schließlich der Demokratie den Weg. Als Franco verstarb, wurde der tiefgreifende Wandel der spanischen Gesellschaft offensichtlich. Nur wenige, so z. B. einige in der Erinnerung an den Bürgerkrieg erzogene Militärs, meinten, die franquistische Ordnung aufrechterhalten zu müssen und zu können. Dank eines umsichtigen, demokratisch gesonnenen Monarchen, der die Fehler seiner Vorgänger zu vermeiden suchte, wurden rückwärtsgewandte Putschversuche vereitelt. Unterstützt

von westeuropäischen Politikern und Parteien konsolidierte sich in Spanien ein modernes Parteiensystem. Rasch
wurde das Land auch in die Europäische Gemeinschaft aufgenommen; 1999 erfolgte die Integration in die Euro-Zone.
25 Jahre nach dem Tod des Generalissimus verfügt das
Land heute über gefestigte demokratische Strukturen.
Doch noch immer zahlt Spanien einen hohen Preis für die
Politik der Diktatur: Ohne die Härte des franquistischen
Regimes ist der Terror der ETA heute nicht zu erklären.

Zweiter Weltkrieg und Grundlegung des Franco-Regimes (1939–1951)

1937	Franco inkorporiert die nationalsyndikalistische Falange in das Regime.
1940	23. Oktober: Treffen Francos mit Hitler in Hendaye: Spanische »Nichtkriegsführung«.
1943	Einberufung der *Cortes*; Neutralität Spaniens im Zweiten Weltkrieg.
1944	Gründung des staatlichen Konsortiums INI (*Instituto Nacional de Industria*).
1945	17. Juli: Grundgesetz der Spanier.
1946	UNO gegen diplomatische Kontakte mit Spanien.
1947	6. Juli: Referendum zum »Gesetz über die Nachfolge«.

Auch nach dem offiziellen Ende des Bürgerkrieges ging der
Kampf gegen die Opposition weiter. Zwischen 1939 und
1945 wurden über 300000 Personen mit Gefängnisstrafen
belegt. Gut 28000 Tote, davon 3000 allein in Katalonien,
waren in diesem Zeitraum zu beklagen. Die staatliche Repression wurde von den Kommunisten, die im Jahre 1944
von Frankreich kommend ins nordspanische Arán-Tal ein-
drangen, mit dem Kampf im Maquis beantwortet. Zwi-

schen 1946 und 1948 erlebte der Guerrillakampf im unwegsamen bergigen Norden seine intensivste Phase, um schließlich bis 1952 abzuflauen.

Währenddessen sicherte Franco seine Macht ab. Seit der Erhebung im Juli 1936 hatte er systematisch seine Position ausgebaut. Aus den Flugzeugabstürzen der Generäle Sanjurjo und Mola in den Jahren 1936/1937 hatte vor allem Franco Nutzen zu ziehen gewußt. Er selbst mied später das Flugzeug und bereiste statt dessen das Land mit dem Auto. Bei Franco, der seit Ende September 1936 die Titel »Staatschef« (*Jefe del Gobierno del Estado*) und »Generalissimus der Streitkräfte« trug, liefen während des Bürgerkrieges alle Fäden zusammen; er selbst bildete die Grundlage des Regimes. 1942 formulierte der *Caudillo* das faschistische Führerprinzip und legitimierte damit seine Stellung im Staate. Im selben Jahr verfügte er die Errichtung eines berufsständisch und nach Korporationen gegliederten Parlaments. In diesem korporativistischen System, das zu jener Zeit in Portugal und in einigen lateinamerikanischen Ländern praktiziert wurde, galt die Zugehörigkeit zu Berufen und einzelnen Korporationen, wie z. B. Universitäten, als entscheidend. Die etwa 600 Vertreter trugen mit dem Titel *Procurador* bewußt eine mittelalterlich-frühneuzeitliche Bezeichnung. Am 20. März 1943 traten die *Cortes* zusammen, in der der *Falange* nahestehende *Procuradores* gut die Hälfte aller Sitze einnahmen. Der *Caudillo* hielt sich zugute, er habe die »organische Demokratie« eingeführt, in der die Interessen der Nation vorherrschten und der Egoismus von Individuen oder Gruppen sein Ende gefunden habe.

Zur Unterstützung seines Regimes bediente er sich bereits früh der *Falange*, die bis 1936 eine politische Gruppierung von nur marginaler Bedeutung gewesen war. Erst gegen Ende der Republik, als sich die Volksfront formierte, schwoll die bis dahin nur wenige Tausend zählende Organisation zu einer größeren Bewegung an. Ihr früh verstorbener Führer, José Antonio Primo de Rivera, der im November 1936 von den Republikanern ermordet worden war, gab den aufständischen Militärs ihren zivilen Märtyrer. Die 1937 von Franco verfügte Adoption der nationalsyndikalistischen *Falange* war rein taktisch bedingt. Sorgsam vermied das Regime die Bezeichnung »Partei« und sprach statt dessen im faschistischen Sinne von Bewegung (*movimiento*). Innenpolitisch war diese vor allem von der Jugend getragene Bewegung – 70 % ihrer Mitglieder waren unter 21 Jahren – ein nützliches Instrument im Kampf gegen Demokratie und Sozialismus. Die schwärmerischen Jugendlichen erhofften sich durch den Krieg eine Erneuerung der spanischen Gesellschaft, die sie nicht nur von den »Roten« bedroht sahen, sondern auch von der alten Oligarchie, die in ihren Augen abgewirtschaftet hatte. Ferner war man sich in der Ablehnung der Generalität meist einig. So kann es nicht verwundern, daß Generäle vom Schlage eines Kindelán oder Varela ihrerseits die Falangisten bestenfalls für Abenteurer, wenn nicht gar für Delinquenten hielten. Im Bürgerkrieg erweckte ferner ihre militärische Organisationsform als Freischärler den Argwohn der auf feste Hierarchien ausgerichteten Militärs. Doch aufgrund ihres offiziellen Status wuchs die *Falange*, die sich nun *Falange Española Traditionalista y de las Juntas de Ofensiva Nacional-Sindicalista* (kurz *FET y de las JONS*) nannte, an. Mit ihrer Frauenorganisation, der Jugendfront sowie der Organisation für die Studierenden, die neben die Gewerkschaftsverbände traten, entstand ein großes gesellschaftliches Sammelbecken, in dem sich 1939 gut 650 000 Spanierinnen und Spanier zusammenfanden. 1942 gab es bereits 942 000 Blauhemden. Wie sehr die »Bewegung« zu einem allgemeinen Sammelbecken geworden war, geht aus der Tatsache hervor, daß unter den 100 Mitgliedern des Nationalen Rates nur 20 »Althemden« (*camisas viejas*), d. h. Falangisten der ersten Stunde, waren. In den Reihen dieses Leitungsgremiums saßen im übrigen auch Monarchisten, obwohl die *Falange* ursprünglich gegen das Königtum war.

Als 1937 die »Bewegung« begründet wurde, stellte die *Falange* nur eine Gruppierung unter mehreren dar. Im Gegensatz zum katholischen Lager konnte sie, die anfangs die Gouverneure in den Provinzen stellte, sich auf Dauer nicht als allein tragende Säule im Staate Francos etablieren. Schon gegen Ende des Zweiten Weltkrieges war es um die *Falange* als politische Kraft spürbar stiller geworden. Bestrebungen enttäuschter »Althemden«, die 1940 versuchten, die Ideen des Nationalsyndikalismus zu verwirklichen, wurden auf Francos Geheiß schnell unterbunden. 1956 bemühte sich José Luis Arrese noch einmal, die alten Ideale zu neuem Leben zu erwecken. Wann immer es Franco nützlich erschien, benutzte er die syndikalistische Rhetorik der *Falange*, doch vermied er es, ihr entscheidende Ministerien, wie z. B. das der Wirtschaft oder der Finanzen, zu geben. Zu groß war die Angst vor den konservativen Revolutionären im blauen Hemd. Nie errang die *Falange* insgesamt mehr als 5 % der hohen Ämter im Franco-Staat. Im Jahre 1947, als das »Gesetz über die Nachfolge« verabschiedet wurde, war in der Staatsdefinition nicht mehr von den Zielen der *Falange* die Rede, sondern nur noch vom »katholischen, sozialen und repräsentativen Staat«.

Die beiden weiteren zentralen Säulen des franquistischen Regimes bildeten die Amtskirche und die Katholiken sowie die Armee. Das katholische Lager stand freilich, ebenso wie die Generalität, in offener Ablehnung zur *Falange*. So setzten sich die Blauhemden z. B. für den Sportunterricht von Mädchen ein, was dem traditionellen katholischen Milieu zuwider war. Pilar Primo de Rivera, der Schwester José Antonios, gelang es schließlich, die falangistische Frauenorganisation mit dem katholischen Frauenbild auszusöhnen. Um den Einfluß auf das Erziehungswesen wurde denn auch in der Franco-Zeit ein erbitterter Streit ausgetragen.

Die Kirche wurde für die antiklerikalen Übergriffe in der Zweiten Republik reichlich entschädigt. So übernahm der Staat im Konkordat von 1953 die Besoldung der Geistlichen, er sorgte für den Wiederaufbau zerstörter Kirchen und gestand den Orden Steuerprivilegien zu. Die staatlichen Gesetze orientierten sich am kanonischen Recht. Die in der Zweiten Republik eingeführte Zivilehe wurde ebenso wieder abgeschafft wie die Scheidung. Doch in der Frage der Massenorganisationen beklagten sich Kirchenführer, wie z. B. 1960 der Primas, der Erzbischof von Toledo Enrique Pla y Deniel, daß die katholischen Gewerkschaften (*Hermandad Obrera de Acción Católica*, HOAC) oder die Jugendorganisation (*Juventud Obrera Católica*, JOC) von den falangistischen Verbänden marginalisiert würden.

Nachdem die Streitkräfte von republikanischen Generälen und Offizieren »gesäubert« worden waren, galt das Militär als die dritte Säule im Staate. Von den 113 Ministern der Franco-Ära kamen 33 aus den Reihen der Streitkräfte. Schließlich war es auch ein Marinegeneral, der zum wichtigsten Mann neben Franco aufstieg: Luis Carrero Blanco. Er wurde zum uneingeschränkt loyalen Berater des Generalissimus. Allen anderen gegenüber blieb Franco stets argwöhnisch. Gut 80 % des Wehretats wurden für die Besoldung der höheren Dienstgrade ausgegeben, die – verglichen mit der Truppenstärke – extrem aufgebläht waren. Die Ausrüstung der Armee blieb spärlich und fiel in den Zeiten der Hochrüstung des Kalten Krieges deutlich hinter den Standard der westlichen Länder zurück. Allerdings verwendete Franco im Laufe der Zeit immer weniger Mittel für die Streitkräfte. Von 30 % im Jahre 1950 sank der Anteil der Militärausgaben am Staatshaushalt auf 13 % im Jahre 1975.

Schon unsicherer war die Gefolgschaft der Monarchisten, die häufig als Stütze des Regimes angeführt werden. Doch dieses Lager war gespalten, da einige noch immer der Sache des Karlismus anhingen. Bei einer Demonstration am

18. Juli 1942 in Bilbao hörte man Rufe wie »Franco möge sterben«; in anderen Städten kam es in diesem Jahr ebenfalls zu Konfrontationen zwischen *Falange* und Karlisten bzw. Monarchisten. Bis in die sechziger Jahre hinein zeigten die Karlisten eine oft unbeugsame, dem Regime keineswegs genehme Haltung. Gerade im Militär gab es nicht wenige monarchistische Sympathisanten. Aus diesen Kreisen drohte Franco 1943, zwei Jahre nach dem Tod von Alfons XIII., der im römischen Exil verstorben war, eine ernste innenpolitische Bewährungsprobe. Kaum hatten sich die *Cortes* formiert, da trugen, angeführt vom Herzog Alba, 27 *Procuradores* Franco die Bitte vor, die Restauration der Monarchie unter Don Juan, den Alfons XIII. zu seinem Nachfolger bestimmt hatte, einzuleiten. Die alten Generäle Kindelán, Orgaz, Dávila, Solchaga, Moscardó und Varela, die nicht vergessen hatten, daß die Aufständischen von der Krone finanziell und politisch unterstützt worden waren, traten ebenfalls für diesen Vorschlag ein. In einem erbitterten Briefwechsel mit dem Thronanwärter, Don Juan, dem Vater des späteren Königs Juan Carlos, lehnte Franco die Restauration zu jenem Zeitpunkt ab und warf der Monarchie vor, in den letzten 150 Jahren versagt zu haben. Im Jahr darauf wiederholte sich der harsche Meinungsaustausch. Franco beharrte auf dem Versagen der Monarchie. Juan de Borbón hatte seinen Wohnsitz inzwischen ins portugiesische Estoril verlegt, um vom Nachbarland aus größeren Druck ausüben zu können, doch gelang es ihm nicht, eine Koalition gegen Franco zustande zu bringen. Zwar stimmte im mexikanischen Exil der sozialistische Führer Indalecio Prieto der Einführung der Monarchie im Prinzip zu, in Spanien selbst aber war die monarchistische Bewegung nur schwach organisiert. Insbesondere wagte die Rechte nicht die Konfrontation mit dem Generalissimus. Schließlich überwand Franco diese Krise. Mit dem Gesetz über die Nachfolge von 1947 legte er die Monarchie als Staatsform fest, doch ließ er zunächst bewußt offen, mit

wem und wann dieses Vorhaben realisiert werden sollte.
Das Referendum, das der *Caudillo*, von einer nationalistischen Welle getragen, zur Abstimmung brachte und das
Spanien zum Königreich erklärte, wurde mit 93 % angenommen. 1948 kam es zu einem Treffen auf einer Yacht vor
San Sebastián, bei dem sich Franco und Don Juan einigten,
daß dessen Sohn, der damals zehnjährige Juan Carlos, in
Spanien erzogen würde. Der spätere König traf im November desselben Jahres in Madrid ein, um dort seine Schulzeit
und Ausbildung zu absolvieren.

Außenpolitisch sicherte sich Franco bei Ausbruch des
Zweiten Weltkrieges zunächst den Rückhalt der Achsen-
mächte, zu denen die Führer der *Falange* gute Beziehungen
unterhielten. Allerdings gab es für den Generalissimus keinen Zweifel, daß sein wirtschaftlich am Boden liegendes
Land nicht für einen Krieg gerüstet war. Folglich stellte er
sich gegen die schwärmerische Kampfbereitschaft der falangistischen Jugend. Selbst das Treffen mit Hitler in Hen-
daye (23. Oktober 1940) vermochte ihn nicht umzustim-
men. Franco stellte unverschämt hohe Forderungen in
puncto Waffenlieferungen sowie bei der Zuteilung von
Rohstoffen; überdies ging er Hitler um Unterstützung bei
der Wiedergewinnung des seit 1704 von Großbritannien besetzten Gibraltars sowie von Territorien in Nordafrika an.
Franco taktierte vorsichtig und blieb bei der »Nichtkriegs-
führung«, wobei er den Achsenmächten eine gewisse Unterstützung gewährte. Deutsche U-Boote liefen zur Versorgung spanische Häfen an; die deutsche Präsenz im Spanien
jener Kriegsphase war beachtlich. Spanien lieferte bis 1944
in steigendem Umfang Wolfram an das Dritte Reich. Allerdings galt es, die außenpolitisch sehr stark auf die Achsen-
mächte fixierte *Falange* im Zaum zu halten. Nach 1939 war
deren Eintreten für diese Staaten zu einer politischen Belastung geworden. Um Berlin und die *Falange* zufriedenzu-
stellen, schuf Franco nur sechs Tage nach dem Angriff
Deutschlands auf die UdSSR im Juni 1941 ein Freiwilligen-

korps aus Blauhemden. 18 000 Spanier zogen mit den Deutschen an die sowjetische Front.

Im Jahre 1942 begann Franco, sich außenpolitisch auf die Alliierten zuzubewegen. Einen wichtigen Schritt in diese Richtung bildete die Entlassung des achsenfreundlichen Außenministers und Schwagers Ramón Serrano Súñer, der mit seinen faschistischen Vorstellungen ein Vertreter der *Falange* war, gleichwohl im eigenen Lager als menschlich schwierig galt. Angeblich glaubte Franco bis zum Jahre 1944 nicht an eine Niederlage Hitlers, doch erklärte er 1943 (Schlacht bei Stalingrad, Entmachtung Mussolinis, Nordafrikaexpedition der Alliierten, Invasion in der Normandie) die Neutralität seines Landes. Trotzdem wurden die Wolframexporte fortgesetzt, bis die Alliierten die Öllieferungen einzustellen drohten. Weiterhin forderte Spanien 1943 die Auflösung der blauen Division, deren Rückzug im Dezember desselben Jahres einsetzte.

In das Jahr 1945 fällt die Verabschiedung des sogenannten Grundgesetzes der Spanier (*Fuero de los Españoles*). In ihm wurden zwar einige Grundrechte angesprochen, ausdrücklich festgehalten wurde aber auch, die Rechte des Individuums würden nur unter dem Vorbehalt gewährt, daß diese nicht den Interessen des Staates zuwiderliefen. So legte das Grundgesetz fest, daß man zwar nur 72 Stunden ohne richterliche Anhörung festgehalten werden durfte, doch konnte diese Frist durch eine Anordnung verlängert werden. Ferner bestand die Todesstrafe weiter. Begleitet wurde dieses Gesetzeswerk von einer Amnestie und dem Ende der Verpflichtung, mit dem Faschistengruß grüßen zu müssen. Sollte diese Verfassungsinitiative ein Signal Francos an den Westen gewesen sein, wonach in Spanien eine verfassungsmäßige Ordnung bestehe, so ging dieses Kalkül nicht auf. Die USA und ihr Präsident Truman, dem insbesondere die starke katholische Prägung des Franco-Regimes widerstrebte, verweigerten wirtschaftliche Aufbauhilfe. Ausdruck der internationalen Isolation in der

Nachkriegsordnung war der Beschluß der Vereinten Nationen im Jahre 1946, der Völkerfamilie den Boykott der diplomatischen Beziehungen zu Spanien zu empfehlen. Zurückzuführen war dies auf die Initiative Mexikos, das die spanische Exilregierung und viele Flüchtlinge aufgenommen hatte und darauf verwies, daß Spanien achsenfreundlich gewesen war. Die Alliierten selbst hatten Francos Regime als faschistisch eingestuft. Am 9. Dezember 1946 sollte die Plaza de Oriente im Madrider Stadtzentrum die erste Massendemonstration des Regimes erleben, ein Ritual, zu dem Franco im Laufe seiner Herrschaft immer wieder griff.

Begleitet wurden diese Maßnahmen von einer Kulturpolitik, die den Nationalismus in den einzelnen Regionen mit harter Hand unterdrückte. Die Autonomiestatuten der Zweiten Republik für das Baskenland und Katalonien wurden aufgehoben. Katalanisch wurde als Amtssprache ebenso verboten wie in den Zeitungen oder im Radio. Dem Regionalismus wurde der kastilische Zentralismus gegenübergestellt. Die alte Größe Spaniens, seine imperiale Sendung und sein katholischer Glaube waren Begriffe und Traditionen, auf die das Regime – mitunter zum Verdruß der Falange – großen Wert legte. Auffallend häufig war von den Katholischen Königen und den »großen Habsburgern Karl V. und Philipp II.« die Rede. Auch das Wort »Imperium« gehörte wie selbstverständlich zum Wortschatz der franquistischen Ideologie. Ziel der imperialen Träume war dabei Nordafrika. Gegenüber Lateinamerika wählte man eine paternalistische Attitüde, indem man die Hispanität und die gemeinsame Rasse betonte.

Unübersehbar litt Spanien unter dem intellektuellen Aderlaß der Emigranten. Während Luis Buñuel seine Filme in Mexiko drehte, bekamen die spanischen Kinobesucher allenfalls ideologisch unverdächtige Hollywood-Rührstücke zu sehen. Szenen, die gegen die katholischen Moralvorstellungen verstießen, wurden herausgeschnitten. Nicht anders stand es um die Presse, die einer strengen Zensur un-

terworfen war. Die 40 Zeitungen der »Bewegung« bekamen
selbstverständlich ihre Leitartikel von den staatlichen Stellen übermittelt.

Gegen Autarkie und Isolation (1951–1959)

1951	Soziale Unruhen.
1953	9. September: Militär- und Finanzabkommen mit den USA.
	Unterzeichnung eines neuen Konkordats.
1955	15. Dezember: Aufnahme Spaniens in die Vereinten Nationen.
1954–1956	Studentenbewegungen.
1956–1968	Streikwelle.
1959	21.–23. Dezember: Besuch des US-Präsidenten Eisenhower in Madrid.

Insgesamt gilt die Zeit bis 1959 als die totalitäre, »klassische« Phase des Regimes. Bis zum Ende der fünfziger Jahre
hatte Spanien das Ziel einer mehr oder weniger freiwillig
gewählten Autarkie verfochten. Schon im Juli 1939 hatte
Franco dieses Ziel verkündet, das nicht wenige Falangisten
in ihrer Ablehnung des Großkapitals als einen richtigen
Schritt begrüßten. Diese Entwicklungsstrategie wies Parallelen zur Politik der Importsubstitution auf, die zu jener
Zeit auch die lateinamerikanischen Staaten verfochten.

Für die Bevölkerung war die Zeit nach dem Bürgerkrieg
eine Zeit des Hungers. Einzig Peróns Argentinien stellte
den Spaniern 1945/1946 den so dringend benötigten Weizen
zur Verfügung. Lebensmittel- und Rationierungskarten,
1939 eingeführt, gab es bis zum Jahre 1951. Zwar gründete
man 1945 den *Instituto Nacional de Industria*, der nach italienischem Vorbild den industriellen Aufbau des Landes in

die Wege leiten sollte. Doch sehr schnell wurde deutlich, daß dieser von Militärs und Bürokraten ersonnene Industrialisierungsplan, der von einem starken nationalistischen Gefühl getragen wurde, ohne ausländisches Kapital nicht von Erfolg gekrönt sein würde. Das Autarkiekonzept stieß damit schnell an seine Grenzen. Die in Spanien vor allem seit der Diktatur Primo de Riveras (1923–1930) stark ausgeprägte Intervention des Staates in die Wirtschaft kam bei der Stabilisierung des Regimes zum Tragen. Ein nationaler Getreidedienst gehörte ebenso zu den Bemühungen, die Sicherstellung mit lebensnotwendigen Gütern zu gewährleisten, wie eine Kommission für Versorgung und Transportwesen.

Insgesamt war die wirtschaftliche Lage in den vierziger Jahren desolat. Albert Carreras spricht von der »Nacht« der spanischen Ökonomie. Erst im Laufe der fünfziger Jahre erreichte das Land bei wirtschaftlichen Indikatoren, wie dem Bruttoinlandsprodukt, der Industrieproduktion sowie den Reallöhnen, jenes Niveau, das Spanien vor dem Bürgerkrieg bereits besessen hatte. Wiesen alle ökonomischen Daten ein Minus auf, so konnte nur die Inflationsrate mit einem deutlichen Zuwachs aufwarten. Setzt man das Jahr 1939 mit der Basiszahl 100 an, so bewegte sich die Preissteigerung 1950 bei einer Indexzahl von 540. Die Versorgungskrisen und die schlechte wirtschaftliche Lage bildeten 1951 den Hintergrund für eine Streikbewegung, die von Barcelona und seinem Industriegürtel ihren Ausgang nahm. Auslöser waren Fahrpreiserhöhungen für den öffentlichen Nahverkehr. Die Tatsache, daß diese nur in Barcelona, nicht aber in Madrid eingeführt worden waren, heizte im März die Stimmung zusätzlich auf. Selbst der katholische Gewerkschaftsverband (HOAC) schloß sich dem Streik an. Schließlich griff die Bewegung auch auf das Baskenland und die spanische Hauptstadt selbst über; die Madrider boykottierten Busse und Metro. Das Ziel war es zunächst, konkrete Verbesserungen zu erreichen – die Rücknahme der Erhöhung, höhere Löhne sowie die Verbesserung der Versorgung –, doch witterte das Regime sofort ein kommunistisches Komplott. Zwar waren die in den Untergrund gedrängten, immer auch gesamtpolitische Ziele vertretenden Gewerkschaften UGT (*Unión General de Trabajadores*) und CNT (*Confederación Nacional del Trabajo*) beteiligt, doch zielte der Protest in erster Linie auf begrenzte sozioökonomische Forderungen ab.

Ab 1950, dem Jahr, in dem die Vereinten Nationen die diplomatische Isolierung des Landes aufhoben, begann die außenpolitische Öffnung. Spanien wurde nunmehr Mitglied internationaler Organisationen. Vor allem der Ausbruch des Kalten Krieges, so z. B. die Korea-Krise (1950–1953), führte in Washington zu einer Neuorientierung, wohingegen London und Paris in Erinnerung an den Bürgerkrieg und aus innenpolitischen Rücksichten sich einer Öffnung gegenüber Spanien zunächst verweigerten. Nach dem Wunsch der USA sollte Spanien an der Südflanke des Nordatlantiks Militärbasen zur Verfügung stellen. Großbritannien nahm 1950 die offiziellen Beziehungen auf, und die Bundesrepublik eröffnete ein Jahr später ihre Botschaft in Madrid. 1953 folgte ein Abkommen über militärische Zusammenarbeit mit den USA, das die so dringend benötigten Devisen brachte. Im selben Jahr erfuhr das Regime durch die Unterzeichnung eines neuen Konkordates eine weitere diplomatische und innenpolitische Aufwertung. Die spanische Kirche erhielt nicht nur wirtschaftliche Zuwendungen, rechtliche Privilegien und die Zusicherung, daß der Katholizismus Staatsreligion bleibe, sie war auch die einzige Instanz, die eine Ehescheidung erlauben konnte. Franco gestand man dafür zu, unter dem Baldachin bestimmte religiöse Stätten betreten zu dürfen, ein Privileg, das die Propaganda gebührend herausstellte.

Ein weiterer wichtiger Schritt zur außenpolitischen Anerkennung des franquistischen Regimes erfolgte mit der Aufnahme in die UNO im Dezember 1955. Den endgültigen Anschluß an das westliche Lager stellte der Besuch des US-Präsidenten Eisenhower in Madrid 1959 dar, bei dem Franco geäußert haben soll, daß man jetzt erst den Bürgerkrieg gewonnen habe. Der außen- und militärpolitischen Öffnung folgte nunmehr ein Zustrom von Devisen und ausländischen Investitionen. Diese Entwicklung wurde insbesondere von Unternehmern begrüßt, die den staatlichen Dirigismus in der Wirtschaft zunehmend als einengend empfanden. Gegen Autarkie, Devisenbewirtschaftung und Preisfixierungen plädierten sie für eine stärkere Liberalisierung. Freilich stellte dies nur die Meinung eines Teils der wirtschaftlichen Elite dar, denn nicht wenige hatten vom protektionistischen System profitiert. In den fünfziger Jahren erlebte das Land dennoch insgesamt eine deutliche Erholung. Das durchschnittliche Wirtschaftswachstum bewegte sich bei 5 % und das Realeinkommen der Spanier legte um 30 % zu. Allmählich verschwanden die Lebensmittelkarten; Grundnahrungsmittel wie Kartoffeln, Reis, Kichererbsen, Brot, Fleisch und Eier waren wieder auf dem freien Markt erhältlich. Überall mehrten sich nun die Anzeichen für ein stetiges Wachstum der Nationalökonomie: Die Mechanisierung der Landwirtschaft wurde vorangetrieben, doch waren 1960 immer noch 40 % der Erwerbstätigen in der Landwirtschaft beschäftigt. Der Anteil der Industrie stieg von 26,5 (1950) auf 33 % (1960).

Währenddessen wurde innerhalb des Regimes weiter um den Kurs und um Einfluß gerungen. Daß auch Diktaturen keine monolithischen Herrschaftssysteme sind, hat die Diskussion über die Machtstrukturen des nationalsozialistischen Deutschland offengelegt. Nicht anders sah es in dem auf Franco ausgerichteten spanischen Staat aus. Bereits die Rivalität von *Falange*, Katholizismus, Militär und Monarchisten zeigt die Vielfalt der Gruppen, die sich, wie z. B. das katholische Lager, im Laufe der Zeit weiter aufspalteten. Hier standen Nationalkatholiken und christdemokratisch Gesonnene den Sympathisanten oder Mitgliedern des

Opus Dei gegenüber, einer Laienorganisation, die bereits 1928 von dem Pater José María Escrivá de Balaguer gegründet worden war. Diese sehr konservative Gruppe, die ab 1939 in den Universitätszirkeln von Madrid und Barcelona wirkte, sollte ab 1959 eine wichtige Rolle spielen.

Zum Tragen kamen diese innerfranquistischen Rivalitäten weniger in öffentlichen Debatten und Auseinandersetzungen als vielmehr in den zum Teil endlosen Kabinettssitzungen und in den Ausschüssen der *Cortes*. Solange sich alles im Rahmen der vom Regime gesteckten Grenzen bewegte, ließ Franco seinen Ministern freie Hand. Zum Teil konkurrierende Politikziele waren die Folge; die Ministerien selbst entfalteten ein gewisses Eigenleben. Überdies gehörte es zum Herrschaftsstil des *Caudillo*, nicht immer sofort Entscheidungen herbeizuführen. Vielmehr wartete er oft ab, ja in schwierigen Situationen ging er regelrecht auf Tauchstation und war für niemanden zu sprechen. In Ruhe überlegte er dann seine Entscheidungen. Handelte es sich um Rivalitäten im eigenen Lager, so ging er meist vorsichtig mit den Kontrahenten um. Die monarchistische Initiative von 1943 hatte mit einer vergleichsweise schonenden, aber bestimmten Behandlung der Frondeure geendet. Sein charakteristisches Vorgehen als Herrscher bestand vor allem darin, daß er sich stets um den Ausgleich der gesellschaftlichen Kräfte innerhalb des Regimes bemühte, ohne eine Gruppe eindeutig zu favorisieren. Mit José Luis Arrese, einem »Althemd«, versuchte die *Falange* Mitte der fünfziger Jahre noch einmal, verlorenes Terrain im politischen und gesellschaftlichen Bereich zurückzugewinnen. Arrese arbeitete an einer Art Verfassung, in der das *movimiento* eine parteiähnliche Rolle spielen sollte. Ein solches Vorhaben hatte Franco stets verzögert, und auch 1956 zeigte er sich nicht bereit, den Vorstellungen der »Althemden« zu folgen. Doch gegen diesen Versuch, die alten nationalsyndikalistischen Ideen des *movimiento* wiederzubeleben, sperrte sich nicht nur Franco. Einmal mehr waren es die Argumente

und Vorschläge von Luis Carrero Blanco, die den Generalissimus überzeugten und zur Torpedierung des falangistischen Vorstoßes führten.

Das vorsichtige Bemühen um eine
kulturelle Öffnung

In der Bildungs- und Erziehungspolitik begann mit dem
zuständigen Minister Joaquín Ruiz Giménez eine vorsichti-
ge Öffnung, die sehr behutsam die gegebenen Möglichkeiten auslotete. Von der Reform der weiterführenden Schulen
profitierte insbesondere der Mittelstand. Mit Intellektuellen
vom Schlage des falangistischen Philosophen Pedro Laín
Entralgo, des Philologen Antonio Tovar oder des Juristen
Torcuato Fernández Miranda gelang der Versuch, den
plumpen Antiliberalismus, die Verurteilung alles Nichtspa-
nischen und Nichtkatholischen, abzumildern. Von diesen
sehr vorsichtigen »Liberalisierungsversuchen« wurden die
Studenten erfaßt, die sich seit 1954 gegen die *Falange* und
deren Studentenorganisation (SEU) stellten. Das Begräbnis
des Philosophen José Ortega y Gasset im Oktober 1955
bot den Anlaß zu studentischen Protestaktionen. Ein Anfang Februar 1956 einberufener Freier Kongreß der Studenten trat dem Monopol der SEU offen entgegen; Studenten besetzten einige Gebäude der Madrider Universität.
Mit der Entlassung von Ruiz Giménez – aber auch der des
Falangisten Raimundo Fernández Cuesta – zog Franco die
Konsequenzen aus dieser krisenhaft zugespitzten Situation,
zu deren Abwendung schließlich der Generalkapitän und
das Kriegsministerium eingriffen. Nach 1942 stellte dies die
zweite Demonstration von Francos Entschlossenheit dar,
unbequeme Minister schnell zu entlassen.

Führten die Kulturpolitik und die internen Kämpfe zu
Auseinandersetzungen unter den »Familien« des Regimes,

so erwuchs dem Diktator nun zusätzlich eine sozialpolitische Herausforderung. Zwischen 1956 und 1958 registrierte man eine höhere Streikdichte als in den Jahren zuvor. Zentren dieser sozioökonomischen Proteste bildeten Barcelona und sein industrielles Umland, die asturische Bergwerksregion, das Baskenland und Madrid. Die Forderungen dieser Streiks, die in den wirtschaftlichen Kernzonen ausbrachen und von sogenannten Arbeiterkommissionen organisiert wurden, lauteten immer wieder auf Lohnerhöhungen, verbesserten Arbeiterschutz und günstigere Arbeitsbedingungen.

Die kulturelle Entwicklung jener Jahre litt unter dem bombastischen Wortgeklimper des Regimes mit seinen Phrasen von Rasse (*raza*) und Hispanität, vom erfolgreichen Kreuzzug gegen die »Roten«, von Imperium, von Arbeit, Familie und Ehre. Gleichzeitig reklamierte man die Rückkehr zu den katholischen Werten, ein Anspruch, der durch das Konkordat entsprechend politisch gestützt wurde. Die Rollen von Mann und Frau wurden in der traditionellen Weise ausgedeutet.

Vollkommen der Kontrolle des Regimes entglitt freilich der ab 1950 immer massiver einsetzende Fremdenverkehr, der dem Land am Ende der Dekade bereits etwa 6 Mio. Gäste pro Jahr bescherte. Die Touristen brachten nicht nur die begehrten Devisen, sie führten neue Ansichten und Verhaltensweisen ins Land ein, die dem Bild eines katholischen Spaniers zu widersprechen schienen. Wie sehr sich Eiferer und Puristen vom angeblich »laxen« Verhalten der devisenbringenden Touristen bedroht fühlten, zeigt die Abhaltung des »Ersten Nationalen Kongresses für Moral an Badestränden und in Freibädern« im Mai 1951.

Im Film kam mit den sozialkritischen Streifen von Juan Antonio Bardem (*Muerte de un ciclista*, 1955, und *Calle Mayor*, 1957) eine veränderte Sichtweise zum Ausdruck. Daß die Zensur die Literatur mitunter verschonte, zeigt die Veröffentlichung einiger Werke, die nicht weniger deutlich und kritisch die soziale Realität Spaniens in den Blick nahmen, beispielsweise José Camilo Cela in seinen Romanen *La familia de Pascual Duarte* (1942) und *La colmena* (1951).

Die Ära der Technokraten:
Wirtschaftliche Modernisierung und politische Erstarrung (1959–1969)

1957	Regierungsbildung.
1958	17. Mai: »Gesetz über die Prinzipien der Nationalen Bewegung«.
1959	17. Juli: Wirtschaftlicher Stabilitätsplan.
1962	9. Februar: Antrag Spaniens auf Assoziierung mit der EWG. Juni: Treffen der Opposition in München.
1963	20. April: Hinrichtung des Kommunisten Julián Grimau und zweier Anarchisten.
1966	22. November: Franco legt Staatsorgangesetz vor. 14. Dezember: Referendum über den Vorschlag.

Die Jahre 1957–1959 stellten eine Übergangzeit im Regime dar. Der bisherige Arbeitsminister José Antonio Girón, der eine antiliberale und nationalsyndikalistische Politik verfolgt hatte, wurde im Februar 1959 entlassen. Arrese wurde mit dem Wohnungsbauministerium entschädigt, einem Kabinettsposten eher zweiter Ordnung, obwohl dem sozialen Wohnungsbau in jenen Jahren große Aufmerksamkeit geschenkt wurde. Im Zusammenhang mit der Regierungsumbildung rückten Mariano Navarro Rubio (Finanzen) und Alberto Ullastres (Handel) als Minister ins Kabinett auf, Politiker, die als Technokraten galten und die Liberalisierung der Wirtschaft vorantreiben sollten. Der ebenfalls zu den Technokraten zählende Laureano López Rodó war für wirtschaftliche Koordination und Planung zuständig. Mit der Bekämpfung der Inflation, einem neuen, den Außenhandel fördernden Wechselkurs der Pesete zum Dollar, mit der Flexibilisierung des Arbeitsmarktes sowie mit einem Plan für den zielgerichteten Ausbau des industriellen Sektors war man bestrebt, die ökonomische Modernisierung des Landes voranzubringen.

Insgesamt bedeutete diese Kabinettsumbildung das Ende der »blauen Periode«. Der Begriff *Falange* verschwand nun aus dem offiziellen Sprachgebrauch und wurde durch die Bezeichnung »Bewegung« ersetzt. Mit einigen der Kabinettsneulinge zogen Politiker in die Regierung ein, die eine deutlich jüngere Generation repräsentierten und nicht mehr direkt in die Erhebung von 1936 involviert gewesen waren. Trotz ihres wirtschaftsliberalen Denkens bildete diese Gruppe keineswegs einen Kreis politisch Aufgeschlossener oder gar Liberaler. Nicht alle, aber ein sehr großer Teil von ihnen – Navarro Rubio, Ullastres sowie der 1962 ins Kabinett aufgenommene Industrieminister Gregorio López Bravo – gehörten dem *Opus Dei* an. Aus diesem Kreis kamen auch zahlreiche Mitglieder der Kabinettsumbildungen von 1962 und 1965. Ihr Ziel war es, durch wirtschaftliche Entwicklung die Stabilität und Legitimation des Regimes zu sichern.

Die permanente Regimekrise: das Jahr 1962

Francos Hoffnung, durch ökonomischen Fortschritt die Mehrheit der Spanier gleichsam ruhigstellen zu können, zeigte nicht den raschen Erfolg, den der Diktator erwartet hatte. Sowohl im Frühjahr als auch im Herbst 1962 waren Arbeitskämpfe an der Tagesordnung. Deren Zentren bildeten einmal mehr das Baskenland und die Bergbauregion in Asturien, wo die Auseinandersetzungen auch im folgenden Jahr mit großer Härte ausgefochten wurden. Nicht allein

die im »Grundgesetz der Spanier« vage fixierten Grundrechte – die Artikel 12–16 sowie 18, die die freie Meinungs-
äußerung, die Versammlungsfreiheit, das Briefgeheimnis
und die Unverletztlichkeit der Wohnung betrafen, sowie
die Bestimmungen des Habeas Corpus – wurden im Mai
1962 außer Kraft gesetzt. Bei Verhaftungen blieben Folterungen nicht aus. Von der Opposition drohte dem Regime
neues Ungemach. Anläßlich der Vierten Versammlung der
Europa-Bewegung in München trafen sich im Juni 1962
oppositionelle Kräfte aller Schattierungen: Christdemokraten, Sozialisten, Sozialdemokraten, Liberale sowie Monarchisten. Das Dokument von München, das die Schaffung
demokratischer Institutionen forderte, erregte den geball-
ten Zorn des franquistischen Regimes. Selbst der junge
Thronfolger Juan Carlos ließ sich für die Zwecke des *Cau-
dillos* einspannen: Er verurteilte die Haltung des Monarchisten José María Gil-Robles und schloß diesen aus seinem
privaten Rat aus. Vom Informationsministerium wurde eine
Propagandaaktion gegen die Unterzeichner der Münchner
Erklärung gestartet, die in der Verhaftung einiger Teilnehmer bei ihrer Rückkehr nach Spanien gipfelte. Spanien, das
gut vier Monate vorher einen Antrag auf Assoziierung an
die Europäische Wirtschaftsgemeinschaft gestellt hatte,
mußte wegen der plumpen Reaktionen einen herben Rückschlag im Hinblick auf seine Annäherung an die EWG hinnehmen.

Relativ schnell, aber dennoch zu spät versuchte Franco,
den Schaden durch Regierungsumbildung zu begrenzen. So
mußte der Informationsminister seinen Hut nehmen. In
diesen Kabinettsposten rückte Manuel Fraga Iribarne ein.
Dieser junge Jurist galt bei seinem Amtsantritt als »liberaler
Falangist«. Auch er beschönigte die Exzesse des Regimes
gegen streikende Arbeiter, versuchte aber andererseits den
Intellektuellen größere Freiheiten bei der Meinungsäuße-
rung zuzugestehen. Briefe von Schriftstellern wie Vicente
Aleixandre, Juan Goytisolo und Antonio Buero Vallejo

oder Intellektuellen wie Pedro Laín Entralgo oder José Luis Aranguren, die sich über die harte Behandlung der streikenden Bergleute in Asturien beschwerten, beantwortete Fraga Iribarne nur in zynischem Ton oder gar nicht.

In dieser gespannten Lage trug die Verhaftung des Führers der Kommunistischen Partei, Julián Grimau, weiter zur Verschärfung des Klimas bei. Grimau wurde brutal mißhandelt, vor Gericht gestellt und am 18. April 1963 für Taten zum Tode verurteilt, die er zur Zeit des Bürgerkrieges begangen hatte. Das gesamte Gerichtsverfahren war eine einzige Farce. So sah es selbst Königin Elisabeth II. von England, die sich erfolglos für die Aufhebung des Urteils einsetzte. Zu jenen, die sich gleichfalls für Grimau verwandten, gehörten ferner Willy Brandt und der Erzbischof von Mailand, Kardinal Montini, der zwei Monate später als Paul VI. das Konklave verlassen sollte. Überall auf den Straßen und Plätzen europäischer Großstädte demonstrierte man gegen die Diktatur Francos und die Hinrichtung. Wie wenig sich das Regime in seinem Kommunistenhaß von der Verschlechterung der internationalen Stimmung beeindrucken ließ, zeigte die Exekution der beiden Anarchisten Francisco Granados und Joaquín Delgado wenige Monate später.

Die Suche nach der Ordnung

Das Jahr 1964 bot Anlaß zu einem Rückblick auf »25 Jahre Frieden« – aus der Sicht des Regimes. Fernsehen und Radio, Werbung und öffentliche Feiern bildeten den Rahmen für die von Informationsminister Fraga Iribarne veranstalteten Jubelfeiern, ein Gedenken an das Ende des Bürgerkrieges, das freilich mit seiner manichäischen Sichtweise von gutem Spaniertum und bösem internationalem Kommunismus nicht dazu angetan war, die Wunden wirklich

heilen zu helfen. Besonders störend wirkten in der feier-
lichen Stimmung der Regimeanhänger ausgerechnet die
Worte des Abts von Monserrat, denen zufolge Spanien nur
25 Jahre Sieg gekannt habe. Daß ausgerechnet die Kirche
sich so kritisch äußerte, war neu für die Herrschenden.
Auch der Vatikan zeigte sich nun immer reservierter gegenüber dem franquistischen Staat, was auch an der Haltung
Papst Pauls VI. deutlich ablesbar war. Insbesondere Katholiken im Baskenland und Katalonien nahmen nun eine offen distanzierte Haltung zum Franco-Staat ein.

Die Gedenkfeiern warfen freilich ebenfalls die Frage auf,
was nach Franco kommen sollte. Dieses Problem beschäftigte zur Mitte der sechziger Jahre immer wieder die engsten Kreise um den *Caudillo*. Selbst der zurückhaltende
Luis Carrero Blanco entwarf mit López Rodó ein Projekt,
um die Institutionalisierung des franquistischen Staates
über die Zeit des Diktators hinaus festzuschreiben. José So-
lís Ruiz, der Generalsekretär der »Bewegung« (1957–1969),
sprach sich dafür aus, das Regime auf der Basis der *Cortes*,
des *movimiento*, der Gewerkschaften und – wenn möglich
– der Monarchie zu konsolidieren. Manuel Fraga Iribarne
ging noch weiter und plädierte für einen vorsichtigen Plu-
ralismus, der wie Javier Tusell herausstreicht, die Grundfesten des Regimes nicht in Frage stellen sollte. Doch Franco
ließ sich auf keine diesbezügliche Diskussion ein. Schließlich mußte jedoch auch der Diktator kleinere Zugeständnisse machen: Im Jahre 1966 wurde die *Ley orgánica del
Estado* verabschiedet, ein Gesetzeswerk, in dem nach jahrelangen Debatten einige Grundprinzipien des franquistischen Staates festgelegt wurden. So war die Regierung zivil-
und strafrechtlich dem Obersten Gericht verantwortlich.
Die Ämter des Staats- und des Regierungschefs wurden getrennt, wobei das Staatsoberhaupt letzteren ernannte. Um
die Anhängerschaft des Regimes zu verbreitern, schuf man
nun noch einmal neue *Cortes*-Mitglieder, die die Anliegen
der Familien vertreten sollten. Hierbei kam es auch zu ei-

ner Konzession an den Zeitgeist: Das Regime ließ nunmehr Frauen im Parlament zu. Schließlich organisierte man den Nationalen Rat der Bewegung neu. Nach einer großen Propagandaschlacht wurde schließlich am 14. Dezember 1966 das Vorhaben in einem Referendum mit großer Mehrheit angenommen (95 %). Daß es hierbei zu zahlreichen Unregelmäßigkeiten gekommen ist, steht heute außer Zweifel.

Sozioökonomische Modernisierung: das spanische Wirtschaftswunder

Allmählich trugen die technokratischen Wirtschaftspläne Früchte. Die in den sechziger Jahren einsetzende wirtschaftliche Entwicklung wies über dem europäischen Durchschnitt liegende Wachstumsraten auf. Freilich war man von einem sehr niedrigen Niveau ausgegangen; die Werte vor dem Bürgerkrieg wurden erst gegen Ende der fünfziger Jahre wieder erreicht. Solchermaßen wird eine durchschnittliche Steigerung des Bruttoinlandsproduktes von 7 % zwischen 1961 und 1973 erklärlich. In diesem Zeitraum erlebte das Land eine tiefgreifende Industrialisierung, mithin also zu einem Zeitpunkt, der verglichen mit dem übrigen Europa sehr spät lag. Zwar wurde der Prozeß von einem Kommissariat für Entwicklungsplanung unter Laureano López Rodó geleitet, doch ist der Wandel der spanischen Volkswirtschaft nicht nur als Folge der staatlichen Industriepolitik zu verstehen. Immer stärker flossen vielmehr ausländisches Kapital und Devisen ins Land.

Eine wichtige Valutaquelle stellten in wachsendem Maße die Arbeitsemigranten dar. Zwischen 1960 und 1975 wurden eine Million Spanierinnen und Spanier registriert, die Lohn und Brot außerhalb ihres Landes suchten; die Zahl jener, die ohne offizielle Papiere reisten, wird auf etwa eine halbe Million geschätzt. Ziele spanischer Arbeitssuchender

waren vor allem drei Länder: die Schweiz (38 %), Frankreich (21 %) und Deutschland (35 %), das insbesondere in
den sechziger Jahren spanische Arbeitnehmer aufnahm.
Von bescheidenen 58 Mio. Dollar (1960) stiegen die Transferleistungen der Arbeitsemigranten auf 3,4 Mrd. Dollar im
Jahre 1975. Da sich die Exporte zwischen 1960 und 1975
verzehnfachten, die Importe aber um das Zwanzigfache
stiegen, trugen die Überweisungen der spanischen Arbeitskräfte in die Heimat dazu bei, das Außenhandelsdefizit zu
verringern.

Zum Motor des wirtschaftlichen Wachstums wurde nicht
zuletzt die gestiegene Binnennachfrage. Die Landwirtschaft
blieb zwar wegen der Ausfuhr von Südfrüchten nach wie
vor ein wichtiges Segment im Wirtschaftsleben, doch begann sich nunmehr die Industriestruktur auszudifferenzie-
ren. 1964 waren der Agrarsektor mit 17,3 %, die Industrie
(einschließlich der Bauwirtschaft) mit 38,3 % und die
Dienstleistungen mit 49,1 % an der Wertschöpfung beteiligt. Bis zum Jahre 1974 verschoben sich diese Anteile auf
10,1, 40,8 bzw. 49,1 %.

Nicht mehr nur die Metallverarbeitung stand im Zentrum der industriellen Entwicklung, vielmehr konzentrierten sich die Investitionen in hohem Maße auf die Chemie-
industrie. Auf sie entfielen 1962 59% der Investitionen,
1973 waren es immerhin noch 26 %. In Westeuropa ist die
Aufbruchphase dieses Wirtschaftszweigs auf die Jahre um
1900 zu datieren. Um so tiefgreifender veränderten nunmehr Kunststoffe, Kunstfasern und pharmazeutische Artikel den Lebensstil der Spanier. Auch Elektrogeräte gehörten zu den Neuerungen und zogen in die Haushalte ein.
Nur acht von einhundert Familien besaßen im Jahre 1963
einen Kühlschrank oder einen Fernseher. Schon sechs Jahre
später konnten sich dies 63 bzw. 62 % leisten.

Sichtbarstes Zeichen des Wirtschaftswunders war die zunehmende Motorisierung des Landes. War es im Deutschland der Nachkriegszeit der Volkswagen, so wurde in

Spanien der »Sechshunderter« (*Seiscientos*) zum begehrten Statussymbol des Durchschnittsbürgers. Zwar war die Produktion dieses Kleinwagens schon in den fünfziger Jahren in den vom *Instituto de Industria Nacional* geförderten SEAT-Werken aufgenommen worden, jedoch erst der nun einsetzende Boom zusammen mit den Transferleistungen der spanischen Arbeiter im Ausland machten im Verlauf der sechziger Jahre die Verwirklichung dieses Traums für 27 % aller Spanier möglich. Wie rasant die Motorisierung gegen Ende der Franco-Zeit voranschritt, ist daran abzulesen, daß Mitte der siebziger Jahre bereits 48 % aller Haushalte ein Auto besaßen.

Die Binnenwanderung jener Jahre aus Andalusien, Galizien sowie Alt- und Neukastilien nach Madrid, Katalonien und Barcelona, Bilbao und dem Baskenland, Valencia oder Sevilla war ebenfalls vom Wirtschaftswunder verursacht. Dabei standen den Zugezogenen zunächst nur sehr einfache Behausungen zur Verfügung. Francos sozialer Wohnungsbau, wie etwa das Madrider Stadtviertel Moratalaz, war längst nicht in der Lage, die Nachfrage nach Wohnraum zu befriedigen. Dynamisch entwickelte sich auch die Bauwirtschaft. Nunmehr entstanden in den urbanen Zentren die heute das Stadtbild prägenden, vielgeschossigen Wohnblocks, die den sozialen Aufstieg der in die Stadt Eingewanderten zum Ausdruck brachten.

Kernzonen der industriellen Entwicklung waren dabei neben Madrid vor allem Barcelona und das Baskenland. Wenn auch in Valencia, Sevilla, El Ferrol und Vigo die Wirtschaftsstruktur durch die Industrialisierung grundlegend verändert wurde, so bildeten Katalonien, Madrid und das Baskenland nach wie vor die Zentren der spanischen Ökonomie.

Am deutlichsten läßt sich der Wandel jener Jahre an der Beschäftigungsstruktur ablesen. So ging der Anteil der Landarbeiter, deren prekäre sozioökonomische Lage seit dem 18. Jahrhundert immer wieder Anlaß zu Besorgnis

und Unruhen gegeben hatte, von 39,8 % aller Beschäftigten
auf 10 % (1975) zurück. Die Industriearbeiterschaft, die
1950 erst 27,4 % ausmachte, stellte bis 1975 48,4 % der Beschäftigten. Im selben Zeitraum verdoppelte sich auch der
Anteil der Freiberufler und des höheren technischen Fach-
personals auf 7,6 % (1975). Zwar hatte das Land zwischen
1960 und 1977 eine Verdopplung der Realeinkommen der
Arbeitnehmer vorzuweisen, doch dieses stetige Wachstum
war schwer erarbeitet. Noch immer war Spanien ein Land,
in dem die Arbeitnehmer häufig mehr als nur eine Arbeits-
stelle hatten (*pluriempleo*). Die Tatsache, daß 1965 76,5 %
der Erwerbstätigen mindestens 46 und teilweise weitaus
mehr Stunden pro Woche arbeiteten – ein Anteil, der bis
1975 auf 60 % zurückging –, belegt den noch immer prekären Grad an Professionalisierung in der spanischen Berufs-
welt.

Die Bestrebungen zur Modernisierung der Berufsstruk-
tur schlugen sich nicht zuletzt in einer Bildungsoffensive
nieder. Saßen 1970 56 % der Jugendlichen nach dem 14. Le-
bensjahr noch auf der Schulbank, so stieg der Anteil fünf
Jahre später bereits auf 75 %. Dabei ist ein geschlechtsspe-
zifischer Unterschied nicht zu übersehen. So war der Anteil
der Mädchen unter den Oberschülern deutlich geringer als
der der Jungen. Von der sozioökonomischen Entwicklung
blieben die Frauen zwar nicht gänzlich ausgeschlossen,
doch nahm der Anteil der erwerbstätigen Frauen nur langsam zu: zwischen 1964 und 1975 von 22,9 auf 28,9 %. An
den steigenden Studentenzahlen ist ebenfalls eine ökonomische Differenzierung ablesbar. Hatten sich 1961/1962 nur
etwa 95 000 Studierende eingeschrieben, so lag ihre Zahl –
einschließlich der Ingenieurschulen und Fachhochschulen –
im Jahre 1975 bei einer halben Million. Trotz dieser vom
Regime durchaus bewußt geförderten Bildungsoffensive,
die Parallelen zur zeitgenössischen westeuropäischen Entwicklung aufweist, war der Anteil am Bruttosozialprodukt,
den Spanien für Bildung und Forschung verwendete, nur

halb so hoch wie die Summen, die Italien, Frankreich oder die Niederlande dafür ausgaben.

Insgesamt erwies sich, daß die Politik auf die gesellschaftlichen Veränderungen kaum mehr angemessen reagieren konnte. Trotz positiver wirtschaftlicher Entwicklung und verschiedenster Repressionsversuche ließ die Streikbereitschaft nicht nach. Die Wahlen des Jahres 1966 brachten den Arbeiterkommissionen ihren Durchbruch in den Betrieben. Kontinuierlich verlor die staatssyndikalistische Bewegung an Einfluß. Die Arbeitskämpfe, die im Laufe der sechziger Jahre einen immer stärker politischen Charakter bekamen, konzentrierten sich auf die wirtschaftlich fortgeschrittenen Regionen – Barcelona, Baskenland und Asturien – sowie die wichtigen Wirtschaftssektoren der Chemie-, Textil- und metallverarbeitenden Industrie und das Baugewerbe. Trotz des Verbotes (1967) bestanden die Arbeiterkommissionen weiter, wobei der Einfluß der Kommunistischen Partei gegen Ende der sechziger Jahre immer spürbarer wurde. Nicht geringer Widerspruch kam auch aus den Reihen liberaler Professoren. Polizeieinsätze gegen streikende Studenten waren an der Tagesordnung.

Wie sehr sich die oppositionellen Kräfte regten, zeigt die Renaissance des Nationalismus im Baskenland und in Katalonien. Seit 1964 beging man unter den Basken den Aberri-Eguna, den Tag der Vaterlandes. Von herausragender Bedeutung war freilich 1959 die Formierung der ETA (*Euskadi ta Askatasuna*, »Baskenland und Freiheit«), die aus einer Gruppe von Jugendlichen hervorgegangen war, welche mit der Politik der bürgerlichen Baskisch-Nationalistischen Partei (PNV) unzufrieden war. Immer deutlicher wurde in den sechziger Jahren im Diskurs der ETA der Rückgriff auf dependenztheoretische Ansätze, wonach das Baskenland als Peripherie des kastilischen Zentrums zu deuten sei.

Weniger militaristisch geprägt war der Katalanismus. Da auch ihm der politische Raum verwehrt war, suchte der katalanische Nationalismus vor allem auf kulturellem Gebiet seine Entfaltungsmöglichkeiten. Mit dem Neuen Lied (*Nova Cançó*) sowie mit regionalsprachlichen Presseerzeugnissen und Theateraufführungen wurde nun die katalanische Sprache wieder Teil des öffentlichen Lebens. Ebenfalls zur Förderung des katalanischen Selbstverständnisses trug die Erstellung einer katalanischen Enzyklopädie bei. Zu Beginn der siebziger Jahre war auch der politische Raum wieder erobert worden: Überall im Baskenland und in Katalonien regten sich regionalistische Kräfte, ohne daß das Regime diesen Organisationen entschlossen entgegengetreten wäre.

Zu einer weiteren ernsten Krise, die mit jenen des Jahres 1942 und 1957 verglichen werden kann, entwickelte sich ein Finanzskandal im Jahre 1969. Das Textilunternehmen Matesa hatte dank der Verbindungen seines Besitzers, Juan Vilá Reyes, eines Mitglieds des *Opus Dei*, ausgezeichnete Kontakte zur Regierung. Die in der hohen Ministerialbürokratie vertretenen *Opus-Dei*-Mitglieder verschafften ihm günstige Kredite. Geld wurde in großem Stile auf die Seite geschafft. Der Korruptionsskandal wurde zu einem ernsten Belastungstest für die Glaubwürdigkeit Francos. Einmal mehr griff er zum Mittel der Kabinettsumbildung. Doch dabei wurden nicht nur Minister entlassen, die dem *Opus Dei* nahe standen. Auch Fraga Iribarne mußte seinen Hut nehmen. Sein permissiver Kurs gegenüber der Zensur hatte zunehmend den Unmut Francos und Carrero Blancos erregt.

Insgesamt bedeutete das neue Kabinett keine wirkliche Neuorientierung. Mit dem Informations- und Tourismusminister Alfredo Sánchez Bella und dem Außenminister Gregorio López Bravo zogen wiederum zwei *Opus-Dei*-Mitglieder in die Regierung ein. Auch im Industrieministerium saß nun mit José María López de Letona ein Vertreter dieses Laienordens. Die Kabinettsumbildung zeigte ebenso wie die vorangegangenen, wie begrenzt der Handlungsspielraum Francos (geworden) war. Da sich nie eine Gruppierung innerhalb des Regimes gänzlich durchsetzen durfte, konnte der Generalissimus nur in sehr begrenztem Maße eine wirklich neue Richtung einschlagen. Personen wurden ausgetauscht, die gesellschaftlichen Trägerschichten aber durften in ihrer Bedeutung als Regimestützen nicht allzu sehr unterminiert werden.

Das Ende der Diktatur (1969–1975)

1969   22. Juli: Juan Carlos als *Principe de España* zum Nachfolger Francos bestimmt.
1970   Dezember: Prozeß von Burgos.
1971   Vicente Enrique y Tarancón Erzbischof von Toledo.
1973   20. Dezember: Attentat auf Carrero Blanco.
1974   Ende der Diktaturen in Griechenland und Portugal.
        Wahl Felipe González' zum Vorsitzenden der Sozialistischen Arbeiterpartei.
1975   20. November: Tod Francos.

In all den Jahren duldete Franco nur einen Mann an seiner Seite: Luis Carrero Blanco. Dieser war es auch, der dem alternden Diktator im Oktober 1968 ein längeres Memorandum zur Nachfolgefrage in die Hand gab. Darin wurde Juan Carlos als idealer Nachfolger dargestellt. Der Vorschlag beinhaltete, daß Juan de Borbón, der Sohn Alfons' XIII., auf seine Rechte zugunsten seines in Spanien erzogenen Sohnes verzichten solle. Juan de Borbón galt im Gegensatz zu seinem Sohn als Liberaler, dessen Äußerung, er wolle König aller Spanier sein, bei Franco nur den verächtlichen Kommentar hervorrief, daß er dann auch der König von Sozialisten und Kommunisten sein werde. Schließlich willigte Franco im Juli 1969 offiziell ein und ließ in einer Abstimmung Juan Carlos zum *Príncipe de España* proklamieren. Sein Titel verrät, daß es hier nicht um dynastische Kontinuität ging – in diesem Fall wäre Juan Carlos zum *Príncipe de Asturias* ernannt worden –, sondern um die Etablierung einer Monarchie, die ihre Existenz dem im Bürgerkrieg siegreichen Franquismus verdankte. Juan Carlos legte seinen Eid auf die Prinzipien der Bewegung und die von Franco erlassenen Grundgesetze ab. Sein Vater fügte sich in sein Schicksal, nicht aber ohne vom Ausland aus zu erklären, daß der Monarch König aller Spanier sein und einem Rechtsstaat vorstehen müsse.

Wie sehr die politische Kontrolle dem Regime inzwischen aus den Händen zu gleiten drohte, zeigte der Prozeß von Burgos. Mit den Attentaten vom August 1968, bei denen u. a. ein hoher Polizeioffizier, dem die ETA Folterungen ihrer Mitglieder vorwarf, ums Leben kam, begann eine bis heute andauernde Serie von Mordanschlägen. 1970 wurden 16 Angehörige der ETA in Burgos angeklagt, sechs von ihnen drohte die Todesstrafe. Der Prozeß wurde zu einem Forum für linke und liberale Anwälte. Die Oppositionellen Gregorio Peces-Barba, Josep Solé Barberá und Juan María Bandrés hatten die Verteidigung übernommen. Im gesamten Land kam es zu Solidaritätskundgebungen von Künstlern, Intellektuellen und Wissenschaftlern. Auch das Ausland schaltete sich ein, und diesmal war der internationale Protest gegen die sechs Todesurteile, dem sich neben den europäischen Regierungen auch der Papst anschloß, erfolgreich. Vor allem aber das Scheitern der Verhandlungen über ein Präferenzhandelsabkommen mit der EWG bewog den Caudillo zum Einlenken. Zum Jahresende verkündete Franco eine Amnestie, die – aus der Sicht der Öffentlichkeit und dem Selbstverständnis des Regimes – im Grunde ein Zeichen der Schwäche darstellte.

In all den Jahren seiner Herrschaft hatte sich der Generalissimus auf die Kirche stützen können. Doch in der Gesamtkirche wie im Klerus Spaniens regten sich vor dem

Hintergrund der kirchlichen Reformen des Zweiten Vatikanums und mit Unterstützung Papst Pauls VI., der wiederholt für eine Liberalisierung des Franco-Regimes eingetreten war, Widerstand gegen die staatliche Vereinnahmung des Katholizismus. Nichts brachte dies für das Regime drastischer zum Ausdruck als die Weigerung des Bischofs von Burgos, die Jahresmesse für die »Befreiung« der Stadt von der republikanischen Herrschaft im Bürgerkriegsjahr 1937 zu zelebrieren. Ermöglicht wurde die Distanzierung der Kirche vom Staat und ihre gesellschaftspolitische Neuorientierung durch einen Generationswechsel. Auch im europäischen Ausland, wo zahlreiche Arbeiterpriester die spanischen Migranten betreuten, wurde deutlich, daß sich die alten Feindbilder überlebt hatten. 1971 nahm Vicente Enrique y Tarancón auf dem Stuhl des Primas von Spanien Platz. Der neue Erzbischof von Toledo scheute den Konflikt mit Carrero Blanco nicht. Für die Erklärung der Vollversammlung spanischer Bischöfe und Priester im Jahre 1971, wonach es die katholische Kirche bedauere, daß sie nicht während und nach dem Bürgerkrieg eine Politik der Versöhnung betrieben habe, hatten die Regimetreuen keinerlei Verständnis. Die Stellungnahmen Carrero Blancos belegten das noch immer vorhandene stereotype Weltbild einer allgemeinen kommunistischen Bedrohung, vor der man die Kirche gerettet habe. Die katholischen Geistlichen lehnten die Vorstellung vom Bürgerkrieg als »Kreuzzug« zunehmend ab.

Dissens innerhalb des Regimes und das ETA-Attentat auf Carrero Blanco

Zu Beginn der siebziger Jahre war nicht länger zu kaschieren, was in all den Jahren das Grundproblem des Franco-Staates ausgemacht hatte: Dem Franquismus fehlte eine einheitliche ideologische Basis. Das gesamte Regime stützte sich auf die Person des *Caudillo*, wobei die »Familien« jeweils um ihren Einfluß, ja um die Vorherrschaft rangen. 1973 war Franco schon 81 Jahre alt und immer häufiger krank, auch nahm er kaum mehr an Kabinettssitzungen teil. Solchermaßen wurde das Machtvakuum immer größer. Der Dissens innerhalb der franquistischen Elite wuchs zusehends. Darin ist ein wesentlicher Faktor für den Zusammenbruch des Regimes zu sehen. Die Tatsache, daß trotz der Affäre Matesa die Fraktion des *Opus Dei* nach wie vor zahlreich im Kabinett vertreten war, erregte Mißgunst unter den übrigen Regimetreuen.

Um das »Gotteswerk« aber nicht zu stark werden zu lassen, kamen im Laufe der Zeit Technokraten anderer Orientierung ins Spiel. Es gab nun immer mehr Beamte, genauer Hochschullehrer, die auf den Ministersesseln Platz nahmen. Von den letzten 21 Ministern, die Franco hatte, waren 18 Universitätsprofessoren.

Am 19. Dezember 1973 hatte Carrero Blanco, der seit dem Frühjahr auch offiziell Regierungschef war, eine Unterredung mit dem amerikanischen Außenminister Henry Kissinger. In diesem Gespräch ließ Carrero Blanco deutlich verlauten, daß die Erdölkrise für ihn nichts anderes als ein kommunistisch-freimaurerisches Komplott war. Nichts läßt den Realitätsverlust in der spanischen Regierung deutlicher vor Augen treten als diese Einschätzung der weltökonomischen Lage. Am nächsten Tag, dem 20. Dezember, wollte Carrero Blanco wie jeden Tag die Messe im Madrider Stadtviertel Salamanca besuchen. Nach dem Gottesdienst setzte sich der Autokorso in Bewegung. In einer kleinen Straße wurde eine unter einem Kanaldeckel angebrachte Sprengladung in dem Augenblick gezündet, als der Regierungschef vorbeifuhr. Im ersten Moment konnten die Anwohner nicht erkennen, was geschehen war, denn Carrero Blancos Wagen wurde von der Wucht der Explosion so weit in die Luft getragen, daß er über eine Häuserzeile in den Innenhof eines Klosters flog. Dies ist bis heute das politisch folgenreichste Attentat der separatistischen ETA, wenngleich man nicht davon ausgeht, daß Carrero Blanco den demokratischen Übergang wirklich hätte verhindern können. Beim Begräbnis des zweiten Mannes im Staate waren erstmals Rufe zu hören, die »das Heer an die Macht« wünschten.

Mit dem Tod Carrero Blancos wuchsen die Spannungen innerhalb des Regimes nur noch mehr. Der Nachfolger Carlos Arias Navarro bekam die innenpolitische Lage nicht mehr in den Griff. Zusätzlich angeheizt wurde das Klima durch die Auswirkungen der Erdölkrise, die für Spanien nach langen Jahren des Wachstums einen schweren wirtschaftlichen Rückschlag bedeutete. Die Sorge um den zukünftigen Kurs war schon vor dem Attentat spürbar, doch wuchs die Unsicherheit nochmals an. Immer vernehmlicher meldeten sich nun die Kräfte der politischen Opposition zu Wort. Der kränkliche Franco selbst wurde mehr und mehr zum Spielball der um ihn versammelten Reaktionäre (des »Bunkers«, eine Bezeichnung die erst gegen Ende des Regimes aufkam), zu denen auch seine Frau Carmen Polo gehörte. Arias Navarros angebliche »Öffnungsrede« vom 12. Februar, in der es im Kern um nichts anderes als um die Bewahrung des Regimes ging, stieß sofort auf Mißtrauen. In der Tat versuchte der Regierungschef zunächst noch eine im Sinne des Regimes betriebene »Liberalisierung«. Schnell sah er sich allerdings dem Vorwurf ausgesetzt, er verrate Prinzipien des Franquismus.

Als schließlich im April 1974 die Nelkenrevolution im Nachbarland Portugal ausbrach und wenig später in Griechenland die Offiziere die Macht abgeben mußten, hatte dies unmittelbare Rückwirkungen auf die spanische Innenpolitik. Die Opposition bereitete sich immer gezielter auf das Ende des Regimes vor. Im Pariser Vorort Suresnes wurde der junge Sevillaner Anwalt Felipe González zum Führer der Sozialistischen Arbeiterpartei Spaniens (PSOE) ge-

wählt. Nach langen Jahren der Reibereien zwischen exilier-
ten Parteiführern und den in Spanien lebenden Sozialisten
war damit die längst fällige Einigkeit der Führung erreicht
worden. Mitte Juni formierte sich eine *Junta Democrática*,
in der gänzlich unterschiedliche politische Richtungen –
vom *Opus Dei* bis zu den Kommunisten – die Zukunft des
Landes diskutierten. Als sich Franco im Sommer 1974 erneut in ärztliche Behandlung begeben mußte, überließ er
Juan Carlos für kurze Zeit das Amt des Staatsoberhauptes.

Das Regime reagierte zunehmend kopflos auf die Herausforderungen, die durch die Wirtschaftskrise und die im
mediterranen Raum stattfindenden Demokratisierungen
entstanden waren. Zusätzlich wurde die Stimmung durch
den Terrorismus angeheizt. Elf Polizisten und Wachleute
verloren zwischen März und Oktober 1975 bei Anschlägen
der ETA im Baskenland und in Madrid ihr Leben. Noch
einmal kam es zu Hinrichtungen. Am 2. März 1974 wurden
der katalanische Anarchist Salvador Puig Antich sowie der
Landstreicher und ehemalige DDR-Flüchtling Heinz Chez
exekutiert. Die massiven Proteste der europäischen Regierungen und des Papstes konnten die Regierung Arias Navarro nicht von diesen Strafaktionen abhalten. Im April
1975 – zum ersten Jahrestag der portugiesischen Nelkenrevolution – wurde ein dreimonatiger Ausnahmezustand
über das Baskenland verhängt. Innerhalb weniger Tage
sperrten die staatlichen Ordnungskräfte 2000 Personen ins
Gefängnis. Im September 1975 kam es abermals zu Hinrichtungen von Mitgliedern der linken Gruppierungen und
der ETA. Zahlreiche europäische Länder beriefen daraufhin
ihre Botschafter aus Madrid ab.

Nicht allein von seiten der Opposition kam Widerstand
gegen das Regime. Innerhalb des Militärs hatte sich eine
Gruppe demokratischer Offiziere gebildet (UMD), die für
eine Liberalisierung des Systems eintraten. Ihnen stand dabei die politische Haltung der griechischen und portugiesischen Offiziere vor Augen. Die Verhaftung von neun Mili-

tärs Ende Juli 1975 war ein im Franco-Staat bislang nicht gekannter Vorgang.

Am 15. Oktober erlitt Franco einen Herzinfarkt, dem zwei weitere folgten. Als er am 2. November in eine Madrider Klinik eingeliefert wurde, konnte er nur noch mittels der Apparatemedizin am Leben erhalten werden. Bis zum 20. November, dem Todestag des *Falange*-Gründers José Antonio Primo de Rivera, wartete man, um seinen Tod offiziell zu erklären.

Die »paktierte« Demokratisierung: König und Volk (1975–1978)

1975	22. November: Juan Carlos König von Spanien.
1976	Juli: Adolfo Suárez González Premierminister.
	15. Dezember: Volksabstimmung über das »politische Reformvorhaben«.
1977	24. Januar: Anschlag auf eine Kanzlei von Arbeiteranwälten.
	30. März: Schaffung freier Gewerkschaften.
	9. April: Zulassung der Kommunistischen Partei zur Parlamentswahl.
	15. Juni: Erste freie Wahlen; Suárez Premierminister.
1978	31. Oktober: Verabschiedung der demokratischen Verfassung.
	6. Dezember: Annahme der Verfassung in einem Referendum.

Am 22. November 1975 wurde Juan Carlos zum König ausgerufen. Die Mehrheit der Spanier drängte nun in zahlreichen Demonstrationen und Streiks auf die Durchsetzung der Demokratie, und die Vertreter der alten Ordnung mußten allmählich ihren Minderheitenstatus zur Kenntnis nehmen. Der König nahm dieses Streben nach rechtsstaatlicher

Demokratie auf, ging jedoch mit äußerster Vorsicht gegenüber den bestehenden Institutionen vor. Es war seine Überzeugung, daß die Demokratisierung nicht mittels eines sofortigen Bruches einzuleiten sei, den zum Jahresbeginn 1976 eine Reihe demokratischer Politiker gefordert hatte. Die Leistung von Juan Carlos bestand darin, daß er dieses Bestreben nicht nur anerkannte, sondern den Wandel aus dem Regime selbst heraus vollzog. Behutsam höhlte er Stück für Stück die institutionellen Vorgaben des Franco-Staates aus. Zum Regierungschef wurde vorerst Arias Navarro bestimmt, und im Kabinett befanden sich zunächst alte Kräfte neben Reformwilligen wie dem Außenminister José María de Areilza oder dem Innenminister Manuel Fraga Iribarne. Kabinettsrang hatte auch der Sekretär der Bewegung, der bis dahin eher unauffällige Adolfo Suárez González. Besonders wichtig wurde der vor allem im Hintergrund wirkende Torcuato Fernández Miranda, der den *Cortes* und dem Nationalen Rat vorstand. Auf einer Reise in die USA und in zum Teil im Ausland veröffentlichten Interviews ließ der junge König keinen Zweifel an seiner demokratischen Gesinnung.

Besonders deutlich zeigte sich der demokratische Wille Juan Carlos' an seinem Verhältnis zu Arias Navarro. Der Premierminister wurde aufgefordert, einen Reformplan für ein Zweikammersystem vorzulegen; ein Wahlgesetz sollte folgen. Als deutlich wurde, daß der König die Reformkräfte weitaus stärker vertreten wissen wollte, als die Repräsentanten der alten Ordnung dies zuzugestehen bereit waren, kam es zum Konflikt, und Arias Navarro trat am 1. Juli 1976 zurück.

Wesentlich belastet wurde der Transitionsprozeß durch die Auswirkungen der Erdölkrise von 1973, die in Spanien 1975 und 1976 noch immer spürbar waren. So ging das Wirtschaftswachstum zwischen 1973 und 1975 von 8 auf 2 % zurück. Die Verteuerung von Energie führte u. a. zu inflationären Tendenzen (von 10 auf 25 % zwischen 1973

und 1977). Auch der Arbeitsmarkt litt unter dem anhaltenden konjunkturellen Abschwung. Die Zahl der Arbeitslo-
sen erreichte 1977 mit 6 % (1973 2 %) eine kritische Mar-
ke. Terror von links und rechts drohte den Regimewechsel
nachhaltig zu beeinträchtigen. Verschärft wurde die ohnehin gespannte Lage durch ein Attentat, das rechte Kreise
gegen eine Kanzlei von Arbeiteranwälten verübten, bei
dem fünf Juristen ums Leben kamen (24. Januar 1977).

Angesichts der anhaltenden Demonstrationen und der
aufgepeitschten Stimmung im Lande mußte der König ein
deutliches Signal setzen. So sahen es die Reformer, vor allem aber José María de Areilza, der auf die Nachfolge im
Amt des Ministerpräsidenten hoffte. Aufgrund eines Vor-
schlages des Nationalen Rates, dem Fernández Miranda
vorstand, fand sich aber nicht sein Name, sondern jener
von Adolfo Suárez auf der dem König vorgelegten Dreier-
liste für die Ernennung des Ministerpräsidenten. Die Bestellung des bisherigen Sekretärs der Bewegung zum Premierminister überraschte allgemein. Keiner der Reformer,
weder Areilza noch Fraga, gehörte dem Kabinett an. Ihnen
war die Enttäuschung, nicht berücksichtigt worden zu sein,
deutlich anzumerken. Fraga Iribarne hatte als für die öffentliche Ordnung zuständiger Minister aus seiner Ablehnung der kommunistischen Organisationen keinen Hehl
gemacht. Zusätzlich hatte er angesichts der Demonstrationen im Sinne des alten Regimes erklärt, daß »die Straße ihm
gehöre«. Mit der Ernennung des jungen Suárez zog der
junge König einen Trennungsstrich zur Generation der
älteren Politiker.

Es sollte Suárez sein, der das wichtige »Projekt der politischen Reform«, vor dem Arias Navarro zurückgeschreckt
war, entschieden vorantrieb. Bereits am 24. August lag dem
Ministerrat ein Entwurf zur Umgestaltung der Institutionen vor. Die genaue Urheberschaft des Projektes ist ungeklärt, doch die Zielrichtung war eindeutig: Die Demokratie
galt als oberstes Prinzip des spanischen Staates, und das

Parlament sollte aus freien, kompetitiven Wahlen hervorge-
hen. Die *Cortes* waren als ein Zweikammersystem zu organisieren. Nachdem der Gesetzentwurf den Nationalen Rat
passiert hatte, wurde er den noch unter Franco bestellten
Cortes vorgelegt. Nicht zuletzt mittels Ausnutzung zahlreicher Einflußmöglichkeiten, die ihm die Geschäftsordnung
des Parlaments eröffnete, gelang es Fernández Miranda, das
Projekt durch die Kammern zu bringen. Viele persönliche
Gespräche mit Abgeordneten sowie die namentliche Abstimmung trugen zum Erfolg bei, nur eine kleine Minderheit sprach sich gegen das Vorhaben aus. Die Tatsache, daß
die von Franco eingesetzten *Cortes* sich selbst preisgaben,
gehört zu den großen taktischen Leistungen des Königs
und seiner Berater Suárez und Fernández Miranda. Offensichtlich vertrauten die *Procuradores* auf die Kontinuität
oder doch den behutsamen Wandel durch die Krone. Wie
sehr die Sorge im Raum stand, das Militär könnte sich
gegen die Reform stellen, ist daraus zu ersehen, daß sich
Suárez am 8. September 1976 eigens mit den im Kabinett
vertretenen Militärs, dem Generalstab und den neuen Generalkapitänen traf, um ihre Zustimmung zu erhalten. Als
»Zugeständnis« ließen sich die Militärs versichern, daß die
Kommunistische Partei nicht zugelassen werde. Insgesamt
erhob sich seitens der Streitkräfte keine Persönlichkeit oder
Gruppierung, die sich offen dem Transformationsprozeß
entgegengestellt hätte. Demonstrativ suchte Suárez den
Schulterschluß mit dem loyalen, liberalen General Manuel
Gutiérrez Mellado, der zum stellvertretenden Ministerprä-
sidenten ernannt wurde. Wenig später (8. Oktober) stimm-
ten der *Consejo Nacional* und Mitte November auch die
Cortes mit jeweils überwältigender Mehrheit zu.

Während das politische Reformprojekt beraten wurde,
traf sich Suárez eifrig mit verschiedenen Politikern der Opposition. Zu seinen Gesprächspartnern zählten der Sozialist
Felipe González ebenso wie Enrique Tierno Galván, der
Vorsitzende der Sozialistischen Volkspartei, oder der Füh-

rer der bürgerlichen katalanischen Bewegung, Jordi Pujol. Schließlich wurde das Reformprojekt auch den Spanierinnen und Spaniern zur Abstimmung vorgelegt, und der König holte sich die Bestätigung beim Volk für seinen Öffnungskurs. 95 % (Wahlbeteiligung 77 %) stimmten dem Entwurf zu (15. Dezember 1976). Mit der Annahme dieses Projekts war innerhalb kürzester Zeit der Umbau des franquistischen Staates erfolgt. In einigen wenigen Monaten, die seit dem Tod des Diktators vergangen waren, war die eigentliche Umbauleistung vollzogen worden. Daß sich Suárez am ersten Todestag des *Caudillo* von den Franquisten als »Verräter« beschimpfen lassen mußte, konnte am nunmehr eingeschlagenen Kurs nichts mehr ändern.

Begleitet wurde der politische Transitionsprozeß in jenen entscheidenden Monaten von einer Vielzahl von Diskussions- und Beratungsgremien, in denen sich die gesellschaftlichen Gruppen zusammenfanden. Die sogenannte demokratische Koordination befürwortete dabei noch immer und nachdrücklich den Bruch als geeignetes Signal für den Neuanfang. Aber allmählich begann, namentlich unter dem Druck des PSOE, ein vorsichtiges Umdenken. Mittels ihrer Konsultationen und Verhandlungen zeigte die Regierung, daß sie bereit war, den sozialen Kräften Raum zu schenken, wobei Suárez konsequent den Weg der vorsichtigen Entkernung der alten Institutionen beschritt. In den »Pakten von Moncloa«, an denen auch die Kommunisten beteiligt waren, wurde ebenfalls der Versuch erkennbar, die drängenden gesellschaftlichen und wirtschaftlichen Fragen im Konsens zu lösen.

Die für 1977 ausgeschriebenen Wahlen warfen die Frage auf, wie breit das Spektrum der zuzulassenden Parteien zu fassen sei. Die alte Rechte sperrte sich vehement gegen die Zulassung der Kommunistischen Partei, und so hatte Suárez immer wieder erklärt, daß die Kommunisten nicht mit der Legalisierung ihrer Partei rechnen könnten. Doch der Druck der von den Kommunisten kontrollierten Arbeiterkommissionen sowie die unübersehbare Tatsache, daß die Kommunistische Partei (PCE) ein wichtiger Vertreter der Opposition war, zwang die Regierung zum vorsichtigen Taktieren. Im Februar 1977 traf sich Adolfo Suárez mit dem Generalsekretär des PCE, Santiago Carrillo, der sich seit November 1976 wieder in Spanien aufhielt. Da die Regierung den ersten freien Urnengang nach dem Ende des Bürgerkriegs nicht politisch belasten wollte, verfügte sie am Ostersamstag die Zulassung des PCE zur Parlamentswahl. Wie sehr man von seiten der Rechten und des Militärs Widerstand fürchtete, zeigt das bewußt gewählte Datum des 9. April 1977. In der Karwoche standen die Kasernen leer, und ein unmittelbarer Aufstand war daher zunächst nicht zu befürchten. Der Marineminister Admiral Gabriel Pita de Veiga trat gleichwohl aus Protest zurück. Viele Militärs zeigten sich verärgert, daß der mit ihnen im September 1976 ausgehandelte Kompromiß nicht eingehalten wurde. Diese Phase bildete wohl einen der kritischsten Momente im Transitionsprozeß. In den Augen der franquistischen Kräfte verspielte Suárez hier seinen Kredit.

Während die Linke auf ihre traditionellen Parteien zurückgreifen konnte, stellte sich parteipolitisch die Lage für die Liberalen und die Rechte schwierig dar. Die Regierung Suárez versuchte, mit der *Unión de Centro Democrático* (UCD) eine liberale Sammlungsbewegung der sogenannten bürgerlichen Lagers zu schaffen. Zu ihrem Parteiführer wurde der bisherige Minister Leopoldo Calvo Sotelo gewählt. Auf der demokratischen Rechten sammelte Manuel Fraga Iribarne in seiner *Alianza Popular* (AP), zu der auch andere bekannte Falangisten stießen, die konservativ-nationalistischen Kräfte.

Als Spanien nach über 40 Jahren am 15. Juni 1977 wieder zu freien Wahlen schritt, brachten diese ein eindeutiges Ergebnis: Die Kräfte des franquistischen Staates erhielten eine endgültige Absage. Der Führer der extremen Rechten (*Fuerza Nueva*), Blas Piñar, bekam nicht einmal 1 % der Stimmen. Die Mehrheit der Spanier hatte die als liberal einzustufende Partei des Ministerpräsidenten gewählt: Die UCD errang 35 % der Stimmen. Auf der gemäßigten Linken war die Sozialistische Arbeiterpartei (PSOE) unter Felipe González mit 29 % der Gewinner. Bei einem Mehrheitswahlsystem wäre der Erfolg der PSOE noch deutlicher ausgefallen. Flankiert wurden diese beiden großen Lager jeweils von links und rechts angesiedelten Parteien. Mit 1,5 Mio. Stimmen blieb die *Alianza Popular* Fraga Iribarnes deutlich hinter ihren Erwartungen zurück, ja sie errang mit 8,3 % sogar weniger Stimmen als die Kommunisten. Dennoch war die Ernüchterung über die 9,2 % beim PCE groß. Insgesamt ergab sich somit eine starke politische Mitte von konservativ-liberal und sozialistischen bzw. sozialdemokratisch eingestellten Wählern.

Die Regierung unter Premierminister Adolfo Suárez González bestand nun vor allem aus drei Vizepräsidenten: dem Minister für Verteidigung, zu dem der loyale General Gutiérrez Mellado ernannt wurde, Fernando Abril Martorell als Minister für allgemeine Politik und dem Minister für Wirtschaft, dem anerkannten Ökonomieprofessor Enrique Fuentes Quintana.

Die Ausarbeitung einer freiheitlichen Verfassung gehörte zur dringlichsten Aufgabe der neuen *Cortes*. Im engeren Ausschuß saßen Vertreter der wichtigen Parteien am Tisch. Für das liberalkonservative Lager kamen aus der UCD Miguel Herrero Rodríguez de Miñón, Gabriel Cisneros und José Pedro Pérez Llorca. Die übrigen Parteien stellten jeweils nur einen Vertreter, für den PSOE war dies Gregorio Peces-Barba, für die AP Manuel Fraga Iribarne, für die Kommunisten Jordi Solé Tura und für die Katalanen Miguel Roca Junyent. Zu diesem engeren Kreis der »Verfassungsväter« gehörte kein Vertreter des Baskenlands.

Zu Beginn des Jahres 1978 legte die Gruppe ihren Entwurf vor, der sich in manchen Aspekten am deutschen Grundgesetz orientierte. Im Laufe des Jahres passierte das

Projekt schließlich die parlamentarischen Gremien. Keine Zustimmung fand der Entwurf, der am 31. Oktober 1978 von den beiden Häusern in jeweils getrennter Abstimmung angenommen wurde, bei einigen rechtsaußen angesiedelten Vertretern der *Alianza Popular* sowie bei den radikalen Basken. Die bürgerliche Baskisch-Nationalistische Partei (PNV) enthielt sich bei der Abstimmung.

Die neue Verfassung bezeichnete Spanien als »sozialen und demokratischen Rechtsstaat«, fixierte die Grundrechte und hielt ausdrücklich an der Einheit der Nation fest. Jedoch wird in Artikel 2 der Tatsache Rechnung getragen, daß die spanische Nation aus »Nationalitäten und Regionen« zusammengesetzt sei, wobei deren jeweilige Sprachen, neben dem Spanischen, als weitere offizielle Sprachen anerkannt werden. In vielen Punkten, die diese Autonomien betreffen, blieb der Text ungenau. Am 6. Dezember 1978 wurde diese Verfassung mit 87 % der abgegebenen Stimmen in einem Referendum angenommen, allerdings war fast jeder dritte Wahlberechtigte nicht zum Wahllokal gegangen.

Renaissance des Regionalismus und kultureller Wandel

1977   29. September: Konstituierung der katalanischen *Generalitat*.
18. Oktober: Ernennung Josep Tarradellas' zum Präsidenten der katalanischen *Generalitat*.
1979   25. Oktobter: Annahme der Autonomiestatute für das Baskenland und Katalonien.
1980   März: Wahlen der baskischen und katalanischen Regionalparlamente.

Wenn die Abstimmung über die Verfassung nur knapp zwei Drittel aller Wahlberechtigten mobilisierte, lag dies nicht zuletzt daran, daß im Baskenland fast die Hälfte aller Stimmberechtigten am 6. Dezember den Urnen fernblieb oder sogar, wie vom PNV empfohlen, mit Nein stimmte. Während der Republik hatten insbesondere das Baskenland und Katalonien ihre besondere Stellung in Autonomiestatuten bestätigt bekommen. Um an diese Entwicklung anzuknüpfen, formierten sich sogenannte Parlamentarierversammlungen, die sich zu einer Art Repräsentativorgan zusammenfanden. Die Zusammenkünfte von Abgeordneten beschränkten sich nicht nur auf diese historischen Regionen. Anfangs stellte man sich im Baskenland die Frage, ob nur die drei baskischen Provinzen – Guipúzcoa, Alava und Vizcaya – oder auch Navarra in die baskische Autonomie mit einzubeziehen seien. Navarra konstituierte sich, nicht zuletzt aufgrund der starken UCD-Mehrheit in dieser Provinz, jedoch schnell als eigene Region. Andere Regionen, insbesondere Galizien und das Valencianer Land, hegten ebenfalls den Wunsch, ihre kulturelle und historisch begründete Eigenart innerhalb des spanischen Gesamtstaates anerkannt zu bekommen. Das Valencianer Land entschied dabei, sich von Katalonien abzusondern, ebenso wie Aragón, das kulturell, historisch und sprachlich gleichfalls enge Beziehungen zu Katalonien aufzuweisen hatte. Selbst Andalusien, das in seiner Geschichte stets Bestandteil Kastiliens gewesen war, reklamierte die Anerkennung seines Regionalismus. Hinzu traten die Regionen Asturien, die beiden Kastilien sowie die Hauptstadt als eigenes Autonomiegebiet. Auch Regionen, die kaum eine besondere Stellung für sich reklamieren konnten, wie Murcia, Santander oder La Rioja, kamen in diesem einigermaßen ungeordneten Prozeß, bei dem mitunter selbst faktische Grenzziehungen unsicher waren, in den Genuß der sogenannten Vorautonomie des Jahres 1978. Vierzig Jahre nachdem Franco die Regionen und ihre Eigenständigkeit abgeschafft hatte, zeigte sich der Regionalismus stärker als je zuvor. Insgesamt kam hier jene auch andernorts in der Europäischen Gemeinschaft spürbare Entwicklung zum Ausdruck, angesichts des supranationalen Prozesses in Brüssel die Eigenständigkeit der Regionen gegenüber dem Zentralstaat zu betonen. Die Verfassung von 1978 konnte diesen Prozeß nur noch nachträglich sanktionieren. Der Titel VIII der Konstitution regelte in den Artikeln 143 und 151 die Bildung und Existenz der 17 Regionen Spaniens. Im Interesse der Wahrung der Einheit des Landes untersagte die Verfassung Konföderationen mehrerer Regionen. Materiell waren die Regionalregierungen und -parlamente zufriedenstellend ausgestattet. Der Anteil der von den Regionen verwalteten öffentlichen Gelder stieg dabei zwischen 1985 und 1990 von 17 auf 24 %.

Waren die ersten 24 Monate ein einziger Triumphzug für die Demokratie, so zeigte sich in der Frage des baskischen Nationalismus das belastende Erbe des Franquismus. Durch die Siegerpose des *Caudillo* nachhaltig gedemütigt, waren die Basken nicht bereit, die neue Orientierung Madrids, die sie ebenfalls als eine Form kastilischer Hegemonie empfanden, anzuerkennen. Allerdings zeigte sich, daß die Vorstellungen über den weiteren politischen Kurs unter den Basken nicht unumstritten waren; eine Vielzahl von Parteien hatte bei den Wahlen von 1977 kandidiert. Vor allem aber sollte eine noch immer stark mit franquistischen Elementen durchsetzte Polizei die Stimmung im Baskenland zunehmend anheizen. Auf ETA-Attentate gegen Ordnungskräfte antworteten diese bei den Verhören von ETA-Gefangenen mit Folterungen. Angesichts der Ausschreitungen kam es wiederholt zu Solidarisierungen aller Basken gegen den spanischen Zentralstaat.

Zwar hegten auch die Katalanen eine Reihe von Vorbehalten gegenüber Madrid – und im Dezember 1976 lag die Zahl der Enthaltungen über dem Landesdurchschnitt –, doch versuchte diese Region 1977 an ihre republikanische

Tradition anzuknüpfen. In diesem Jahr feierten Barcelona und Katalonien die *Diada*, den Gedenktag an den Widerstandskampf gegen die kastilischen Truppen im Jahre 1714. Mit Josep Tarradellas, einem Repräsentanten der *Esquerra Republicana*, Mitglied der *Generalitat* während der Zweiten Republik und deren Exilpräsident, fand man zunächst einen Führer, der die am 29. September 1977 wiedereingerichtete Generalitat als Präsident eröffnete. Wie sehr die Krone diese regionalistischen Bestrebungen respektierte, ist daran abzulesen, daß im Juli 1977 Juan Carlos und Suárez diesen Repräsentanten des Katalanismus empfingen.

Neben der politischen Transition erlebten Spaniens Regionen einen rasanten kulturellen Wandel. Möglich geworden war die kulturelle Öffnung nicht allein durch den Wegfall der Zensur, die bereits vor dem November 1975 durchlässiger geworden war. Zentrale Bedeutung kam dem allmählichen kulturellen Wandel zu, der sich seit den sechziger Jahren angebahnt hatte und vom Regime teilweise auch toleriert worden war. Angesichts des Elitendisputes innerhalb des Regimes war in den letzten Jahren der Franco-Herrschaft die kulturelle Öffnung staatlicherseits kaum mehr zu kontrollieren gewesen. Die Entwicklungen in den regionalen Kulturen wurden nun gleichsam über Nacht sichtbar.

Die einzelnen Regionalsprachen erlebten eine – zum Teil auch künstliche – Blüte. Das Baskische, das kaum mehr gesprochen wurde, versuchte man seit der Transition zu einer lebendigen Sprache zu machen. Im Radio oder auf den Theaterbühnen hörte man immer häufiger das Katalanische. Auch diese Regionalsprache hatte durchaus Schwierigkeiten, ihre eigene Grammatik zu finden und wieder zu einer öffentlichen Sprache zu werden. Mit der Zeitung *Avui* erschien im April 1976 erstmals nach 37 Jahren eine Tageszeitung auf katalanisch. Nach dem endgültigen Wegfall der Zensur konnten die Texte von Miguel Hernández, Juan und Luis Goytisolo oder Juan Marsé ungehindert zir-

kulieren. Auf den Bühnen waren Stücke von Valle-Inclán
und Fernando Arrabal zu sehen. Intellektuelle, wie der
Dichter Rafael Alberti, kehrten ins Land zurück. Freilich
liefen in den Kinos nicht nur die Filme von Luis Buñuel,
auch Streifen pornographischen Inhalts profitierten von der
neuen Freizügigkeit.

Die krisenhafte Stabilisierung der Demokratie
(1979–1982)

1978 19. November: Aufdeckung der Militärverschwörung Gala-
       xis.
1979 1. März: Parlamentswahlen mit dem Sieg der UCD.
1981 23. Februar: Putschversuch des Oberstleutnants Antonio
       Tejero.
1981 25. Februar: Leopoldo Calvo Sotelo Regierungschef.
1982 23. Mai: Sieg der Sozialisten bei den Wahlen in Andalusien.
       30. Mai: Beitritt zur NATO.

Kaum drei Jahre nach dem Tod des Generalissimus verfügte Spanien über eine demokratische Verfassung. Noch
am Ende des Jahres 1978 verkündete Premierminister Suárez die Auflösung der *Cortes* und die Ausschreibung von
Neuwahlen für den 1. März 1979. Nach der verfassunggebenden Versammlung sollte nun eine verfassungsgemäß
bestellte Regierung die Geschicke des Landes in die Hand
nehmen, ein weiterer Schritt auf dem Weg zur Demokratisierung.

Die Zusammensetzung des am 1. März 1979 gewählten
Parlaments glich jener des Jahres 1977. Die UCD hatte
wiederum die Mehrheit der Spanierinnen und Spanier für
sich gewinnen können. Bei einer Wahlbeteiligung von 68 %

legte die Sozialistische Arbeiterpartei (PSOE) unter dem
Führungsduo Felipe González und Alfonso Guerra noch
einmal zu. Dies hing auch damit zusammen, daß der ange-
sehene und einflußreiche Enrique Tierno Galván sich mit
seiner Sozialistischen Volkspartei dem PSOE angeschlossen hatte (1978). Weder die Kommunisten unter Santiago
Carrillo noch die *Alianza Popular* Fraga Iribarnes konnten
Zugewinne beim Wahlvolk erzielen.

Bei den ersten Munizipalwahlen der nachfranquistischen
Epoche gewann die UCD insgesamt zwei Drittel aller Sitze
in den Kommunalparlamenten, doch schafften die Sozialisten, die fallweise mit den Kommunisten paktierten, den
Sprung ins Bürgermeisteramt einiger großer Städte. In Madrid wurde Enrique Tierno Galván Stadtoberhaupt. In den
Provinzhauptstädten ergab sich dagegen ein Patt zwischen
der UCD und dem PSOE. Die Tendenz zum Zweiparteiensystem unter Beibehaltung der Regionalparteien verstärkte
sich.

Die Eröffnung des Parlaments und die Investiturrede des
alten und neuen Ministerpräsidenten Suárez hielt eine
Überraschung für Volksvertreter und Öffentlichkeit bereit.
Suárez verweigerte die Aussprache über seine Regierungs-
erklärung, und nur mit Mühe und unter trickreicher, aber
nicht überzeugender Zuhilfenahme der Geschäftsordnung
gelang es dem Parlamentspräsidenten Landelino Lavilla,
den Antrag der Opposition auf Aussprache zu verhindern.
Das Signal war deutlich: Die Phase des Konsenses war vorüber. Bei der Einübung parlamentarischer Usancen hatte
Suárez, der Architekt der Transition, Schwächen gezeigt.

In den Zeitraum 1979/1980 fallen bemerkenswerte Veränderungen in der Parteienlandschaft. Von den zahlreichen
Parteien war bis zur zweiten *Cortes*-Wahl nach Franco nur
eine Handvoll übriggeblieben. Für sie alle stellte sich nun
die Frage einer weiteren Anpassung an die spanische Gesellschaft. So hatte die UCD es zweimal verstanden, die liberalkonservativen Segmente der Wählerschaft anzuspre-

chen. Die beeindruckenden Wahlerfolge konnten jedoch die Tatsache nicht übertünchen, daß die Einigkeit innerhalb dieser Partei alles andere als festgefügt war. Schon auf ihrem ersten Parteikongreß (19. Oktober 1978) hatte man nur in puncto Partei- und Ministerpräsident Übereinstimmung erzielen können. Zu weit klafften die Vorstellungen der »Barone« aus dem liberalen, christdemokratischen oder liberalkonservativen Lager auseinander. Weiter rechts im politischen Spektrum angesiedelt, wurde Fraga Iribarne nicht müde, eine neue Gruppierung für die konservativ-nationalistisch gesinnte Rechte zu fordern, die angeblich die »natürliche Mehrheit« hinter sich habe und die der Gefahr eines sich ausbildenden Zweiparteiensystems aus UCD und PSOE entgegentreten sollte. Doch die Urnengänge zeigten, daß die vielbeschworene rechte Mehrheit nicht vorhanden war. Zentrum bedeutete immer mehr eine linke Mitte in Spanien.

Um diese Mitte bemühte sich zunehmend Felipe González, der auf dem 28. Kongreß des PSOE im Mai 1979 dafür plädierte, den Marxismus aus dem Parteiprogramm ebenso zu streichen wie Anklänge an eine revolutionäre Sprache. Gegen diesen Antrag der Sevillaner Gruppe um González stellte sich eine Fraktion in der Partei. González trat daraufhin zurück, nicht ohne kurze Zeit später auf einem außerordentlichen Parteitag Ende September eine überwältigende Mehrheit für seinen Vorschlag zu erringen. Der Sieg der Sevillaner Fraktion führte zum Verstummen der innerparteilichen Kritiker. In alter Tradition wurde der PSOE nunmehr vom personalistischen Stil Felipe González' und des zweiten Mannes Alfonso Guerra geprägt. Nicht minder einschneidend waren die Veränderungen jener Jahre für die Kommunisten. Der PCE war deutlich hinter seinen Erwartungen zurückgeblieben. Der Eurokommunismus des Italieners Enrico Berlinguer sowie des Franzosen Georges Marchais erfaßte nunmehr auch den PCE. Santiago Carrillo konnte durch seine Absage an den Leninismus zunächst eine weitere parteiinterne Krise verhindern. Doch schwelte wegen fortgesetzter antidemokratischer Praktiken der Unmut unter einigen Parteimitgliedern weiter. 1980 formierte sich eine Gruppe von »Erneuerern« um den bekannten Wirtschaftsprofessor Ramón Tamames und den Verfassungsvater und Juristen Jordi Solé Tura.

Was das regionalistische Parteienspektrum anging, so stand der bürgerlichen Baskisch-Nationalistischen Partei (PNV) die radikalere, linksorientierte *Herri Batasuna* gegenüber, die den militärischen Kampf der ETA politisch unterstützte. Aber auch dem PSOE – und später den spanischen Konservativen – gelang ein bedeutender Einbruch in das baskische Wählerpotential, ein Umstand, der mit der starken Migration von Spaniern in diese Industrieregion zusammenhing. Bei den Wahlen des Jahres 1980 wurde im Baskenland der PNV zwar zur stärksten, aber nicht alles beherrschenden Kraft. Der erste Regierungschef (*lehendakari*) wurde Carlos Garaicoechea, den 1985 José Antonio Ardanza ablöste.

Zu Beginn des Jahres 1981 spitzte sich die Lage in den baskischen Provinzen dramatisch zu. Beim Besuch einer Versammlung von Volksvertretern in Guernica mußte sich der König Beschimpfungen gefallen lassen. Kurze Zeit später kam ein ETA-Aktivist nachweislich durch Folterungen bei Verhören bzw. im Gefängnis ums Leben. Angesichts dieses Vorfalls solidarisierten sich auch bürgerliche Kreise, die dem bewaffneten Kampf und den linken Parolen der ETA distanziert gegenüberstanden, mit ihren Landsleuten.

Wesentlich friedlicher verlief der Transitionsprozeß in Katalonien. Nachdem in der ersten Zeit die Linksparteien dominiert hatten, leiteten die Wahlen von 1980 die Herrschaft der bürgerlichen katalanischen *Convergencia i Unió* unter Jordi Pujol ein. Bis 1999 wurde dieser fünfmal zum Präsidenten der *Generalitat* gewählt. Auch Korruptionsskandale, in die Pujol verwickelt war, konnten seiner Stellung nichts anhaben. Zwischen 1980 und 1982 schritt man ferner in Galizien und Andalusien zur Wahl der einzelnen Regionalregierungen.

Der Kurs der Regionalisierung Spaniens entzweite die Regierungspartei immer mehr. Vertreter des rechten Flügels sahen den Gedanken des spanischen Einheitsstaates gefährdet. Der Streit innerhalb der UCD entzündete sich dabei an der Frage des andalusischen Autonomiestatuts. Für die Abstimmung über dieses regionale Anliegen hatte die UCD zur Enthaltung aufgerufen und wurde hierfür von den Wählern bestraft. Die innerparteilichen Rivalitäten spitzten sich immer weiter zu. Sosehr Adolfo Suárez sich als geschickter Architekt in den entscheidenden Monaten der Jahre 1976–1978 erwiesen hatte, so deutlich wurden nunmehr seine Grenzen als Parteipolitiker offenbar. Er vermochte es nicht, dem vielstimmigen Chor der UCD aus Christdemokraten, Sozialdemokraten, Liberalen und Konservativen eine einheitliche Stimme zu verleihen. Am 29. Januar 1981 erklärte Suárez schließlich seinen Rücktritt. Sein Versuch, mittels einer liberalen Partei (CDS) auf die Politik des Landes Einfluß zu nehmen, scheiterte 1996 endgültig.

Sein Nachfolger Leopoldo Calvo Sotelo, der bisherige Präsident der UCD, errang im ersten Wahlgang nicht die erforderliche Mehrheit der *Cortes*-Abgeordneten. Für den 23. Februar 1981 war der zweite Wahlgang anberaumt. In dieser Situation des drohenden Zerfalls der UCD, zunehmender Arbeitskämpfe, Entführungen durch die ETA sowie unangemessener Methoden der Ordnungskräfte ereignete sich der Putschversuch, dessen genaue Hintergründe und Drahtzieher bis heute noch nicht völlig bekannt sind. Fraglich ist nicht nur die Rolle zahlreicher Kreise des Militärs, ungeklärt ist auch die Haltung von Teilen der Kirche zu diesem Vorgang. Am 23. Februar 1981 gegen 18.30 Uhr drang der Oberstleutant der *Guardia Civil*, Antonio Tejero, sekundiert von 200 Mann, in die *Cortes* ein, als diese gerade den zweiten Wahlgang zur Bestellung des Ministerpräsidenten abhalten wollten. Angesichts der in die

Luft gefeuerten Schüsse gingen die vollkommen überrasch-
ten Abgeordneten auf ihren Sitzen in Deckung – mit Ausnahme von drei Parlamentariern: Gutiérrez Mellado, Santiago Carrillo und Adolfo Suárez. Für über 24 Stunden befanden sich die *Cortes*-Mitglieder in den Händen des
Oberstleutnants. Dieser wartete offensichtlich auf Instruk-
tionen, die aber ausblieben. Geheimnisvoll ist von einer
Ansprache die Rede, die eine nicht näher bezeichnete Person (»weißer Elefant«) halten wollte. Die Identität dieser
Person ist bis heute nicht geklärt. Obwohl alle hohen militärischen Kommandeure eingeweiht waren, erhob sich nur
in Valencia der dortige Generalkapitän Jaime Milans del
Bosch. Auch Alfonso Armada Comín, der zweite Chef des
Estado Mayor, gab sich als Putschist zu erkennen und wollte eine Regierung der nationalen Rettung unter seiner Leitung und mit Unterstützung des Königs einsetzen. Dagegen blieb die *División Acorazada* in Brunete, vor den Toren
der Hauptstadt, unentschlossen. Man diskutierte heftig die
Lage. Das Land hielt den Atem an. Nach langen Telefona-
ten des Königs mit Militärs und Politikern, in denen er seine Entschlossenheit zur Demokratie bekräftigte, wandte er
sich schließlich am 24. Februar gegen ein Uhr morgens an
die Spanier und verurteilte den Versuch des Staatsstreichs.
   Diese Aktion stellte den bisherigen Höhepunkt einer
Entwicklung dar, die mit der Ablehnung des »politischen
Reformprojektes« des Jahres 1976 durch 15 militärische
Cortes-Mitglieder ihren Anfang genommen hatte. Die Zulassung des PCE bildete einen weiteren Markstein für jenen
Teil des Heeres, der dem franquistischen Staat nachtrauerte.
Bereits gegen Ende 1978 war die Verschwörung Galaxis,
benannt nach einem Café, in dem der Putschplan entwor-
fen worden war, aufgedeckt worden. Ihr Ziel war es, den
Moncloa-Palast, den Sitz des Ministerpräsidenten, zu stür-
men. Bereits hier war der Oberstleutant Tejero involviert.
In der franquistischen Zeitung *El Alcázar* waren im Verlaufe des Jahres 1980 Stimmen zu vernehmen, die einen Sturz

des demokratischen Systems forderten. Nicht unwesentlich
für diese Aktionen war die Dekolonisierung Nordafrikas,
bei der Spanien Teile der Sahara verlor. Das imperiale
Selbstverständnis traditioneller Kreise des Militärs wurde
durch diese Politik schwer getroffen. Keiner der Putschplä-
ne oder gar der Versuch vom 23. Februar 1981 (»23-F«)
führte zum Ziel. Da der König entschieden die Erhebung
verurteilte, war auch der letzte Zweifel über die Haltung
der Krone beseitigt. Das Scheitern dieses Putschversuches
legte nicht nur die Gespaltenheit des Militärs offen, es markierte den endgültigen Sieg der demokratischen Kräfte. Mit
dem im Mai 1982 erfolgten Beitritt Spaniens zum Nordat-
lantikpakt (NATO) war ferner ein Signal an das eigene Militär verbunden, sich an die Standards und Spielregeln moderner Streitkräfte anzupassen.

Obwohl in den Wochen und Monaten unmittelbar nach
dem versuchten Staatsstreich die Reformpläne etwas ver-
haltener formuliert wurden, änderte dies am weiteren Verlauf des Demokratisierungsprozesses letztlich wenig. So
ließ sich die Herausbildung eines Spaniens der autonomen
Regionen ebensowenig aufhalten wie der Zerfallsprozeß
der Regierungspartei unter Calvo Sotelo. Bei den andalusischen Regionalwahlen im Mai 1982 flossen beide Prozesse
zusammen. Andalusien baute seine regionale Eigenständigkeit aus, was zu Lasten der UCD ging. Die Niederlage der
Regierungspartei führte dann zur Ausschreibung vorgezo-
gener Neuwahlen für den Oktober 1982.

Felipe González und die sozialistische Phase
(1982–1996)

1982	28. Oktober: Wahlsieg der Sozialisten.
	2. Dezember: Felipe González Ministerpräsident.
1983	8. Mai: Wahlen der Autonomien.
	12. Juni: Unterzeichnung der Protokolle zur Mitgliedschaft in der Europäischen Gemeinschaft.
1986	Referendum über die NATO-Mitgliedschaft (52,5 % Ja-Stimmen).
	Bestätigung der Regierung González bei Wahlen.
1987	Generalstreik gegen die sozialistische Regierung.
1989	29. Oktober: Vorgezogene Neuwahlen; der PSOE verliert die absolute Mehrheit.
1991	12. Februar: Rücktritt des Vizepräsidenten Alfonso Guerra.
1993	6. Juni: Letzter Wahlerfolg der sozialistischen Regierung.

Mit dem Slogan »Für den Wandel« errang die Sozialistische Arbeiterpartei im Oktober 1982 einen triumphalen Wahlsieg, der die politische Landschaft Spaniens von Grund auf veränderte. Begünstigt durch das Mehrheitswahlrecht errangen die Sozialisten unter dem Sevillaner Felipe González die absolute Mehrheit der Sitze, ein Wahlerfolg, den sie 1986 wiederholen konnten und 1989 knapp verfehlten; nach den Wahlen von 1993 waren sie auf die Unterstützung der katalanischen Nationalisten angewiesen, die diese aber im Herbst 1995 aufkündigten. Mit dem Amtsantritt im Dezember 1982 begann die bisher längste Phase der Herrschaft einer Partei in der Geschichte des Landes. Die Parteien liberaler und rechter Provenienz (CDS, *Alianza Popular*) sollten sich in den nächsten Jahren ebensowenig von der Wahlniederlage erholen wie die Kommunistische Partei.

Nunmehr gelangte eine Reihe junger Politiker an die Regierung, die nicht mehr dem Bild des traditionellen Arbeiterführers entsprach. Wie in der westeuropäischen und

deutschen Sozialdemokratie jener Zeit üblich, hatten sie
meist eine akademische Ausbildung genossen. Ihr Reform-
begriff war weniger den Ideen der traditionellen Arbeiterschaft verpflichtet – z. B. dem der damaligen britischen
Labour Party – als vielmehr dem Ideal einer sozial abgefe-
derten Modernisierung, ähnlich dem der deutschen Sozialdemokratie, die mit Willy Brandt einen gewissen Einfluß
auf die spanische Arbeiterpartei ausübte. So war der Regierungsantritt des PSOE kein Wechsel hin zum Sozialismus.
Zwar fand der PSOE seine Wähler in der Arbeiterschaft,
doch im Kampf um die Mitte war den Sozialisten auch der
Einbruch in breite bürgerliche Schichten gelungen. Mit ihrem Reformprojekt der Modernisierung Spaniens, in dem
zwar die sozialpolitischen Komponenten – die Verbesserung der sozialen Leistungen sowie der Renten oder die Eröffnung von Bildungschancen – eine gewisse Rolle spielten,
hielten sich die Sozialisten Spaniens von wirtschaftspolitischen Experimenten fern, wie sie die fast zeitgleich in
Frankreich an die Macht gekommenen Sozialisten unter
Staatspräsident François Mitterrand versuchten. Statt wie
die französische Regierung unter Mauroy auf Keynesianis-
mus und ein erhöhtes Engagement des Staates in der Wirtschaft zu setzen, verfochten die spanischen Sozialisten von
Anfang an eine sozialdemokratisch-liberale Wirtschaftspolitik.

Die Regierungszeit des PSOE war zunächst von einer
Phase der vielfältigen Reformen (1982–1986) geprägt, in der
man versuchte, die emanzipatorischen Elemente in der spanischen Gesellschaft zu fördern. Die größte Errungenschaft
der ersten sozialistischen Regierung stellte dabei der Beitritt
zur Europäischen Gemeinschaft dar. In die zweite Phase
(1987–1992) fiel die Zeit des wirtschaftlichen Booms, der bis
zum Herbst 1992 anhielt. Die letzten Regierungsjahre markierten eher eine Phase des Stillstandes (1993–1996).

Vor allem in der ersten Phase der Jahre 1982–1986 nahmen sich die Sozialisten einer Reihe von drängenden wirt-

schaftlichen Problemen an, bei denen der gemäßigte Finanzminister Miguel Boyer große Umsicht bewies. Dazu gehörte nicht nur die spektakuläre Liquidation des größten spanischen Wirtschaftsimperiums (Rumasa), das unter dem Andalusier José María Ruiz Mateos durch Spekulationsgeschäfte entstanden war. Als viel nachhaltiger sollte sich die Veränderung der Besteuerungsstruktur erweisen. Unter der sozialistischen Regierung griff der Fiskus stärker als bisher auf Kapitalien und Unternehmen zu. Nicht minder durchgreifend wirkte die sogenannte *reconversión*, jener Prozeß, bei dem die vom Franco-Staat hochsubventionierte Stahlindustrie und andere unrentable Staatsunternehmen dem internationalen Wettbewerbsdruck angepaßt – und teilweise auch preisgegeben – werden sollten. Von der internationalen Werftenkrise waren auch die spanischen Schiffbauer in Vigo und Cádiz, in El Ferrol und Bilbao betroffen. Zwar bemühte sich die Regierung unter dem Wirtschaftsminister Carlos Solchaga (1985–1993) um eine sozialpolitische Abfederung dieser in der Zeit der Importsubstitution entstandenen Schwergüterindustrie, doch an ihrem politischen Willen, z. B. die Altos Hornos de Sagunto nicht weiter mit staatlichen Zuschüssen am Leben zu erhalten, ließ die Regierung keinen Zweifel. Während sich die Arbeiterkommissionen von Anfang an kritisch zeigten, hielt die sozialistische UGT in dieser ersten Phase zur PSOE-Regierung, wodurch ein Teil der sozialpolitischen Spannungen abgemildert werden konnte. Dies ist um so erstaunlicher, als für den sozialen Sektor in dieser Phase noch immer vergleichsweise wenig Mittel aus dem Staatshaushalt aufgewandt wurden. Erst in der zweiten Hälfte der achtziger Jahre stiegen die Ausgaben für Erziehung, Gesundheitswesen, Arbeitsmarktförderung und soziale Absicherung auf nie gekannte Höhen. Freilich lagen sie 1996 mit 46,5 % noch immer unter dem EU-Durchschnitt von 50,6 %. Insgesamt fand die sozialistische Regierung in ihrer ersten Legislaturperiode noch keine Antwort auf die seit 1973 schwelende

Wirtschaftskrise. Vom Ende der Franco-Zeit an war die Zahl der Arbeitsfähigen ohne Beschäftigung stetig gestiegen, um im Dezember des Jahres 1985 ihren vorläufigen Höhepunkt mit einer Quote von 21,67 % zu erreichen.

Eng verknüpft mit den inneren Reformen war die außenpolitische Öffnung, die sich vor allem in zwei Richtungen bewegte. Schon unter Calvo Sotelo war der Beitritt zur NATO (1982) vollzogen worden. Vor allem aber strebte die Regierung González die Integration Spaniens in die Europäische Gemeinschaft an. Schon während der Diktatur hatte es immer wieder Versuche einer Annäherung gegeben, wobei ein vom Botschafter Ullastres ausgehandeltes Handelsabkommen (1970) den größten Erfolg des Franco-Regimes darstellte. Bereits im Juli 1976 hatte Adolfo Suárez die Europäische Gemeinschaft um die Aufnahme Spaniens ersucht. Konnte man bisher das Integrationsgesuch stets unter Verweis auf die undemokratische Verfassung ablehnen, so zeigte sich jetzt, daß es dafür auch wirtschaftliche Gründe gegeben hatte. Nicht zuletzt die Haltung des französischen Staatspräsidenten Valéry Giscard d'Estaing, der mit Rücksicht auf die französische Landwirtschaft die Beitrittsverhandlungen verzögerte, ließ den Aufnahmeprozeß zunächst ins Stocken geraten. In der Tat bildeten die spanischen Agrarexporte und der Fischereisektor die schwierigsten Hindernisse für den Beitritt. 1970 waren noch immer 29,5 % der spanischen Erwerbstätigen im Agrarsektor beschäftigt (EG-Durchschnitt 11 %). Mit François Mitterrand und dem deutschen Bundeskanzler Helmut Kohl, der den Zusammenhang von EG-Beitritt und NATO-Mitgliedschaft als zentral ansah, beschleunigten sich die Verhandlungen ab 1984. Es bedeutete nicht zuletzt einen psychologischen Triumph des demokratischen Spanien, daß die jahrelange Isolation mit der Aufnahme des Landes in den Kreis der europäischen Gemeinschaftsländer (1985) überwunden wurde. Ein gewisser Stolz auf die Zugehörigkeit zu Europa war in jener Zeit unübersehbar. Das Angleichen an die europäischen Standards wurde nun zur großen, mitunter euphorisch in Angriff genommenen Aufgabe.

In der Tat zahlte der PSOE für den EG-Beitritt einen hohen Preis. Hatten die Sozialisten 1981/1982 anläßlich der NATO-Mitgliedschaft ihre ablehnende Haltung zum Eintritt in den Verteidigungspakt erklärt und darüber ein Referendum verlangt, so verlangten die PSOE-Mitglieder jetzt von der Parteiführung die Beachtung des alten Kurses. Nunmehr aber legten Felipe González und die Parteiführung als Regierungsverantwortliche den Spanierinnen und Spaniern ein Ja zur NATO-Mitgliedschaft nahe. In einem stark polarisierten Wahlkampf stand das Prestige der PSOE-Regierung auf dem Prüfstand. Mit einer überraschend hohen Mehrheit von 52,5 % (gegen 39,8 %) befürworteten die Wähler den Kurs der Regierung, die damit ihr Gesicht wahren konnte.

Neben der Öffnung in Richtung Europäische Gemeinschaft und NATO nutzte die sozialistische Regierung die durch den Regierungsantritt François Mitterrands veränderte außenpolitische Lage zur Eindämmung des innenpolitisch drängendsten Problems: des ETA-Terrorismus. Der profunde Wandel Spaniens, von dem die Polizeikräfte freilich noch kaum erfaßt worden waren, hatte die militärisch ausgerichtete Hauptströmung der ETA in keiner Weise beeindruckt. Nach wie vor übte sie ihren Terror in gezielten Anschlägen auf Personen oder mittels Autobomben aus, die auch unbeteiligte Passanten treffen konnten. Bislang hatten die ETA-Aktivisten häufig Unterschlupf im benachbarten französischen Baskenland gefunden und wurden dort als Widerstandskämpfer gegen den Franquismus gefeiert. Ab dem Herbst 1982 begann eine Phase verstärkter Kooperation mit der sozialistischen Regierung in Frankreich. In der Tat sollten in den folgenden Jahren wichtige Erfolge im Kampf gegen die ETA erzielt werden. Bei der Terrorismusbekämpfung arbeiteten die staatlichen Ordnungskräfte jedoch nicht immer mit rechtsstaatlichen Mitteln. 1987 geriet Innenminister Barrionuevo ins Kreuzfeuer der Kritik, da man ihn für Exzesse und Mißerfolge bei der Bekämpfung des ETA-Terrors verantwortlich machte. Die sogenannte Antiterrorgruppe GAL wurde aus staatlichen Mitteln bezahlt und schreckte auch vor Entführungen nicht zurück.

Die zweite Amtszeit der Regierung González läutete eine Phase des Wirtschaftsbooms bis zum Ende des Jahres 1992 ein. Dieser war nicht nur durch die aus Brüssel nach Spanien geflossenen EG-Gelder angestoßen worden – wenngleich diese Zuweisungen nicht zu vernachlässigen sind –, auch das gute Investitionsklima beförderte den Wirtschaftsaufschwung. Die Industriestruktur erlebte eine Anpassung an die EU-Standards. Allerdings zeigte sich dabei auch eine Eigentümlichkeit der spanischen Sozialgesetzgebung. Es war den Sozialisten vorbehalten, einige der Schutzbestimmungen der franquistischen Arbeitsgesetze zu verändern. Dies geschah nicht etwa im Sinne einer sozialistischen Umgestaltung, vielmehr folgte die Flexibilisierung der Arbeitsverhältnisse und des Arbeitsmarktes neoliberalen Ordnungsvorstellungen. Während sich die kommunistischen Arbeiterkommissionen (CCOO) diesem Ansinnen verschlossen, unterzeichnete die UGT einen solchen Pakt mit dem spanischen Unternehmerverband (*Confederación Española de Organizaciones Empresariales*, CEOE). Doch im Jahre 1988 – vor dem Hintergrund eines kurzzeitigen Konjunkturabschwungs – sah sich die sozialistische Regierung mit einer massiven sozialpolitischen Herausforderung konfrontiert: die Gewerkschaften – auch die UGT – riefen zu einem Generalstreik auf, der auf eine hohe Resonanz stieß.

Im Bereich der Reformen des Erziehungswesens zeigte sich, mit welcher Vorsicht die Regierung zu Werke ging, um die immer noch starke und einflußreiche Kirche nicht zu provozieren. 1989 demissionierte der Erziehungsminister José María Maravall nach sieben Jahren Amtszeit, da er sich mit seinen Plänen, die den Einfluß der Kirche im privaten Schulwesen beschnitten hätten, nicht durchsetzen konnte.

Auch in der Abtreibungsfrage blieb die Kirche mit ihren Vorstellungen weitgehend Sieger gegen einen Teil der sozialistischen Parteianhänger und Parlamentarier. Erst in der Opposition versuchten die Sozialisten 2000 erfolglos, eine Neuregelung des Schwangerschaftsabbruches zu erreichen.

Über einen langen Zeitraum zog sich die Reform der spanischen Streitkräfte hin. Statt drei Ministerien wurde 1982 ein Verteidigungsminister, der Katalane und Zivilist Narcis Serra, mit den Militärangelegenheiten betraut. Langsam wurde die Zahl der Offiziere und Mannschaften reduziert. Ein Gesetz zum Personalwesen ließ 1989 auch Frauen zum Dienst in der Armee zu. Die alten Generalkapitanate wurden abgeschafft.

Der PSOE war seit 1982 die führende Partei und ging aus den Wahlen des Jahres 1986 mit absoluter Mehrheit hervor. Gleichwohl begann sie erstmals in absoluten Zahlen Wählerstimmen zu verlieren; nur die Tatsache, daß die Rechte unter Fraga Iribarne ebenfalls Einbußen hinnehmen mußte, kaschierte diesen Umstand. Noch immer waren die Liberalen und die Rechte nach dem Zusammenbruch der UCD sowie nach dem gescheiterten Versuch von Adolfo Suárez, mit dem *Centro Democrático y Social* (CDS) eine liberale Partei aufzubauen, parteipolitisch ohne Heimat. Die einzige Gruppierung, die dem Wahlsieg des PSOE etwas entgegenzusetzen hatte, war jene des wendigen Manuel Fraga Iribarne, der mit seiner Partei gleichwohl über 25–30 % nicht hinauskam. Fraga Iribarne, der Minister unter Franco gewesen war, und zahlreiche seiner Anhänger wurden den Geruch nicht los, mit dem Franquismus noch nicht abgeschlossen zu haben. Dennoch bestand Fraga Iribarnes Leistung darin, den Reformkurs in der spanischen Rechten vorangetrieben zu haben. Die Früchte dieser jahrelangen parteipolitischen Arbeit konnte freilich nicht mehr er selbst ernten. 1989 führte bereits José María Aznar die Konservativen in den Wahlkampf des neugegründeten *Partido Popular* (PP). Im folgenden Jahr wurde Aznar Parteichef und Fraga Iribarne Regierungschef der galizischen Regionalregierung, ein Amt, das er seitdem innehat.

Nicht weniger vernichtend hatte sich 1982 die Niederlage auf die Kommunisten ausgewirkt. Der historische Führer Santiago Carrillo hatte mit seinem eurokommunistischen Reformkurs die Wähler nicht halten können. Die parlamentarische Vertretung des PCE sank nach 1982 auf vier Sitze; 1979 hatte er noch 23 Mandate errungen. Der sozioökonomische Wandel in Spanien führte zur Auflösung der kommunistischen Wählerschaft. Der Rücktritt Carrillos und sein Nachfolger, der Asturianer Gerardo Iglesias, konnten das Blatt für den PCE nicht wenden. 1986 präsentierte er sich in einer Art Regenbogenkoalition der Vereinigten Linken (*Izquierda Unida*), in der auch erstmals die Grünen auftraten. Diese heterogene Gruppierung brachte es in den 1986 bestellten *Cortes* auf ganze sieben Sitze. 1988 folgte Julio Anguita aus Córdoba, der einzige kommunistische Bürgermeister des Landes, als Generalsekretär des PCE. Nur im Bündnis der Vereinigten Linken (IU) gelangen dem PCE Erfolge. Bei den Wahlen des Jahres 1996 errang die gemeinsame Liste immerhin 10,6 %.

Mit der nationalen Ebene ist die Politik der demokratischen Ära nur unzureichend beschrieben. Die Autonomiestatuten führten in den spanischen Regionen zu einer ausgeprägten Parlaments- und Politikkultur. Der Anteil der nationalistisch eingestellten Wähler stieg zwischen 1977 und 1991 um etwa das Doppelte an, sowohl im Baskenland (von 34,5 % auf 67,2 %) als auch in Katalonien (von 20 % auf 54,5 %). Dabei war der Wille zur vollkommenen Unabhängigkeit im Baskenland mit 32 % deutlich ausgeprägter als bei den katalanischen Nationalisten (15 %). Insbesondere im Baskenland und Katalonien etablierten sich in den achtziger Jahren bürgerliche nationalistische Parteien, wo-

Spaniens autonome Regionen heute

bei nur dem Katalanen Jordi Pujol die Rolle des unbestrittenen Regionalpolitikers zukam. Seine Gruppierung *Convergencia i Unió* (CiU) erlangte zeitweise sogar die absolute Mehrheit, während es die Baskisch-Nationalistische Partei (PNV) meist nur auf die einfache Mehrheit brachte. Sowohl CiU als auch PNV erlangten Sitze im nationalen Parlament und Senat. Und dennoch waren die regionalistischen Parteien nicht unbedingt die Nutznießer dieser Stimmung; im Baskenland ging der Anteil der Wähler, die den Regionalparteien ihre Stimme gaben, im Laufe der neunziger Jahre zurück. Als Bastionen des PSOE erwiesen sich bei der Wahl der Regionalparlamente 1987 Andalusien, Ex-

tremadura und Kastilien-La Mancha, wohingegen die
Rechte in Kantabrien und Galizien ihre Stellung behaupten
konnte. Im Sinne eines föderalen Systems nutzten die Wähler 1987 den Urnengang dazu, der PSOE-Regierung in Madrid mit der Übertragung der Autonomieregierungen an
den PP in Kastilien-León, Valencia, Murcia und Aragón einen Denkzettel zu verpassen.

Bezeichnend für die Befindlichkeit der spanischen Gesellschaft war, daß des fünfzigsten Jahrestages des Ausbru-
ches des Bürgerkrieges im Jahre 1986 in keiner Weise öffentlich gedacht wurde. Sieht man von einigen Feuilletons
in den Zeitungen ab, so wurde dieser Tag eher totgeschwie-
gen als zum Anlaß einer Aufarbeitung oder Reflexion genommen. Noch zu sehr wirkte dieses Trauma nach, als daß
man fünf Jahre nach dem letzten Putschversuch faschisti-
scher Kreise hätte unbefangen diskutieren können. Statt
dessen war die Regierung bestrebt, mit der Weltausstellung
in Sevilla und der Ausrichtung der Olympiade in Barcelona
der Weltöffentlichkeit das Bild eines neuen Spanien im Jahr
der Kolumbusfeierlichkeiten 1992 zu präsentieren.

Bei der Wiederwahl von 1989 profitierten die spanischen
Sozialisten nicht mehr in vollem Umfang von ihren Re-
formerfolgen, obwohl es gelang, die Arbeitslosigkeit etwas
zurückzuschrauben (16 %). Immer stärker wurde nun der
Pragmatismus des PSOE und vor allem der Personalismus
unter González (*felipismo*) spürbar. Während der Ministerpräsident einen eher unideologischen Kurs praktizierte,
formulierte der bisherige Weggefährte und Vizepräsident,
Alfonso Guerra, ein auf sozialistische Prinzipien pochendes
Programm. Schon 1984 hatte sich die Kluft zu den Regie-
rungspragmatikern aufgetan, als die sogenannten *reforma-
dores* – die Minister Javier Solana, José María Maravall und
Joaquín Almunia – aus dem Parteivorstand abgewählt wurden. Seit dem Generalstreik hatte sich dieser Dissens, der
an ähnliche Debatten in der Sozialistischen Internationale
erinnert, vertieft, gleichwohl war die Loyalität Guerras ge-

genüber dem Regierungs- und Parteichef unbestritten. Schließlich kam es aber doch zum Bruch mit dem Sevillaner Weggefährten, der nach wie vor über starken Einfluß im Parteiapparat verfügte. Eine Korruptionsaffäre um den Bruder Alfonso Guerras führte im Februar 1991 zum Rücktritt des Vizepräsidenten.

Sosehr sich die Sozialisten um eine Reform der Gesellschaft bemühten, in einigen Punkten war ihnen die Zivilgesellschaft vorausgeeilt. Genossen spanische Politiker in weiten Kreisen der Bevölkerung Anfang der achtziger Jahre noch ein gewisses Prestige, so schwand dieses Ansehen angesichts eines sozialistischen Politikstils, der eher an die Zweite Republik und bestimmte Praktiken des 19. Jahrhunderts erinnerte als an eine auf Partizipation ausgerichtete Politik. Nicht nur der PSOE litt an einem auf den Ministerpräsidenten hin orientierten Personalismus. Im Parlament ließ die absolute Mehrheit nicht nur der Opposition kaum Raum, vielmehr sorgte eine strenge Fraktionsdisziplin dafür, daß innerparteilicher Widerstand oder Diskussionen kaum aufkommen konnten. Insbesondere aber litt das moralische Ansehen der sozialistischen Regierung. Eine Fülle von Korruptionsfällen, die über das übliche Maß an Bestechlichkeit weit hinausgingen, erschütterte das Land. Zwar war in diese Fälle der Regierungschef nie selbst involviert, doch seine Nachsicht gegenüber den schwarzen Schafen im eigenen Lager führte auch zu einem Ansehensverlust seiner Person. Zu den Affären zählte nicht nur die Veruntreuung öffentlicher Gelder, auch einige Abhörskandale, die selbst dem König galten, erschütterten das Land. Im Zuge der schleichenden Politisierung der Justiz griffen insbesondere der Opposition nahestehende Richter diese Verfehlungen gerne auf, um die sozialistische Politik insgesamt zu diskreditieren. Zeitungen und Nachrichtensendungen enthielten mitunter nicht enden wollende Gerichtsreportagen über Korruptionsaffären.

Schon der Wahlkampf des Jahres 1993, den die Sozialisten auf die Figur des immer noch anerkannten Ministerpräsi-

denten ausrichteten, war begleitet vom Thema der Korruption. González' Werben um die Arbeiterschaft stieß jedoch
bei der UGT und der gesamten Linken eher auf Skepsis.
Daß Felipe González ein weiteres Mal als Ministerpräsident
in den Moncloa-Palast einzog, lag nicht zuletzt auch daran,
daß er bei den erstmals in Spanien durchgeführten Fernseh-
debatten mit dem Kontrahenten José María Aznar seine Er-
fahrung zur Geltung bringen konnte. Der PSOE konnte die
absolute Mehrheit nicht erringen. Statt sich an die Vereinigte Linke zu wenden, schloß González ein Bündnis mit den
bürgerlichen Nationalisten Kataloniens. Die liberal-konser-
vative *Convergencia i Unió* unter Jordi Pujol stieg so zum
großen Gewinner des Urnengangs auf.

In der Frage des Terrorismus konnten die Sozialisten keine Erfolge erzielen. Zwar diskutierte ein Teil der ETA zu
Beginn der achtziger Jahre die Kombination einer politischen und gleichzeitig militärischen Option (*ETA politico-
militar*), aus der die ETA-freundliche Parteigruppierung
Herri Batasuna (1978–98, 1998–2001 *Euskal Herritarrok*,
seitdem *Batasuna*) hervorging, doch blieben die Kampfbe-
reiten nach wie vor einflußreich. Während in der Franco-
Zeit 54 Personen ETA-Attentaten zum Opfer fielen, waren
es in der Zeit der UCD 337. In den 14 Jahren sozialistischer
Herrschaft brachte die ETA 377 Menschen um. Gut zwei
Drittel der Opfer waren Militärs und Polizisten. 151 ETA-
Aktivisten hatten bis 1996 ihr Leben verloren.

Die in der Transitionsphase nicht immer nach rechtsstaatlichen Kriterien arbeitende Polizei belastete unbestreitbar die Lösungsversuche. Doch im Laufe der achtziger Jahre wandelte sich die Stimmung im Baskenland gegen die
ETA. Mitten im Wahlkampf des Jahres 1996 drang ein
ETA-Aktivist auf dem Campus der Madrider Universidad
Complutense in das Büro des Madrider Juraprofessors und
Rechtshistorikers Francisco Tomás y Valiente ein und er-
schoß ihn. Das Opfer war nicht nur wegen seiner akademischen Arbeit bekannt, Tomás y Valiente hatte zwischen

1986 und 1992 das Amt des Obersten Richters am Spanischen Verfassungsgericht inne. Einmal mehr wußte sich das Land einig in der Ablehnung dieser Terrorakte. Auf Madrids Straßen versammelten sich gut 1,5 Mio. Menschen, um den Terror der ETA zu verurteilen.

Euro, Zivilgesellschaft und internationaler Terrorismus (1996–2004)

1996	6. März: Wahlsieg des konservativen *Partido Popular* unter José María Aznar.
1998	14. Juli: Verurteilung des früheren Innenministers Barrionuevo wegen illegaler Methoden bei der ETA-Bekämpfung.
	September: Waffenstillstand der ETA, im Dezember 1999 aufgekündigt.
2000	1. Januar: Spanien ist Mitglied des Euro-Währungsverbandes.
	12. März: Wahlsieg der Konservativen unter José María Aznar.
2002	11.–17. Juli: Scharmützel mit Marokko um die Petersilieninsel.
2003	16. März: Treffen Aznars mit Bush, Blair und Durão Barroso auf den Azoren.
	17. März: Verbot der baskischen Partei Batasuna durch das Verfassungsgericht.
	20. März: Ausbruch des Irakkrieges, Spanien an der Seite der USA.
2004	März: 191 Tote bei Attentaten auf Vorortzüge im Großraum Madrid.
	14. März: Wahlsieg der Sozialisten unter José Luis Rodríguez Zapatero.

Aus den Wahlen des Jahres 1996 ging die konservative Regierung Aznar als Sieger hervor (mit 38,8 % errang man 156 von 350 Sitzen). Auch 21 Jahre nach Franco staunten die Spanier, wie sehr sich die politischen Verhältnisse gewandelt hatten, benötigten doch der neue Ministerpräsident und seine auf den Zentralstaat orientierten Konservativen des *Partido Popular* die regionalistischen Parteien zum Regieren. Die katalanisch-bürgerliche CiU, die noch in der vorangegangenen Legislaturperiode die sozialistische Regierung unterstützt hatte, wurde wesentlicher Mehrheitsbeschaffer für den *Partido Popular*. Der unbestrittene Führer der CiU Pujol wurde 1999 zum fünften und letzten Mal in Katalonien als Regionalpräsident wiedergewählt.

Als 1996 die Konservativen die Regierung übernahmen, erfüllte Spanien die fünf Maastrichter Konvergenzkriterien für den Beitritt zur Euro-Gemeinschaft (Staatsverschuldung, Haushaltsdefizit, Inflationsrate, langfristige Zinsentwicklung sowie Mitgliedschaft im Europäischen Währungssystem) in keinem Punkt. Das Wort vom Europa der zwei Geschwindigkeiten machte die Runde, wobei Spanien zunächst ausgeschlossen geblieben wäre. Doch der weltweit zu spürende Globalisierungsschub mit seinem wirtschaftspolitischen Zwang zu weiterer Liberalisierung machte auch vor der spanischen Wirtschaft nicht halt. Mittels konsequenter Privatisierung bzw. Teilveräußerung staatlicher Monopol- und Großbetriebe, wie z.B. dem Mineralölmonopol Repsol, der Telefongesellschaft Telefónica oder des Stromkonzerns Endesa, wurden Erlöse erzielt, die bei der Reduzierung des Staatsdefizites halfen. Aufgrund eines strikten Austeritätskurses gelang es der Regierung Aznar, die Konvergenzbestimmungen bis auf das Kriterium der Staatsverschuldung, die sich auf maximal 60 % des Bruttoinlandsproduktes belaufen sollte – Spanien erreichte 64,5 % (1999) –, zu erfüllen.

Mit einem nachhaltigen Wirtschaftswachstum zwischen 1996 und 2002 von 3,5 % p. a. lag Spanien deutlich über den EU-Vergleichswerten. Auch in der Wirtschaft hatte sich das Land inzwischen der postindustriellen Ökonomiestruktur angepaßt: Die Landwirtschaft gibt heutzutage insgesamt noch 11 % und die Industrie 33,5 % der Erwerbstätigen ein Einkommen; gut die Hälfte der Spanier arbeitete 1991 bereits im Dienstleistungsbereich. Bei aller wirtschaftlichen

Differenzierung blieb die hohe Arbeitslosigkeit der wunde Punkt. Ebensowenig wie in anderen EU-Ländern konnte dieses Problem befriedigend gelöst werden, wenngleich die Arbeitslosenrate mit etwa 10–12 % (2000) einen bemerkenswerten Tiefstand erreichte. Daß viele dieser Beschäftigungsverhältnisse zeitlich kurz befristet sind, beeinträchtigt die positive Bilanz ebenso wie die Tatsache, daß es sich bei diesen Arbeitsplätzen um unterbezahlte Stellen handelt. Die insgesamt gute Wirtschaftslage war einer der zentralen Gründe für die Erringung der absoluten Mehrheit durch die Konservativen im März 2000.

Die Alleinherrschaft der Konservativen bis 2004 konnte jedoch nicht überdecken, daß das Land noch immer schwer an der Diktatur Francos trägt. Geschichte selbst ist in den letzten Jahren zu einem immer brisanteren Thema geworden. Der Bürgerkrieg und vor allem die frühen Jahre der Franco-Diktatur waren in der Transitionsphase sowie in den ersten Jahren der sozialistischen Regierung eher verschwiegen worden, weil man alte Gräben nicht neu aufreißen wollte. Dieser »Pakt des Vergessens« galt insbesondere für den Bürgerkrieg mit seinen Opfern und Tätern auf beiden Seiten. Zwar hatten sich Literatur und Film noch im Spätfranquismus der Vergangenheitsbewältigung angenommen, allerdings war der 50. Jahrestag des franquistischen Putsches 1986 im öffentlichen Bewußtsein übergangen worden. Doch zunehmend regten sich Stimmen, die die Wiedererlangung der Erinnerung einforderten und anmahnten. Dabei ging es einigen Historikern (J. Fontana, J. Aróstegui) darum, die Zeitgeschichte Spaniens nicht mit dem Franquismus gleichzusetzen, sondern vielmehr auch die eigenständigen Veränderungen in den Regionen und in der Gesellschaft zum Thema zu machen. Auch die Qualitätsmassenmedien wurden zu einem Forum dieser brisanten Debatte. In Fernsehsendungen kamen Hochbetagte zu Wort, die nach Jahren des Schweigens von ihren Großvätern, Vätern oder Brüdern erzählten, welche noch nach dem Ende des

Bürgerkrieges als angebliche Feinde des neuen Regimes liquidiert wurden. Aufsehen hat schließlich die Seligsprechung von 233 Bürgerkriegsopfern – vorwiegend Nonnen, Mönche und Priester – hervorgerufen, die Papst Johannes Paul II. im März 2001 vornahm. Auch die posthume Ehrenerklärung für das erste ETA-Opfer durch die konservative Regierung, den 1968 erschossenen Polizeichef von Irún, der aber eben auch als Folterer bekannt war, trug dazu bei, die spanische Öffentlichkeit zu polarisieren.

Mit dem ETA-Terrorismus krankt das Land an einem weiteren Erbe des Franquismus, das jedoch – wie man inzwischen erkennt – auch Ausdruck eines viel tiefer sitzenden Widerstandes ist. Als der frühere sozialistische Innenminister Barrionuevo im Juli 1998 für schuldig befunden wurde, persönlich für Exzesse verantwortlich zu sein, die die Staatsorgane im Kampf mit der ETA begangen hatten, markierte dies mit dem Urteilsspruch von zehn Jahren Freiheitsentzug den traurigen Höhepunkt einer mißglückten staatlichen Antiterrorpolitik. Allerdings schien auch das Baskenland von den weltpolitischen Veränderungen des Jahres 1989 berührt. Beeinflußt durch den Friedensprozeß von Oslo zwischen Palästinensern und Israelis sowie von der sich abzeichnenden Beendigung des bewaffneten Kampfes der IRA keimte in Spanien Hoffnung, der gewaltsame Kampf in den baskischen Provinzen könne ein Ende finden. Im September 1998 – vor den Wahlen zum baskischen Regionalparlament – verkündete die ETA einen Waffenstillstand; doch schon 15 Monate später, am 3. Dezember 1999, widerrief sie ihren Gewaltverzicht. Immer deutlicher wird inzwischen, daß eine jüngere Generation von Aktivisten nachgewachsen ist, die Franco selbst nur aus den Geschichtsbüchern kennt, die aber eine hohe Gewaltbereitschaft, z. B. auch in Form von Straßenrandalen (*kale borroka*), demonstriert. Zwar spricht die ETA immer noch kurz vor den Anschlägen Warnungen aus, doch bei Attentaten werden neben Repräsentanten des Staates zunehmend unbeteiligte Mitbürger Opfer. Von ihrer

Gründung im Jahre 1959 bis zum Sommer 2002 verübte die ETA mehr als 3000 Attentate mit 836 Toten, wovon gut 40 % unbeteiligte Personen waren.

In den letzten Jahren ist eine deutlich spürbarere Ablehnung des ETA-Terrors in den baskischen Provinzen auszumachen. Hielten noch 1983 gut die Hälfte aller Basken die ETA-Aktivisten für Patrioten, so hat sich das Image der Kämpfer inzwischen deutlich zum Negativen gewandelt, da selbst ehemalige ETA-Sympathisanten Anschlagsziele wurden. Seinen Niederschlag fand dies auch in einem historischen Tiefstand der Wählerstimmen für die ETA-nahe Partei *Euskal Herritarrok*, die im Jahr 2002 auf nur 10 % kam (1998: 17,9 %) und dies bei einer hohen Wahlbeteiligung von 79 %. Nicht ganz unumstritten verbot man am 26. August 2002 aufgrund eines zuvor verabschiedeten Gesetzes die Partei *Batasuna* (Einheit), die Nachfolgerin von *Euskal Herritarrok*, eine Entscheidung, die die Gerichte im März 2003 bestätigen. Bereits einen Monat vorher war die Publikation der mit der ETA sympathisierenden Zeitung *Egunkaria* untersagt worden.

Zivilgesellschaft und postmoderne Sozialstrukturen

Seit 1975 durchlebte die spanische Gesellschaft einen tiefgreifenden Wandel. Die in den westlichen Demokratien zu beobachtende Entkoppelung der gesellschaftlichen Entwicklungen von den politischen wurde auch in Spanien immer spürbarer. Galt im Franquismus die Familie zusammen mit der Gemeinde als eine der Kernsäulen des Staates, so schritt die demographische Transition hin zu einem postmodernen Bevölkerungsmodell unaufhaltsam voran. Obwohl noch im Jahr 2004 Spanierinnen und Spanier erklärten, idealerweise zwei oder mehr Kinder haben zu wollen, ging die jährliche Natalitätsrate in Spanien zwischen 1960 und 1993 um 41 % auf 9,8‰ (1993) zurück. Zusammen mit Italien (1993: 9,9‰) hatte Spanien am Ende des 20. Jahrhunderts eine der niedrigsten Geburtenziffern Europas (EU-Durchschnitt 1993: 11,4‰). Der spanischen Gesellschaft steht damit eine Überalterung mit schwerwiegenden Belastungen der Sozialversicherungssysteme bevor.

Maßgeblich für diesen Wandel war die sozioökonomische Transformation. Nicht zuletzt, weil Spanien in steigendem Maße zu einer Dienstleistungsgesellschaft geworden war, konnten Frauen in den letzten Jahrzehnten ihren Platz im Arbeitsleben besser behaupten. Zwar ist der weibliche Teil der Bevölkerung überdurchschnittlich von Arbeitslosigkeit betroffen, doch während die allgemeine Erwerbsquote zurückging, blieb der Anteil der Frauen an den Erwerbstätigen stabil. Ohne hier auf die mitunter sehr stereotype Darlegung des Machismus eingehen zu können, ist dennoch ein tiefgreifender Wandel im Verhältnis der Geschlechter seit den 70er Jahren festzuhalten. Mit Ausnahme technischer Hochschulen oder Studiengänge stellen Frauen heute die Hälfte aller Studierenden. Auffällig ist auch der hohe Anteil von Frauen in der Politik. Jeder dritte höhere Parteiposten wird im konservativen *Partido Popular* von einer Frau eingenommen (1990). Dem Senat und der Abgeordnetenkammer standen 2000 zwei Frauen vor: die Senatspräsidentin Esperanza Aguirre und die Präsidentin des Kongresses Luisa Fernanda Rudí. Im Jahre 2002 berief Aznar mit Ana de Palacio die erste Außenministerin Spaniens, und in der sozialistischen Regierung des Jahres 2004 wurde mit María Teresa Fernández de la Vega die erste spanische Vizepräsidentin ernannt.

Ein weiteres Indiz des kulturellen Wandels stellt eine Debatte um die Auflösung der traditionellen Milieus und um die verstärkte Neigung zur Individualisierung dar. Von den Säkularisierungstendenzen der westlichen Welt wird die spanische Gesellschaft von heute in vollem Maße erfaßt. Nicht nur die Zahl der Priesterkandidaten nahm schon seit den 1960er Jahren ab, auch der Anteil der praktizierenden

Christen an der Gesamtbevölkerung ist rückläufig. Deutlich nach oben entwickelte sich seit 1975 die Zahl der jungen Männer, die sich dem Wehrdienst verweigerten. Mit gut 108 099 Verweigerern erreichte man 1997 einen Höchststand – dies kommt einer Verzehnfachung zwischen 1988 und 1997 gleich. Daß nach jahrelangen Debatten die Abschaffung der allgemeinen Wehrpflicht von einer konservativen Regierung beschlossen wurde, verdeutlicht einmal mehr die Distanz, die Spanien endgültig zur Franco-Zeit aufgebaut hatte und belegt den tiefgreifenden, irreversiblen Charakter der Transformationen.

Noch immer genießt freilich die Familie einen hohen Stellenwert unter den Spaniern. Als Indiz für die hohe Kohäsion der Primärbindungen mag gelten, daß am Ende der 80er Jahre noch 64 % der 15 bis 29 Jahre alten Jugendlichen bei ihren Eltern wohnten, wozu zum Teil sicherlich die hohe Jugendarbeitslosigkeit beitrug. Auch wenn die Zahl der Single-Haushalte mit 4 % (1991) noch vergleichsweise gering war, so war ihr Anstieg zwischen 1970 und 1991 mit 79 % bemerkenswert. Die zunehmende Zahl der Ehescheidungen – die Möglichkeit hierzu wurde 1981 grundlegend reformiert – verstärkt die Individualisierungstendenz der Gesellschaft. Gewalt in der Ehe, ein Thema, das zur Franco-Zeit noch als Tabu galt, wird heutzutage nicht minder in Massenmedien und Öffentlichkeit diskutiert. Hinsichtlich der Jugendlichen erörterte man in den 1990er Jahren nicht nur die hohe Arbeitslosigkeit, vielmehr wurden Themen wie der ungebremste Drogenkonsum, der Konsumismus, aber auch die Gewaltbereitschaft jugendlicher Fußballanhänger aufgegriffen. In diesen Phänomenen sah man die Kehrseite des zunehmenden Individualisierungsprozesses und zugleich die Orientierungslosigkeit nicht weniger Jugendlicher.

Seine geographische Lage als Mittelmeeranrainer setzt Spanien den typischen Problemen an dieser Randzone Europas aus. Spanien steht als relativ vermögendes Land südlichen Nachbarn gegenüber, die ökonomisch weniger potent, aber reich an Bevölkerung sind. Schätzungen gehen davon aus, daß sich die Zahl der Arbeitsmigranten – einschließlich der aus Lateinamerika Immigrierten – zwischen 1996 und 2004 verfünffacht hat und sich heute auf ca. 2,5 Mio. Menschen beläuft – bei einer Gesamteinwohnerzahl von ca. 41 Mio. (2004). Ein Großteil dieser Einwanderer kommt aus dem Maghreb, der darüber hinaus von Schwarzafrikanern als Durchgangszone benutzt wird. Tagtäglich versuchen Arbeitssuchende mitunter sogar auf einfachen Holzplanken, die Straße von Gibraltar Richtung Europa zu überqueren. Besonders heftig entluden sich im Januar 2000 sozioökonomische und ethnische Spannungen bei einer regelrechten Hetzjagd auf nordafrikanische Arbeitskräfte und Erntearbeiter im andalusischen El Ejido.

Aufs Ganze gesehen aber zeigt die spanische Gesellschaft Verhaltensweisen und Einstellungen z.B. gegenüber rassischen oder sonstigen Minderheiten auf, die – bei aller Konkurrenz auf dem Arbeitsmarkt und gelegentlichen Konflikten – wesentlich offener sind als zu Zeiten des Franco-Regimes. Von dieser insgesamt größeren Toleranz profitierten insbesondere in den urbanen Zentren jene, die gleichgeschlechtliche Beziehungen eingehen, was noch zur Zeit Francos undenkbar gewesen war und soziale Stigmatisierung nach sich zog. Die seit März 2004 regierende sozialistische Partei plant unter dem Protest des Vatikans und konservativer Kreise eine Gesetzesvorlage zur Legalisierung von Ehen gleichgeschlechtlicher Partner.

Die zweite Regierung José María Aznars (2000–2004)

Bei den Wahlen im März 2000 errang die konservative Volkspartei die absolute Mehrheit (183 von 350 Deputierten und 44,5 % der Stimmen). Naturgemäß gab dieser

Wahlsieg Aznar einen größeren Handlungsspielraum. Angesichts der positiven wirtschaftlichen Daten und der Bedeutung der PP innerhalb des Blockes christlich-demokratischer Parteien in der EU erhob die zweite Regierung Aznar nunmehr den Anspruch, Spaniens Gewicht in der Europäischen Union in die Waagschale zu legen, was insgesamt einen Wandel in den Außenbeziehungen Spaniens zur Folge hatte. Fühlten sich die sozialistischen Politiker um Felipe González schon aufgrund ihrer eigenen Biographie und der Parteigründung der PSOE, die in der Franco-Zeit insbesondere mit französischer oder deutscher Hilfe erfolgt war, mit Paris und Bonn bzw. Berlin verbunden, so steuerte Aznar einen neuen Kurs außenpolitischer Eigenwilligkeit. Nicht »mehr Europa«, sondern »mehr Spanien« lautete die Devise. Das gewachsene Selbstvertrauen äußerte sich auch in der Forderung eines Sitzes bei den G-7. Innerhalb der EU brachte Spanien mit Polen schließlich die Annahme des ersten Verfassungsentwurfes zum Scheitern, da es im Dezember 2003 den vorgesehenen Abstimmungsmodus und die Stimmverteilung der EU-Mitgliedsländer ablehnte. Aznar ging es bei seiner Haltung u. a. darum, mit den anderen Mittelmeeranrainern eine Sperrminorität in Fragen der Landwirtschaftspolitik zu erlangen. Im Juni 2004 wurde dann unter der neuen Regierung Zapatero eine Kompromißformel bei der EU-Verfassung erreicht.

Angesichts des Kampfes gegen Diktatur und für Demokratie galten den Spaniern ökologische Probleme lange Zeit als eher zweitrangig, und eine ökologisch ausgerichtete Partei kann bislang kaum Anhänger mobilisieren. Im November 2002 wurde das Land von seiner bisher größten Umweltkatastrophe heimgesucht. Bei schwerer See schlug am 13. November der unter der Flagge der Bahamas fahrende Tanker *Prestige* leck. Das mit etwa 80 000 Tonnen Schweröl beladene Schiff näherte sich bis auf wenige Seemeilen der galicischen Küste. Statt wie von Experten gefordert, das Schiff in einen Hafen zu ziehen, um es auszupumpen, ord-

neten staatliche Stellen an, es auf die hohe See hinauszu-
schleppen. Von dort aus wurde das Erdöl durch die Meeres-
strömung an die nordspanische Küste getrieben und ein gut
500 km langer Küstenstreifen ökologisch schwer in Mitleidenschaft gezogen. Die Regierung machte keine gute Figur,
und Aznar beschuldigte die galicischen Fischer der Panik-
mache und Agitation. Insgesamt zeigt der Umweltschutz
aber auch die Grenzen nationalen Handelns auf: Von der
zunehmenden Klimaerwärmung ist die Iberische Halbinsel
durch eine Ausdehnung der Wüsten bedroht. Die Projekte
einer Umleitung des Ebro zu Bewässerungszwecken, die im
Jahre 2000 verstärkt aufkamen und im Juni 2004 von Rodríguez Zapatero fallengelassen wurden, lassen erahnen, welche ökologischen Belastungen auf Spanien im Falle einer
weiteren Erderwärmung zukommen.

Daß Aznar außenpolitisch um größeres Gewicht rang, ist
nicht zuletzt an der entschiedenen Position seiner Regierung
nach dem Terroranschlag des 11. September 2001 abzulesen,
als zwei Passagierflugzeuge das World-Trade-Center in
New York zum Einsturz brachten. Zu den Ländern, von denen aus der Anschlag vorbereitet wurde, zählte neben
Deutschland auch Spanien. Zu den wenigen europäischen
Regierungen, die sich im Laufe des Jahres 2002 der »Koalition der Willigen« anschlossen, gehörte das Kabinett Aznar.

Der Maghreb entwickelte sich nicht nur wegen des ökono-
misch-demographischen Gefälles zu einer kritischen
Zone für Spaniens internationale Beziehungen. Die jahrelangen Spannungen mit Marokko um die spanischen Exkla-
ven Ceuta und Melilla, aber auch um die Westsahara erlebten im Sommer 2002 ihren vorläufigen Höhepunkt. Marokkanische Soldaten besetzten einen kleinen, unbewohnten
Felsen, die sogenannte Perejil-Insel (marokkanisch Leila),
und hißten die marokkanische Fahne. Spanien wußte sich in
der Verurteilung der marokkanischen Okkupation einig. Im
Morgengrauen des 17. Juli eroberten spanische Marinein-
fanteristen die Insel ohne Blutvergießen zurück.

Bei der Kriegsvorbereitung der Bush-Administration gegen den Irak hatte die spanische Unterstützung für Washington um so mehr Bedeutung, als die Vereinten Nationen kein Mandat für ein militärisches Vorgehen im Irak erteilten und sich sowohl Paris als auch Berlin dezidiert gegen die Invasion aussprachen. Insgesamt gewann das Mittelmeer, an dessen Küsten einige der zentralen Erdölleitungen enden und durch welches das schwarze Gold transportiert wird, als Aufmarschgebiet US-amerikanischer Seestreitkräfte gesteigerte Bedeutung. Zusammen mit Portugal und Italien bildete Spanien einen wichtigen Stein in diesem geopolitischen Mosaik.

In einem symbolträchtigen Akt traf der US-amerikanische Präsident Bush drei Tage vor der Kriegserklärung an den Irak seine wichtigsten europäischen Verbündeten, den britischen Premierminister Tony Blair und den Spanier Aznar, auf der portugiesischen Azoren-Insel Terceira. Der Gastgeber dieses Atlantik-Gipfels war der portugiesische Regierungschef Durão Barroso. Den Betrachter sollte diese Inszenierung an die gemeinsame Vergangenheit der beiden europäischen Länder als (atlantische) Imperien erinnern. In den frühen Morgenstunden des 20. März begann die vornehmlich von Briten und US-Amerikanern geführte Invasion im Süden des Irak.

Die spanische Öffentlichkeit war mit dieser Außenpolitik und der Entsendung spanischer Kontingente alles andere als einverstanden. Nach Beginn der Operation »Iraqi Freedom« versammelten sich Abertausende auf den Straßen und Plätzen spanischer Städte. Die Antikriegsdemonstrationen zählten zusammen mit den Protesten gegen den ETA-Terrorismus zu den wichtigsten Absagen der spanischen Zivilgesellschaft an die Gewalt als Mittel der Politik.

Obwohl sich die spanische Gesellschaft mit überwältigender Mehrheit gegen den Krieg aussprach und die ungeschickte Krisenbewältigung der *Prestige*-Havarie der Regierung viel Kritik eingebracht hatte, schien doch der Wahlkampf zu Beginn des Jahres 2004 vor allem von der sich positiv entwickelnden Wirtschaftspolitik bestimmt zu sein (»España va bien«). Ferner war seit dem Spätherbst 2003 das von dem baskischen Regionalpräsidenten Juan José Ibarretxe vorgelegte, sehr weitreichende Autonomiestatut beherrschendes Wahlkampfthema.

Als die Spanier am Morgen des 11. März 2004 die renommierte Tageszeitung *El País* aufschlugen, konnten sie ein mehrseitiges Interview mit dem sozialistischen Präsidentschaftskandidaten José Luis Rodríguez Zapatero lesen, in dem dieser die Wahlniederlage vor Augen hatte. An eben diesem Morgen ereigneten sich in vier Vorortzügen im Madrider Großraum zehn verheerende Explosionen, eine Attentatserie, deren Bilanz sich auf beinahe 200 Tote und etwa 1500 Verletzte beläuft. Madrid hatte das schwerste terroristische Attentat Europas erlebt. Das Land war wie gelähmt. Gefangen in ihrem Kurs gegen die ETA und das baskische Autonomiestatut, wartete die Regierung nicht ab, sondern zeigte von Anfang an auf die ETA-Terroristen als Urheber des Anschlages. Aznar, der selbst 1995 einem ETA-Anschlag nur knapp entgangen war, schwor persönlich per Telefon die großen Tageszeitungen auf diese Interpretation ein. Die Botschaften wurden angewiesen, die ETA-Urheberschaft offensiv zu vertreten. Und das Staatsfernsehen wiederholte diesen Anfangsverdacht.

Doch führten der Fund eines verdächtigen Lieferwagens und Bekennerschreiben rasch auf die Spuren islamistischer Kreise. Erste Hinweise, die sich seitdem erhärtet haben, wiesen auf die maghrebinische Herkunft der Attentäter hin. Die spanische Gesellschaft reagierte empört auf die Informationspolitik der Regierung. In E-Mails und Internetforen sowie über neutrale Radiostationen wurden sehr schnell andere Fakten bekannt. Noch am Samstagnachmittag vor der Wahl fanden sich Demonstranten vor der Parteizentrale der PP ein. Als für alle überraschend der sozialistische Außenseiter José Luis Rodríguez Zapatero am 14. März die Wahl

gewann, bedeutete dies die Niederlage einer verfehlten Informationspolitik der abgewählten Regierung. Zapatero
hatte im Wahlkampf immer wieder auf die Notwendigkeit
eines UN-Mandates hingewiesen, ohne das die Präsenz spanischer Truppen im Irak unmöglich sei. Folgerichtig leitete
er unmittelbar nach seiner Wahl die Rückbeorderung der
Truppen ein. Die Tatsache, daß die Regierung Bush seitdem
auf ein UN-Mandat hinarbeitet, ist ohne die Reaktion der
neuen spanischen Regierung nicht zu erklären.

Legte man noch zur Zeit Francos Wert darauf, »anders zu
sein« – »Spain is different« war ein auf Postkarten und Wer-
beplakaten der Tourismusindustrie zu lesender Spruch –, so
hat sich das Land heute dem »EU-Standard« angeglichen.
Insgesamt hat die Amerikanisierung und die Internationalisierung der Lebensstile die spanische Gesellschaft in vollem
Maße erfaßt. Nichts bringt den soziokulturellen Wandel
symbolhafter zum Ausdruck als die neue spanische Prinzessin – aus bürgerlichem Hause. Statt eine Partnerin aus dem
europäischen oder spanischen Hochadel zu suchen, ehelich-
te der Prinz von Asturien und Thronfolger Felipe – wohl
(so wird kolportiert) gegen den Widerstand der königlichen
Eltern und unter Androhung des Thronverzichtes – am
22. Mai 2004 die bereits einmal geschiedene Fernsehjourna-
listin Letizia Ortiz.

Literaturhinweise

Aguilar, Paloma: Memory and Amnesia. The Role of the Spanish Civil War in the Transition to Democracy. New York / Oxford 2002.

Aschmann, Birgit: »Treue Freunde«? Westdeutschland und Spanien 1945 bis 1963. Stuttgart 2000.

Bernecker, Walther L.: Spaniens Geschichte seit dem Bürgerkrieg. 3., erw. Aufl. München 1997.

– / Collado Seidel, Carlos: Spanien nach Franco. Der Übergang von der Diktatur zur Demokratie, 1975–1982. München 1993.

Botti, Alfonso: Cielo y dinero. El nacionalcatolicismo en España (1881–1975). Madrid 1992.

Carreras, Alberto: Industrialización española: estudios de historia cuantitativa. Madrid 1990.

Collado Seidel, Carlos: Angst vor dem »Vierten Reich«: die Alliierten und die Ausschaltung des deutschen Einflusses in Spanien 1944–1958. Paderborn 2001.

Cotarelo, Ramón (Hrsg.): Transición política y consolidación democrática en España (1975–1986). Madrid 1992.

Cusnick, Uwe: Übergangsprobleme von autoritären Regimen zu demokratischen Systemen am Beispiel Spanien. Frankfurt a. M. 1997.

Díaz, Elias: Pensamiento español en la era de Franco (1939–1975). Madrid ^{2}1992.

Fontana, Josep (Hrsg.): España bajo el franquismo. Barcelona 1986.

Fusi, Juan Pablo: Franco. Spanien unter der Diktatur 1936–1975. München 1992.

Lannon, Francis / Preston, Paul (Hrsg.): Elites and Power in Twentieth Century Spain. Oxford 1990.

Maravall, José María: Dictatorship and Political Dissent. Workers and students in Franco's Spain. London 1978.

Martin Aceña, Pablo / Comín, Francisco (Hrsg.): INI, 50 años de industrialización de España. Madrid 1991.

Martínez, Jesús A. (Hrsg.): Historia de España. Siglo XX. 1939–1996. Madrid 1999.

Miguel, Jesús M. de: Estructura y cambio social en España. Madrid 1998.

Müller, Marita: Politische Parteien in Spanien (1977–1982). Interne Konflikte und Wahlverhalten. Saarbrücken 1994.

O'Donnell, Guillermo [u. a.]: Transition from Authoritarian Rule: Southern Europe. Baltimore 1986.

Paloma Aguilar: Memory and Amnesia. The Role of the Spanish Civil War in the Transition to Democracy. New York / Oxford 2002.

Redero San Roman, Manuel (Hrsg.): La transición a la democracia en España. Madrid 1994.

Sánchez Cervelló, Josep: La revolución portuguesa y su influencia en la transición española (1961–1976). Madrid 1995.

Tusell, Javier: La España del siglo XX. Desde Alfonso XIII a la muerte de Carrero Blanco. Barcelona 1975.

– / Soto, Alvaro: Historia de la Transición 1975–1986. Madrid 1996.

– / Queipo de Llano, Genoveva: Tiempo de incertidumbre: Carlos Arias Navarro entre el franquismo y la transición (1973–1976). Barcelona 2003.

– [u. a.] (Hrsg.): El régimen de Franco (1936–1975). Madrid 1993.

Viñas, Angel: En las garras del águila: los pactos con Estados Unidos de Francisco Franco a Felipe González (1945–1995). Madrid 2003.

Waldmann, Peter [u. a.]: Die geheime Dynamik autoritärer Diktaturen. Vier Studien über sozialen Wandel in der Franco-Ära. München 1982.

– Militanter Nationalismus im Baskenland. Frankfurt a. M. 1990.

Verzeichnis der Karten

Die Karten wurden, wenn nicht anders vermerkt, nach Angaben des Herausgebers oder der Autoren von Theodor Schwarz, Urbach, gezeichnet.

Namenregister

Das Register enthält sämtliche Personennamen (abgesehen von den Stammtafeln und Literaturhinweisen), von den Ortsnamen jedoch nur diejenigen, die mit einem besonderen Ereignis verknüpft sind.

Geschichte

- Bd. 6: Von der Französischen Revolution bis zum Wiener Kongreß. 1789–1815. Hrsg.: W. Demel u. U. Puschner. 427 S. UB 17006
- Bd. 7: Vom Deutschen Bund zum Kaiserreich. 1815–1871. Hrsg.: W. Hardtwig u. H. Hinze. 488 S. UB 17007
- Bd. 8: Kaiserreich und Erster Weltkrieg. 1871–1918. Hrsg.: R. v. Bruch. 511 S. UB 17008
- Bd. 9: Weimarer Republik und Drittes Reich. 1918–1945. Hrsg.: H. Hürten. 464 S. UB 17009
- Bd. 10: Besatzungszeit, Bundesrepublik und DDR. 1945–1969. Hrsg.: M. Niehuss u. U. Lindner. 480 S. UB 17010
- Bd. 11: Bundesrepublik und DDR. 1969–1990. Hrsg.: D. Grosser, St. Bierling u. B. Neuss. 422 S. UB 17011

Auch in Kassette

Deutsche Geschichte. Von Ulf Dirlmeier [u. a.] 440 S. 202 Abb. 13 Ktn. Geb.

Deutschtum und Judentum. Ein Disput unter Juden aus Deutschland. Hrsg.: Ch. Schulte. 208 S. UB 8899

Einhard: Vita Karoli Magni / Das Leben Karls des Großen. Lat./Dt. Hrsg.: E. Scherabon Firchow. 96 S. UB 1996

Die Entstehung des Grundgesetzes für die Bundesrepublik Deutschland 1949. Hrsg.: F. M. Feldkamp. 228 S. UB 17020

Feldkamp, Michael F.: Regentenlisten und Stammtafeln zur Geschichte Europas vom Mittelalter bis zur Gegenwart. 444 S. UB 17034

Finley, Moses I.: Antike und moderne Demokratie. Mit einem Essay von Arnaldo Momigliano. 146 S. UB 9966

Die Französische Revolution. Ein Lesebuch mit zeitgenössischen Berichten und Dokumenten. Hrsg.: Ch. E. Paschold u. A. Gier. 395 S. 22 Abb. 3 Kt. UB 8535

Friedrich der Große: Das Politische Testament von 1752. Übers.: F. von Oppeln-Bronikowski, Nachw.: E. Most. 195 S. UB 9723

Geschichte Englands. Von Michael Maurer. 403 S. 106 Abb. 9 Ktn. Geb.

Geschichte Frankreichs. Hrsg.: E. Hinrichs. 389 S. 110 Abb. 11 Ktn. Geb.

Geschichte schreiben in der Postmoderne. Beiträge zur aktuellen Diskussion. Hrsg.: Ch. Conrad u. M. Kessel. 372 S. UB 9318

Das Mittelalter in Daten. Literatur, Kunst, Geschichte 750–1520. Hrsg.: J. Heinzle. 408 S. UB 17040

Nipperdey, Thomas: Wie das Bürgertum die Moderne fand. 76 S. UB 17014

Ockham, Wilhelm von: Texte zur politischen Theorie. Exzerpte aus dem »Dialogus«. Lat./Dt. Hrsg.: J. Miethke. 400 S. UB 9412

Padberg, Lutz E. von: Die Christianisierung Europas im Mittelalter. 307 S. 19 Abb. 8 Kt. UB 17015

Die Peinliche Gerichtsordnung Kaiser Karls V. und des Heiligen Römischen Reichs von 1532 (Carolina). Hrsg. und erl.: F.-Ch. Schroeder. 215 S. UB 18064

Quellen zur Geschichte der Frauen.

– Bd. 1: Antike. Hrsg.: B. Patzek. 344 S. 18 Abb. UB 17022

– Bd. 3: Neuzeit. Hrsg.: A. Conrad u. K. Michalik. 458 S. 19 Abb. UB 17024

Die Revolution von 1848/49. Eine Dokumentation. Hrsg.: W. Grab. 279 S. UB 9699

Der römische Festkalender der Republik. Feste, Organisation und Priesterschaften. Von Angelika u. Ingemar König. 152 S. UB 8693

Sachsenspiegel. Landrecht und Lehnrecht. Hrsg.: F. Ebel. 267 S. UB 3355

Schulze, Hagen: Gibt es überhaupt eine deutsche Geschichte? 77 S. 11 Abb. UB 17016

Stollberg-Rilinger, Barbara: Europa im Jahrhundert der Aufklärung. 408 S. UB 17025

Thamer, Hans-Ulrich: Der Nationalsozialismus. 486 S. UB 17037

Tocqueville, Alexis de: Über die Demokratie in Amerika. Ausw. u. hrsg.: J. P. Mayer. 391 S. UB 8077

Die Verfassung des Deutschen Reichs vom 11. August 1919. Hrsg.: H. Mosler. 80 S. UB 6051

Widukind von Corvey: Res gestae Saxonicae / Die Sachsengeschichte. Lat./Dt. Übers. u. Hrsg.: E. Rotter u. B. Schneidmüller. 262 S. UB 7699

Philipp Reclam jun. Stuttgart